Flug über Oberfranken

Rudi Engel – Jörg Maier

Flug über Oberfranken

Eine Landschaft in Luftbildern

Druckhaus Bayreuth

Herausgeber: Jörg Maier
Zeichnungen der Karten von Karin Degelmann,
Theodor Engelbrecht und Angelika Greisinger-Weißkopf
Gesamtherstellung: Druckhaus Bayreuth
Theodor-Schmidt-Straße 17, 8580 Bayreuth

ISBN 3-922808-13-1

Inhalt

Bezirk Oberfranken

Vorwort

Der Regierungsbezirk Oberfranken mit 7229 km^2 und über 1 Million Einwohnern ist von seiner landschaftlichen und wirtschaftlichen Struktur her sicher eine der interessantesten Regierungsbezirke Bayerns. Schon die Tatsache, daß es in Oberfranken keine zentrale, historisch gewachsene „Hauptstadt", sondern mit Bamberg, Bayreuth, Coburg und Hof vier etwa gleichrangige kreisfreie Städte gibt, von denen jede ihre Eigenart und ihre Eigenheiten hat, weist auf die Vielfalt Oberfrankens hin.

Dieses Buch soll die Schönheit Oberfrankens aus einer ungewohnten Perspektive, aus der Vogelschau, zeigen. Dadurch wird manche Stadt oder manches Baudenkmal aus völlig neuen Blickwinkeln gesehen. Die Fotos zeigen nicht nur die vielen Sehenswürdigkeiten unserer Landschaft, sondern auch die Bereiche wie z. B. Wasserwirtschaft und Straßenbau, in denen behutsam vorgegangen werden muß. Das Buch wird deshalb auch Städte- und Landschaftsplaner ansprechen. Es wird für die Wirtschaft ebenso interessant sein, wie für den heimatverbundenen Bürger, den Erholungsuchenden ebenso wie für den Geschichtsforscher und den Geologen. Vor allem sollte das Buch auch in den Unterricht an den Schulen einbezogen werden. Hervorragende Persönlichkeiten haben mit ihren Textbeiträgen dafür gesorgt, daß den ausgezeichneten Fotos die erforderlichen Erläuterungen und Informationen beigegeben werden konnten.

Der Bezirkstag von Oberfranken hat sich daher sehr gern an der Herausgabe dieses Buches beteiligt. Es ist zu hoffen, daß eine weite Verbreitung dafür sorgt, für Oberfranken neue Freunde zu gewinnen.

Edgar Sitzmann
Bezirkstagspräsident

Wolfgang Winkler
Regierungspräsident

Landeskunde und Regionalbewußtsein

Vorwort des Herausgebers

Oberfranken ist im Gespräch, in jüngster Zeit meist in Verbindung mit Wünschen und Forderungen zu notwendigen Infrastruktureinrichtungen oder zu Finanzmitteln, um die durch seine Randlage entstandenen Standortnachteile zu mindern. Oberfranken macht jedoch andererseits, und nicht nur während der Bayreuther Festspielzeit von sich reden, aufgrund zahlreicher kleiner und großer kultureller Veranstaltungen, manchmal auch wegen seines immer wieder belebten und für die Auseinandersetzung mit anderen Regionen behindernden „Städte-Krieges". Für jeden deutlich wird dabei die regionale Vielfalt im Denken und Streben, einerseits ein Nachteil gegenüber monozentrischen Regionen, andererseits jedoch auch ein enormer Vorteil, demokratisches Handeln stets neu einzuüben. Von Oberfranken spricht man aber auch wegen verschiedener ökologischer Entwicklungen, besitzt es zum einen weite Landschaftsteile mit noch vielfältiger Fauna und Flora, zum anderen jedoch ebenso in verschiedenen Bereichen Formen des Waldsterbens. Da der Raum dazu selbst nur wenig beiträgt, der Einfluß überwiegend über den Ferntransport von Schadstoffen zustandekommt, wird hier deutlich, wie sehr periphere Räume, von Entwicklungen von außerhalb, hier des Regierungsbezirkes mitbestimmt werden. Und dies gilt nicht nur in bezug auf Schadstoffe, sondern auch in Teilen der Wirtschaft, etwa der Landwirtschaft (denkt man nur an die Entscheidungen der EG in Brüssel) und der Kultur bis hin zur Sprache.

Die Bemühungen um eine Betonung der regionalen Eigenarten, des Erhalts von Kultur, sozialem Leben und traditionellen Wirtschaftsstrukturen, verbunden mit der Aufgeschlossenheit für Neuerungen, sind in den letzten Jahren zahlreich vorhanden. Verschiedenste Institutionen und Personengruppen versuchen eine Neubelebung regionalen Bewußtseins, eine moderne Heimatkunde zu vermitteln mit Kenntnissen über das Wesen dieses Raumes, über seine natürliche, historische, kulturelle, soziale und wirtschaftliche Vielfalt. Denn nur wer einen Raum genau kennt, um seine Vorzüge, jedoch auch seine Probleme weiß, kann ihn gegenüber anderen Räumen bewerten.

Nun kann man einwenden, daß emotionale Bindungen keine rationalen Argumente benötigen. Da insbesondere für jüngere Bevölkerungsgruppen der Verbleib in Oberfranken auch häufig mit der Notwendigkeit verbunden ist, Heimatbezug und berufliches Weiterkommen miteinander in Einklang zu bringen, scheint eine rationale Argumentation doch eine sinnvolle Ergänzung und Kontrolle der vorhandenen Emotionen zu sein. Dies gilt weit mehr noch für die in den letzten Jahrzehnten und Jahren nach Oberfranken zugezogenen Personen, die – wenn auch teilweise mit einigen Schwierigkeiten und einer gewissen Menge an Geduld verbunden – hier sich in die soziale Situation integrieren wollen.

Darstellungen um die regionale Vielfalt Oberfrankens dienen andererseits auch einer anderen Personengruppe, den Besuchern und Gästen, sei es in Verbindung mit Festspielen oder sonstigen kulturellen Anlässen oder etwa im Rahmen des Tourismus und der Naherholung. Sie sollen neben den von ihnen besuchten Standorten sehen und erfahren, daß es in Oberfranken eine Fülle von Erscheinungsformen im Bereich der Geologie, der Landschaftsformen, der Tier- und Pflanzenwelt, historischer Abläufe und Monumente der Baukunst und anderer künstlerischer Ausdrucksformen sowie der Sitten und Gebräuche bis hin zu den häufig bereits nach kurzer Distanz sich ändernden Dialekten in der Sprache der Bewohner, und – nicht zuletzt – der Wirtschaft, traditioneller wie moderner, gibt.

Auch hierzu kann man einwenden, daß dazu bereits eine Reihe von Veröffentlichungen vorliegen, auch von Seiten des Druckhauses Bayreuth als dem auch für diese Publikation verantwortlichen Verlag, denkt man nur an mehrere Bildbände über Oberfranken oder Teile davon. Ähnliches gilt für andere Verlage, in Bayreuth, Coburg oder Hof. Ein Unterschied zum vorliegenden Buch liegt wohl vor allem darin, daß in diesem Buch Luftbild-Aufnahmen, von Kurt Engel eigens dafür in mehrenen Befliegungen aufgenommen, mit einer über das jeweilige Objekt hinausreichenden Sichtweise vorgestellt werden und diese von Experten des jeweiligen thematischen Bereichs versucht werden zu interpretieren.

Nun ist insbesondere zu dem zuletzt genannten Gedanken vor wenigen Jahren vom Regierungspräsidenten des Regierungsbezirks Oberfranken, Wolfgang Winkler, eine Darstellung „seines" Bezirks mit ausführlichem und sachkundigem Informationsmaterial vorgestellt worden. Darin heißt es etwa, daß „der Regierungsbezirk Oberfranken, vielleicht der interessanteste und vielfältigste Regierungsbezirk unseres Landes (ist). Im Norden von der Grenze zur

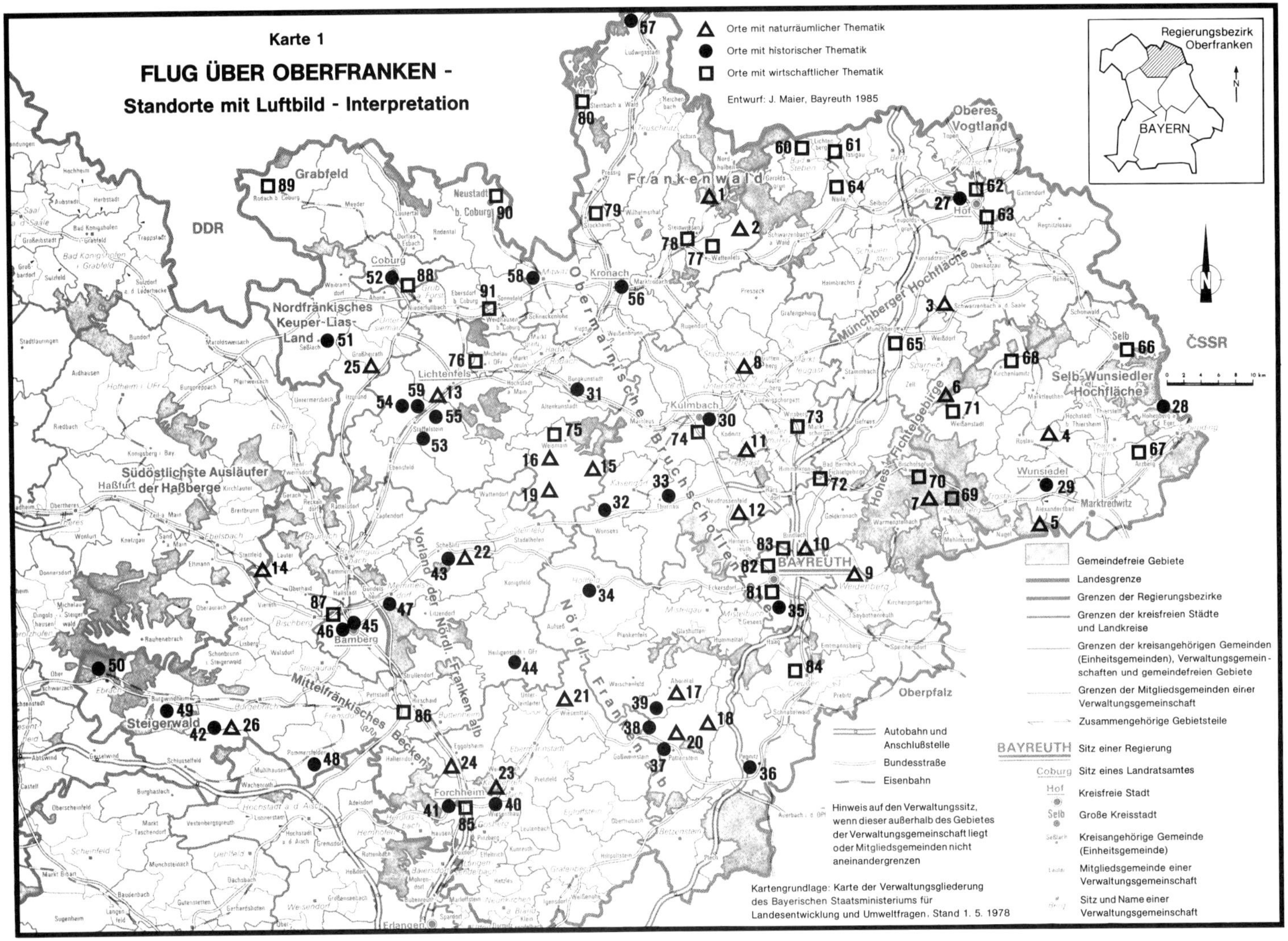
Karte 1
FLUG ÜBER OBERFRANKEN -
Standorte mit Luftbild - Interpretation
Orte mit naturräumlicher Thematik
Orte mit historischer Thematik
Orte mit wirtschaftlicher Thematik
Entwurf: J. Maier, Bayreuth 1985
Regierungsbezirk Oberfranken
BAYERN
N
DDR
ČSSR
Oberes Vogtland
Frankenwald
Grabfeld
Nordfränkisches Keuper-Lias-Land
Südöstlichste Ausläufer der Haßberge
Steigerwald
Mittelfränkisches Becken
Münchberger Hochfläche
Selb-Wunsiedler Hochfläche
Hohes Fichtelgebirge
Obermainisches Bruchschollenland
Vorland der Nördl. Frankenalb
Nördl. Frankenalb
Oberpfalz
Coburg
Neustadt b. Coburg
Kronach
Lichtenfels
Kulmbach
Hof
Bamberg
BAYREUTH
Wunsiedel
Marktredwitz
Forchheim
Haßfurt
Erlangen
Gemeindefreie Gebiete
Landesgrenze
Grenzen der Regierungsbezirke
Grenzen der kreisfreien Städte und Landkreise
Grenzen der kreisangehörigen Gemeinden (Einheitsgemeinden), Verwaltungsgemeinschaften und gemeindefreien Gebiete
Grenzen der Mitgliedsgemeinden einer Verwaltungsgemeinschaft
Zusammengehörige Gebietsteile
Autobahn und Anschlußstelle
Bundesstraße
Eisenbahn
Hinweis auf den Verwaltungssitz, wenn dieser außerhalb des Gebietes der Verwaltungsgemeinschaft liegt oder Mitgliedsgemeinden nicht aneinandergrenzen
BAYREUTH Sitz einer Regierung
Coburg Sitz eines Landratsamtes
Hof Kreisfreie Stadt
Selb Große Kreisstadt
Seßlach Kreisangehörige Gemeinde (Einheitsgemeinde)
Mitgliedsgemeinde einer Verwaltungsgemeinschaft
Sitz und Name einer Verwaltungsgemeinschaft
Kartengrundlage: Karte der Verwaltungsgliederung des Bayerischen Staatsministeriums für Landesentwicklung und Umweltfragen, Stand 1. 5. 1978

DDR eingeschnürt, im Osten beschränkt durch die Grenze zur ČSSR, öffnet er sich nach Westen und Süden. Landschaftlich bestimmt durch grüne Mittelgebirge und reizvolle Flußtäler, durch das Fichtelgebirge, den Frankenwald, den Fränkischen Jura und durch den Oberlauf des Mains mit seinen vielen Nebenflüssen, wird er von einer tatkräftigen Bevölkerung bewohnt, die ohne viel Aufhebens ihr Dasein erfolgreich gestaltet und alle Bereiche Oberfrankens lebenswert erhält".

Gemessen an seiner Einwohnerzahl steht Oberfranken an 5. Stelle unter den sieben Regierungsbezirken, wobei die Bevölkerungsdichte mit 146 Einw/km² etwa dem bayerischen Landesdurchschnitt entspricht.

Oberfranken gliedert sich in 9 Landkreise, 4 kreisfreie Städte und 210 kreisangehörige Gemeinden. Von Bedeutung ist, daß 77% seiner Fläche und 86% seiner Bevölkerung zum Zonenrandgebiet gehören. Mit einem Industriebesatz von 158 Beschäftigten auf 1000 Einwohner liegt Oberfranken an 2. Stelle unter den bayerischen Regierungsbezirken. Um diese statistischen Informationen etwas zu erweitern, sei noch hinzugefügt, daß mehr als die Hälfte der Erwerbstätigen im produzierenden Gewerbe, über ein Drittel im Dienstleistungsbereich und weniger als 10% in der Land- und Forstwirtschaft beschäftigt ist.

Angesichts dieser allgemeinen Informationen für den gesamten Regierungsbezirk, obwohl bereits auf die oberfränkische Raumstruktur deutlich hinweisend, wird auch die Intention des vorliegenden Buches deutlich, will es doch diese Hinweise regional noch erheblich vertiefen und erweitern . Zum ersten, weil es damit möglich ist, auf ausgewählte Bereiche Oberfrankens, unterstützt durch dafür gemachte Luftbilder, näher einzugehen und – zweitens – den Vorteil zu betonen, neben regionalen Betrachtungen für den gesamten Regierungsbezirk an einzelnen Fall-Beispielen auf Besonderheiten hinzuweisen (die Standorte der Luftaufnahmen sind in Karte 1 dargestellt). Dies war und ist als Aufgabe der Wissenschaft, zumal der Regionalwissenschaft von großem Interesse, fügt sich diese Aufgabe an die lange Tradition der Landeskunde an, eben dem Versuch, eine Verbindung zwischen einem Ganzen – Oberfranken mit Teil – Individuen, einzelnen Landschaftsausschnitten oder Problemlagen zu schaffen. Da weder die Gesamtschau in der Lage ist, alle oder auch nur große Teile der einzelnen Erscheinungsformen der Natur, Kultur und Wirtschaft Oberfrankens, etwa auf Gemeindebasis abzubilden, andererseits die Einzelbetrachtung trotz einer Aneinanderreihung noch nicht zwangsläufig ein Ganzes ergibt, versucht die Landeskunde dazu beizutragen, ein Land oder in unserem Falle einen Raum und damit auch das Handeln der Menschen in diesem Raum zu verstehen.

Für Kritiker aus den geowissenschaftlichen Reihen sei noch hinzugefügt, daß anstelle des Begriffes Landeskunde auch Regionalgeographie treten könnte, unter der Voraussetzung, daß es beiden darum geht, Grundzüge eines Raumes und damit Rahmenbedingungen für das Handeln der dort lebenden Menschen darzustellen, zum besseren Verständnis der nachbarschaftlichen Beziehungen der Menschen in diesem Raum und auch zum besseren Verständnis der Aktionen und Reaktionen der Menschen Oberfrankens für Personengruppen von außerhalb unseres Raumes. Es gilt eben zu verstehen, und dies ist keineswegs eine akademische Dimension, sondern das Alltagswissen der Bevölkerung Oberfrankens, daß in diesem Raum gleichzeitig und nebeneinander ein Artenreichtum an seltenen Pflanzen bzw. Schmetterlingen *und* erheblich durch das Waldsterben geprägte Forstgebiete existiert. In kultureller Hinsicht sind neben den katholisch geprägten Lebensformen des Bamberger Raumes oder den Denk- und Handelsstrukturen des ehemaligen Herzogtums Coburg die protestantisch-pietistischen Normen des Bayreuther und Hofer Raumes vorhanden. Einem noch anzutreffenden Grenzlanddenken begegnet ein erwachendes regionales Eigenständigkeitsdenken, einem provinziellen Beharrungsvermögen entwickelt sich eine in Zukunft mehr denn je notwendige Aufgeschlossenheit gegenüber neueren Entwicklungen. Vielleicht ist manches davon auch für andere Teile Bayerns zutreffend. Das vorliegende Buch will versuchen, für Oberfranken auf die Vielfalt seines Raumes als besondere Chance seiner zukünftigen Entwicklung hinzuweisen.

Prof. Dr. J. Maier Bayreuth, den 27. August 1985

Oberfranken – Vielfalt seines Naturraumes

Klaus Hüser

Einen Teil zu betrachten, führt meist zu fraglichen Ansichten, wenn man nicht gleichzeitig das Ganze sieht. Oft scheint es sogar günstiger, vor allem bei naturwissenschaftlichen Fragestellungen, vom Ganzen auszugehen und erst dann nach der Regelhaftigkeit oder Besonderheit von Teilen zu fragen. Also wollen auch wir zunächst in Grundzügen den Großraum Süddeutschland kennenlernen, um aus dieser Kenntnis leichter die Vielfalt des Oberfränkischen Naturraumes zu verstehen.

Ein Streifzug durch die geologische Geschichte Süddeutschlands mit Blick auf den nordostbayerischen Raum

Süddeutschland hat durch seine Mittelgebirge, seine Beckenlandschaften, seine größeren oder kleineren Grabenstrukturen und seine Hochgebirge Anteil an den wesentlichen Formenelementen, die ganz Mitteleuropa aufbauen. Zunächst mag diese Gliederung rein beschreibend (d. h. morphographisch) zu verstehen sein, dennoch zeigt sich bei näherem Hinsehen, daß diese verschiedenen Landschaftstypen auch durch eine unterschiedliche Entwicklungsgeschichte (d. h. Morphogenese) zu begründen und durch sie in entscheidender Weise geprägt sind. Als vorwiegend steuernde Faktoren innerhalb der erwähnten Reliefgeschichte sind zu nennen: das erdgeschichtliche Alter dieser Landschaften (sprich: die bis heute zur Verfügung stehende Zeit ihrer Ausformung unter terrestrischen Bedingungen), das Gesteinsspektrum (sprich: die mögliche Vielfalt von hochmetamorphen Gesteinen über marine Kalkgesteine bis hin zu sandigen Lockersedimenten) und letztlich die Tektonik (sprich: die Auf- und Abwärtsbewegungen einzelner Erdkrustenschollen oder ihre zeitweilige(n) Ruhephase(n).

Unter diesen Aspekten lassen sich in Süddeutschland zwei Typen von Mittelgebirgen ausgliedern: die *Grundgebirge* und die *Deckgebirge*. Diese sind geologisch sehr alt, jene relativ jung. Diese bestehen zu einem großen Teil aus kristallinen und metamorphen (durch Druck- und Temperatureinflüsse im Mineralbestand und Gefüge umgewandelten) Gesteinen, jene aus marinen oder terrestrischen Sedimenten, die im Laufe der Zeit zu Sedimentgesteinen verfestigt wurden (Vorgang der Diagenese). Diese wurden in alter Zeit (variszisch) wie unsere heutigen Alpen verfaltet (d. i. alpinotype Tektonik), jene vorwiegend an Brüchen und Verwerfungen gehoben, gekippt, gegeneinander verstellt (d. i. germanotype Tektonik). Diese wie jene zeigen über die langen Zeiträume ihrer Entstehung unterschiedliches tektonisches Verhalten gegenüber ihren Umländern: mal befanden sie sich in Tieflage, heute, damit sie überhaupt als Gebirge angesprochen werden können, müssen sie über differenzierte Hebungsprozesse in Hochlage gebracht worden sein.

Ursprünglich, nämlich im Paläozoikum, war unser gesamtes betrachtetes Gebiet einmal ein großer Trog (d. h. Geosynklinale), der über unvorstellbar lange Zeiträume vom Kambrium bis zum Devon vom Meer bedeckt war, also über 250 Millionen Jahre! Die in diesem Meer abgelagerten Sedimente wurden dann in zwei großen tektonischen Phasen des Variszikums (der sudetischen Phase an der Wende Unter- zu Oberkarbon und der asturischen Phase im Oberkarbon) verfestigt, gepreßt, umgewandelt, gefaltet und zu Gebirgen emporgehoben.

Dieses große Gebirge, das vom Charakter her mit den heutigen Alpen vergleichbar gewesen sein dürfte, wurde schon bald von Abtragungsprozessen erfaßt – worauf die Sedimente des Rotliegenden, also der nächstfolgenden Epoche, hinweisen – und allmählich geriet der zentrale Teil des heutigen Süddeutschland, also ein kleinerer Raum als der eben beschriebene, wiederum in Tieflage, jedenfalls im Verhältnis zu seiner Umrahmung, die durch die heutigen Grundgebirge (Rheinisches Schiefergebirge, Frankenwald, Fichtelgebirge etc.) repräsentiert wird: eine neuer Trog war entstanden – das Germanische Becken.

Dieses wurde nun über das gesamte Erdmittelalter neuerlich mal von terrestrischen, meist aber marinen Sedimenten verfüllt, die nach und nach zu Sedimentgesteinen verfestigt wurden. Schon in der Kreide hatte sich aber angekündigt, was im Tertiär und Quartär weiterging: das Meer zog sich zurück, neues Festland entstand, die Gesteinsschichten wurden verstellt (generell nach Südosten einfallend) und gehoben, wobei der Motor dieses Prozesses in erster Linie in der Anhebung der Randschultern des Oberrheingrabens (also Schwarzwald und Odenwald im Ostflügel) zu sehen ist.

Zeitskala in Millionen Jahren	Ära	Formation	Epoche	Beginn vor Millionen Jahren	Dauer vor Millionen Jahren	Für Süddeutschland wichtige Gebirgsbildungsphasen
0	Känozoikum	Quartär		2	2	Alpidische Faltung
50		Tertiär	Jungtertiär Alttertiär	65	63	
100	Mesozoikum	Kreide	Oberkreide Unterkreide	136	71	
150		Jura	Malm Dogger Lias	190	54	
200		Trias	Keuper Muschelkalk Buntsandstein	225	35	
250	Paläozoikum	Perm	Zechstein Rotliegendes	280	55	Variszische (Herzynische) Faltung
300		Karbon	Oberkarbon Unterkarbon	345	65	
350		Devon		395	50	
400		Silur		430	35	
450		Ordovizium		500	70	
500, 550		Kambrium		570	70	
4600	Präkambrium	Präkambrium		4600	4030	

Bei diesem Vorgang des Emporhebens wurden nicht alle Teile gleichermaßen erfaßt. Offensichtlich blieb der zentrale Teil – also das ehemalige Germanische Becken – gegenüber den Umrahmungen zurück; dies galt auch für den Bereich Oberfrankens. Hier ist der *Kontakt Grundgebirge gegen Deckgebirge* so scharf und klar wie selten ausgeprägt: die sogenannte „Fränkische Linie" trennt mit einer Versatzhöhe von stellenweise weit über 1000 m beide Einheiten in Form einer markanten Verwerfung voneinander. Nun dürfte aber nicht schwer verständlich sein, daß im unmittelbaren Kontaktbereich zweier Schollen, die um solch' große Beträge gegeneinander versetzt werden, sich dieser Vorgang kleinräumig sehr unterschiedlich tektonisch auswirken kann. Dementsprechend sind einzelne Schollen der Erdkruste von der stärker und schneller aufsteigenden Umrahmung des Grundgebirges entweder mitgeschleppt und dabei verstellt worden oder einzelne Teile wurden höher herausgehoben als andere, was sich dann eben nicht durch Schrägstellung und Verbiegung, sondern durch glatte Brüche äußerte. Eine solche tektonisch stark beanspruchte Kontaktzone ist in Oberfranken zwischen das Grundgebirge (Frankenwald, Münchberger Gneismasse, Fichtelgebirge) und die Malmtafel der Fränkischen Alb geschaltet: das *Obermainische Bruchschollenland.* Nebenbei gesagt, ist dies die eine Möglichkeit des „Auslaufens" eines Deckgebirges; am Südrand der Fränkischen und der Schwäbischen Alb sehen wir eine andere Möglichkeit verwirklicht: dort tauchen die Deckgesteine unter den jüngeren, maximal 3–4 km mächtigen Sedimenten des tertiären Molassetroges ab, um in den Alpen als gefaltete Decken – also ganz anderen tektonischen Strukturen – wieder aufzutauchen.

Abb. 1: Die Erdzeitalter und die für Süddeutschland wichtigen Gebirgsbildungsphasen

Die Abbildung soll den Beginn und die Dauer der verschiedentlich im Text angesprochenen Erdzeitalter verdeutlichen. Man beachte vor allem die nach menschlichem Ermessen unvorstellbar lange Ära des Präkambriums, auch ihren überproportionalen Anteil an der gesamten Entwicklungsgeschichte der Erde. Für das Verständnis der nordostbayerischen Landschaften spielt diese Ära allerdings keine Rolle. In den Grundgebirgen Oberfrankens sind Gesteine seit dem Kambrium vertreten, in den Deckgebirgen lückenlos vom Perm bis zur Kreide. Für Formungsprozesse des Reliefs steht die Ära des Känozoikums mit „nur" 63 Millionen Jahren zur Verfügung. Die Talbildung unseres Raumes ist entscheidend erst im Quartär, also in nur 2 Jahrmillionen, abgelaufen.

Zurück zu unserem Raum Oberfranken: Die Auswirkungen solch' unterschiedlicher Hebungen einzelner, regional oft sehr kleinräumiger Schollen auf die Reliefformung sind unschwer abzuleiten. Nach einem allgemeinen Prinzip wird das Höherliegende in gleicher Zeit stärker abgetragen als das Tieferliegende; also wird das (Kreide- oder) Malmdach in der Bruchschollenzone schneller entfernt, während es im Bereich der Frankenalb aufgrund seiner Tieflage zunächst geschützt bleibt. Daher bilden heute die in ungestörter Lage viel tiefer zu erwartenden Schichten des Keupers, des Muschelkalks, des Buntsandsteins die Reliefoberflächen, vielfach sogar in gleicher Höhenlage wie der Malm der benachbarten Frankenalb. Einen solchen Sachverhalt bezeichnet man als *Reliefumkehr*.

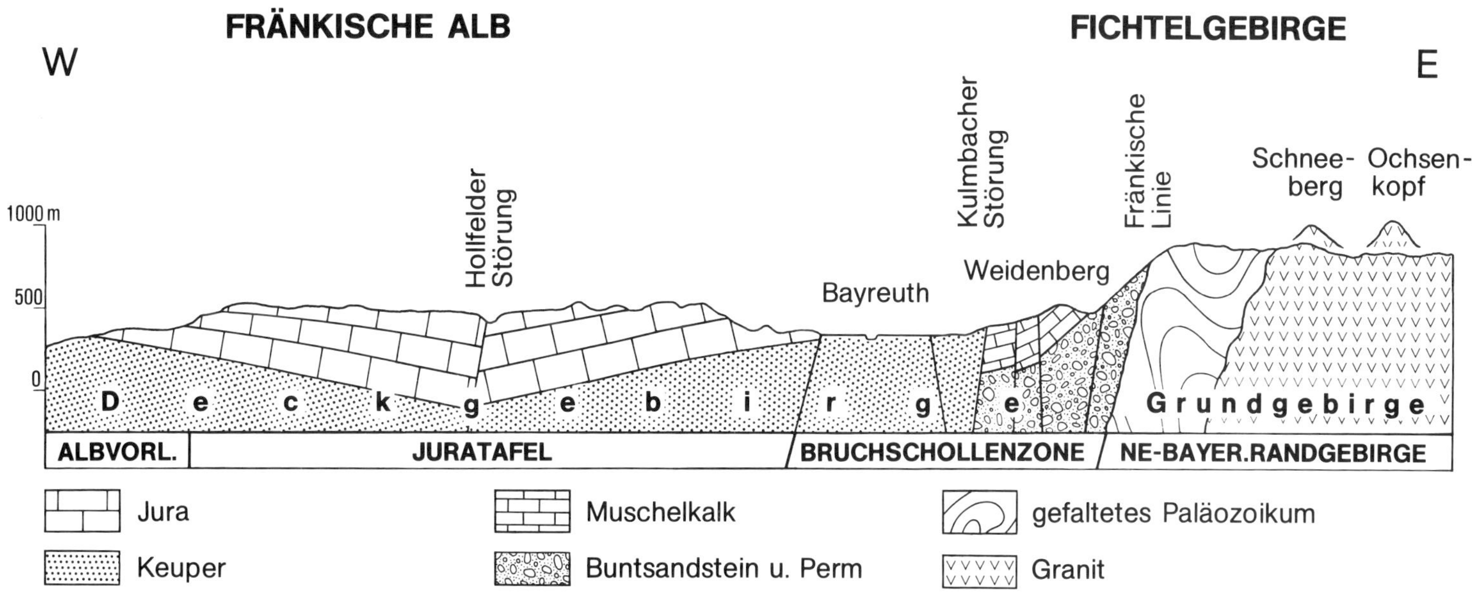

Abb. 2: Stark vereinfachtes geologisches Profil durch Oberfranken (nach einem Wandprofil im Gebäude der Geowissenschaften der Universität Bayreuth)

Ein W-E-Schnitt durch Oberfranken verdeutlicht den grundsätzlichen Landschaftscharakter dieser Region und begründet ihre naturräumliche Vielfalt. Ein weitflächig vorhandenes, geologisch junges Deckgebirge, das aus Sedimentgesteinen der Trias und des Juras aufgebaut ist, stößt an ein viel älteres Grundgebirge, das – in der Höhe dieses Profils – aus gefalteten Gesteinen des Paläozoikums oder aus in diese Serien eingedrungenen Graniten besteht. Die Kontaktzone Deckgebirge gegen Grundgebirge ist in Oberfranken als ein tektonisch sehr stark beanspruchtes und dadurch in sich kleinräumig gegliedertes Gebiet ausgebildet, das als Obermainische Bruchschollenzone bezeichnet wird. Meist setzt sich diese Zone gegen den Frankenwald und das Fichtelgebirge an einer sehr markanten Verwerfung ab, der sog. „Fränkischen Linie". Im abgebildeten Schnitt auf der geographischen Breite von Bayreuth ist dieses bedeutende tektonische Lineament – abweichend von der Regel – nur als Hebungsflexur ausgebildet (sog. „Weidenberger Anomalie"). Seine sonst vorzufindende Lage ist in der Abbildung an der Diskordanzfläche zwischen den Sedimentgesteinen des Perm und dem gefalteten Paläozoikum eingetragen.

Aber selbst die Gesteine des heute noch weitflächig vorhandenen Deckgebirges der Frankenalb blieben in ihrer zunächst bei der Landhebung angelegten Lagerung (Schichteinfallen generell nach SE) nicht ungestört: im Nordteil – also in Oberfranken – wurde wiederum an einer Störung der Ostteil gegen den Westflügel angehoben. Dieser Knick ist bekannt als Hollfelder Störung. Da sie ebenfalls mit einem Versatz verbunden ist, verfuhr auch hier die Abtragung nach dem eben geschilderten Prinzip: die geringmächtige Kreideauflage (sandige und lehmige Albüberdeckung) wurde im gehobenen Ostteil rascher ausgeräumt, während sie westlich der Störung in einer Muldenstruktur noch weitflächiger erhalten blieb.

Abtragungsprozesse formen Grund- und Deckgebirge

Für den gesamten Bereich des ehemaligen vorwiegend marinen Germanischen Beckens hatten wir festgestellt, daß nach seiner Landwerdung und Hebung (spätestens also nach der Kreidezeit, d. h. postkretazisch) das gesamte riesige Gesteinspaket nach SE gekippt wurde. Zwangsläufig mußten die im Westen liegenden höchsten Teile als erste abgetragen werden. Da der mächtige Gesteinsstapel aus sehr unterschiedlichen, für die Abtragungsprozesse teils ausgesprochen harten, teils relativ weichen Schichten besteht, die in Wechsellagerung liegen, führte dies über die langen terrestrischen Zeiten der Erosion und Denudation (d. i. linienhafte und flächenhafte Abtragung) dazu, daß die Reliefoberflächen fast ausschließlich von harten Gesteinen gebildet werden, die jeweils durch Stufen, in denen die weicheren Gesteine die Sockelpartien aufbauen, voneinander getrennt sind. Einen solchen Relieftyp, der aus weiten, vorwiegend an die Gesteinsstruktur angelehnten Flächen und trennenden Stufen besteht, bezeichnet man als *Schichtstufenlandschaft.*

Da im Westen aufgrund der Schrägstellung die ersten Stufen und Flächen als Abtragungsformen angelegt werden konnten, müssen sie sich über den erwähnten langen Abtragungszeitraum von rd. 70 Millionen Jahren allmählich nach Osten verlagert haben. Ganz vereinfachend heißt dies in einer modellhaften Vorstellung, daß die Stufen – ob scheinbar oder tatsächlich, darüber streiten sich die Geomorphologen immer noch – durch Erosionsprozesse „zurückgelaufen" sind. Der jetzige „Halt" dieses Rücklaufs von Westen her für die erste und damit oberste Stufe, die des Malm, ist in der heutigen Lage des westlichen Anstiegs zur Frankenalb zu sehen; unter geologischen Zeitmaßstäben stellt diese Situation aber nur eine zufällige Momentaufnahme eines dynamischen Prozesses dar, der die Stufenfront auch in Zukunft immer weiter in den Osten verlagern wird (vgl. dazu die folgenden Erörterungen zur Anlage des Gewässernetzes und zur Verlagerung der Europäischen Hauptwasserscheide).

Dieses Prinzip, daß die Abtragungsprozesse in den widerständigeren Gesteinen relativ gestoppt werden, während sie in den weicheren Serien relativ beschleunigt ablaufen, so daß Flächen und Stufen im Deckgebirge allmählich herausmodelliert werden, galt natürlich nicht nur für die oberste Fläche und Stufe im Malm, sondern für den gesamten Gesteinsstapel. Dementsprechend müssen heute in der Landschaft so viele Flächen und Stufen anzutreffen sein, wie es morphologisch harte Gesteinsbänke gibt. Dabei wird die jetzige relative Höhe der Stufen durch die Mächtigkeit der Schichten bestimmt – in erster Linie von der der weichen, da sie jeweils den Stufensockel aufbaut. Für Oberfranken lassen sich folgende – von unten nach oben, also von geologisch alt zu jung – harte Gesteinsbänke und somit auch Stufen und ihre zugehörigen Flächen feststellen: verschiedene Bänke im mittleren Keuper (Burgsandstein) bilden die beachtliche Burgsandsteinstufe, dünnere Schichten im oberen Keuper (Rhät) die Rhätsandsteinstufe, sehr harte, aber geringmächtige Kalke im Lias (L ε, Posidonienschiefer) die Liasstufe, der mächtige Eisensandstein des Dogger die Doggerstufe, schön gebankte Kalke im unteren Malm (Mβ, Werkkalke) die erste Malmstufe, meist dolomitisierte Riffkalke im mittleren Malm (Mδ, Riffkalkstein) die zweite Malmstufe, der stellenweise noch eine kleinere aus dolomitisierten Kalken des obersten Malm (M ε) aufgesetzt sein kann. Gemeinsam ist allen diesen Stufen, daß ihr Stufenbildner, also das oberste Dach, aus jeweils wasserdurchlässigen Schichten besteht (daher Sandsteine oder Kalke), während der Stufensockel jeweils von wasserstauenden, den Oberflächenabfluß und -abtrag begünstigenden Gesteinen (Mergeln und Tonen) aufgebaut wird. Das ist heute in der Landschaft sowohl in größeren wie auch in ganz kleinen Dimensionen zu erkennen, z. B. an der Herausmodellierung kleinster Geländekanten durch den Ausstrich des harten, aber ganz geringmächtigen Arietensandsteins (Liasα3) oder der Numismalismergel (Liasγ).

Nun wissen wir aber nicht mit endgültiger Sicherheit, ob dieses Prinzip eines „Strukturreliefs" schon von Beginn der Abtragungsvorgänge an verwirklicht wurde oder ob die Modellierung der Stufen nicht ein geologisch sehr junger Vorgang gewesen ist, der erst im Pleistozän einsetzte und sich bis in die Jetztzeit erhielt. Es gibt Argumente für die eine wie für die andere Vorstellung. Aus dem Nachbarraum gleichen Typs, der Schwäbischen Alb und dort vor

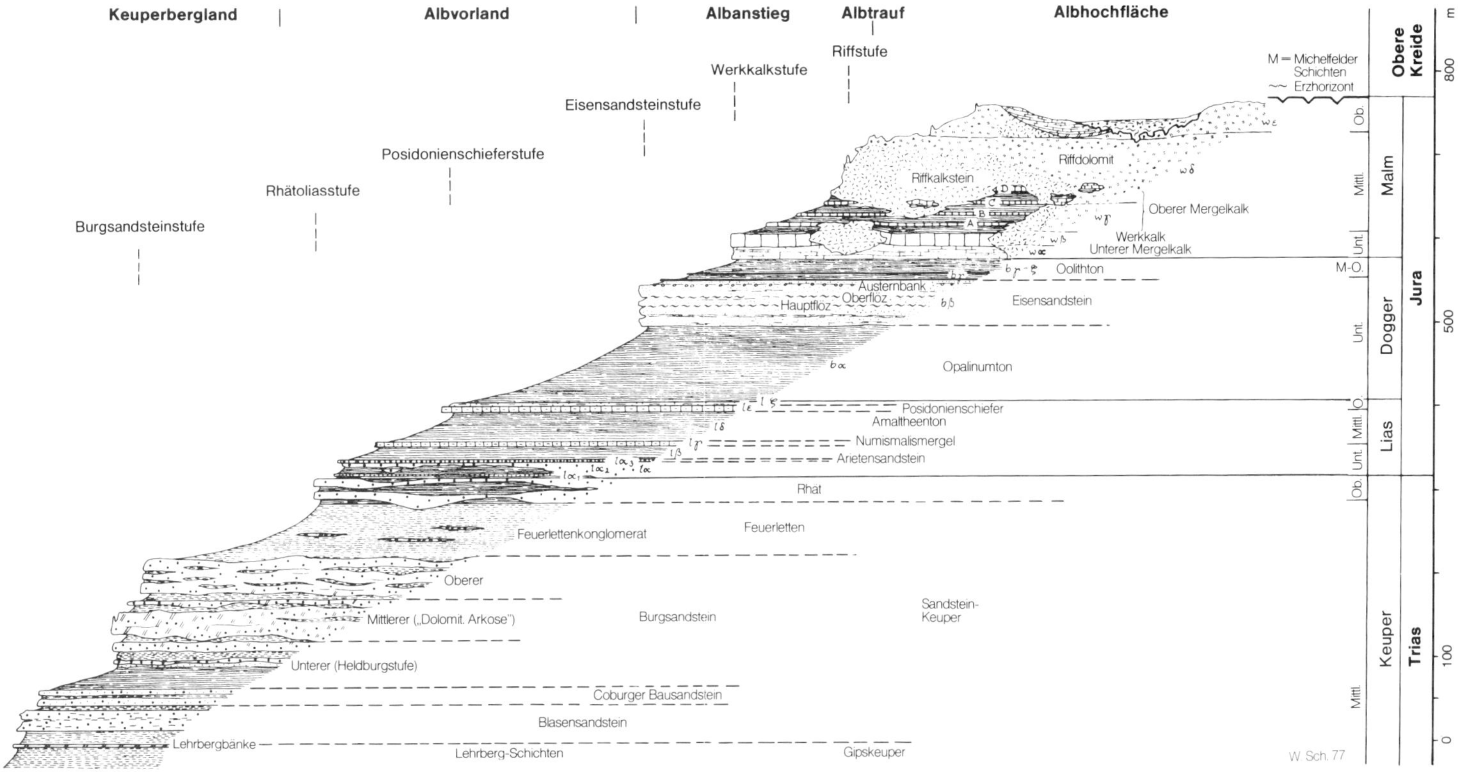

Abb. 3: Schematischer Profilschnitt durch den höheren Keuper und den Jura mit Oberkreide-Auflage am Nordende der Frankenalb und ihrem Vorland (SCHIRMER, 1978)

Die Nördliche Frankenalb und ihr Vorland wird aus einer Wechsellagerung von abtragungsresistenten und abtragungsanfälligen Gesteinen des oberen Keupers und des gesamten Juras aufgebaut. Im heutigen Relief bilden die harten, wasserdurchlässigen Sandsteine und verkarstungsfähigen Kalksteine die oberen Partien von Geländestufen und die an sie anschließenden (Schicht-)Flächen. Sie schützen somit die unter ihnen liegenden, weichen, wasserdurchlässigen Mergel und Tonsteine, die die jeweiligen, mit konkavem Hangprofil ansteigenden Stufensockel bilden. An der Grenze der harten zur weichen Schicht ist meist ein Quellhorizont vorhanden, der zur Übersteilung des Stufenbildners führt. Die Abbildung ist nicht als ein tatsächlich in dieser Form im Gelände vorzufindendes Profil zu verstehen, sie will lediglich in idealisierter Weise Lagerung, Mächtigkeit und Hangausbildung der einzelnen Schichten verdeutlichen. In Wirklichkeit sind die Abstände der Schichtstufen untereinander viel größer, so daß dazwischen auch „echte" Flächen gespannt sein können.

allem aus dem Ries, lassen sich plausible, hier nicht weiter zu erörternde Gründe vorbringen, daß schon in alter Zeit, also im Tertiär, mindestens aber zur Zeit des Ries-Ereignisses (also vor rd. 15 Millionen Jahren) eine Stufenlandschaft in der eben geschilderten Form bestanden haben muß. Gerade die fränkischen Verhältnisse lassen jedoch Zweifel an der Ausschließlichkeit dieses Standpunktes aufkommen.

So ist zum Beispiel die Dachfläche der Nördlichen Frankenalb keine streng an die Verhältnisse des Untergrundes adaptierte Fläche, sie schneidet vielmehr sehr unterschiedliche Gesteine des Malm und der Kreide unter flachem Winkel. Das würde auf andere Entstehungsprozesse hinweisen als auf solche, die zur Entwicklung eines Strukturreliefs benötigt würden. Sie ist auch vielfach gar keine eigentliche Fläche, sondern wird von einem kuppig-hügeligen Relief beherrscht, das – wie einige annehmen – wie eine tropische Kegelkarstlandschaft (vielleicht schon in der ausgehenden Kreide) geformt worden ist. Das würde für Entwicklungsprozesse unter feucht tropischen, längst vergangenen Klimaten sprechen und für ein sehr großes Alter dieses Landschaftstyps. Und letztlich finden wir auf der Alb alte Flußablagerungen in Form von Schottern (davon im nächsten Kapitel Genaueres), die unzweifelhaft belegen, daß es tertiärzeitliche Flüsse gegeben haben muß, die ihre Quellgebiete im Grundgebirge hatten und quer über die Bruchschollenzone und den jetzigen Albkörper nach Süden flossen. Das weist einerseits darauf hin, daß zumindest das heutige, klein strukturierte Relief der Bruchschollenzone erst vor (geologisch) kürzester Zeit entstanden sein kann, weist andererseits auf ein damals eher flächenhaftes, die Struktur des Untergrundes kappendes Relief hin und legt letztlich den Gedanken nahe, daß die Reliefentwicklung in Grund- und Deckgebirge nicht isoliert, sondern im Zusammenhang gesehen werden muß.

Die graue Vorzeit der Reliefgeschichte des Grundgebirges liegt allerdings noch tiefer im Dunklen als die des Deckgebirges. Immerhin besteht ja hier die Möglichkeit, daß das heutige Relief noch viel längere Zeiträume zu seiner Entstehung zur Verfügung hatte, da es seit viel längerer Zeit bereits Festland war. Es ist aber auch nicht ganz auszuschließen, daß die marinen Transgressionen des Beckens auf die Umrahmung übergriffen, so daß auch dort eine Decke von Sedimentgesteinen ein vorzeitlich angelegtes Relief verhüllte. Jedenfalls finden wir heute in den Grundgebirgen Nordostbayerns nicht einen einzigen Rest von mesozoischen Sedimentgesteinen (mit Ausnahme des Perm), was zu dem Schluß veranlassen kann, daß es eine solche Bedeckung nie gegeben hat oder daß sie nur sehr geringmächtig war und dementsprechend bei der folgenden stärkeren Hebung schnell und vollständig ausgeräumt werden konnte. Spätestens ab dem Alttertiär nimmt die Rekonstruktion der Reliefgenese im Grundgebige konkretere Züge an. Sie muß in Zusammenhang mit der *Paläoklimageschichte* (siehe Abschnitt über das Klima Oberfrankens) gesehen werden, da exogene Abtragungsprozesse ganz allgemein zu einem großen Teil von den klimatischen Bedingungen gesteuert werden. Gerade in Oberfranken gibt es aufgrund von paläobotanischen Untersuchungen und aufgrund von Analysen alter Verwitterungsmaterialien viele Hinweise darauf, daß ein ehemals tropisch feuchtes Klima im Alttertiär unter allmählicher Abschwächung seiner Intensität sich zu einem subtropischen Klimatyp im Mitteltertiär wandelte. Spätestens seit dem Sarmat und Pont (das ist die Wende vom Miozän zum Pliozän) gibt es keine tiefgründigen Verwitterungsprofile mehr, d. h. der tropische oder „tropoide" Charakter des Klimas war endgültig zu Ende. Die heute in weiten Teilen des Frankenwaldes, der Münchberger Hochfläche und des Fichtelgebirges in leichter Wellung bei rund 450–650 m Meereshöhe sich erstreckende, den Untergrund kappende und schneidende Fläche muß unter diesen tropischen Konditionen des Alttertiärs entstanden sein. Über die Bruchschollenzone wird sie bis in die Frankenalb hinweggezogen sein. Natürlich lag sie zur Zeit ihrer Entstehung nicht in der heutigen Höhe, sondern wird auf den damaligen Meeresspiegel (rückgerechnet also viel tiefer) eingestellt gewesen sein.

Das Meer zog sich (ab der Kreide) weit zurück oder die gesamte Scholle hob sich: der Effekt bleibt gleich, in jedem Falle wurde diese Hauptrumpffläche in größere Höhe gebracht (immer bezogen auf den jeweiligen Meeresspiegel). Die Basaltintrusionen, bzw. allgemein der einsetzende Vulkanismus (von TODT und LIPPOLDT, 1975, auf den Zeitraum zwischen 28 und 19 Millionen Jahre vor heute datiert) weisen auf die entstehende Unruhe und Labilität im Gebirgskörper hin: ab jetzt fährt der Block nach oben. Im Fichtelgebirge (nach LOUIS, 1984) – und das gilt wohl auch für die anderen Einheiten – tut er das seit dem Mittelmiozän bis heute um 400 bis 500 m! Dabei können sowohl Ruhepausen über Millionen Jahre in diesem Hebungsprozeß eingeschaltet sein, in denen sich neuerlich Rumpfflächen (in dann tieferer Lage) bilden konnten, als es auch durchaus vorstellbar ist, daß der Gesamtblock bei der Hebung in einzelne Teilblöcke an Brüchen und Verwerfungen zerbrach, so daß Teile der ehemals einheitlichen Fläche auf diese Art in unterschiedliche Hochlage gebracht wurden. Die heute dominant höheren Gebiete, also vor allem das Hohe Fichtelgebirge mit Ochsenkopf, Schneeberg und Kösseine mögen als Granitkuppen vielleicht schon immer die Landschaft inselbergartig überragt haben.

Noch im Altpliozän scheint aber von den nordostbayerischen Randgebirgen quer über die Rotmain-Heidenaab-Zone und die Fränkische Alb bis zum viel weiter entfernten Molassebecken vor den Alpen eine gleichsinnige Abdachung bestanden zu haben. Aufgrund geänderter klimatischer Konditionen wurde dieses Relief von Schottern und Sanden der ersten zur Donau entwässernden Flüsse verschüttet (nach LOUIS, KÖRBER und ZECH, 1984). Ab dann änderte sich für Oberfrankens Landschaftsgeschichte alles in dramatischer Weise: Die Kaltzeiten und Eiszeiten und ihre zugehörigen Zwischeneiszeiten des Pleistozäns setzten ein.
Während vorher über Zehnereinheiten von Jahrmillionen Abtragungsprozesse herrschten, die offensichtlich kaum in der Lage waren, Unterschiede von hoch und tief zu schaffen oder wenigstens zu akzentuieren, lief seit dem Pleistozän die Reliefgeschichte Oberfrankens wie in einem Zeitraffer ab: in zwei oder nur einer Jahrmillion tieften sich die Täler so ein, wie wir sie heute kennen, wurde der westliche Rand von Fichtelgebirge und Frankenwald an der Fränkischen Linie so als Mauer herauspräpariert, wie sie heute wallartig vor uns steht, wurde die Frankenalb in ihrer allseitigen Umgrenzung und ihren inneren Tälern so modelliert, wie sie den heutigen Reiz ihrer Landschaft begründet. Das alles war nur möglich durch *drei grundsätzliche Voraussetzungen*.
Zum einen hielt der tektonische Hub – vielleicht sogar verschärft – bis heute an. Zum anderen wurde durch den Eingriff der Flüsse, die über den Main zum Rhein entwässerten, das ehemals zur Donau tributäre Gebiet in Erosionsvermögen und Talgestaltung völlig verändert; dieser Faktor ist gerade in Oberfranken so landschaftsbestimmend, aber auch so gut rekonstruierbar, daß wir uns im folgenden damit noch etwas näher auseinandersetzen wollen. Zum letzten stellten die klimatischen Bedingungen des Eiszeitalters eine so radikale Änderung dar, wie sie unser Gebiet vorher wohl nie erlebt hatte, und sie erwiesen sich in ihrer Summenwirkung als ausgesprochen förderlich für linienhafte Abtragung, also die Betonung von hoch und tief.
Oberfranken lag zwar in den verschiedenen Eiszeiten nie unter einer geschlossenen Eisdecke, wie etwa weite Teile Norddeutschlands oder der Alpen, dafür machte sich aber Eis in Form des Bodeneises als neue formgestaltende Kraft bemerkbar. Der *Permafrost* war damals in alle, natürlich längst waldfreien Gebiete Oberfrankens eingezogen. In den kurzen sommerlichen Auftauperioden blieben zwar die tieferen Teile des Untergrundes gefroren, die oberen aber wurden von Schmelz- und Niederschlagswasser durchtränkt und – je nach Reliefneigung – mobil gemacht. Diesen Prozeß des auf der Eisrinde abgleitenden Oberflächenmaterials bezeichnet man als Solifluktion. Sie ist typisch für das sogenannte Periglazialgebiet. Für den Abtrag auf wirklich ebenen Geländeteilen spielte sie keine große Rolle; hier fanden durch den dauernden Wechsel von Gefrieren und Auftauen lediglich Durchmischungs- und Materialsortierungsprozesse statt. Für schon gering geneigte bis mittelsteile Hänge war sie der entscheidende Formungsprozeß; noch heute findet man auf fast allen Hangabschnitten Schuttdecken als Zeugnisse dieses Vorgangs. Dabei kam vor allem im Schichtstufenland die Wechsellagerung von unterschiedlichsten Gesteinen der Solifluktion förderlich entgegen. In Senken oder an Hangfüßen wurden die Schuttdecken akkumuliert – in Tälern konnten sie von den Flüssen bei ausreichender Wasserführung als Fracht aufgenommen und mit dieser Fracht gleichzeitig erodierend abtransportiert werden. Überhaupt taten sich die damaligen Flüsse in ihrer Erosionsleistung leichter als heute; denn unter ihren Betten zog die Eisrinde ebenfalls hindurch, der Fluß taute sie im Sommer an und trieb die mit viel Material der Felssohle verbackenen Eisschollen flußabwärts. Dieser von BÜDEL bezeichnete „Eisrindeneffekt" erklärt die überraschend große Breite von Tälern dort, wo wir heute nur kleine Bäche in ihrer Mitte als Abflußadern vorfinden. Als aber die Niederschläge in den Eiszeiten nachließen, die großen Gletscher in den entfernten Gebieten zu ihrer maximalen Mächtigkeit aufgebaut waren (d. i. die Zeit des „Hochglazials"), führten die Flüsse auch in der Sommerperiode so wenig Wasser, daß sie die ihnen zugeführte Fracht nicht mehr bewältigen konnten: sie mußten akkumulieren. Diese Akkumulationen sind die heutigen Flußterrassen, die man vor allem in den großen Tälern wie dem des Mains als Treppe über dem heutigen Talgrund von der untersten (das ist die Niederterrasse der jüngsten, also letzten Eiszeit) zu den obersten Stufen (das sind die Hauptterrassen der ältesten Eiszeit) emporsteigen kann. Ganz nebenbei gesagt, spielen die Schotterakkumulationen der Flußterrassen für den heutigen Kiesbedarf und -abbau eine wichtige Rolle.
Ein Letztes sei von der Bedeutung des Permafrostes gesagt. Im Deckgebirge, also vor allem in den Kalksteinen, führte er zur totalen Umkehr der früheren (auch der heutigen) Verhältnisse. Ohne Bodeneis waren und sind Kalkgesteine wasserdurchlässig und verkarstungsfähig: Oberflächenabtrag gab und gibt es so gut wie nicht. Zieht in diese Gesteine dagegen Permafrost ein, dichtet er alle durch Lösung entstandenen Klüfte und Hohlräume ab, Verkarstung setzt aus, der Karstkörper ist „plombiert". Zum selben Zeitpunkt konnte Oberflächenabtrag einsetzen, noch besser Talbildung. Viele heutige „Trockentäler" auf der Alb (also Täler, die keinen Fluß kennen) sind nur so erklärbar.

Das Flußnetz entwickelt sich: zunächst zur Donau – dann zum Rhein

Sobald unser betrachtetes Gebiet Festland geworden war – spätestens seit der Kreide –, begannen Abtragungskräfte dieses Rohrelief anzugreifen. Sammeladern des oberirdischen Abflusses sind Flüsse, die über Eintiefungsprozesse ihre flachen Betten allmählich zu echten Tälern umgestalten. Dabei ist der Abfluß immer gemäß dem natürlich vorgegebenen Gefälle gerichtet.

Nun haben wir gesehen, daß die Sedimentgesteine des „Germanischen Beckens" (oder der „Südwestdeutschen Großscholle" nach CARLÉ, 1955) im Westen eine Hebung erfahren hatten, so daß sie nach Osten, bzw. Südosten einfallen mußten. Also war auch die erste Landoberfläche grundsätzlich in diese Richtung geneigt. Das wiederum bedeutete für die Uranlage des Flußnetzes ebenfalls eine generell nach Südosten gerichtete Entwässerung.

Auffangbecken dieser vielen nach Süden und Südosten abfließenden Flüsse war sowohl im Schwäbischen, wie auch im Fränkischen zunächst der große Molassetrog, der sich im Tertiär zeitweilig als Süßwasser-, zeitweilig als Meereswasserbecken vor den Alpen erstreckte. Erst relativ spät – im ausgehenden Tertiär – nach Rückzug dieses Molassemeeres konnte sich ein West-Ost-gerichteter Fluß als Vorfluter entwickeln: die Donau. Wenn auch sie während der langen Epochen, die zur Ausbildung ihres Tales (oder besser ihrer Täler) zur Verfügung standen, ihren Lauf mehrfach verlagert und modifiziert hat, behielt sie doch grundsätzlich eine West-Ost-Tendenz des Abflusses bei, gebunden an die Saumtiefe vor den aufsteigenden Alpen und – ab Regensburg – fixiert durch den Rand der ebenfalls emporsteigenden Böhmischen Masse.

Sehen wir uns die heutigen Abflußverhältnisse in Oberfranken dagegen an, erkennen wir, daß die alte Abflußrichtung sich für die meisten Flüsse umgekehrt haben muß. Nicht mehr die Donau, sondern der Main ist zum Vorfluter aller oberfränkischen Flüsse geworden und er entwässert, wenn auch über einzelne verschieden gerichtete Flußabschnitte, grundsätzlich nach Westen zum Rhein hin. Auch die Regnitz, Vorfluter zweiter Ordnung, sammelt in ihrem parallel zum Albrand ausgebildeten Laufabschnitt heute die Flüsse der nördlichen und mittleren Alb (Aufseß, Wiesent, Pegnitz u. a.) und die vielen von der Dachfläche des Steigerwaldes abfließenden Flüsse (Aurach, die drei Ebrach's, Aisch) um sie bei Bamberg dem Main – und damit letztlich dem Rhein – zuzuführen.

Das gesamte Flußnetz zeigt dabei in seinen Einzelheiten immer eine deutliche Parallelität zu den tektonischen Richtungen, die den Gebirgskörper selbst strukturieren: also den herzynischen (von SE nach NW) und variszischen (von SW nach NE) Richtungen. So fließt etwa der Rote Main ab Bayreuth zunächst herzynisch, während der Main bei Staffelstein variszisch ausgerichtet ist, um ab Bamberg wiederum in die herzynische Richtung umzubiegen. Ähnliches gilt, wenn auch nicht so deutlich, für die Laufstrecken der mittleren und unteren Regnitz.

Vor allem bei rechtwinkligem Abknicken von Flußläufen (etwa die Steinach bei Austritt aus dem Grundgebirge und wiederum östlich Bayreuth oder die Wiesent südlich Waischenfeld bei Streitberg) ist immer die direkte Abhängigkeit der Fließrichtung von der tektonisch vorgegebenen Richtung zu beobachten. Das zeigt einerseits die steuernde Funktion von Strukturelementen des Gebirges und andererseits die Feinfühligkeit, Bereitschaft und Anfälligkeit, mit der Flüsse auf solche scheinbar passiven Impulse reagieren.

Alte Abflußrichtungen in Oberfranken nach Südosten, neue nach Nordwesten: das kann nur heißen, daß ein aktiveres System als das der Donau ($\hat{=}$ *danubisches System*) in dieses eingegriffen hat. Solches Eingreifen geschieht – wenn nicht die ganze Scholle entgegengesetzt verkippt wird, was ja tatsächlich nie der Fall war – über das rückwärtige Einschneiden von Flüssen, die in gleicher Zeit größere Erosion leisten können als die alten, ursprünglich angelegten Flüsse. Auf diese Weise können nach und nach einzelne Flußabschnitte, später ganze Flußsysteme angezapft werden, was zur Folge hat, daß sich die Wasserscheide immer weiter auf Kosten des inaktiveren Systems verlagert. Zum heutigen Zeitpunkt hat das aktive *rhenanische* (zum Rhein hin entwässernde) *System* ganz Oberfranken schon erreicht und in Besitz genommen, so daß die trennende Wasserscheide gegen die Donau (= *Europäische Hauptwasserscheide*) den Bereich der mittleren Frankenalb quert. Diese Dynamik ist längst noch nicht in ein stabiles Gleichgewicht überführt worden. Gerade in den Oberläufen aller Flüsse bis hinein in die feinsten Verästelungen wirkt sich der steuernde Impuls des Hauptvorfluters Rhein sichtbar aus. Das schönste und augenfälligste Beispiel mag in unserem Raum die Wasserscheide zwischen Steinach und Haidenaab sein (vgl. auch Bildinterpretation Nr. 9): die Steinach –

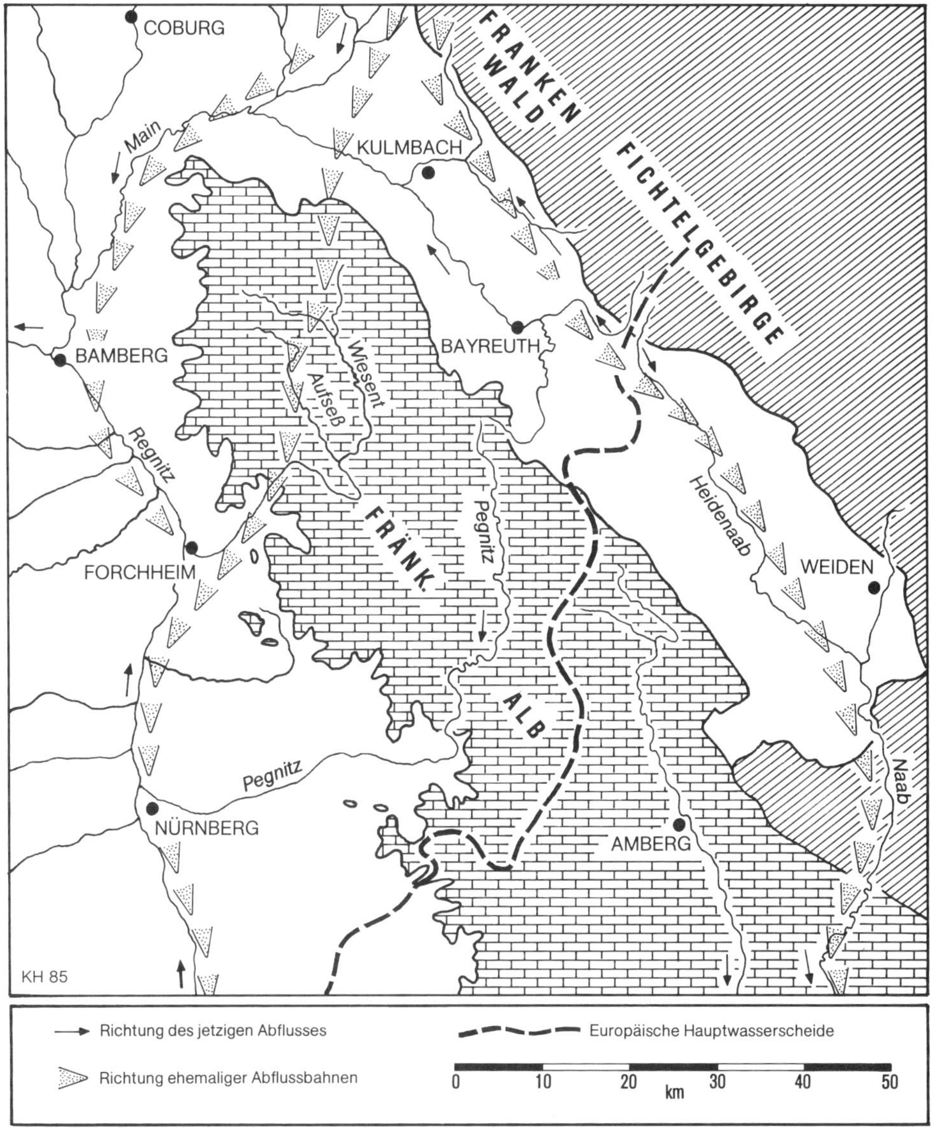

Abb. 4: Die Entwicklung des Gewässernetzes in Oberfranken

Die ursprüngliche Flußnetzanlage seit der Landwerdung unseres Raumes war aufgrund der tektonischen Verkippung nach Südwesten, bzw. Süden ausgerichtet. Alle Urflüsse – ein Urmain im NW, eine Urwiesent im zentralen Bereich und eine Urnaab als Längstalzug parallel zum Rand des Frankenwaldes und Fichtelgebirges – entwässerten wahrscheinlich bis ins ausgehende Tertiär zunächst ins Molassebecken, dann zur sich dort entwickelnden Donau. Erst ab der Wende Pliozän/Pleistozän machte sich der stärkere Erosionsimpuls des Rheins auch in Oberfranken bemerkbar; ab dieser Zeit wurde Talstück um Talstück und Flußsystem um Flußsystem angezapft und in die nordwestliche Richtung zum Rhein hin umgelenkt. Das hatte zur Folge, daß heute die Europäische Hauptwasserscheide, die das rhenanische vom danubischen System trennt, weit in den Südosten verlagert ist. Dieser Prozeß ist längst noch nicht abgeschlossen.

als dem Main tributärer Fluß – hat in den gleichen Gesteinen, in denen die Haidenaab nach Südosten entwässert, ein tiefes Tal geschaffen, während jene einer uralten Längstalrichtung folgend kaum in die Fläche eingetieft ist.
Der Eingriff des rhenanischen Systems in unserem Raum ist geologisch jung und schreitet heute und in Zukunft fort. Die ersten Erosionsimpulse, die ersten Anzapfungen, die ersten Flußumlenkungen mögen sich frühestens ab der Wende Pliozän/Pleistozän oder noch später ereignet haben. Für alle geschilderten Prozesse, die ja mit erheblicher Ausräumung verbunden waren, standen also höchstens 1 bis 2 Jahrmillionen zur Verfügung. Das ist gemessen an der Gesamtdauer des ehemals zum Molassemeer und dann danubisch ausgerichteten Flußsystems – rd. 80 Mio. Jahre – unwahrscheinlich kurz.
Woher wissen wir aber überhaupt noch Näheres über die alten Flüsse und ihre Täler, wenn die Veränderungen der jüngsten Vergangenheit so radikal waren? Den sichersten Hinweis bieten sehr „handgreifliche" Argumente, nämlich Schotter, also vom Fluß transportierte Gesteine, denn ihr Spektrum verrät das Einzugsgebiet eines Flusses. So finden sich mitten auf der Hochfläche der nördlichen Frankenalb, weit über dem heutigen Taltiefsten des Aufseßtales, Gerölle aus Quarz und Kieselschiefer, die nur aus dem Frankenwald oder Fichtelgebirge stammen können. Da man sie u. a. auch nördlich Weißenburg wiederfindet, kann man aus der Summe aller Fundstellen einen Urfluß – SCHIRMER hat ihn 1984 Moenodanuvius getauft (aus Moenus $\hat{=}$ Main und Danuvius $\hat{=}$ Donau) – rekonstruieren, der aus dem Grundgebirge kommend zwischen Burgkunstadt und Kulmbach das damals noch *nicht* als Tiefenzone existierende Bruchschollenland querte, dem jetzigen Aufseß- und unteren Wiesenttal auf der Alb folgte, und Regnitz *aufwärts* über Fürth, Schwabach, Weißenburg zur Donau entwässerte. Viele Untersuchungen, die v. a. auf solchen Schotteranalysen beruhen, weisen auf die Existenz zweier anderer alter Flüsse in Oberfranken hin: einmal einen Ur-Obermain, der bei Bamberg noch kein Knie nach Westen kannte, sondern ebenfalls Regnitz aufwärts fließend in den eben geschilderten Fluß etwa bei Forchheim mündete; zum anderen eine Urnaab, die längs des Frankenwaldes und Fichtelgebirges das gesamte Vorland des Grundgebirges nach Süden entwässerte. Ob diese drei genannten alle zeitgleich bestanden haben, ob es noch andere, vielleicht noch ältere – z. B. über Aufseßtal, die heutige Regnitz querend, zum Vilstal, Naabtal zur Donau – gegeben hat, ist heute noch nicht sicher zu beantworten und mag in Details auch hier weniger interessieren. Jedenfalls wird der Zustand der Oberfänkischen Flußlandschaft im ausgehenden Tertiär (im Pliozän, das aber seinerseits rd. 10 Mio. Jahre gedauert hat) in etwa so ausgesehen haben, wie ihn die Abb. 4 darzustellen versucht.

Das Ergebnis: Die naturräumliche Gliederung Oberfrankens

Wenn wir die bisher genannten physisch wirksamen Faktoren aufsummieren, erkennen wir ihre dominante Rolle bei der Ausbildung der heutigen Naturlandschaften Oberfrankens. Das unterschiedliche Alter von Gesteinen und Gebirgsbildungsphasen, das mannigfaltige Spektrum der Gesteine, die groß- und kleintektonischen Prozesse, die durch wechselnde äußere Einflüsse grundverschiedenen Abtragungsprozesse, die komplizierte Anlage des Flußnetzes mit allen möglichen Umlenkungen und Flußanzapfungen: all' das macht letztlich den jetzigen Habitus der verschiedenen Landschaftstypen Oberfrankens aus und erklärt ihre Vielfalt in engster räumlicher Nachbarschaft.
Auf den ersten Blick lassen sich unter diesem Aspekt vier große Landschaftseinheiten in Oberfranken ausgliedern, die ihrerseits Teile noch größerer Einheiten darstellen und gleichzeitig in Einheiten kleinerer Dimension zu untergliedern sind (vgl. Karte). Im Osten beherrschen der Frankenwald und das Fichtelgebirge als Teile der *Nordostbayerischen Randgebirge* unseren Raum. Sie sind markant nach Westen an einer tektonischen Linie zu ihrem Vorland abgesetzt: der *Obermainischen Bruchschollenzone*, die sich vor allem aufgrund ihrer tektonischen Eigenschaften als eigene naturräumliche Einheit charakterisiert. Als massiger, nur im Westen sehr stark zerlappter und zerbuchteter Klotz aus jurassischen Gesteinen schließt sich die *Nördliche Frankenalb* an. Alles westlich von ihr Gelegene ist ebenfalls Teil des mesozoischen Deckgebirges, wird allerdings vorwiegend aus Gesteinen des Keupers und unteren Juras aufgebaut und dementsprechend als das *Fränkische Keuper-Lias-Land* ausgeschieden.

Die Nordostbayerischen Randgebirge

Der nördlichste Flügel der Nordostbayerischen Randgebirge gehört insgesamt zur Mitteldeutschen Gebirgsschwelle, die in ihrer Mitte, dem Fichtelgebirge, eine Art „Knoten" darstellt, der die herzynisch streichenden Teilkomplexe des Thüringer Waldes, Frankenwaldes, Oberpfälzer Waldes, Bayerischen und Böhmischen Waldes mit den variszisch streichenden Einheiten des Elster- und Erzgebirges verknüpft. Allen diesen Mittelgebirgskomplexen ist gemein, daß sie

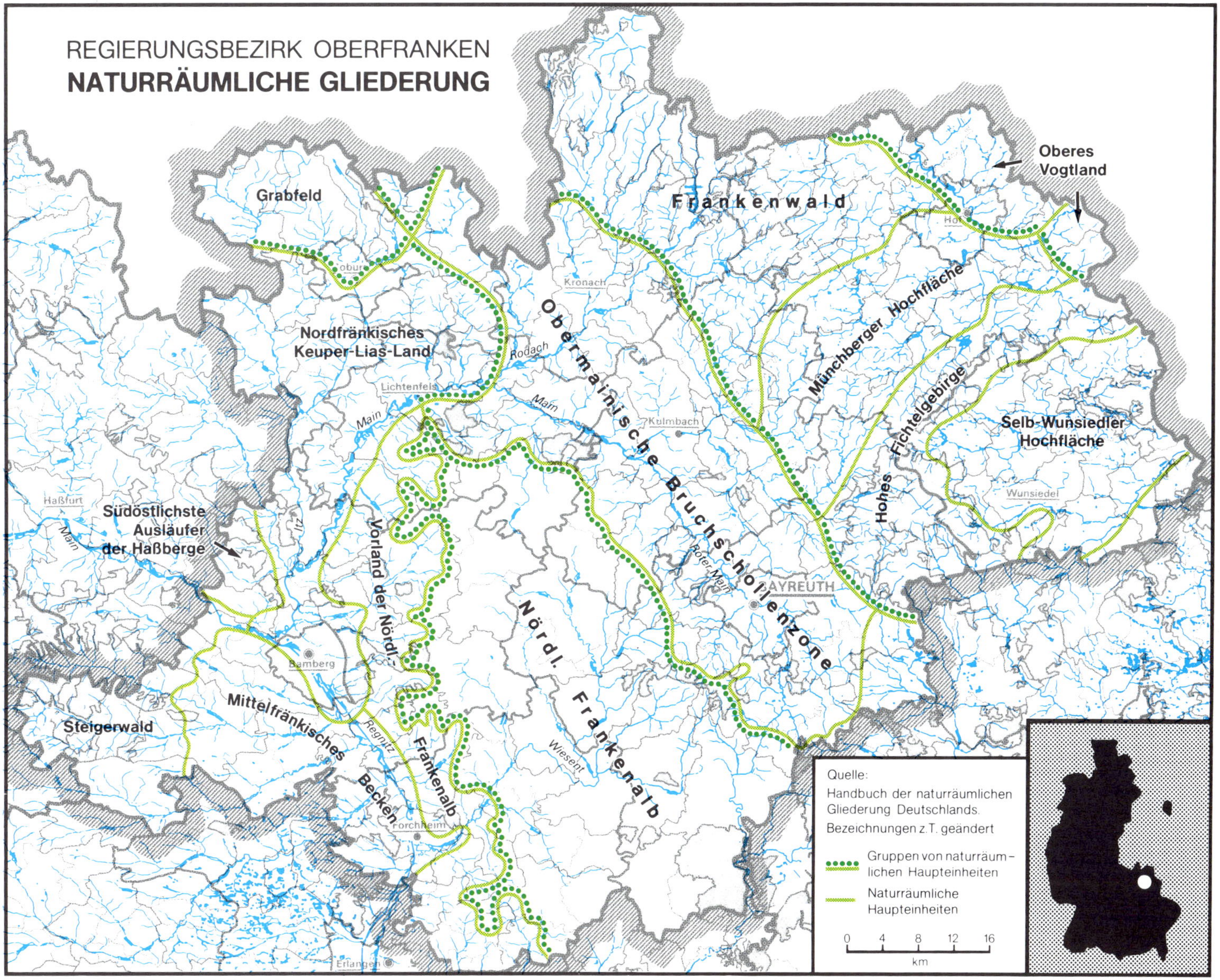
REGIERUNGSBEZIRK OBERFRANKEN
NATURRÄUMLICHE GLIEDERUNG
Grabfeld
Frankenwald
Oberes Vogtland
Nordfränkisches Keuper-Lias-Land
Obermainische Bruchschollenzone
Münchberger Hochfläche
Fichtelgebirge
Hohes
Selb-Wunsiedler Hochfläche
Südöstlichste Ausläufer der Haßberge
Vorland der Nördl.
Frankenalb
Nördl. Frankenalb
Mittelfränkisches Becken
Steigerwald
Kronach
Hof
Lichtenfels
Kulmbach
Wunsiedel
BAYREUTH
Bamberg
Haßfurt
Forchheim
Erlangen
Rodach
Main
Roter Main
Itz
Regnitz
Wiesent
Quelle:
Handbuch der naturräumlichen Gliederung Deutschlands.
Bezeichnungen z.T. geändert
Gruppen von naturräumlichen Haupteinheiten
Naturräumliche Haupteinheiten
0 4 8 12 16
km

aus Grundgebirgsgesteinen aufgebaut und meist durch flächenhafte Formelemente in unterschiedlicher Meereshöhe stockwerkartig gestuft sind, die nur von isolierten Kuppen oder wallartigen Kämmen überragt werden. Unterschiedlich ist ihr mal vielfältiges, mal eintöniges Gesteinsspektrum und v. a. der Grad ihrer Zertalung, damit natürlich auch die Talformen selbst, die von sehr flachen und weiten Muldentälern bis zu engen Schluchten in sogenannten Durchbruchsstrecken reichen können, je nachdem zu welchem übergeordneten Fluß-Einzugssystem sie gehören.
In Oberfranken beginnt dieser geschilderte Gebirgszug im Norden mit dem *Frankenwald*, der seinerseits Teileinheit des Thüringisch-Fränkischen Mittelgebirges ist. Sein Gesamtareal von 1780 km² wird zum überwiegenden Teil von einer bei etwa 600 m Meereshöhe sich erstreckenden, einförmigen Rumpffläche aufgebaut, die vor allem im Westen von abgerundeten Rücken und Kuppen überragt wird. Den Untergrund bilden Konglomerate, Grauwacken, Sandsteine und Tonschiefer des unteren Karbon sowie sehr alte Magmatite.

Seinen eigentlichen Gebirgscharakter verdankt der Frankenwald – wie die anderen Mittelgebirge auch – fast ausschließlich der Zertalung; d. h. nur dort, wo sich tiefe Täler bilden konnten, machen sich die Unterschiede im Relief von hoch und tief deutlich bemerkbar. Das ist vor allem bei allen nach Westen – also zum Main, bzw. Rhein hin – entwässernden Flüssen der Fall. Gerade die Quellflüsse der Rodach haben hier tief eingeschnittene Kerbtäler geschaffen. Junge und kräftige Erosion wird aber auch durch das zur Elbe hin entwässernde Saalesystem belegt: Die Selbitz mit einem großen Quellgebiet auf der Münchberger Hochfläche durchbricht sowohl den variszisch streichenden Spiegelwald, als auch besonders eindrucksvoll im Höllental einen morphologisch harten Riegel aus Diabasen. Das spricht einerseits für eine schon sehr alte Anlage dieses Abflusses und ist andererseits nur möglich, weil die Saale ohne einen weiteren erosionshemmenden Querriegel vorzufinden direkt zur Elbe entwässert, während das benachbarte Egersystem – ebenfalls der Elbe tributär – die längere Laufstrecke aufweist und auf die Erosionsbasis des Elbsandsteingebirges fixiert ist. Begrenzt

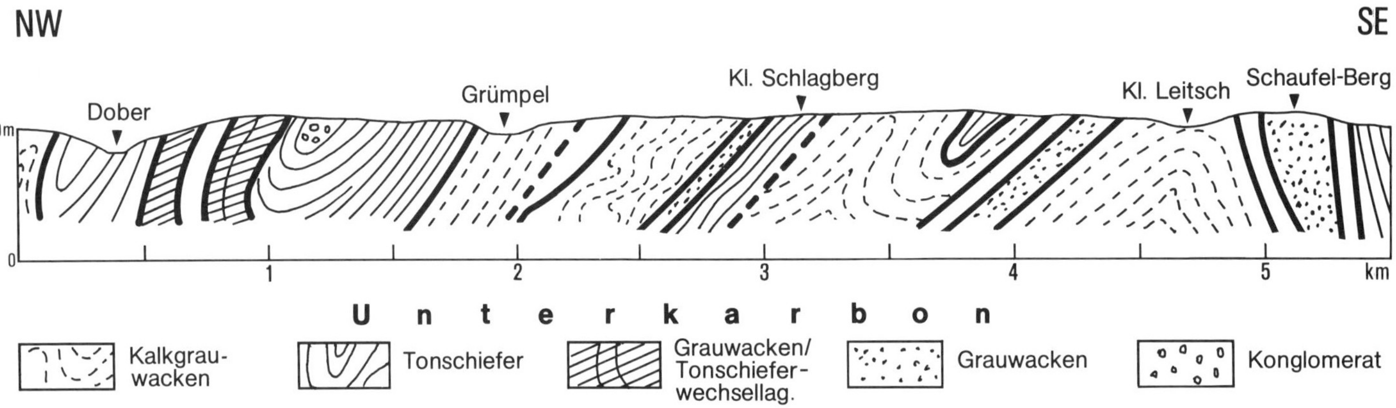

Abb. 5: Geologisches Profil westlich der Ködeltalsperre (nach v. HORSTIG, 1979)

Die Abbildung zeigt einen charakteristischen Ausschnitt aus dem Frankenwald, der auch in ähnlicher Form für die anderen Grundgebirgslandschaften Nordostbayerns typisch sein könnte. Eine flachgewellte Rumpffläche, nur unterbrochen durch weniger oder stärker eingetiefte Sohlenkerbtäler, zieht in 500–600 m Meereshöhe über einen unterkarbonen Gesteinssockel diskordant (d. h. die Gesteinsstruktur schneidend) hinweg. Sie reagiert dabei wenig oder überhaupt nicht auf die unterschiedliche Abtragungsresistenz der verschiedenen Grauwacken, Tonschiefer und Konglomerate; auch nicht auf die Struktur des Faltenwurfs dieser Gesteine; auch nicht auf Verwerfungen einzelner Blöcke, die jünger als die Faltung, aber älter als die Ausbildung der Rumpffläche sein müssen.

wird der Frankenwald nach Westen durch die Fränkische Linie, an der er sich als Bruchstufe wallartig gegenüber seinem Vorland um 150–200 m erhebt, während der Übergang nach Südosten in die folgende naturlandschaftliche Einheit sehr fließend ist. Dies ist die *Münchberger Hochfläche*, ein rd. 550 km² großes Zwischenglied, das Frankenwald mit Fichtelgebirge verbindet.

Morphologisch ändert sich eigentlich wenig: auch hier eine bei 600 m liegende flach reliefierte Hochfläche, auch hier einzelne zugerundete Rücken und Kuppen, die etwas höher aufragen, auch hier Gliederung und Abwechslung durch Täler, von denen das der Saale etwas stärker eingetieft ist, während nach Westen nur recht kurze Bäche entwässern. Aber dafür sehr viel komplexere geologische und tektonische Verhältnisse: Die Münchberger Gneismasse, wie der geologische Begriff dieser Einheit lautet, ist ein Deckenkomplex, d. h. daß ihre Gesteinsserien vom Südosten aus einer anderen tektonischen Einheit hierher geschoben wurden. Den zentralen Teil dieses Komplexes bilden Gneise jeglicher Art, die von einer Schale von Amphiboliten und Phylliten umhüllt werden. Im Bau der Reliefformen wirken sich diese Gesteinsdifferenzierungen kaum aus, allenfalls Orthogneise und Serpentine setzen der Abtragung größeren Widerstand entgegen und bilden somit die erhabenen Formen aus.

Morphologisch wie geologisch erfolgt nach Südosten ein Sprung zum *Hohen Fichtelgebirge*. Für Oberfranken selbst schon peripher gelegen, stellt es innerhalb der Mitteldeutschen Schwelle das eigentliche Zentrum dar. Seine Zentralität erweist es gerade durch die Art der Entwässerung: hier liegen die Quellgebiete von Eger und Saale, aber auch von Weißem Main und von der Fichtel-Naab, d. h. letztlich greifen Donau, Rhein und Elbe mit ihren obersten Verzweigungen durch „rückschreitende" Erosion in dieses für sie entlegenste Gebiet ein. Dieser *„Kampf um die Wasserscheide"*, wie man ihn vielfach genannt hat, ist an den jeweiligen Talformen im Fichtelgebirge eindrucksvoll zu studieren: *rhenanisch* heißt immer steile Talflanken, relativ steile Flußlängsprofile in den Oberläufen; *elbisch* heißt in beiden Merkmalen schon sehr viel abgeschwächter, aber längst nicht so wie *danubisch*, wo flachgespannte Muldentäler mit geringem Gefälle selbst im Oberlauf charakteristisch sind.

Zentral liegt das Fichtelgebirge vor allem als Knoten der gesamten Mitteldeutschen Gebirgsschwelle. Zwischen variszisch und herzynisch streichenden Strukturen vermittelt sein charakteristischer Hufeisenbau: der Waldsteinzug mit 877 m Gipfelhöhe im Norden, der Mittelteil mit den über 1000 m hohen domförmigen Kuppen des Ochsenkopfes und Schneeberges im Südwesten und der (zu größten Teilen außerhalb des Regierungsbezirkes Oberfranken liegende) Stein- und Kohlwald im Süden. Alle genannten Schenkel des Hufeisens werden von Graniten verschiedener Varietät aufgebaut. Für diese ist im oberflächennahen Bereich eine sog. „Wollsackverwitterung" typisch, die zu den bekannten und von Erholungssuchenden so geschätzten Felsenmeeren und Felsburgen geführt hat (z. B. Luisenburg an der Nordabdachung der Kösseine). Allgemein herrschen im Hohen Fichtelgebirge gerundete und weiche Reliefformen vor – auch eine für Granitlandschaften typische Eigenart. Verschieden hoch gelegene Flächensysteme gliedern den Gesamtbau, von denen ein Gipfelniveau bei etwa 900 m ü. NN besonders prägnant ausgebildet ist.

Die Granite sind aber nicht nur an die überragenden Rücken des Hohen Fichtelgebirges gebunden, sie laufen vielfach auch noch in den flachwelligen Kern des Hufeisens aus: die *Selb-Wunsiedeler-Hochfläche*, die nach Nordosten hin geöffnet ist. Dennoch ist das Gesteinsspektrum dort insgesamt viel reichhaltiger: kambrische Gneise, Phyllite, Quarzite und Marmore werden von der heutigen Reliefoberfläche (bei wiederum rund 600 m Meereshöhe) diskordant (d. h. unter einem Winkel) geschnitten. Mächtige Tone, die heute als Wasserstauer fungieren, belegen, daß hier im Tertiär intensiv chemische Verwitterung unter gänzlich anderen als den heutigen Klimaten geherrscht hat; Sedimente in Form von z. T. mächtigen Decken aus Quarzschottern, die auch dem Tertiär entstammen, zeugen von ehemaligen Abtragungsphasen im Gebirge, von Akkumulationsphasen in den Senken und damit letztlich auch von beginnender Flußentwicklung.

Soweit die beschreibende Charakterisierung des nordöstlichen Randgebirgskomplexes. Der Vollständigkeit halber hinzugefügt sei lediglich noch, daß im periphersten Teil bei Hof die naturräumliche Einheit des *Vogtlandes* Oberfranken randlich erreicht, ein Gebiet, das durch flachgewellte Oberflächenformen bei nur geringer Reliefenergie ausgezeichnet ist. Dort wird der Untergrund von silurischen Schiefern, karbonen Kalken und devonen Diabasen gebildet.

Die Obermainische Bruchschollenzone

Es gibt wenige naturräumliche Grenzen, die sehr klar und auch für den Laien sofort optisch erkennbar ausgebildet sind; meist sind sie fließend, unmerklich, kaum optisch als Grenzlinie feststellbar. Beide Typen von Begrenzungen weist die *Obermainische Bruchschollenzone* auf. Im Nordwesten gleitet diese 1200 km² umfassende Einheit ohne optische Differenzierung in das Nordfränkische Keuper-Lias-Land über; im Südosten legt man eher willkürlich die

Grenze zum folgenden Landschaftstyp mit der flachen Wasserscheide zwischen Main und Naab fest. Wieviel eindrucksvoller dagegen die Begrenzung dieses etwa 15 km breiten und 75 km langen Streifens im Südwesten und Nordosten: während dort der gebuchtete Steilanstieg des Doggersandsteins zur Kalktafel der Frankenalb vermittelt, steigt hier längs einer Linie der Frankenwald um 200 bis 300 m und das Fichtelgebirge um 500 bis 600 m wallartig über das Vorland auf, meist akzentuiert durch eine parallel dazu verlaufende Senke in der Fußzone, die über lange Strecken von Flüssen und Bächen zum Abfluß benutzt wird. Geologisch stoßen hier die Gesteine des Deckgebirges gegen das Grundgebirge; tektonisch ist es eine der bedeutendsten Verwerfungen in Süddeutschland, die beide Einheiten um vielfach mehr als 1000 m gegeneinander versetzt.

Gegenüber dem Grundgebirge liegt die Obermainische Bruchschollenzone in Tieflage, gegenüber dem westlich anschließenden Bereich der Frankenalb dagegen in Hochlage. Sie selbst ist in sich gestückelt, in Schollen unterschiedlicher Lage und Neigung zerlegt, an Flexuren verbogen, in Teilen überschoben. Dies hat sich vorwiegend an Verwerfungen ereignet, von denen eine übergeordnete – bekannt als Kulmbacher Störung – relativ zentral der Längsrichtung folgend unser Gebiet in zwei Landschaftstypen unterteilt. Westlich der Störung fallen die Schichten der Trias und des unteren Juras zur Alb hin ein, dementsprechend auch meist die jetzigen Reliefoberflächen. Sie sind durch kleinere Schichtstufen voneinander getrennt, die dementsprechend nach Nordosten ausgerichtet sind. Östlich der Störung ist dies genau umgekehrt: die schmalen Schichtflächen fallen zum Grundgebirge (v. a. im Raum Kronach-Kulmbach), während ihre zugehörigen Stufen zur Alb, also nach SW gerichtet sind.

Je nachdem, in welches Stockwerk der tektonische Fahrstuhl die einzelnen Schollen gehoben hat, und je nachdem, welche Widerstandskraft die verschiedenen Gesteine der angreifenden Abtragung entgegensetzen konnten, wurde das Relief der Obermainischen Bruchschollenzone geformt. Mit Sicherheit ist es kein „Hügelland", wie der unglücklich gewählte Begriff des „Handbuches der Naturräumlichen Gliederung Deutschlands" vorgibt, sondern ein Gebiet, in dem kleine und kleinste Flächen mosaikartig nebeneinander liegen, die durch Talhänge und/oder morphologisch überformte Bruchstufen voneinander getrennt sind. Stellenweise kann eine Lößauflage zur Verwischung der Formen beitragen, fast überall tun dies in den Hangbereichen und Hangfußzonen Schuttdekken, die auf Prozesse der eiszeitlichen Solifluktion zurückzuführen sind.

Aus all' dem erweist sich die Obermainische Bruchschollenzone als das kleinräumig differenzierteste Gebiet Oberfrankens. Durch die Faktoren oberflächennaher Untergrund und Relief werden allgemein die Standorteigenschaften von Naturräumen hauptsächlich gesteuert. Daher sind auch die davon unmittelbar abhängenden Geofaktoren Boden, in Art und Verteilung, und Vegetation, ebenfalls in Art und Verteilung, in dieser Zone so vielfältig wie nirgendwo sonst. Doch davon später.

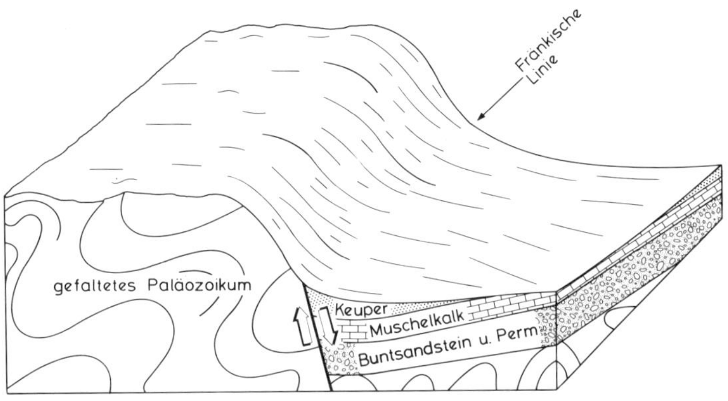

Abb. 6: Schema der geologischen Verhältnisse an der Fränkischen Linie (überhöht, stark vereinfacht)

Der Kontakt Grundgebirge (linker Bildteil) gegen Deckgebirge (rechter Bildteil) wird in Oberfranken durch die sog. „Fränkische Linie" gebildet, einer Verwerfung, die auch im heutigen Relief eindrucksvoll sichtbar beide Einheiten gegeneinander verstellt. Aktiv war diese Störung sicher schon in uralter Zeit; im Tertiär scheint sie in bestimmten Perioden außer Funktion gewesen zu sein, zumindest kann man nachweisen, daß sie sich damals im Relief nicht widerspiegelte: eine einheitliche Fläche zog ungestört vom Frankenwald über die Bruchschollenzone in die Fränkische Alb. Reaktiviert wurde sie im ausgehenden Tertiär und beginnenden Pleistozän. Dadurch entstand überhaupt erst das jetzige so stark differenzierte Landschaftsbild. Solche Reaktivierungen alter Schwächezonen kennt man auch aus anderen Gebieten Süddeutschlands, etwa von den Randverwerfungen des Oberrheingrabens gegen die Grabenschultern. Die Abbildung zeigt einen charakteristischen Ausschnitt im Raum von Stadtsteinach und gibt in generalisierter Weise die Situation des Luftbildes Nr. 8 wieder.

Die Nördliche Frankenalb

Westlich an die Bruchschollenzone schließt sich die *Nördliche Frankenalb* an. Als ein massiger Klotz aus vorwiegend kalkigen Sedimentgesteinen erhebt sie sich deutlich über ihre Vorländer, meist schon durch den Steilanstieg des Eisensandsteins (Doggerβ) markiert. Nur nach Südosten – aber außerhalb Oberfrankens – geht sie gleitend in den Bereich der Mittleren Frankenalb etwa südlich des Pegnitztales über. Der westliche und nördliche Rand – die *Frontstufe der Alb* – ist vielfach zerlappt und tief gebuchtet durch zahllose Verästelungen von Quellflüssen, die unmittelbar zu Main und Regnitz entwässern. Der schon erwähnte Knick in der Gesteinslagerung, verursacht durch die Hollfelder Störung, ist letztlich dafür verantwortlich, daß auch im Osten eine Stufe begrenzend aufragt – sozusagen eine Art *„Achterstufe."* Dort herrschen jedoch im Unterschied zum Westen ausgesprochen komplizierte und engräumig wechselnde tektonische Verhältnisse vor, die einzelne Schollen höher herausgehoben haben, als das ihrer sonstigen Lagerung entsprechen würde. Dadurch sind vielfach Gesteine, die wesentlich tiefer liegen müßten, in die gleiche Höhe wie die Albfläche gebracht worden, was zu differenzierten Abtragungsprozessen und -formen führte, die als „Reliefumkehr" beschrieben werden (vgl. Luftbildinterpretation Nr. 17 und Nr. 18; vgl. auch folgende geologische Skizze des Ahorntales).

Die Hochfläche der Alb schneidet bei 500–600 m ü. NN überwiegend unter flachem Winkel die oberen Malmserien und die Ablagerungen der Kreide; nur stellenweise – so im westlichen stufennahen Streifen – ist sie an die geschichtete Fazies von Weißjurakalken adaptiert. Dort könnte man sie am ehesten als eine Struktur- oder Schichtfläche bezeichnen. Andere Gebiete, so besonders die Wiesent-Alb, zeichnen sich dagegen durch ein unruhigeres, kuppiges Relief aus, so daß sie schon seit alters her den Namen *Kuppenalb* erhalten haben. Diese von lichten Kiefernwäldern bestandenen und die übrige Fläche um teilweise mehr als 100 m überragenden Vollformen, die „Spitzberge", „Bühle" und „Knöcke", sind sicherlich nicht nur in enger Gesteinsabhängigkeit zu sehen (Riff-Fazies des mittleren und oberen Malm, der häufig sehr stark dolomitisiert ist), sie zeugen auch für eine Entstehung unter anderen, „tropoiden" Klimaten und letztlich auch für eine lange Entwicklungsgeschichte. In den Deckgebirgen dürften es wohl überhaupt die ältesten Landschaftselemente sein.

Das verwundert nicht, denn verkarstungsfähige Oberflächen sind morphologisch immer „tote" Landschaften, d. h. solche, die durch geringen Oberflächenabtrag gekennzeichnet sind. Hinweise auf aktive *Verkarstung* finden sich heute auf der Alb überall: das beginnt bei kleinen Felsnischen im Hang, geht über Erdfälle und Dolinen auf der Fläche und endet bei den großartigsten Zeugnissen der lösenden Tätigkeit des Karstes: den Höhlen. Sophienhöhle, Binghöhle und Teufelshöhle seien nur als die bekanntesten genannt. Für die Hochfläche bedeutet Verkarstung extreme Wasserarmut – im Oberflächen- und Grundwasserbereich; die wenigen unsteten Quellen, die nicht zufällig den Namen „Hungerbrunnen"

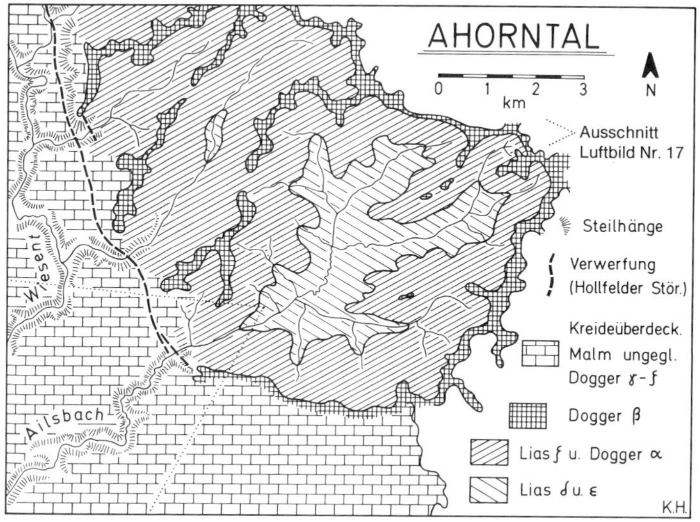

Abb. 7: Vereinfachte geologische Skizze des Ahorntales (nach Top. und Geol. Karte 1:25 000, Blatt Waischenfeld)

Die Kartenskizze versucht die vielfach an der Oststufe der Frankenalb ausgebildete „Reliefumkehr" zu verdeutlichen. An der Hollfelder Störung wurde der Ostteil in Relation zum Westflügel stärker herausgehoben und gleichzeitig nach Südwesten einfallend verkippt. Das führte zur raschen Ausräumung der Malmkalke im Osten, die westlich der Störung erhalten blieben, und zur folgenden Erosion der wenig resistenten Liasgesteine, woraus der heutige Kessel des Ahorntales resultiert. Seine Umrahmung wird vom harten Eisensandstein des Dogger β gebildet, der aufgrund der tektonischen Hebung mit rd. 520 m ü. NN sogar höher liegt als die westliche Albhochfläche der Malmserien bei etwa 450 m ü. NN.

führen, haben nie zur Wasserversorgung der Ortschaften ausgereicht.
Die eigentlichen und ergiebigen Karstquellen (z. B. die Stempfermühlquelle bei Gößweinstein) liegen dagegen im „tiefen Karst", treten also meist erst im Niveau der großen Haupttäler aus. Es sind mit Wiesent, Aufseß, Leinleiter (alle nach Südosten und später nach Westen) und Weismain (nach Norden) nicht wenige; sie haben den Nordflügel der gesamten Alb zu einer ausgesprochen talreichen Landschaft im Karst gemacht. Alle diese Täler beginnen zunächst mit vielfach verästelten und verzweigten, muldenförmigen Trokkentälern, die das Haupttal nach ihrer Vereinigung als enges Kerbtal weiterziehen lassen. Die Enge dieser Täler, deren Flanken von steilen Dolomitfelsen gesäumt werden, ließ stellenweise – so bis heute im Aufseßtal – weder die Anlage von Siedlungen, noch die von Verkehrsadern zu. Dies ist erst wieder in den Mittel- und Unterläufen der großen Täler möglich. Das Querprofil hat sich dort zum Sohlenkerbtal oder noch breiterem Kastental gewandelt. Auch hier sind die Talflanken immer noch steil und senkrecht; aber Ausfällungen von Kalktuffen, Sinterbildungen, Verschwemmungen von nicht lösbaren lehmigen Verwitterungsrückständen und nicht zuletzt Schotterakkumulationen haben zur Bildung einer vielfach völlig ebenen und daher bestens nutzbaren Talsohle geführt.

Das Nordfränkische Keuper-Lias-Land

Nach Westen schließt sich in Oberfranken die letzte naturräumliche Einheit an, das Vorland der Nördlichen Frankenalb. Da es aus Gesteinen des Keupers und Lias aufgebaut wird, die sich aufgrund der entweder sandigen oder tonigen Struktur in den Reliefformen stark von der Frankenalb unterscheiden, kann man es zunächst als das *Nordfränkische Keuper-Lias-Land* bezeichnen, das aber seinerseits wieder in Teileinheiten unterschiedlicher Struktur und Größe zu untergliedern ist. So hat diese Region ganz im Norden noch einen bescheidenen Anteil am *Grabfeld,* im zentralen Teil des Westens läuft die Dachfläche der *Haßberge* nordwestlich Bamberg aus, im Südwesten greift Oberfranken buchtenartig auf die Abdachung des *Steigerwaldes* und im Süden, zwischen Forchheim und Bamberg, erstreckt sich noch der nördlichste Zipfel des *Mittelfränkischen Beckens.* Die administrative Grenze des Regierungsbezirkes schneidet – wie wir sehen – alle genannten naturräumlichen Einheiten an. Nicht so im unmittelbaren Vorland der Nördlichen Frankenalb, einer eigenen saumartigen Zone vor dem Anstieg der Malmkalke; nicht so im Gewässerdreieck zwischen Baunach, Itz und Oberem Main, das als das eigentliche Nordfränkische Keuper-Lias-Land gilt (in der „Naturräumlichen Gliederung Deutschlands" als „Itz-Baunach-Hügelland" bezeichnet).
Allen genannten Regionen ist gemein, daß ihr Untergrund aus der geschilderten Wechsellagerung von abtragungsresistenten und abtragungsanfälligen Gesteinen des mittleren und oberen Keupers, des Lias und Doggers besteht, die zur Entwicklung eines durch Schichtstufen gegliederten Reliefs geführt haben. Im Unterschied zur gesteinsmäßig ähnlich aufgebauten Obermainischen Bruchschollenzone liegt hier jedoch ein viel einfacherer tektonischer Bauplan vor; alle Schichten fallen wie der Großbau des Deckgebirges leicht nach Osten, bzw. Südosten ein. Die Nähe der aktiven Vorfluter Main und Regnitz ist außerdem für einen wesentlichen zerlappteren, stärker gebuchteten, vielfach gegliederten Frontbereich der Alb verantwortlich im Vergleich zur äußeren Erscheinung der östlichen „Achterstufe". Alle auf die beiden Vorfluter tributären Flüßchen haben die Stufe durch Zertalung aufgeschlitzt und – je nach Ausbildung des Flußnetzes – in breite Sporne und schmale Auslieger oder von dem eigentlichen Albkörper schon völlig isolierte (Tafel-)Bergformen zerlegt. Solche von Braun- und Weißjuragesteinen aufgebauten, weit vorspringenden Bergnasen werden als *Auslieger,* abgetrennte, inselhafte Einzelberge als *Zeugenberge* bezeichnet, da sie eine ehemals weiter in den Westen reichende Verbreitung des gesamten Deckgebirges belegen. Der Staffelberg im Norden, die Giechburg und der Stammberg bei Scheßlitz, die Lange Meile und die Ehrenbürg mit Walberla und Bodenstein im Süden sind bekannte und eindrucksvolle Beispiele hierfür.
Während in dem schmalen, nur 5–10 km breiten Saum des westlichen Albvorlandes der Strukturcharakter des Reliefs (v. a. durch die Rhät- und Eisensandsteinstufe) stärker betont wird, sind im Gewässerdreieck zwischen Baunach, Itz und Oberem Main weichere, zugerundetere, verwischtere Formen charakteristisch. Auffallend sind hier vor allem die weichen Hangformen, die selbst bei den vielen kurzen Tälern in breiten, trogartigen Talschlüssen wiederzufinden sind. Überhaupt stellen hier die Täler eine dominante Reliefform dar, nicht so sehr wegen ihrer Tiefe, sondern vor allem wegen ihrer Breite und Gliederung in der Vertikalen. So können im Tal der Baunach oder Itz 6 verschiedene Terrassen vorgefunden werden, die von der untersten Niederterrasse bis zur 55–65 m über dem jetzigen Taltiefsten liegenden Hochterrasse reichen. Die Niederterrasse zeigt eine mächtige Auflage von Auelehmen (max. 6 m), die bis in unsere Zeit hinein durch die jährlichen Überschwemmungen weiter im Wachsen begriffen ist.

Klima, Böden und Vegetation modifizieren die Landschaften und bestimmen ihre Nutzungsmöglichkeiten

Das Klima Oberfrankens

Die geologische und die geomorphologische Entwicklungsgeschichte unseres Raumes haben im wesentlichen zu den eben geschilderten Naturlandschaftstypen geführt, die die *räumliche* Vielfalt des heutigen Oberfranken ausmachen. Diese räumliche Vielfalt war jedoch nur zu verstehen durch die Kenntnis der *zeitlichen* Variablen.

Dies gilt in gleicher Weise für das dritte jede Naturlandschaft steuernde Element: das Klima. Natürlich kann man der Meinung sein, daß die Kenntnis der vergangenen Klimate völlig irrelevant für die Analyse des heutigen Klimatyps ist und damit auch für seine Auswirkungen auf alle übrigen rezenten Naturlandschaftsfaktoren. Dem Verständnis der Landschaftsgeschichte im Ganzen kann eine solch' eingeengte Betrachtungsweise aber nicht förderlich sein; die Fragen nach dem „Warum, Wie und Wodurch" der Ausbildung von Naturlandschaftstypen müßten völlig unbeantwortet bleiben.

Die Kenntnis der *vergangenen Klimastruktur* (d. i. Paläoklima) eines Raumes beginnt unter geowissenschaftlichem Aspekt spätestens dann interessant und notwendig zu werden, seitdem das Gebiet Festland geworden ist und sich dadurch alle äußeren (exogenen) Faktoren auf seine weitere Entwicklungsgeschichte auswirken konnten. Dies ist für Oberfranken, mit Einschränkung, seit der Kreide, spätestens seit dem beginnenden Tertiär der Fall, also vor rd. 70 Mio. Jahren.

Nun hat aber in diesen vergangenen Epochen niemand Klimadaten wie Temperatur und Niederschlag gemessen, d. h. die Paläoklimastruktur eines Raumes muß immer aus anderen Zeugnissen indirekt erschlossen werden. Solche indirekten Zeugnisse sind vor allem Fossilien aus Flora und Fauna oder Verwitterungsdecken bis hin zu uralten Böden oder vom Wind verfrachtete und abgelagerte Sedimente – wie z. B. der Löß – oder Reliefformen selbst – wie die in den Mittelbreiten unter eiszeitlichem Klima entstandenen Flußterrassen. Aus der Summe solcher Hinweise, die nur in einem ganz bestimmten, relativ eng einzugrenzenden Klimatyp entstanden sein können, läßt sich dann – überregional vergleichend – die vergangene Klimastruktur eines Raumes rekonstruieren. Dabei können immer noch zahlreiche Unsicherheiten auftreten, denn ein einmal vorgefundenes Klimaindiz gibt in den wenigsten Fällen auch unzweifelhafte Auskunft über sein Alter.

Erste Hinweise auf einen ganz anders als den heute gearteten Klimatyp in Oberfranken erhält man durch die Analyse von Reliefformen auf der Frankenalb. Schon in der Unterkreide war dieses Gebiet Festland und wurde zu einer Kegelkarstlandschaft geformt. Solche steilen Voll- und Hohlformen im Karst konnten nur unter tropisch warmen und humiden Klimaten entstehen, die intensiv chemische Verwitterung zuließen.

Spätere Füllungen der engen Karsthohlkörper mit Verwitterungsmaterial, sog. „Schlottenfüllungen", sind ein zweites Klimaindiz aus dem Bereich des Deckgebirges. Da es sich dabei um Rotlehme handelt, glauben auch hierin viele Geowissenschaftler ein Indiz für eine tropische Klimacharakteristik zu erkennen. In den Rotlehmen fand man stellenweise gut erhaltene Fossilien, die die Reste von kleinen und großen Säugern darstellen – Spitzmäuse, aber auch Nilpferde – und in verschiedene Zeitstufen des Alttertiär datiert werden konnten. Dennoch herrscht über die Klimacharakteristik des gesamten Tertiärs (fast 70 Mio. Jahre) unter den Fachleuten immer noch gewisse Uneinigkeit. Es scheint jedoch festzustehen, daß die ursprünglich einmal angenommenen langen Zeiten eines sehr ausgeprägten tropisch-feuchten, bzw. wechselfeuchten Klimas nicht mehr aufrecht erhalten werden können.

Dafür gibt es gerade in den Grundgebirgen Oberfrankens neueste Belege. ZECH und KÖRBER untersuchten hier zahllose Verwitterungsmaterialien auf ihren Ton- und Schwermineralbestand und wiesen u. a. vom Alt- zum Jungtertiär eine mehr oder weniger stetige Abnahme der Kaolinitgehalte nach. Das würde für einen Wandel von einem tropisch intensiven Verwitterungstyp zu einem subtropisch abgeschwächten Typ sprechen, da die Kaolinite als Restprodukte eines chemisch ablaufenden Verwitterungsprozesses zu interpretieren sind.

Glaubte man früher, daß in unserem Raum der Wechsel vom Tertiär zum Pleistozän auch klimatisch sehr radikal erfolgte, ist man heute in der Charakteristik der Anlaufphase der Eiszeiten (d. i. die Zeit des Ältestpleistozän) ebenfalls vorsichtiger geworden. Sicherer klimatisch bestimmbar sind dann jedoch wieder die folgenden eigentlichen Eiszeiten und ihre zugehörigen Zwischeneiszeiten

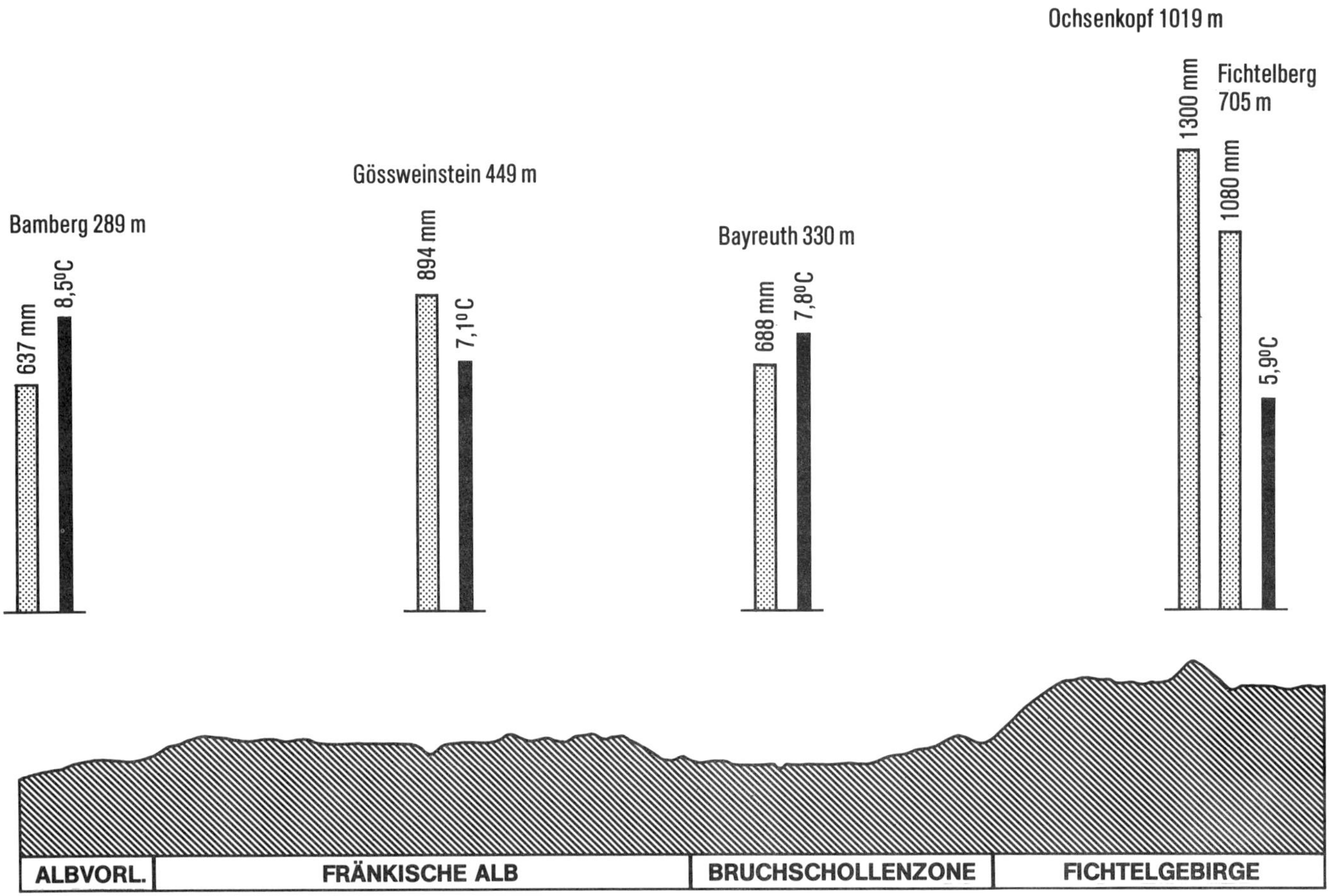

Abb. 8: Verteilung der Jahresmittel von Niederschlag und Temperatur anhand eines West-Ost-Profils durch Oberfranken

Die Reliefeinheiten Oberfrankens sind letztlich geologisch/tektonisch begründbar (vgl. Abb. 2). Der Wechsel verschiedenster Paläoklimate hat aus diesem „Rohrelief" die heutigen Landschaftstypen geformt. Die ihrerseits steuern jetzt wieder die Ausbildung von regional unterschiedlichen Klimaten in der Großklimazone der Westwinde. Tieflagen und Beckenstrukturen zeigen „kontinentalen" Klimacharakter, Hochlagen dagegen verhalten sich gleichsam wie „ozeanische" Inseln. Die Abb. zeigt deutlich die enge Abhängigkeit der Jahres-Niederschlagshöhe von der betreffenden Orographie: die Niederschlagskurve tastet nahezu die Reliefoberfläche identisch ab. Dazu verhalten sich die thermischen Eigenschaften der betreffenden Teileinheiten genau umgekehrt.

(Glaziale und Interglaziale). Die vier Eiszeiten brachten zwar den Gebirgen Oberfrankens keine Vergletscherung, dafür aber ein typisch „periglaziales" Klima, das durch Bodenfrost, physikalische Verwitterung, Schuttdecken im Oberflächenbereich, stellenweise Lößaufwehung, Rückzug des Waldes etc. gekennzeichnet war. Die Interglaziale dagegen mögen so wie das heutige Klima (thermisch vielleicht im ein oder anderen Fall noch günstiger) ausgesehen haben.

Heute wird Oberfranken klimatisch zunächst durch seine Lage in der Großklimazone geprägt: unter dem Gesichtspunkt der atmosphärischen Zirkulation ist dies die Zone der *Westwinde*, unter dem Gesichtspunkt einer globalen Klimaklassifikation nach vorwiegend thermischen Kriterien die Zone der *„Mittleren Breiten"* (Typ des Cfb Klimas nach KÖPPEN). Gerade diese Klimazone wird aber sehr stark in sich gegliedert durch den Grad der Maritimität oder Kontinentalität des betreffenden Raumes, worunter vereinfacht gesagt vor allem die Wärmeregulation durch die Nähe oder Ferne eines Meeres verstanden wird. Auch hier erweist sich Oberfranken wiederum als ein nicht einfacher, sondern vielfältig strukturierter Naturraum, da es innerhalb dieses Makroklimas den Übergangsbereich von maritimem oder atlantischem (im W) zu kontinentalem Typ (im E) darstellt. Dies kann man z. B. sehr schön nachweisen anhand der Jahresschwankungen der Temperatur-Monatsmittel, die rechnerisch (um vergleichbar zu sein) auf den Meeresspiegel reduziert wurden: im nördlichen Oberrheingebiet verläuft die Linie der 18°C-Amplitude, quer durch Oberfranken die 20°C-Amplitude. Ozeanischer Typ heißt also Dämpfung der Temperatur-Amplitude (=„gemäßigt"), die Niederschläge fallen ganzjährig mit einem leichten Maximum im Winter; kontinentaler Typ heißt Verstärkung der Temperatur-Amplitude, Niederschlagstätigkeit ebenfalls ganzjährig, aber geringes Maximum im Sommer.

Diese grundsätzlich von West nach Ost verlaufende Gliederung wird in Oberfranken durch einen zweiten Faktor, nämlich das Relief, entscheidend gesteuert, z. T. sogar überspielt und ins Gegenteil verkehrt. Alle Tieflagen – also westliches Vorland der Frankenalb, Obermaingebiet, Bruchschollenzone – erweisen sich klimatisch als „kontinental" geprägte Einheiten, alle Hochlagen – also Frankenalb und v. a. die höchsten Erhebungen der Oberfränkischen Randgebirge – sind gleichsam „ozeanische Inseln" einer kontinentalen Landmasse. Dieses Prinzip funktioniert thermisch wie hygrisch und ist graphisch in der Abb. 8 klar zu erkennen.

Während das westliche Vorland der Frankenalb Niederschläge um 650 mm erhält, steigen sie im Bereich der Alb auf 900 mm an, fallen neuerlich in der Bruchschollenzone auf nur 680 mm, um in den Hochlagen des Fichtelgebirges die Höchstwerte von 1300 mm und darüber zu erreichen. Die mittleren Jahreswerte der Temperatur verhalten sich gerade reziprok zu dieser Kurve: von 8,5° C in den Tieflagen des Westens auf 7° C in den Hochlagen der Alb, von 7,8° C in der Bruchschollenzone auf 5,9° C und darunter in den Randgebirgen des Ostens. Überhaupt ist der kontinentale Klimacharakter der Tieflagen vorwiegend thermisch begründet: so weist Bayreuth mit 33,2° C des mittleren Jahresmaximums der Lufttemperatur einen Wert auf, der in dieser Höhe kaum von anderen warmen Gebieten der Bundesrepublik (z. B. dem Oberrhein) erreicht wird; umgekehrt werden in den Becken auch die tiefsten Winterminima gemessen (z. B. im Februar 1956 in Bamberg –30,1° C), so daß die Jahresamplitude dort stark gespreizt ist – eine ausgesprochen „kontinentale" Eigenschaft. Diese empfindlich kalten Wintertemperaturen sind meist an eine Wetterlage gebunden, die die „normale" Westwindzirkulation außer Funktion setzt: Oberfranken erhält dann Kaltluftzufuhr von Ost- und Nordostwinden, die in den Beckenlandschaften zu den gefürchteten und oft über längere Zeiträume ausgesprochen stabilen Inversionslagen führt.

Selbst in kleinerer Dimension als der eben geschilderten, steuert der Faktor Relief die klimatische Struktur einzelner Teillandschaften Oberfrankens. So ist vor allem die Luv- und Lee-Exposition eines Gebietes aufgrund der vorgegebenen Orographie maßgeblich für die Höhe der Niederschläge: im Regenstau erzielt der Ochsenkopf beispielsweise Niederschlagswerte von 1300 mm, während Fichtelberg im Regenschatten nur noch 1080 mm erhält (noch deutlicher etwa bei der Station Hof mit nur 677 mm Jahresmittel im Regenschatten des Frankenwaldkammes, der selbst annähernd 1000 mm erhält).

Letztlich sei noch ein weiterer Klimafaktor kurz vorgestellt, der vor allem die agrarische Nutzungsmöglichkeit von Landschaften entscheidend beeinflußt: die Länge der jeweiligen Vegetationsperiode, unter der die Summe aller Tage mit einem Temperaturmittel über 10° C verstanden wird. Auch hier spiegelt sich der steuernde Faktor der Reliefkonfiguration wieder. Das westliche Vorland der Alb und das obere Maintal bis Bayreuth verzeichnen rd. 150 Tage (und darüber) mit den genannten Bedingungen, die Frankenalb etwa 140 Tage, während in den östlichen Randgebirgen diese Zeit auf 120 Tage eingeschränkt sein kann.

Die Böden Oberfrankens

Gemäß der soeben durchgeführten Charakteristik des Großklimas, das sich aus der Lage des Raumes in der zu allen Jahreszeiten Niederschlag bringenden Westwindzone ergab, sind verschiedene Formen der Braunerde und Parabraunerde als *Bodentypen* in Oberfranken zu erwarten und auch tatsächlich verbreitet. Die Braunerde ist ein Bodentyp, der durch einen humosen, krümeligen Oberboden und einen durch Eisenoxide verbraunten, vielfach polyedrischen Unterboden gekennzeichnet ist, der ohne scharfen Übergang allmählich in das meist silikatische Ausgangsgestein übergeht; in einer Parabraunerde stellt man eine Verlagerung der Tonpartikelchen aus dem oberen Horizont in den Unterboden fest, der daraufhin tonig-dichte Struktur gewinnt.

Mit Zunahme der orographischen Höhe hatten wir auch eine Zunahme der Niederschläge – vor allem in den Gipfellagen der östlichen Randgebirge – festgestellt; dieser Effekt erklärt die Podsolierung der dortigen Böden, worunter man vereinfacht gesagt die Auslaugung der Nährstoffträger des Oberbodens und die Anreicherung von Huminstoffen und ausgefällten Sesquioxiden bis hin zur (stein-)harten Verdichtung im unteren Bodenprofil versteht.

Das Relief steuert, wie wir gesehen haben, das Verhalten der Niederschläge aber auch in kleineren regionalen Dimensionen. So wie die Gipfellagen mehr Niederschläge als die Fußzonen der Gebirge erhalten, so die Luvlagen wesentlich mehr als die Leelagen. Dies führt – oft auf gleichem Gestein – zu unterschiedlicher Ausbildung in Mächtigkeit und Typ der Böden, so daß sich vom Gipfel hangabwärts bis zu den Fußzonen differenzierte Bodentypen wie Glieder eine Kette herunterziehen, was der Bodenkundler als *Bodencatena* (vom Spanischen ≙ Kette) bezeichnet.

Alle diese bodenbildenden und bodendifferenzierenden Prozesse sind im weitesten Sinne klimatisch gesteuert, unterliegen demnach einem „zonalen Gestaltungsprinzip"; die Bodencatenen sind Modifikationen durch den steuernden Einfluß des Reliefs. Die Vielfalt Oberfrankens in der Ausbildung seiner natürlichen Böden, in dem mosaikhaften Nebeneinander unterschiedlichster Bodenprofile, in der direkten Nachbarschaft von Arealen mit sehr differenzierten Standorteigenschaften – diese Vielfalt machen jedoch in erster Linie sogenannte „azonale" Faktoren aus. Darunter werden die Faktoren verstanden, die zu einer Differenzierung des Bodens aufgrund der Eigenschaften des Muttergesteins führen, aus dem der Boden sich als Endprodukt eines Verwitterungsprozesses entwikkelt. Auch für den Laien mag sehr leicht verständlich sein, daß sich beispielsweise auf den Graniten des Fichtelgebirges unter gleichen klimatischen Bedingungen völlig andere Böden entwickeln als auf den fast reinen Kalksteinen der Frankenalb. Tatsächlich ist die Palette der möglichen Ausgangsgesteine in Oberfranken ja viel reicher gefächert: in den Grundgebirgen ist es aufgrund der ehemaligen Faltung das Nebeneinander von sauren und basischen Eruptivgesteinen, hochmetamorphen Schiefern, Gneisen und Graniten; in der Bruchschollenzone und im Albvorland die enge räumliche Nachbarschaft von tonigen, mergeligen, sandigen und kalkigen Gesteinen der Trias und des Jura bis hin zu aufgewehten Lößdecken und sandigen und kiesigen Aufschüttungen verschiedenster Art der Flüsse; in der Alb der Wechsel von Kalksteinen in Schicht- und Massenfazies, Dolomiten, lehmigen und sandigen Akkumulationen der Kreide.

Dementsprechend herrschen im Frankenwald sandig-grusige Böden geringen Nährstoffgehaltes vor; allenfalls die Gebiete, in denen devonische Kalkschiefer den Untergrund bilden, lassen ertragreichere lehmige Bodentypen zu. Die Münchberger Hochfläche, die vorwiegend aus metamorphen Gneisen aufgebaut ist, zeigt flachgründige, lehmige Böden. Im Fichtelgebirge treten meist podsolierte Granit- und Gneisböden auf; über phyllitischen Gesteinen sind lehmige Böden anzutreffen, die zur Staunässe neigen. In der Bruchschollenzone und im Albvorland begründet das bunte Muster aller möglichen triassischen und jurassischen Gesteine auch die größte Vielfalt von Bodenarten und -typen mit ganz unterschiedlichen Standorteigenschaften auf kleinstem Raum: das reicht von leicht bearbeitbaren, aber relativ nährstoffarmen, tief- oder flachgründigen Braunerden und Parabraunerden – oftmals leicht podsoliert – auf sandigen Gesteinen des Buntsandsteins, Keupers oder Doggers bis hin zu schwer bearbeitbaren, aber an sich nährstoffreichen, tiefgründigen Böden gleichen Typs auf mergeligen und tonigen Gesteinen des Keupers, Lias und Doggers. Bei stark wasserstauendem Gestein im Untergrund (z. B. den Opalinustonen) macht sich zusätzlich der stete Grundwassereinfluß durch Oxidations- und Reduktionsprozesse bemerkbar, die Böden „vergleyen". Letzteres gilt natürlich in ähnlicher Weise für alle Böden der Talauen, unabhängig von den sonstigen Merkmalen des Landschaftstyps.

Dort wo der Muschelkalk im Albumland die jetzige Oberfläche bildet, zeigen die Böden ganz ähnliche Eigenschaften wie diejenigen, die sich auf den verkarstungsfähigen Kalksteinen der Alb selbst entwickelt haben; es sind meist sehr flachgründige und steinige Böden, v. a. im Hangbereich, die als Rendzinen bezeichnet werden, während auf den Flächen etwas stärker entwickelte, sandige – tonig lehmige Böden, sogenannte Kalksteinbraunlehme anzutreffen sind.

Für die Ausbildung der Böden im westlichen Keuper-Lias-Land und in den Ausläufen des Steigerwaldes gilt das gleiche, was für die Böden auf vorwiegend sandigen Ausgangsgesteinen schon gesagt wurde.

Bei all' dem darf nicht vergessen werden, daß die Böden Oberfrankens heute kaum noch als „natürliche" Bodenprofile anzusprechen sind. Da Böden ausgesprochen empfindlich und von allen physischen Geofaktoren fast am raschesten auf äußere Einflüsse reagieren, hat sich der Eingriff des Menschen überall in der Bodenentwicklung auswirken können. Erste Änderungen wurden sicher schon durch Rodungen erreicht (ab 1000 n. Chr. bereits im Fichtelgebirge; enormer Holzbedarf für die Verhüttung von Erzen, später für die Glasindustrie); noch entscheidender dürfte die Beackerung von zuvor ungestörten Flächen gewesen sein. Heute kommt für Gebiete mit überfeuchten Böden die Möglichkeit der Drainage hinzu. Und für alle beackerten Böden gilt die Änderung ihres Chemismus durch Düngemaßnahmen, besonders dann, wenn des Guten zuviel getan wird.

Die Vegetation Oberfrankens

Was zuletzt für die Böden gesagt wurde, gilt für das natürliche Pflanzenkleid unserer Region in noch stärkerer Weise: hier hat sich der Eingriff des Menschen so drastisch bemerkbar gemacht, daß es heute schwer ist, natürliche Pflanzengesellschaften überhaupt noch vorzufinden oder zu rekonstruieren. Schon in sehr früher Zeit wurden die waldbestandenen Gebiete v. a. durch *Rodung* und Waldweidenutzung völlig verändert. Später kam die Nutzung des Waldes im Sinne der *Forstkultur* hinzu, die sehr stark zur Aufforstung mit standortsfremden Gehölzen führte, wodurch die natürlichen Waldgesellschaften wiederum radikal verändert wurden. Diese intensive Forstwirtschaft, die die schnellwüchsigen und ertragreichen Kiefern und Fichten bevorzugt, hält bis zum heutigen Tag an und verleiht manchem Höhenzug in den Grundgebirgen aufgrund der Artenarmut ein recht eintöniges Aussehen. Letztlich macht sich der Eingriff des Menschen seit einigen Jahren auch indirekt, in der Wirkung dafür aber um so erschreckender bemerkbar: die Wälder, besonders der Hochlagen Nordostbayerns, sind durch die *atmosphärischen Schadstoffbelastungen* (v. a. Schwefel und Stickoxide) teilweise schon so stark geschädigt, daß das Schlagwort vom „Waldsterben" für die dortige Region nicht unzutreffend zu sein scheint.
Was hätte Oberfranken aber ohne alle genannten menschlichen Veränderungen an natürlichen Pflanzengesellschaften zu bieten? Auch unter diesem Aspekt würde sich die nun schon oft geschilderte Vielfalt seiner Naturlandschaft erneut erweisen. An sich dominieren aufgrund der erörterten Großklimastruktur mitteleuropäisch-atlantische und gemäßigt kontinentale Florenelemente. Aber auch aus benachbarten Provinzen lassen sich in Oberfranken vielfältige Gesellschaften finden: das Spektrum reicht von submediterranen (pannonischen und pontischen) bis zu borealen oder arktischen Arten, die vor allem in Mooren in den höheren Gebirgslagen auftreten. Auch hier ist die räumliche Vielfalt letztlich auch ein Produkt der zeitlichen Entwicklung: so haben einige Floren in den Eiszeiten unseren Raum besiedelt, andere sind in den wärmeren Epochen der Nacheiszeit (Postglazial) zu uns gekommen.
Für die waldbestandenen Gebiete Oberfrankens ergäbe sich ohne menschliche Störung eine klare *Stockwerkgliederung* mit Zunahme der Höhe: für die trockenen und wärmeren Becken wäre die Kiefer charakteristisch, in den thermisch ungünstigeren Lagen unter 600 m Meereshöhe wären Laubwaldgesellschaften mit Buchen, Eichen und Hainbuchen verbreitet, über 600 m träte die Tanne hinzu und die Fichte schließlich in den absoluten Kammlagen über 1000 m. Waldfreie Gebiete wären – und sind es größtenteils auch heute noch – die Moore, gebunden an kalkfreie und ausgesprochen feuchte Standorte, und die Trockenrasengesellschaften („Steppenheiden"), die gerade gegenteilig trockene und kalkige Ökotope bevorzugen. Die letztgenannten Bedingungen können durch verkarstungsfähige Gesteine gesteigert werden, so daß man solche Steppenheideareale bevorzugt auf der Alb an steilen und felsigen, südexponierten Hängen antrifft.
Nicht nur durch Makro- und Mikroklimate werden Standorteigenschaften gesteuert, sondern ebenso stark durch die Verhältnisse des Untergrundes und die auf ihm entwickelten Böden. Insofern werden die vorher beschriebenen naturräumlichen Einheiten Oberfrankens auch in seinem natürlichen Pflanzenkleid widergespiegelt.
Auf den Kalksteinen der Alb sind im kuppigen Relief grasreiche Kiefernwälder charakteristisch, bei stärker entwickelten Böden in flacherem Gelände krautreiche Buchenwälder. Frankenwald und Fichtelgebirge, die zu den waldreichsten Landschaften Oberfrankens zählen, tragen dagegen auf sandigen, podsolierten Böden meist Fichtenwälder. Nur in Muldenlagen bei stauendem Untergrund sind feuchte Wiesen und Moore als natürlicherseits waldfreie Areale vorzufinden. Das gesamte übrige nicht gerodete Gebiet Oberfrankens wird flächenmäßig am meisten von Gesteinen des Keupers und Buntsandsteins aufgebaut, deren nährstoffarme Böden artenarme Kiefern und Fichtenwälder aufkommen lassen.
Für alle Einheiten gilt in den Talsohlen die Bedingung des Feuchteüberangebots, die dementsprechend von feuchtigkeitsliebenden Pflanzengesellschaften mit Ulmen, Eschen, Erlen und Weiden wahrgenommen wird.

Heute weist Oberfranken an seiner Gesamtfläche von 723 111 ha 38,5% (≙278 576 ha) Waldanteil auf. Das ist ein ungewöhnlich hoher Wert, verglichen mit Bayern (33,7% der Gesamtfläche) oder gar der Bundesrepublik Deutschland (nur 26%). Für die landwirtschaftlich genutzte Fläche verbleiben 377 483 ha (=52,2%), der Wert für Bayern liegt hier mit 54,9% nur unwesentlich höher. Jeder der Oberfranken kennt, weiß um den Abwechslungsreichtum und die Vielfalt seiner Naturlandschaften auf kleinstem Raum. Dieses „natürliche Potential" sollte man nutzen, indem man sorgsam damit umgeht und es schützt. Am ehesten kommt dies durch den tatsächlich praktizierten *Landschafts- und Naturschutz* sichtbar zum Ausdruck. 7,2% der Gesamtfläche Oberfrankens sind als Landschaftsschutzgebiete ausgewiesen (Bayern 12,3%), lediglich 0,1% oder 5,1 km² (Bayern 1,3% ≙ 937 km²) stehen unter dem strengeren Naturschutz. Hier sollte in Zukunft unter einem allgemein gestiegenen Umweltbewußtsein noch viel mehr getan werden. Denn Oberfrankens Naturlandschaften sind – wie wir gesehen haben – das Ergebnis eines für menschliches Empfinden unvorstellbar langen Entwicklungsprozesses – darin liegt letztlich ihr unwiederbringlicher Reiz begründet!

Für die kritische Durchsicht des Manuskriptes und zahlreiche Anregungen bin ich meinem Kollegen Herrn Prof. Dr. H. Stingl, Universität Bayreuth, sehr zu Dank verpflichtet.

Oberfranken aus dem Weltraum

Der Blick aus 915 km Höhe auf Oberfranken und seine angrenzenden Nachbargebiete ist zunächst faszinierend, bei näherem Hinsehen vielleicht jedoch auch ernüchternd, weil man sich vorweg von einer solchen Abbildung zuviel erwartet. Deswegen braucht der Betrachter wohl einige Informationen, um die Detailgenauigkeit und Farbgebung beurteilen und daraus Schlüsse ziehen zu können.
Das vorliegende Bild entstammt einem der drei seit 1972 eingesetzten Landsat-Satelliten, die auf einer polaren, kreisförmigen Umlaufbahn die reflektierte Strahlung der Erdoberfläche im sichtbaren Licht und im nahen Infrarot messen. Das Bild stellt also *keine* Photographie im üblichen Sinne dar, sondern ein Abtastbild der reflektierten Strahlung (sog. Multispectralscanner-System). Die theoretische lineare Bodenauflösung beträgt dabei rd. 80 m, kleinere Objekte – z. B. Straßen in ihrer Breite – sind also gar nicht auszumachen oder nur sehr schwach unter wirklich günstigsten Bedingungen. Der Satellit verwandelt seine in Streifen aufgenommenen Informationen in elektrische Signale, die wiederum in digitale Signale umgewandelt zur Bodenstation gesendet werden. Dort werden die Daten auf Magnetbändern gespeichert.
Jetzt müssen diese Informationen durch äußerst komplizierte technische Methoden je nach Benutzerwunsch auf- und weiterverarbeitet werden. Der Westermann-Verlag, aus dessen DIERCKE-Weltraumbildatlas diese Aufnahme freundlicherweise zur Verfügung gestellt wurde, hat dazu ein aufwendiges und speziell zugeschnittenes Bildumsetzverfahren mit EDV-Einsatz und Farbscanner erarbeitet, das sowohl zur Kontrastverstärkung als auch vor allem zur Umsetzung des Bildmaterials von einer ursprünglichen Rotversion in eine unserem Auge gewohntere naturnahe Farbgebung (Grünversion) dient. Wenn man bedenkt, wie viele Fehler sich bei diesen äußerst komplizierten Bildübertragungs- und -umsetzverfahren bis hin zum endgültigen Druck einschleichen können, dürfte man über die Detailgenauigkeit dieses Bildes im Maßstab 1:1 Million (!) doch überrascht sein.
Den hauptsächlichen Bildinhalt stellt Art und Zustand der Vegetation dar. Hellgrün erscheinen Ackergrünland, Wiesen, Weidegebiete; etwas satter grün vorwiegend Laubwald- und Mischwaldareale; dunkelgrün bis hin zur Schwärze Nadelwälder, vor allem Fichtenbestände. Abgeerntete Felder und Brachflächen werden in hellem Braun bis Braunrot wiedergegeben, Siedlungen in Hellrot. Reliefunterschiede kann die Abbildung nicht deutlich machen, obwohl zum Zeitpunkt der Aufnahme kaum Wolkenbedeckung herrschte; nur punktuell sind weiße Cumuluswolken und deren schwarzer Schlagschatten auf der Erdoberfläche zu erkennen. Auch große tektonische Strukturen, wie etwa die „Fränkische Linie", die Frankenwald und Fichtelgebirge gegen die westlichen Deckgebirge in nordwestlicher Richtung begrenzt, werden eigentlich nur durch die markanten Unterschiede im Bewuchs betont. Für die Täler gilt ähnliches: die kleineren – z. B. Wiesenttal – sind kaum auszumachen, die größeren oft nur indirekt durch die deutlich hervortretende Siedlungszeile – z. B. Obermain im Staffelsteiner Abschnitt – und nur die breiteren Flüsse wie die Regnitz oder der Main ab Bamberg sind als schmale, schwarze, mäandrierende Linien unmittelbar zu erkennen.
Dennoch mag das Bild einen ersten Eindruck von der Vielfalt des oberfränkischen Raumes widerspiegeln, die sich hier in erster Linie als natürliches oder vom Menschen intensiv genutztes Landschaftsmosaik äußert. Klar setzt sich im Osten entlang der NW-SE streichenden „Fränkischen Linie" das Grundgebirge von allen übrigen Landschaften ab. Selbst hier lassen sich noch durch den unterschiedlichen Bewuchs die naturräumlichen Einheiten (von NW nach SE) Frankenwald, Münchberger Hochfläche, die Hufeisenform des Hohen Fichtelgebirges und die davon umschlossene Selb-Wunsiedler-Hochfläche ausmachen. Weniger klar hebt sich die Obermainische Bruchschollenzone von der westlich folgenden Frankenalb ab: Beide Zonen werden durch die hellgrünen Flächen repräsentiert, in denen mosaikhaft dunkelgrüne Flecken eingestreut sind. Sattgrüne Farben kennzeichnen das westlich anschließende Vorland der Nördlichen Frankenalb. Geschlossene Verbreitung von Ackergrünland und Weiden werden durch das Hellgrün im Nordfränkischen Keuper-Lias-Land und im Grabfeld angezeigt, wohingegen die Ausläufer der Haßberge und des Steigerwaldes durch das Schwarzgrün der dortigen Nadelwälder angedeutet sind.

Klaus Hüser

Gera
Karl-Marx-Stadt
(Chemnitz)
Zwickau
Brüx
(Most)
Plauen
Hof
Karlsbad
(Karlovy Vary)
Eger
(Cheb)
Bayreuth
Bamberg
Pilsen
(Plzeň)
Erlangen
Nürnberg
Amberg

Ködeltalsperre im Frankenwald

1

Stauanlage im zertalten Grundgebirge

(vgl. Abb. 2, 77, 78)

Der östliche Teil des Regierungsbezirkes Oberfranken wird von Landschaften geprägt, die aufgrund ihres Gesteinsspektrums und ihrer Oberflächenformen zu den Grundgebirgen gerechnet werden. Die nebenstehende Luftaufnahme, deren Blickrichtung nach NNW über die Ködeltalsperre gerichtet ist, zeigt einen ganz charakteristischen Ausschnitt des nördlichsten Abschnitts dieser Grundgebirge: des Frankenwaldes.

Als dominante Reliefform breitet sich eine zwischen 600 und 650 Höhenmetern leicht gewellte Fläche aus, die den gesamten Bildmittelgrund einnimmt und nur im Hintergrund von einem etwas höheren Bergrücken überragt wird. Diese Fläche greift über unterschiedlichste Gesteine (hier vor allem Grauwacken, Tonschiefer und Konglomerate) und tektonische Störungen des Untergrundes hinweg (siehe dazu das geologische Profil in Abb. 5). Gebildet wurden diese Gesteine schon im Unterkarbon, steil gestellt und zu Falten emporgepreßt in der folgenden variszischen Ära. Die heutige Rumpffläche dagegen verdankt ihr Aussehen Abtragungsprozessen wechselfeucht-tropischen Klimas, wie sie über lange Zeiträume in der ausgehenden Kreide und dem nachfolgenden Tertiär geherrscht haben dürften. Der entscheidende Impuls zur Zertalung dieser Flachlandschaft ist noch wesentlich jünger: Erst im ausgehenden Tertiär und in den Eis- und Zwischeneiszeiten des Quartärs konnten die Flüsse gegen die fortdauernde Blockhebung des Gebirgskörpers anarbeiten und so erodierend die heutigen Täler schaffen, die letztlich erst die markanten Reliefunterschiede von hoch und tief in allen Mittelgebirgen darstellen.

Wo aktive Flußsysteme vorhanden waren, entstanden tiefe Kerb- bzw. Sohlenkerbtäler, wie hier beim Zusammenfluß der Tschirner und Nordhalbener Ködel in die Rodach, die zum Main und damit letztlich rhenanisch entwässert. Damit sind die Voraussetzungen der Reliefform zur Errichtung von Stauseen gegeben; die klimatischen Bedingungen mit Jahresniederschlagswerten zwischen 900 bis 1000 mm kommen hinzu. Die Notwendigkeit zur Anlage von zentralen Wasserversorgungsanlagen bestand in dieser Region aufgrund des Grundwassermangels schon immer. Daher war es sinnvoll, in den Jahren von 1968 bis 1973 im abgebildeten Unterlauf des Ködeltals mit relativ dichtem Untergrund und schwacher Besiedlung eine Stauanlage zu errichten, die in das Gesamtnetz der Fernwasserversorgung Oberfranken integriert ist und heute den Bamberger Raum mit einer ehemals angespannten Versorgungslage, die Coburger Region und weite Bereiche von Oberfranken Ost versorgt.

Die „Trinkwassertalsperre Mauthaus", auf deren 61 m hohen und an der Krone 285 m langen Hauptdamm (ein Steinschüttdamm mit Lehmkerndichtung) wir im Vordergrund blicken, staut ein Gesamtvolumen von rd. 21 Mio. m³ Wasser. Die Talsohle beim nicht sichtbaren Meßwehr liegt bei 389 m ü. NN, das normale Stauziel bei 447 m ü. NN; die aus dem Stau resultierende Seefläche beträgt rd. 87 ha. Umfangreiche Landschaftspflegemaßnahmen, zu denen auch die Erschließung des Sees durch einen Rundumweg gehört, waren beim Bau der Anlage erforderlich.

Die Talsperre liegt eingebettet in eine fast geschlossene Waldlandschaft, die nur fleckenartig von offenem Kulturland in Form von typischen (Radial-)Waldhufensiedlungen unterbrochen und aufgelockert wird. Schon im 12. Jahrh. waren hier die ersten Rodungssiedlungen auf Betreiben Bamberger Bischöfe und lokaler Grundherren angelegt worden. Seit dieser Zeit wird auch der Wald vom Menschen genutzt, der sich dadurch von einem ehemaligen abwechslungsreichen Mischwald zu einem – wie gerade der Bildausschnitt belegt – intensiv genutzten, daher aber auch eintönigen Fichtenforst gewandelt hat. Durch atmosphärische Schadstoffbelastung sind diese Waldgebiete der Oberfränkischen Grundgebirge in unserer Zeit in ihrem Bestand am meisten gefährdet.

Klaus Hüser

Wilde Rodach und Thiemitz im westlichen Frankenwald 2

Junge Zerschneidung des alten Gebirges

(vgl. Abb. 1, 77, 78)

Drei generelle Entwicklungsphasen kennzeichnen den Werdegang des abgebildeten Geländeausschnittes: Aufbau durch Gesteine sehr hohen geologischen Alters, Abbau zu einem Rumpfgebirge während einer folgenden langen Abtragungsperiode und junge Ausformung der typischen Talzüge durch linienhafte Erosion.
Im einzelnen ist der Untergrund aus sehr verschiedenartigen Gesteinen zusammengesetzt. Im Bereich links der rechten Thiemitz-Talkante herrschen unterkarbonische Schiefer und Konglomerate (durch Bindemittel verkittete Gerölle) vor, während der höher gelegene Teil am rechten Bildrand von oberdevonischen Diabasen (altvulkanische Massengesteine) aufgebaut wird. Die Festlandswerdung dieser untermeerischen Ablagerungen erfolgte dann im späten Paläozoikum (Erdaltertum). Weil keine jüngeren Gesteine nachweisbar sind, darf angenommen werden, daß die reliefbildende Abtragung seit etwa 270 Millionen Jahren wirksam ist.
Es läßt sich kaum rekonstruieren, was in der langen Zeit des Mesozoikums (Erdmittelalters) in diesem Gebiet abgelaufen ist. Die jüngere Anlage der Formen ist indes genauer nachvollziehbar. So wird der dargestellte Raum von vier charakteristischen Reliefteilen geprägt, die allesamt ein gemeinsames Merkmal besitzen: ihre Entstehung vollzog sich unabhängig von vorhandenen Gesteinsunterschieden und gegebenen Störungssystemen, auch wenn sich die Orientierung des Thiemitztales streng an die variszische Streichrichtung hält (Südwest – Nordost, in Blickrichtung).
Ausgangsform der Reliefentwicklung ist wiederum die sanftwellige Frankenwaldhochfläche, die nur sporadisch von einzelnen Bergkuppen nuanciert wird (Gerlaser Forst, 735 m, am Horizont). Die ersten Einschneidungstendenzen werden von einer Übergangsform zwischen Fläche und Tal verdeutlicht, von breiteren, wannenartig ausgebildeten Ausräumungsgebieten, die sich in ihrer Ausrichtung bereits dem heutigen Entwässerungssystem anlehnen, bzw. dies vorgegeben haben (Ausbuchtung mit der Rodungsinsel um die Ortschaft Hintere Schnaid, linke Bildmitte). Eventuell ist sogar zu schließen, daß jene Wannentäler die Weiterentwicklung der alten Quellgebiete des erläuterten „Moenodanuvius" darstellen (vgl. Einführungskapitel). Als dritte und markanteste Form sind die Sohlenkerbtäler oder Kastentäler der Thiemitz und ihrem Vorfluter, der Wilden Rodach, hervorzuheben. Für beide ist kennzeichnend, daß der Talgrund von bis zu 6 m mächtigen Schotterlagen eingenommen wird, die als Ergebnis der gestaltenden Kräfte während der letzten Eiszeit (Würm) gelten. In diesen Kiesbetten verlaufen die gegenwärtigen Flüsse, die wegen des dichten Untergrundes ihrer Einzugsgebiete und den hohen Niederschlagsmengen immer eine stärkere Wasserführung aufweisen. Im Falle der Wilden Rodach hat dieser Sachverhalt sogar Flößereibetrieb ermöglicht.
Die Hänge der beiden Haupttäler werden von kurzen, steilen Kerbtälern zerschnitten, was zu riedelartigen Vorsprüngen der Hochfläche geführt hat. Ebenso greifen diese jüngsten Formen in die wannenförmigen Ausbuchtungen ein, wodurch eine deutliche Untergliederung jenes mittleren Stockwerkes zustande kommt. Nachdem die jeweiligen Tiefenlinien der Kerbtäler auf die erwähnte Schottersohle der Haupttäler auslaufen, muß auf eine spät- und nacheiszeitliche Entstehung geschlossen werden. Schließlich gilt die ausgeprägte Asymmetrie im Querprofil des Thiemitztales als typisch für eiszeitliche Formungsprozesse. So zeigt der nach Südosten exponierte Talhang weniger Neigung als die gegenüberliegende Seite. Die der Sonnenbestrahlung stärker ausgesetzte Talflanke wurde infolge intensiverer Solifluktion mehr abgeflacht als die in Schattenlage.
Thiemitz und Wilde Rodach gehören zu den Quellflüssen des rheintributären Mainsystems. Jenseits der Wasserscheide, deren Verlauf etwa von der Horizontlinie wiedergegeben wird, entwässert die Selbitz über das Saale-Elbe-Netz zur gleichen Erosionsbasis hin, der Nordsee, allerdings mit erheblich geringerer Lauflänge. Bei ebenso gleicher Höhe der Quellgebiete von Wilder Rodach und Selbitz ergibt sich ein stärkeres Gefälle und folglich auch eine größere Möglichkeit zur Erosion beim Selbitz-Saale-Elbe-System. Vergleicht man nun die Taltiefen der jeweiligen Oberläufe, wird das genaue Gegenteil deutlich: bemerkenswert hohe Eintiefungsbeträge im Bereich der Wilden Rodach (im Bild über 150 m!), die über eine stärkere Hebung des westlichen Frankenwaldes erklärt werden können.

Thomas Reinl

Münchberger Gneismasse

Tektonischer Gesteinskörper in ortsfremder Umgebung

3

(vgl. Abb. 4, 6, 65, 68, 71)

Ein Blick von Süden auf Seublitz an der Sächsischen Saale im Mittelgrund des Bildes und seine Umgebung zeigt uns ein seit dem Tertiär morphologisch gereiftes Oberflächenrelief, das auch im gesamten Bereich der Münchberger Gneismasse die Landschaft prägt.
Die metamorphen Gesteine des Untergrundes sind von mächtigen Verwitterungsdecken überzogen, auf denen sich meist leichte, sandige und schluffige Braunerden mit großer Entwicklungstiefe gebildet haben.
Schon lange wird die tektonische Stellung der hochmetamorphen Münchberger Gneismasse in einer Umgebung aus schwachmetamorphen Grünschiefern, Amphiboliten, Tonschiefern und Kieselschiefern kontrovers diskutiert. Ist der geologische Fremdkörper als Bestandteil einer tektonischen Decke über eine Strecke von 50 km nach Nordwesten transportiert worden oder handelt es sich um einen Teil der unteren Erdkruste, der diapirartig in einen höheren Krustenabschnitt aufgedrungen ist?
Inzwischen gibt es viele Argumente, die für einen horizontalen Transport der Münchberger Gneismasse sprechen.

- Die Münchberger Gneismasse setzt sich von oben nach unten aus alten Hornblendebändergneisen mit eingeschalteten Eklogiten (Hangend-Serie), hellen (sauren) Para- und Orthogneisen (Liegend-Serie), Rand-Amphiboliten, Phyllit-Prasinit-Serie, Randschieferserie und jungen Kieselschiefern sowie Flyschsedimenten des Silurs, Devons und Unterkarbons (Bayerische Tiefwasserfazies) zusammen, die als allochthoner Gesteinsstapel auf autochthone Gesteine der Thüringischen Flachwasserfazies überschoben sind (Abb. NW-SE-Schnitt).
- Die Überlagerung von stratigraphisch älteren Gneisen auf jüngeren Sedimenten spricht für eine Deckenüberschiebung.
- Die Münchberger Gneise der Hangend- und Liegendserie sind absoluten Altersdatierungen zufolge während des Devons aus altpaläozoischen Sedimenten hervorgegangen und zwar an einer vom Fichtelgebirge und Frankenwald entfernten Lokalität, da hier gleichaltrige Sedimente nur eine schwache oder überhaupt keine Metamorphose erfahren haben.
- Während der variskischen Kompressionstektonik im Oberkarbon ist der in der Abb. dargestellte Raum weiter eingeengt und zu weitgespannten Sattel- (Fichtelgebirge) und Muldenstrukturen (Vogtländische Mulde) verformt worden. Dadurch wurde anschließend über dem Sattelgewölbe des Fichtelgebirges die Deckenmasse erosiv entfernt, während sie im Kern der Vogtländischen Mulde als Münchberger Gneismasse erhalten blieb.

Karlheinz Schäfer

Ein SE-NW-Schnitt durch das alte Gebirge Bayerns von der südlichen Oberpfalz bis zum nördlichen Frankenwald zeigt den 50 km weiten Transport der Münchberger Gneismasse aus dem Grenzbereich Saxothuringikum/Moldanubikum über die nördliche Oberpfalz und das Fichtelgebirge (aus H. J. BEHR et al. (1985), ergänzt nach FRANKE (1984).

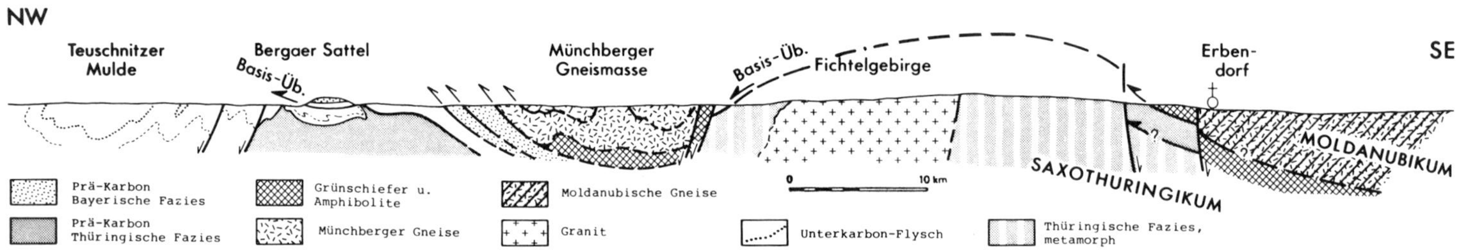

Wunsiedler Bucht

4

Junge Formung einer Fichtelgebirgslandschaft

(vgl. Abb. 3, 5, 6, 29)

Der Blick des Betrachters folgt der Eger ein Stück flußabwärts und wandert weiter nach Norden über den Großen Kornberg, mit der die Kammlinie überragenden Schönburgwarte. Die Eger kommt bei Röslau ins Bild (Kläranlage des Ortes links im Vordergrund) und bahnt sich mäandrierend ihren Weg durch die flachwellige Hochfläche, bevor sie bei Marktleuthen (im Hintergrund rechts) den Bildausschnitt wieder verläßt. Erst viel weiter im Osten mündet sie im Böhmischen Mittelgebirge in die Elbe und tritt damit die weite Reise in die Nordsee an. Im Bereich der Wunsiedler Bucht ist die Eger noch klein und unscheinbar. Ihr Ursprung liegt auf der Wasserscheide zwischen dem Rhein-Main-System im Westen und dem Naab-Donau-System im Süden. Die Erosionskraft ist noch gering und der Fluß entsprechend wenig eingetieft. Deshalb ist in weiten Teilen noch der Flächencharakter der Landschaft erhalten, die Höhenunterschiede betragen maximal 50 – 100 m. Erst die nördliche Umrahmung, mit dem Großen Kornberg als Fortsetzung des Waldstein-Höhenzuges, ragt bis zu 300 m über das Umland heraus und bildet eine markante Begrenzung. Sowohl der Höhenzug als auch die Hochfläche bis Röslau sind hauptsächlich im Granit und Glimmerschiefer angelegt. Die Granitindustrie hat hier eine lange Tradition, wozu vor allem auch die Ortschaft Kirchenlamitz gehört, die links im Bildhintergrund am Fuß des Rückens zu erkennen ist.

Die flachwellige Landschaft ist das Ergebnis subtropischer bis tropischer Verwitterung und Abtragung im ausgehenden Tertiär. Allenthalben sind aus dieser Zeit vor mehr als zwei Millionen Jahren noch Ablagerungen und Verwitterungsbildungen zu finden, die den Naturraum und seine Nutzungsmöglichkeiten bis heute prägen. Von den ehemals mächtigen tropischen Böden sind nur noch die untersten Teile erhalten geblieben. Die oberen Partien sind seit dem Ende des Tertiärs der Abtragung zum Opfer gefallen. In zahlreichen Gruben und Steinbrüchen kann man über dem festen Gestein eine mehr oder minder dicke verwitterte Zone erkennen, wo das Gestein zersetzt ist und aus lockerem Grus besteht. Diese „Bodenrelikte“ können mehrere Meter mächtig werden und sind besonders intensiv auf Granit entwickelt. Bevorzugt an exponierten Standorten wurde das lockere Material bereits im Tertiär verspült und in geschützten Becken und Mulden wieder abgelagert. Am Fuße des hohen Waldrückens sind an vielen Stellen entsprechende tonige und sandige Sedimente zu finden. Der Granitrücken selbst ist das Ergebnis einer tektonischen Heraushebung im jüngsten Tertiär, wodurch die Rumpffläche der Wunsiedler Bucht gestört und verstellt wurde. Etwa zeitgleich brach die Lamitz-Senke grabenartig ein, die verstärkt durch fluviale Erosion des Lamitz-Baches heute als deutliche morphologische Unterbrechung des Waldstein-Kornberg-Kammes zu erkennen ist und den Nord-Süd-Durchlaß für die Eisenbahn- und Straßenverbindung nach Hof bildet.

An vielen Stellen sind die tertiären Verwitterungsbildungen und Ablagerungen noch von jüngeren Sedimenten bedeckt. Vor ca. zwei Millionen Jahren begann das Zeitalter des Quartär und damit der Wechsel von Kalt- und Warmzeiten, in denen das Klima stark schwankte und der Boden oftmals tief gefroren war. Bei sommerlichem Auftauen gerieten die obersten Schichten in Bewegung und wurden langsam hangabwärts transportiert, z. T. mehrere hundert Meter weit. Verbreitet sind im Bildbereich zwei bis drei solcher Fließerden übereinander vorhanden, die die Standortqualitäten der unterlagernden Gesteine stark verändern können. In die gleiche Phase gehört auch die Entwicklung der Blockmeere, die schon von Goethe eindrucksvoll beschrieben worden sind.

Unser derzeitiges Klima besteht seit etwa 10 000 Jahren. In dieser Zeit konnte sich auf den beschriebenen Gesteinen und Sedimenten Vegetation ansiedeln und Böden entwickeln. Je nachdem, ob nun anstehendes Gestein, tertiärer Zersatz, jüngere Fließerden oder Flußablagerungen an der Oberfläche liegen, sind auch die Bodenverhältnisse unterschiedlich. Den trockenen Standorten auf durchlässigem Grus stehen lehmige Fließerden mit günstigerem Wasserhaushalt gegenüber. Generell sind die Böden sauer mit geringer Nährstoffversorgung. Eine Erosion der lehmigen Fließerden und damit die Beackerung des Gesteinsgruses führt in der Regel zu erheblichen Standortsverschlechterungen. Als feuchtester Standort sind die Talauen der Eger weitgehend durch Grünland genutzt.

Heinz Veit

Kösseine, Schneeberg und Ochsenkopf 5

Granitische Zeugen einer eingerumpften Landschaft

(vgl. Abb. 4, 6, 29)

Stellvertretend für das gesamte Fichtelgebirge zeigt der abgebildete Geländeausschnitt den charakteristischen Wechsel von flachen Höhenzügen und dazwischengeschalteten Becken. Dieser Gegensatz kann nur bedingt in Verbindung mit vorhandenen Gesteinsunterschieden gebracht werden. Daraus ergibt sich eine von überwiegend klimatischen und tektonischen Kräften beeinflußte Landschaftsentwicklung.

Freilich besitzen die erhabenen Formen einen untereinander vergleichbaren Aufbau aus jungvariskischem Granit (etwa 325–285 Millionen Jahre alt) und sind als Reste späterer Intrusionen in ein bereits verfaltetes Gebirge aufzufassen. Aber schon die Einsattelung zwischen Kösseine und Hoher Mätze (Mittelgrund) – ein von der Verbindungsstraße Nagel–Tröstau benutzter Paß – beweist, daß diese Form ohne Rücksicht auf gesteinsmäßge Voraussetzungen angelegt wurde. Sowohl die Höhen als auch die Einsattelung werden aus porphyrischem Fichtelgebirgsgranit („Randgranit") gebildet, der sich in ungestörter Weise bis zur Platte hin erstreckt (Gipfel der Platte erkennbar an dem hellen Punkt im vorderen Hintergrund). Weiterhin wird das Liegende der Becken aus z. T. jüngeren granitischen Intrusionen aufgebaut. So ist gerade der Nageler Bereich des Mehlmeiseler Beckens (linker Mittelgrund) in quarzreichen Graniten („Kerngranit") entstanden, ähnlich wie sich weite Teile des Weißenstädter Beckens (mit seinem südlichsten Teil im rechten Mittelgrund) im härtesten Weißenstädter Porphyrgranit befinden.

Oftmals sind auch die Berggipfel selbst von unterschiedlichen Gesteinen aufgebaut. Im Bereich des Schneeberges (rechter Hintergrund) verläuft die Grenze zwischen dem älteren Randgranit und dem jüngeren Zinngranit etwa entlang der Verbindungslinie vom Gipfel zum Steinbruch „Fuchsbau" am nordöstlichen Fuß der Platte. Auch an der Hohen Mätze ist ein direktes Nebeneinander von Rand- und Kerngranit zu beobachten. Der einheitlich wirkende Höhenzug von der Platte zum Schneeberg zeigt hingegen einen gestörten Wechsel von Graniten und Gneisen.

Aus diesen Befunden läßt sich schließen, daß die Landschaftsformen unabhängig von dem Alter oder der Härte der Gesteine gestaltet wurden. Ein vormals höherer Gebirgskomplex ist durch Abtragung bedeutend erniedrigt worden. Mächtige, tertiärzeitliche Beckensedimente (Kaoline, Quarzschotter, Braunkohleflöze) und bis zu 100 m tiefe Verwitterungsdecken beweisen, daß zu dieser Zeit intensiver Gesteinszersatz und Ausräumung stattgefunden hat. Hierzu zählen auch die typischen Felsburgen und Blockmeere (an beiden Gipfeln der Kösseine erkennbar). Allerdings hat erst ein später einsetzendes eiszeitliches Bodenfließen zu der oberflächlichen Ansammlung der Gesteinsblöcke geführt.

Die flächenhaften Elemente des Fichtelgebirges liegen in bestimmten, mehr oder weniger konstanten Höhenniveaus. In besonders deutlicher Weise wird der oberste Flächenrest von der Silhouette des Schneebergs vorgeführt, wo eine als Inselberg zu bezeichnende Gipfelkuppe einem Niveau bei 950 m ü. NN aufgesetzt ist. Die Verebnung an der nordöstlichen Flanke des Ochsenkopfes kann hiermit zwanglos in Beziehung gebracht werden (linker Hintergrund), ebenso wie das Gipfelplateau der Kösseine. Ein zweites Flächenstockwerk findet sich bei etwas über 800 m ü. NN, das im Bild von der Hohen Mätze repräsentiert wird. Das dritte Niveau breitet sich bei 600 m ü. NN aus und ist mit der gegenwärtigen Höhe der Beckenoberflächen gleichzusetzen.

Als Motor der Ausbildung eines Stockwerkreliefs kann eine zeitweilig aussetzende Hebung des gesamten Fichtelgebirges angenommen werden, die eine erste Schnittfläche vertikal versetzt hat. Flächenbildende Klimate konnten dann in Zeiten tektonischer Ruhe über Stufenrückverlegung die jeweils höhere Etage aufzehren. Damit gelten die höchsten Verflachungen auch gleichzeitig als die ältesten. Die dazugehörigen Sedimente wurden in angrenzenden Vorländern abgelagert (Naab-Wondreb-Senke).

Thomas Reinl

Granit des Fichtelgebirges 6

Landschaftsbildner und Rohstoff für die Natursteinindustrie

(vgl. Abb. 3, 4, 68, 71)

Im waldreichen Fichtelgebirge bilden die Granitkuppen des Schneebergs (1051 m), des Ochsenkopfs (1023 m), der Kösseine (946 m) und wie auf dem nebenstehenden Luftbild die des Waldsteins (877 m) die höchsten Erhebungen.

Vor 310 und vor 288 Millionen Jahren wurde granitische Gesteinsschmelze im unteren Erdkrustenbereich mobilisiert, drang in mehreren Schüben bis in geringe Krustentiefe auf und erstarrte im Kern des Fichtelgebirgssattels zu differenziert geformten und petrographisch zusammengesetzten Granitkörpern. Das Gesteinsdach über den Granitintrusionen ist längst abgetragen, während der Rahmen aus prägranitischen Metamorphiten – die waldfreie Fläche am oberen Luftbildrand – durch Erosion eingetieft wurde. Hier sind die ältesten Gesteine des Fichtelgebirges anzutreffen, Phyllite, Quarzite, Glimmerschiefer und Marmore, die durch meist schwache (epizonale) Metamorphose vor etwa 600 Millionen Jahren aus präkambrischen Sedimenten hervorgegangen sind.

Der Weißenstadt-Marktleuthener **Porphyrgranit** ist als ältester der Fichtelgebirgsgranite vor 310 Millionen Jahren während der sudetischen Phase an der Wende Unter-/Oberkarbon aufgedrungen. Er nimmt von allen Graniten den größten Raum ein. Das porphyrische Gefüge wird durch Feldspateinsprenglinge hervorgerufen, die bis zu 12 cm Länge erreichen und in einer mittelkörnigen Grundmasse eingeschlossen sind. Der Porphyrgranit besitzt einen basischen Randsaum aus aufgeschmolzenem Nebengestein, der innen aus Granodiorit und außen am Kontakt zum Nebengestein aus Redwitzit besteht.

Der Fichtelgebirgs-**Randgranit** ist im Oberkarbon vor 288 Millionen Jahren während der asturischen Phase intrudiert und bildet das Dach und den Rand vieler jüngerer Granitmassive, die teilweise auch den Randgranit durchbrochen haben. Er besitzt ebenfalls eine porphyrische Struktur, seine Grundmasse ist jedoch aufgrund der schnellen Abkühlung feinkörniger als die des Weißenstadt-Marktleuthener Porphyrgranits. Im Waldsteinmassiv bildet der Randgranit den feinkörnigen Rahmen jüngerer, gröberer Granite, wie z. B. des Kerngranits.

Der Fichtelgebirgs-**Kerngranit** kühlte nur langsam unter dem noch warmen Dach des Randgranits ab und erstarrte deshalb zu grobkörnigen Intrusivgesteinskörpern, in denen sich bei fortschreitender Kristallisation leichtflüchtige Restlösungen ansammelten. Im Waldsteinmassiv konzentrierten sich die Restlösungen vor allem am Epprechtstein und führten dort in Klüften und Hohlräumen des Kerngranit zu den in vielen Sammlungen anzutreffenden Mineralparagenesen, wie Turmalin, Rauchquarz, Apatit, Flußspat, Topas, Zinnwaldit sowie Kalifeldspat und Albit in flächenreichen Kristallformen.

Der **Zinngranit** ist als jüngster Granit des Fichtelgebirges ebenfalls noch im Oberkarbon aus einer an seltenen Elementen reichen Restschmelze entstanden. Er tritt vor allem am Nordhang des Schneebergs, am Rudolfstein und am Fuchsbau zutage, wo in den stillgelegten Steinbrüchen durch intensives Absammeln nur noch gelegentliche Mineralfunde die ehemals reiche Mineralvergesellschaftung erahnen lassen. Vor allem ist der Zinngranit durch seine Führung an Erzmineralien, wie Zinnstein, Uraninit, Wolframit, Kupferkies, Arsenkies, Pyrit und Zinkblende schon lange bekannt. Der frühere Bergbau auf Zinn hat ihm den Namen gegeben, der gegenwärtige Abbau von Uran sorgt für häufige Mitteilungen in den Medien. Die Granite des Fichtelgebirges sind hauptsächlich von drei jeweils senkrecht zueinander verlaufenden Kluftflächensystemen durchsetzt. Auf dem Luftbild erkennt man im mittleren und oberen Abbaubereich des Steinbruchs am Waldstein steilstehende Kluftflächen, die in südost-nordwestlicher Richtung (auf dem Bild von rechts unten nach links oben) als Querklüfte den Granit durchziehen, während die steilstehenden Steinbruchswände senkrecht dazu als Längsklüfte der Längsachse des Waldsteinmassivs folgen. Die horizontalen Abbausohleflächen im Steinbruch werden von den Lagerklüften gebildet. Diese verlaufen parallel zur ehemaligen Dachfläche der Granitintrusion und sind durch Kontraktion bei der Abkühlung des Granitkörpers entstanden. Bei der Gewinnung im Steinbruch wie auch bei der anschließenden handwerklichen Verarbeitung des Granits spielt die durch die Klüftung vorgegebene Zerlegung des Natursteins eine entscheidende Rolle. Bei der Wollsack-Verwitterung des Granits rundeten sich Ecken und Kanten der quaderförmigen Kluftkörper ab und es entstanden Blockmeere an den Hängen und charakteristische Felsformen in den Gipfelfluren, wie z. B. an der Luisenburg bei Wunsiedel.

Karlheinz Schäfer

Waldsterben in Oberfranken

7

Zeichen einer ernsten Umweltkrise

(vgl. Abb. 5, 6, 69, 70)

Waldschäden gibt es, solange die Erde mit Wald bedeckt ist. Schneebruch, Sturmwurf, Insektenschäden und Feuer sind Bestandteil des natürlichen Werdens und Vergehens unserer Wälder.

Mit den Luftverunreinigungen hat der Mensch einen neuen Faktor geschaffen, dem die Vegetation nicht angepaßt ist. Deshalb erkranken viele Pflanzen. Am frühesten sichtbar geworden sind durch Schadstoffe verursachte Schäden in unseren Wäldern. Sie sind langlebiger und halten die Schadstoffe aus dem Schwebstoffstrom, der über dem Kronendach durch Wirbelbildung verlangsamt in die Bestände absinkt, mit Blättern, Nadeln, Zweigen und Rinde fest. Damit schützen die Bäume die übrige Pflanzenwelt, Mensch und Tier. Wirken die Schadstoffe über längere Zeit und in höheren Konzentrationen, so erkranken auch sie. Schon lange bevor solche Erkrankungen sichtbar werden, sind sie unter dem Mikroskop zu erkennen.

Unsere Wälder in Oberfranken sind von den neuartigen Waldschäden besonders betroffen. Solche Schäden gibt es aber nicht erst seit heute. Sie sind in unseren Mittelgebirgen schon in früheren Jahrhunderten aufgetreten. Die Verhüttung von Erzen und Glasherstellung haben sogenannte Rauchschäden in unmittelbarer Nähe der Schadensquellen verursacht. Der industrielle Aufschwung mit hohem Verbrauch an fossilen Brennstoffen und der Schadstoffausstoß bei vielen Fertigungsvorgängen verunreinigen über hohe Schornsteine unsere Luft so stark, daß Schäden heute großflächig, oft fernab von Schadensquellen, auftreten.

In den vergangenen Jahren wurde in den Wäldern eine Stichprobeninventur durchgeführt. Sie hat für den nordöstlichen Teil Oberfrankens ein erhebliches Schadensausmaß. Zwei Drittel der Waldfläche sind krank, über die Hälfte hiervon ist mittel bis stark geschädigt. Besonders betroffen ist das Fichtelgebirge. Es folgen der Frankenwald und das Triashügelland zwischen Coburg und Bayreuth. Nach Südwesten zum Jura und Albvorland nehmen die Schäden erheblich ab.

Nadelanalysen, die Meßergebnisse des lufthygienischen Überwachungssystems und die sichtbaren Schäden lassen den Zusammenhang zwischen neuartigen Waldschäden und Luftschadstoffen deutlich werden. Die entscheidende Rolle dürfte dabei für unseren Raum das Schwefeldioxid spielen, das bei Ostwind-Wetterlagen in besonders hohen Konzentrationen in unsere Wälder einströmt. Weitere Schadstoffe, vor allem Stickoxide, Photooxidantien und Schwermetalle verstärken seine schädlichen Wirkungen.

Betroffen sind alle Baumarten. Die Tanne ist bereits vom Aussterben bedroht. Fichte und Kiefer sind zu fast zwei Drittel geschädigt, die Fichte ist über die Hälfte, die Kiefer zu einem Drittel schwerkrank. Demgegenüber sind Schäden an den Laubhölzern wie Buche und Eiche insgesamt geringer, weil sie vorwiegend in den weniger belasteten Bereichen Oberfrankens, vor allem in der Fränkischen Schweiz und in ihren Randzonen vorkommen. Reinbestände und Mischbestände zeigen keine Unterschiede. Flächiges Absterben wurde noch nicht festgestellt. Ein Bestandszerfall setzt jedoch in den klimatisch ungünstigen Hochlagen unserer Mittelgebirge bereits ein.

Durch die Immissionsschäden entstehen für die Forstwirtschaft erhebliche Belastungen, besonders schwerwiegend sind die Verluste für den kleinen bäuerlichen Waldbesitz. Bedroht sind darüber hinaus unsere Landeskultur und der Fremdenverkehr. Der Wald sichert die Wasserversorgung, schützt vor Bodenerosion, sorgt für ein ausgeglichenes Klima, reinigt die Luft, erzeugt den lebensnotwendigen Sauerstoff, bietet den bedrohten Tier- und Pflanzenarten ein sicheres Rückzugsgebiet und ist ein Hort der Ruhe und Erholung.

Unser Wald ist in einer ernsten Krise. In dieser Krise liegt jedoch auch eine Chance, wenn wir daran erkennen, wie sehr unsere Lebensgrundlagen gefährdet sind, daraus lernen, daß wir die Natur nicht unbegrenzt belasten können, und unverzüglich alles tun, um unsere Umwelt und unsere Wälder zu retten.

Das Luftbild zeigt einen Ausschnitt aus dem nördlichen Bereich des Schneeberges, auf dem der Wald besonders stark geschädigt ist. Es handelt sich dabei um eine Farbinfrarotaufnahme, aus der sich deutlich die Walderkrankungen erkennen lassen. Bei genauerer Betrachtung des Bildes sind deutlich die Waldschäden und die Schadensstärke über die Farbunterschiede zu erkennen: Gesunde Kronen weisen eine intensive dunkelrote Färbung auf. Bei zunehmender Schädigung verblassen die Rottöne und gehen in violette und graue Farben über. Abgestorbene Bäume sind blaugrün bis grün abgebildet.

Peter Meier

Fränkische Linie bei Stadtsteinach 8

Ein Bruch in der Erdkruste und seine landschaftlichen Konsequenzen

(vgl. Abb. 10, 11, 12, 72)

Das Bild – mit Blick nach Südosten über Stadtsteinach hinweg aufgenommen – zeigt die Nahtstelle zweier bedeutender geologischer und landschaftlicher Einheiten Oberfrankens.

Im linken Teil des Bildes erstrecken sich der Frankenwald und die nach Osten und Süden folgende Münchberger Gneismasse, die hauptsächlich aus Schiefern bzw. Gneisen aufgebaut sind. Sie gehören dem sog. „Alten Gebirge" oder „Grundgebirge" an, dessen Gesteine im wesentlichen dem Paläozoikum entstammen und im Zuge einer alten Gebirgsbildung überformt und umgewandelt worden sind. Die Höhen liegen einheitlich um 600 m NN, Gesteinswechsel wirken sich im Charakter der Oberflächenformen nicht aus. Zum Grundgebirgskomplex gehört auch das höhere Fichtelgebirge im Hintergrund mit den beiden Gipfeln Schneeberg (1046 m NN, links im Hintergrund) und Ochsenkopf (1024 m NN, rechts vom Schneeberg).

Den rechten Teil des Bildes nehmen mesozoische Sedimentgesteine ein, die dem sog. „Deckgebirge" angehören, das dem Grundgebirge, das tief unter ihm anzutreffen wäre, aufliegt und nicht durch Gebirgsbildung überformt worden ist. Im Bildausschnitt handelt es sich v. a. um Sand- und Tonsteine des Keupers; der flache Anstieg am rechten unteren Bildrand wird von Kalksteinen des Muschelkalkes gebildet.

Die Grenze zwischen Grund- und Deckgebirge markiert ein steiler, bewaldeter Anstieg. Bereits der geradlinige Verlauf dieses Hanges, besonders aber der scharfe Gesteinswechsel, deuten auf eine tektonische Ursache dieser Grenzlinie hin, eine Verwerfung, an der Teile der Erdkruste vertikal gegeneinander verschoben worden sind. Diese Bruchlinie, an der das Grundgebirge um z. T. weit über 1000 m relativ herausgehoben ist, wird als „Fränkische Linie" bezeichnet. Sie zählt zu den bedeutendsten Verwerfungen Süddeutschlands. Ihre Bildung geht bis in das früheste Tertiär oder noch weiter zurück.

Derart starke Erdkrustenbewegungen konnten auch in der Umgebung nicht ohne Auswirkungen bleiben. So finden sich im rechten Bildteil und darüber hinaus nach Westen zur Frankenalb hin weitere, meist parallel zur Fränkischen Linie verlaufende Störungen. Diese bewirken eine starke Unregelmäßigkeit der Lagerung der Schichten, die ja ursprünglich ungestört übereinander abgelagert worden sind. Hier jedoch tritt ein buntes Mosaik unterschiedlicher Sedimentgesteine mit wechselnden Schichtneigungen auf, weshalb dieser Raum die Bezeichnung „Obermainisches Bruchschollenland" trägt. Außerhalb des Bildes prägen sich diese Gesteinsunterschiede differenzierend im gesamten Landschaftsgefüge aus.

Im Gegensatz dazu stehen die einheitlichen Oberflächenformen des Frankenwaldes und der Münchberger Gneismasse, die – wenn auch durch tief eingeschnittene Täler zerstückelt – den Charakter von Hochflächen haben, obwohl sehr unterschiedlich widerständige Gesteine nebeneinander auftreten. Daraus kann die Existenz eines alten, über Gesteinsunterschiede hinwegschneidenden Flachreliefs gefolgert werden, was auch Relikte intensiv verwitterter Böden dort belegen. Es ist zu vermuten, daß diese Abtragungsfläche ursprünglich über den Rand des Grundgebirges hinweg auf das Deckgebirge übergegangen ist, die Verwerfung der Fränkischen Linie also ebenfalls eingeebnet war. Wahrscheinlich ist eine Fortsetzung dieses Flachreliefs in Teilen der Hochfläche der Frankenalb zu sehen, wo stellenweise typische Schotter aus dem Grundgebirge (Kieselschiefer) gefunden werden können, die eine ehemalige direkte Verbindung beider Gebiete belegen.

Eine neuerliche Aktivität an der Fränkischen Linie schuf dann vermutlich im jüngeren Tertiär die Voraussetzungen für das heutige Bild der Landschaft. Auffällig ist, daß sich im Fußbereich des Grundgebirges über größere Distanz eine durchgehende Tiefenlinie erstreckt, die an ein weites Tal erinnert. Dennoch wird dieser Bereich heute nur stellenweise von einem Fluß durchflossen. Im Bildvordergrund z. B. findet sich kein durchgehendes Gewässer; erst bei Stadtsteinach tritt die Steinach in diese Talform ein, um sie bereits nach 10 km wieder zu verlassen. Zahlreiche Flußablagerungen in größerer Höhe entlang dieser Talung belegen aber eine ehemalige gleichsinnige Entwässerung zumindest von großen Teilen dieses Tales nach Südosten. Die Umbildung dieses alten Abflußsystems zum heutigen Gewässernetz ist das Ergebnis späterer Flußlaufverlagerungen und Flußanzapfungen.

A. Kleber und H. Stingl

Steinachtal bei Weidenberg

9

Flußentwicklung an der Europäischen Hauptwasserscheide

(vgl. Abb. 10, 12)

Das Bild des Steinachtales zwischen seinem Austritt aus dem Fichtelgebirge bis zum Eintritt in das Bayreuther Becken wird geprägt vom tiefen Einschneiden des Flusses in den Untergrund während des Eiszeitalters. Der Höhenunterschied zwischen dem Talboden bei Weidenberg (Bildmittelgrund) und den umgebenden Höhen beträgt rund 140 m. Erleichtert wurde diese Tieferlegung durch wenig widerstandsfähige Schichten des Buntsandsteins und des Rotliegenden (vgl. sm, su, ro im geologischen Profil). Die stärker resistenten Schichten des Muschelkalks und des oberen Buntsandsteins dagegen blieben als Schichtkämme erhalten, deren Anstieg rechts im Bild gerade noch erkennbar ist.
Die im Profil dargestellte auffallende Schrägstellung der Schichten wurde hervorgerufen durch die Heraushebung des Fichtelgebirges im Tertiär. Dabei bildete sich die „Weidenberger Störung", eine Bruchlinie. Das Tertiär war eine geologisch sehr unruhige Epoche. Neben sicher häufigen Erdbeben entlang der Bruchlinien kam es am Fichtelgebirgsrand auch zum Ausbruch von Vulkanen oder zumindest zum Eindringen von basaltischen Schmelzen in den mesozoischen Schichtenbau. Eine später durch die Abtragung herauspräparierte „Vulkanruine" ist der Rauhe Kulm im Hintergrund, der seine Umgebung weit überragt.

GEOLOGISCHES PROFIL DURCH DIE TRIAS BEI WEIDENBERG

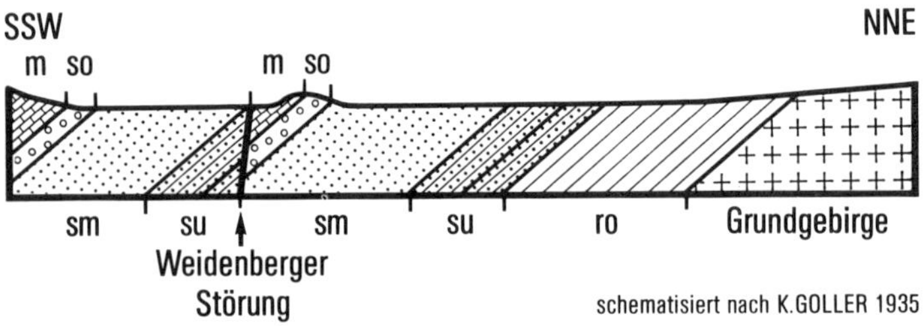

schematisiert nach K.GOLLER 1935

ro = Rotliegendes su = unterer Buntsandstein / Perm sm = mittlerer Buntsandstein
so = oberer Buntsandstein m = Muschelkalk

Noch im frühen Eiszeitalter war der Raum Weidenberg von dem „Urnaabsystem" geprägt, das – kaum eingetieft – nach Südosten (in Blickrichtung) zur Donau entwässerte. Erst als die Urnaab vom Roten Main über die Steinach angezapft wurde, kam es zum Umbruch des Entwässerungssystems und zu einer neuen Tendenz der Reliefentwicklung. Es entstand die „Europäische Hauptwasserscheide" südöstlich von Weidenberg, verbunden mit einer Neuorientierung der Abflußverhältnisse im heutigen Gebiet der Steinach und einer raschen Tiefenerosion der Steinach, bedingt durch das größere Gefälle des neuen Vorfluters Main.
Die Eintiefung erfolgte nicht kontinuierlich, sondern war durch Phasen der Aufschotterung unterbrochen, so daß im Endergebnis ein Stapel pleistozäner Flußterrassen entstand, die den Übergang vom Niveau des einstigen Urnaabsystems zu dem heutigen Talboden bilden.
Die einzelnen Terrassen im Luftbild auszumachen, fällt relativ schwer. Man erkennt aber den Anstieg zur „Niederterrasse" dadurch, daß dort die Nutzungsgrenze zwischen den Wiesen im Bereich der Talaue und den Äckern auf der Niederterrasse verläuft. Das Material der Niederterrasse, grobe Schotter aus dem Fichtelgebirge, wird in Schottergruben abgebaut und dient der Herstellung von Beton und Betonfertigprodukten.
Im Hintergrund des Bildes begrenzen die Reste des Urnaabsystems das Tal. Sie bilden die Wasserscheide zwischen dem Rheinsystem bzw. der Nordsee und dem Donausystem bzw. dem Schwarzen Meer. Jenseits dieser Wasserscheide konnte die Heidenaab aufgrund ihres geringeren Gefälles nicht die gleiche Ausräumungsarbeit leisten wie die Steinach. Nur drei Terrassen liegen hier unter dem alten Urnaabniveau; der Höhenunterschied zwischen dem obersten Niveau und dem heutigen Talboden beträgt dabei maximal 60 m, also weniger als die Hälfte des ungefähr gleichzeitig entstandenen Steinachsystems.
Während des Eiszeitalters entstanden also im Raum Weidenberg durch die unterschiedliche Dynamik zweier Flußsysteme zwei Landschaften unterschiedlichen Charakters: das flachwellige „danubische" Talrelief der Naab und die „rheinische" Tallandschaft mit hoher Reliefenergie in unserem Bild im Bereich der Steinach.

Günter Heß

Bruchschollenland nordöstlich Bayreuth

10

Eiszeitliche Ablagerungen und Formen

(vgl. Abb. 9, 83)

Über die Ortschaft Bindlach hinweg nach Norden blickend, zeigt das Luftbild einen Ausschnitt aus dem Obermainischen Bruchschollenland. Die starke tektonische Beanspruchung dieses Raumes führt zu einem dichten Nebeneinander unterschiedlicher Gesteine des Buntsandsteins, Muschelkalkes und des Keupers. So besteht der bewaldete Teil des Höhenzuges in der oberen Bildhälfte linksseitig der Autobahn (Tierleiten, Trebgaster Forst mit deutlicher Stufe) weitgehend aus Buntsandstein, während er rechtsseitig am Bindlacher Berg von Muschelkalk gebildet wird. Zwei große Talsysteme sind erkennbar. Das Tal des Weißen Mains am rechten oberen Bildrand, das bei Bad Berneck das Fichtelgebirge verläßt, und das Trebgasttal, das von den Kiesgruben bei Bindlach ausgehend nach NW bis kurz vor die Ortschaft Lindau (linker Bildrand) verläuft, wo es nach rechts umbiegt und bei Trebgast, auf dem Bild nicht sichtbar, in den Weißen Main mündet. Täler sind das Ergebnis von Flußerosion, wie sie vor allem in den Kaltzeiten des Pleistozäns aktiv war. Dabei legten die Flüsse ihre Sohle tiefer und lagerten bei nachlassender Transportkraft Kiese und Sande ab. Durch mehrmaligen Wechsel dieser Vorgänge entstanden so unterschiedlich alte Terrassen, von denen die ältesten am höchsten liegen. Die Terrassensedimente sind begehrte Rohstoffe für die Bauindustrie. Die entstandenen Gruben müssen nach Beendigung des Abbaus wieder aufgefüllt und rekultiviert werden. Im Bildausschnitt geschieht dies vor allem mit Deckschichten und Abraum aus neu angelegten Grubenabschnitten. Wegen des durchlässigen Untergrundes sind sie denkbar schlecht als Mülldeponien geeignet. Beim Trebgasttal fällt das Fehlen eines größeren Flusses auf. Kiese und Sande, wie sie bei Bindlach aufgeschlossen sind, belegen jedoch die fluviatile Entstehung des Tales. In den Gruben im Vordergrund ist deutlich zu sehen, wie ein mehrere Meter mächtiges braunes Schotterpaket dem rosafarbenem Buntsandstein aufliegt. Schotteranalysen in diesem Bereich ergeben ein Spektrum, das eindeutig auf die Herkunft der Ablagerungen aus dem weiter östlich anschließenden kristallinen Fichtelgebirge hinweist. Da unweit südlich der Kiesgruben die Steinach, aus dem Grundgebirge kommend, vorbeifließt, ist sie der einzig mögliche Lieferant. Heute entwässert sie jedoch in den Roten Main bei Bayreuth. Untersuchungen der Schotterterrassen des Roten Mains nach dem Zusammenfluß mit der Steinach ergeben ein jungpleistozänes Alter dieser Flußumlenkung. Weiter talabwärts ist in den Terrassen des Trebgasttales neben kristallinen Gesteinen auch ein hoher Prozentsatz an Eisensandsteingeröllen aus dem Dogger zu finden. Dies belegt die Beteiligung von Steinach und Rotem Main bei der Talentwicklung. Die rein kristallinen Ablagerungen im Bildvordergrund sind als Schwemmfächermaterial der Steinach zu deuten.

Die Terrassenkiese werden in weiten Bereichen noch von jüngeren Sedimenten bedeckt. Kaltzeitlicher Löß wurde vor mehr als 10 000 Jahren vom Wind angeweht und bildet vor allem auf den Terrassenflächen bei Bindlach mehrere Meter mächtige Decken. Der Löß verwitterte, wurde entkalkt und liefert heute als Lößlehm die Grundlage für die agrarische Nutzung. Die relativ hohen Tongehalte dieser Böden aus Lößlehm führen zu einer Vernässung des Oberbodens nach Niederschlägen und stehen damit in krassem Gegensatz zu den Böden auf Sandsteinen, die sehr trocken und nährstoffarm und deshalb auch meist bewaldet sind. Als weiteres Produkt kaltzeitlicher Verwitterungs- und Formungsvorgänge sind Fließerden für die heutige Nutzung von Bedeutung. Das sind jene oberen Bereiche des Bodens, die sich bei sommerlichem Auftauen in durchnäßtem Zustand hangabwärts bewegten. Diese Schuttdekken von durchschnittlich 0,60 – 1,00 m Mächtigkeit verhüllen das anstehende Gestein und verändern die Standorteigenschaften zum Teil erheblich. Im Muschelkalkgebiet des Bindlacher Berges z. B. verdeckt Kalkstein- und Mergelschutt fast den gesamten Teil des Buntsandsteins, der am Hangfuß im Liegenden des Schuttes ansteht. Dies gilt auch für die Keuperlandschaften und die Keuper-Lias Übergangsbereiche (linke obere Bildhälfte), wo Wechsellagerungen von Sand- und Tonstein auftreten und im Bodenprofil oft eine markante Änderung der Bodenart ab ca. 0,60 m Tiefe zu bemerken ist. Somit zeigt der Bildausschnitt eine Landschaft mit sehr komplexem Aufbau, dessen detaillierte Kenntnis wichtige Entscheidungshilfen für eine adäquate Nutzung liefern kann.

Heinz Veit

Landschaft um Trebgast

11

Talverlagerung in der Obermainischen Bruchschollenzone

(vgl. Abb. 8, 10, 11)

Die Grundstruktur dieser Landschaft als Teil der „Obermainischen Bruchschollenzone“ (vgl. Bild Nr. 8) besteht in der Abfolge verschiedener Höhenrücken und Talzüge, die in herzynischer, d. h. nordwest-südöstlicher Richtung, parallel zur „Fränkischen Linie“ angeordnet, unser Bild queren und senkrecht dazu verlaufenden, oft malerischen Durchbruchstälern, wie dem Trebgasttal im Vordergrund. Dieses Gefügemuster ist Ausdruck der kleinräumigen geologischen Differenzierung, die sich bis in Feinheiten der Hangformen und Unterschiede des Bewuchses und der Nutzung auswirkt sowie einer wechselvollen Entwicklungsgeschichte dieses Naturraumes.
Das Trebgasttal, mit dem künstlich aufgestauten Badesee im Blickfang der Kamera, verengt sich nach Nordosten im Durchbruch durch einen Höhenrücken, der die typischen gleichförmigen Hänge und die charakteristische stärkere Bewaldung des Buntsandstein-Reliefs zeigt. Steinbrüche, vor allem im oberen Buntsandstein (so 1 und so 2), die heute aufgelassen und wieder bewaldet sind, hatten in früherer Zeit für den Ort Trebgast wirtschaftliche Bedeutung. – Vergeblich sucht man in der breiten Talsohle des Trebgasttales nach einem der Größe dieses Tales angemessenen Fluß. Denn nicht der schmale Trebgastbach hat dieses Tal geschaffen, sondern die Fichtelgebirgssteinach und der Rote Main, die noch im späten Eiszeitalter bei Trebgast in den Weißen Main mündeten, ehe sie durch eine Flußanzapfung im Gebiet von Bindlach (vgl. Bild Nr. 10) ihr altes Tal verlassen mußten. Das Trebgasttal ist so ein besonders eindrucksvolles Beispiel für eine Flußverlagerung und die dadurch bedingte gravierende Änderung der Landschaft. Nach diesem Ereignis bildete sich auf dem Talboden über weite Strecken ein Sumpfgebiet, dessen Trockenlegung, zusammen mit der letzten Trebgastbegradigung, erst in den 50er Jahren unseres Jahrhunderts abgeschlossen wurde. Reste eines ehemaligen Hochmoores sind noch im Lindauer Kessel (im Vordergrund links außerhalb des Bildes) vorhanden und stehen als Denkmal der nacheiszeitlichen Landschaftsentwicklung inzwischen unter Naturschutz.
Die Umbiegung des Trebgasttales vor seiner Mündung fällt mit einer Verwerfungslinie („Trebgaster Störung“) zusammen, die hier das Tal in der herzynischen Generalrichtung quert. Parallel dazu nach Nordwesten verläuft das Sohlental des Weißen Mains, der den Bildausschnitt im rechten oberen Drittel, ebenfalls mit einem Durchbruchstal – hier aber durch einen Muschelkalkrücken – betritt. Dieser zweite Höhenrücken – aufgebaut aus einem leicht nach Nordosten gekippten Schichtenstapel von widerständigem Kalkstein, leicht erodierbaren Mergeln und wiederum starkresistentem Kalkstein – begrenzt im weiteren Verlauf die rechte Talflanke des Weißen Mains und bildet eine Teillandschaft ganz eigener Prägung.
Dazu gehört:

1. die gesteinsbedingte schichtstufenartige Dreigliederung der Talflanke – im Bild hauptsächlich durch Gebüschstreifen auf dem unteren und oberen Steilanstieg angedeutet,
2. eine dominierende agrarische Nutzung aufgrund der besseren Bodenqualität,
3. eine geringere Zertalungsdichte aufgrund unterirdischer Entwässerung im Kalkstein.

Jenseits des Muschelkalkrückens folgt wiederum ein tiefer liegender Gebietsstreifen bzw. Talzug, der in geringresistenten Keuperschichten angelegt ist. Er wird im Hintergrund, an der „Fränkischen Linie“, durch den Anstieg der Bruchstufe des Frankenwaldes begrenzt (vgl. Bild Nr. 8).
Insgesamt ergibt sich das Bild eines kleindifferenzierten Raumes, der aus sehr heterogenen Teilen besteht, bei genauerer Betrachtung aber eine klare Gliederung erkennen läßt.
Diese geordnete Vielfalt ist es letztlich, die den besonderen ästhetischen Reiz dieser Landschaft bewirkt.

Helmut Stingl

Roter Main bei Altenplos

12

Flußmäander und ihre hydrologische Bedeutung

(vgl. Abb. 9, 14)

Kaum mehr als 25 km von seiner Quelle entfernt tritt der Rote Main nach Bayreuth aus seinem Oberlauf in einen sich öffnenden Talabschnitt ein. Ab hier werden bereits seit dem Ende der letzten Eiszeit, vor etwa 10 000 Jahren, die vom Fluß abgetragenen Feststoffe abgelagert, die eine breite Talaue bilden. Dieser Sedimentationsprozeß setzt sich auch heute noch fort, und er wird bedingt durch das ab hier geringer werdende Gefälle des Flußbettes. Vor allem bei Hochwasser verfrachtet der Rote Main größere Mengen an Schwebstoff talabwärts, die diesem Quellfluß des Mains seine namengebende rote Färbung verleihen.
Während bei Niedrigwasser nur etwa 5 – 15 g pro Kubikmeter Wasser an festen Bestandteilen schwebend transportiert werden, so tragen doch Hochwässer – vor allem im Frühjahr bei der Schneeschmelze – bis zu 1 kg Schwebstoff pro m^3 talabwärts.
Gerade solche Extrem-Abflußereignisse sind es auch, die eine relativ rasche Veränderung von Talaue und Flußverlauf bewirken. In der Wechselfolge von Sedimentation und erneuter Erosion wird das Flußbett verlegt und bildet, so wie hier bei Altenplos, ausgeprägte Flußmäander. Ihre Ausprägung hängt von der Kombination verschiedener hydrodynamischer Prozesse wie Fließgeschwindigkeit, Sedimentfracht und Schwebstoffgrößenverteilung, Flußbreite etc. ab. Verbunden mit diesen Bildungsvorgängen sind so typische Formen wie Gleit- und Prallhänge sowie Flußschlingen, die abgetrennt vom Hauptfluß dann als Altarme in der Talaue verbleiben.
Solche vor allem im mittleren Teil des Bildes erkennbaren Altarme stellen heute in einer Landschaft von seltener werdenden Rückzugsflächen für Tier- und Pflanzenwelt wertvolle Kleinökotope dar. Ebenso gestalten diese mäandrierenden Flußauenbereiche mit vielfältiger Ufervegetation diesen Landschaftstypus abwechslungsreich.
Neben dieser Art von Formengestaltung tritt durch die Verringerung der Fließgeschwindigkeit in solchen Talabschnitten allerdings auch eine erhöhte Hochwassergefährdung auf. Fast jedes Frühjahr tritt der Rote Main hier über seine Ufer und überschwemmt die Talaue. Durch die dann besonders stark ablaufenden Sedimentations- und Erosionsprozesse wird die landwirtschaftliche Nutzung solcher Gebiete sehr erschwert. Die Auen sind so auch hauptsächlich als Grünland genutzt.
In anderen Bereichen hat dieses Problem meist dazu geführt, daß die Auen durch wasserbauliche Maßnahmen wie Flußbegradigung und Uferbefestigung weitgehend verändert wurden, und nicht wie hier bei Altenplos in ihrem naturnahen Landschaftseindruck erhalten werden konnten.
In jüngerer Zeit nun kann für diese Art der mäandrierenden Talabschnitte eine wichtige Funktion als sehr bedeutsam herausgestellt werden, nämlich die der natürlichen Selbstreinigung von verschmutzten Gewässern. Obwohl der Rote Main hier noch eine relativ geringe Wasserführung aufweist, werden durch die anliegenden Siedlungen und durch landwirtschaftliche Nutzung Abwässer eingeleitet. Diese Abwässer bestehen hauptsächlich aus Nährstoffen und organischer Substanz und verändern den natürlichen Stoffkreislauf des Flusses. Die Auswirkungen dieser Eutrophierung sind in Talabschnitten wie hier erkennbar weniger einschneidend, weil im Zusammenspiel von natürlicher Organismenpopulation des Flusses und der Ufer, einer Beschattung im Sommer sowie der geringen Fließgeschwindigkeit eine hohe Selbstreinigungskapazität erreicht wird. Bereits nach einigen hundert Metern unterhalb von Abwassereinleitungen ist ein Teil davon bereits auf natürliche Weise geklärt.
Anders dagegen verhält es sich auf begradigten Abschnitten, wo künstliche Substrate nur kleine Oberflächen für die an der Selbstreinigung beteiligten Organismen bieten und die höhere Fließgeschwindigkeit zudem noch die Sedimentation verringert; hier dient der Fluß nur als Kanal zum Abtransport von Abwasser.
So hat sich im Laufe der Zeit die Bewertung solcher ehemals als Problemgebiete angesprochener Talabschnitte gewandelt, wo ihr Nutzen in der heutigen Industriegesellschaft und den daraus folgenden Eingriffen in natürliche Kreisläufe stärker ins Bewußtsein tritt.

Wolfgang Thomas

Maintal bei Banz

Begegnung des Mains mit dem Albvorland

(vgl. Abb. 14, 52, 53)

„Und seh die Lande um den Main zu meinen Füßen liegen“, schwärmt Victor v. Scheffel 1859 in seinem Frankenlied, als er vom Staffelberg in dieses Tal – überhöht von den Bauwerken Banz und Vierzehnheiligen (auf der gegenüberliegenden Talseite) – hinabblickt. Den „Gottesgarten“ nennt er dieses Land auch eine Strophe vorher. In wenigen Jahren wird im Bildhintergrund talaufwärts von Banz den Gottesgarten eine gewaltige Brückenkonstruktion überqueren – die Autobahn nach Coburg. Des Menschen Werk erhöht die Natur, auch wo sie am großartigsten ist. Das gelang vor 200 Jahren noch, als man Kloster Banz und Vierzehnheiligen (beide 1772 vollendet) erbaute – doch im Betonzeitalter leider nicht mehr. Wann begreifen wir das?
Doch zurück zur Natur: Das Albvorland baut sich aus den Schichten des Lias und Doggers auf. Der Main hat sich im Bildausschnitt bis in den Mittl. Lias, den Amaltheenton, eingegraben. Als die Baggerseen von Oberau (O.B.) und Schönbrunn (Sch.B.) im Trockenbaggerverfahren bis hinab auf die Schottersohle des Tals in 7 m Tiefe ausgebaggert wurden, kamen im Amaltheenton darunter zahlreiche pyritisierte Fossilien, vor allem *Amaltheus (Pleuroceras) spinatus* (Abb. 1), zum Vorschein. Der Steilhang, der den Maingrund im Bild säumt, wird durch die harten Kalksteine und Ölschiefermergel der Posidonienschiefer-Stufe gebildet. Er ist durch seinen Fossilreichtum, besonders an Sauriern, bekannt. Im Jahr 1841 wurde die Mäanderschleife des Mains, die den Unnersdorfer „Anger“ umschließt, durchschnitten. Beim Brechen von Steinen zum Uferbau aus dem Steilhang knapp oberhalb der Mainbrücke entdeckte der damalige Pfarrer Murk zu Banz einen großen Ichthyosaurier (Abb. 2) – heute noch das Prunkstück der Banzer Petrefakten-Sammlung.

Abb. 1

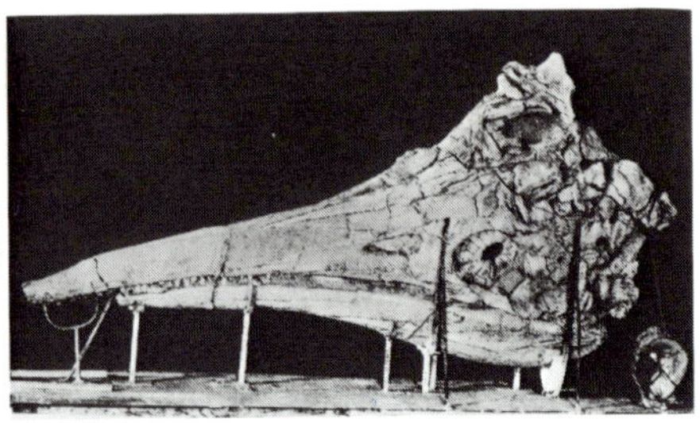

Abb. 2

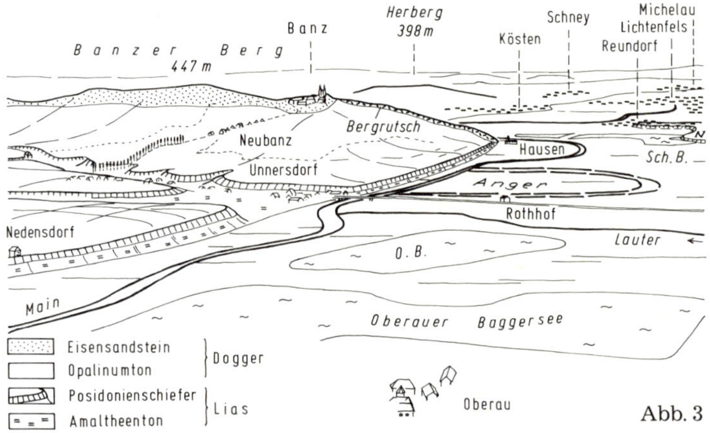

Abb. 3

Über der Posidonienschiefer-Stufe dehnt sich flaches Wiesengelände auf Opalinumton bergan, das gegen den Banzer Berg in Wald übergeht. Der Berg wird durch Eisensandstein abgedeckt, in dem große Steinbrüche liegen, aus denen einst die goldbraunen Sandsteine zum Bau des Klosters Banz gebrochen wurden.
Im breiten Maintal, von dem das Bild nur das westliche Drittel zeigt, hat der Fluß sein Bett im Eiszeitalter stetig zur Banzer Seite hin verlagert. Er wich den mächtigen Schuttmassen aus, die von den Seitenbächen – wie der Lauter – und Hängen der Alb ins Maintal hinausgeschoben wurden. Dabei untergrub der Fluß – wie in jüngster Zeit noch – das Gehänge auf der Banzer Talseite und schuf dort den 30 m hohen Steilhang im Lias. Am übersteilten Banzer Berg wurden zudem zahlreiche Bergrutsche ausgelöst, der letzte große im Jahre 1911, der bis in den Maingrund herabglitt (Abb. 3) und Teile von Hausen zerstörte.
Im Tal liegt Reundorf auf der 20 000 Jahre alten, hochwasserfreien Niederterrasse (N). In der jüngeren Mainaue wird heute noch bei Hochfluten Lehm abgelagert, der beim Rothhof (einst Unnersdorfer Ziegelhütte) abgebaut wurde.

Wolfgang Schirmer

Staffelbacher Mäanderschleife

Talentwicklung in historischer Zeit am Mittelmain

14

(vgl. Abb. 12, 76)

Einst liebt' der Main, frei auszuschweifen,
und zog quirrlig seine Schleifen
durch ein sommerwaldig Tal
– es war anno dazumal.

Im oberen Mittelmaintal – von Sandsteinkeuperhöhen eingebettet – pendelte noch um 1820 der Main ungehindert im Talgrund, und das schon etwa 15 000 Jahre lang. Bis 1850 befestigte man dann seine Ufer mit Steinlagen, engte sein Bett mit Buhnen ein, durchschnitt seither seine Schleifen und machte so allmählich den lebenden Fluß bis heute zum toten Kanal. Der letzte natürliche Mainlauf um 1850 mit den Fluren „Oberer" und „Unterer alter Main" ist gestrichelt in Abb. 1 eingetragen. Wie einst natürliche Flußverlagerung allmählich vor sich ging, konnte man in der Staffelbacher Mäanderschleife studieren, die in den Jahren 1975 bis 1984 vollends ausgebaggert wurde. Die Schleife schloß die Fluren „Grieslaub" und „Kessellaub" ein, die vor dem Durchstich 1850 rechtsmainisch lagen und damit zu Staffelbach gehören. Diese nun linksmainisch liegenden Fluren wurden der Sand- und Kiesgewinnung übergeben. Durch regelmäßiges Studium des Abbaus über 10 Jahre hinweg zusammen mit meinen studentischen Mitarbeitern der Abt. Geologie der Universität Düsseldorf konnten wir aus dem Schotter und Sand der Grube viele tausend Keramikscherben (Abb. 2), viele Knochen, Zähne, mächtige Rannen (Baumstämme), Einbäume und Pfähle bergen. Sie verrieten, daß der Main das Areal dieses Mäanderbogens im wesentlichen vom 15. bis 16. Jahrhundert aufgeschüttet hat. Da diese Aufschüttungsphase des Mains entlang dem ganzen Mainlauf verbreitet ist, nannte ich die durch die Aufschüttung entstandene Talfläche die „Staffelbacher Terrasse". Innerhalb einer Reihe von acht solcher phasenhafter Umlagerungs- bzw. Aufschüttungsperioden des Mains seit dem Höhepunkt der letzten Eiszeit (ca. 20 000 Jahre vor heute) stellt die Staffelbacher Phase die vorletzte dar. Die letzte ist die Vierether Phase (weit gepunktet in Abb. 1), die um 1820 begann, aber um 1850 durch die Bändigung des Flusses unterbrochen wurde. Es wird – solange der Mensch das Tal beherrscht – die letzte Umlagerungsphase des Flusses bleiben.
Jenseits des Mäanderbogens blickt man zugleich über die Regierungsbezirksgrenze hinweg maintalabwärts nach Unterfranken

Heute doch liegt er geschunden,
grad gezogen, eng gebunden
in des Tals zerwühlter Au
– flußlich Alltag, grau in grau.

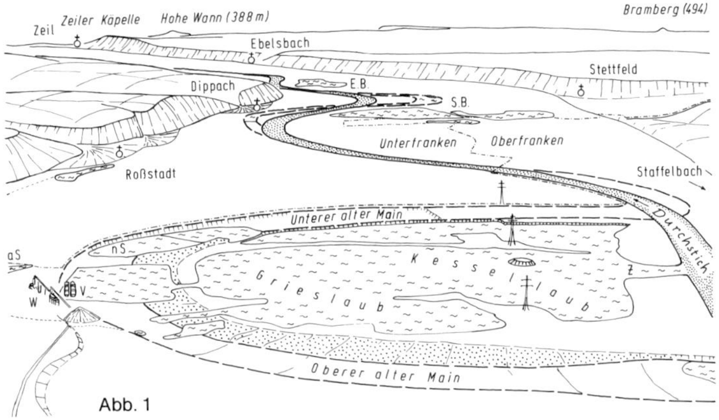

Abb. 1

W = Wasch- und Siebanlage; aS, nS = alter, neuer Schlämmteich, V = Verladestelle, Z = Lastkahn-Zufahrt zum Main.

mit den Baggerseen von Stettfeld (S. B.) und Eschenbach (E. B.) und den linksmainischen Orten Roßstadt und Dippach, die beide in solchen Positionen liegen, wo Seitenbäche ins Maintal ausmünden und sich mächtige Schuttkegel auf die Mainablagerungen auflegen (erhöhte, hochwasserfreie Siedlungspositionen, Zugang zu den Hochflächen). – Ganz hinten der Durchbruch des Mains durch den Keuperstufenrand der Haßberge mit dem Zeiler Käpelle und der Hohen Wann als Zeugenberg. Dahinter öffnet sich das weite Haßfurter Talbecken. Am rechten Bildrand überragt der Basaltschlot des Brambergs die Haßberg-Hochfläche.

Wolfgang Schirmer

Abb. 2

Stufenstirn südöstlich Weismain

15

Reliefumkehr an der Nördlichen Frankenalb

(vgl. Abb. 16, 19, 32, 75)

Die das Obermaintal südlich begrenzende Dogger-Malm-Doppelstufe des Görauer Angers ist von engmaschiger Bruchschollentektonik gekennzeichnet. Zwischen der Entwicklung des Reliefs und den Störungssystemen besteht jedoch nur ein indirekter Zusammenhang. Denn gerade über den Bereich intensiver tektonischer Beanspruchung legt sich eine einheitliche Schnittfläche, während der Steilanstieg unabhängig von jeder Verwerfung gebildet wurde. Als oberster Teil des Stufenhanges ist die bewaldete Böschung im Vordergrund ebenso im Dogger-Sandstein angelegt wie der angehobene Flächensporn an der rechten Bildkante.
An herzynisch verlaufenden Störungen (im Sinne der Blickrichtung) sind ehemals zusammenhängende Sedimentgesteine gegeneinander versetzt worden. Dabei entsprechen die jeweils rechts im Bild liegenden Schollen (zum Maintal hin) den relativ gehobenen. So hat der südliche Ast der Weismainer Störungszone (Verlauf etwa 100–200 m links der sich diagonal hinziehenden Straße) das Nebeneinander von verschieden alten Schwammkalken des Weißjura bedingt, während der nördliche Ast (Verlauf in Blickrichtung, nur in der Verlängerung der Stufenkante) Braunjura-Gesteine (Dogger β) in die gleiche Höhe wie Weißjura-Kalke (Malm β) gehoben hat.
Durch diese staffelartige Heraushebung konnten härtere Deckschichten (in unserem Falle der Malm) bevorzugt abgetragen werden. Weichere Liegend-Serien wurden folglich freigelegt, was wiederum raschere Ausräumung nach sich zog. Die obermainische Bruchschollentektonik und die sich anschließende Abtragung hat somit für die Umkehrung des Normalfalles gesorgt: wo ein Gebirge zu erwarten wäre, befindet sich ein Tal (Reliefumkehr).
Der Verlauf des Mains war demnach durch tektonische Strukturen vorgegeben. Dies erklärt auch die Erscheinung, daß der nördlichste Bereich der Malmfläche – jenseits des Tals im Norden – vom Main abgetrennt werden konnte. Die Rückverlegung der Albstufe war damit eng an die Talentwicklung des Mains gebunden.
Schichteinfall und Neigung der Gelände-Oberfläche stimmen gegenwärtig nicht überein, woraus mindestens zwei verschiedene tektonische Phasen abzulesen sind. Über die erste Zerstückelung (kreidezeitlich) entwickelte sich eine spätere Schnittfläche (Tertiär), die in geologisch jüngster Zeit (Quartär) verstellt wurde.

Den tektonischen Phasen entsprechen Zeiten der Verkarstung, denn gerade Hebungen ermöglichen die Entstehung und Reaktivierung von Karstkörpern. Generell spricht man demnach von einem kreidezeitlichen und einem quartären Karst der Albhochfläche. Zu den jüngeren Lösungsformen zählen vor allem die Dolinen, die infolge agrarischer Nutzung jedoch aufgefüllt wurden, im Bildausschnitt also kaum in Erscheinung treten. Für die intensive Verkarstung sprechen auch zahlreiche Höhlen: allein im abgebildeten Gebiet sind deren sechs gezählt worden. Ob die im Massenkalk des Malm ($\gamma - \delta$) ausgebildeten, kuppenartig herausragenden Formen der „Knocks“ (linker Bereich der Hochfläche) Relikte eines tropischen Kegelkarstes oder der besonderen Widerstandsfähigkeit der dolomitisierten Schwammkalke zuzuschreiben sind, kann nicht eindeutig entschieden werden.
Entgegen der oft formulierten Meinung sind Dellen und Trockentäler der Hochfläche nicht in unmittelbarem Zusammenhang mit dem Karstformenschatz zu sehen. Diese Hohlformen fanden ihre Entstehung während eiszeitlicher Frostklimate, als der Karstkörper von Dauerfrostboden plombiert war. Eiszeitlich-sommerliche Schmelzwässer führten im Auftaubereich zu Bodenfließen, was ausschließlich oberflächliche Abtragung bedingte. Im Unterschied zu Dolinen, die eher dem Kluftnetz folgen, richteten sich Dellen und ihre Fortsetzungen, die Trockentäler, entsprechend den jeweiligen Vorflutern aus.

Thomas Reinl

Kleinziegenfelder Tal

16

Tiefer Einschnitt in weiter Fläche

(vgl. Abb. 15, 19, 32, 34)

Viele, die die Frankenalb wegen ihrer reizvollen Landschaften schätzen, schätzen auch gerade ihren nördlichsten Teil und dort besonders das Weismaintal, dessen oberster Abschnitt, das Kleinziegenfelder Tal, ab der Weihersmühle (am linken unteren Bildrand) talaufwärts in der Luftaufnahme abgebildet ist.

Aus dieser Schrägsicht, die die wahren Reliefunterschiede erheblich vermindert, wirkt die Oberfläche der Frankenalb sehr eben, fast wie eine Schichtfläche (= Ausstrich einer geologischen Schicht an der Tagesoberfläche), die allenfalls leicht im Bild nach links (≙SW) einfällt. Dennoch schneidet diese Fläche Verbiegungen des Untergrundes, die im abgebildeten Gebiet aus einer engen Vergitterung von NE und NW gerichteten Strukturen bestehen, schneidet dementsprechend auch unterschiedliche Kalksteine und Dolomite des Oberen Malm oder Quarzsandsteine und Quarzsande, die gerade in diesem Bereich der Ziegenfelder Bucht als terrestrische Ablagerungen der Kreide in einer max. 15 m mächtigen Deckschicht aufgebracht wurden. Ihrem Wesen nach ist diese Fläche also eine Rumpffläche, die ihre Ausbildung nicht so sehr den petrographischen Eigenschaften der Gesteine und ihrer Lagerung verdankt, als vielmehr äußeren Abtragungsprozessen seit der Oberkreide (also seit rd. 100 Mio. Jahren) unter verschiedensten Klimaten, deren Spanne von tropisch-wechselfeucht bis periglazial reichte (das Letztere sind eiszeitliche Klimate außerhalb vergletscherter Gebiete).

In Wahrheit ist die Fläche stärker reliefiert, als die Aufnahme dies ausdrückt, wie auch die Stufenfront (Horizontlinie des Bildes) durch das rückwärtige Eingreifen von Taloberläufen wesentlich zerlappter ist, als die geschlossene Horizontlinie dies widerspiegeln will. Muldenartige Hohlformen unterschiedlicher Größe (Dolinen) und Trockentäler – beides Anzeichen einer intensiven Verkarstung – gliedern die Fläche. Der breite Ausläufer eines sehr langen und vielfach verzweigten Trockentalsystems ist unterhalb der Ortschaft Wallersberg (Einmündung des Mosentales in das Kleinziegenfelder Tal) gerade zu erkennen. Mehr an dem Waldstreifen vor Großziegenfeld zu erahnen (oberes Viertel, rechter Teil) ist der von oberflächlicher Entwässerung ebenfalls freie Birklesgraben.

Mit steilen (man beachte den Abbruch von Wallersberg zur Weihersmühle im Talgrund), immer bewaldeten Hängen ist das Kleinziegenfelder Tal als Sohlenkerbtal, später als breites Kastental in den massigen Albkörper eingeschnitten. Der Weismain entspringt einer etwa 20 l/sec schüttenden Karstquelle bei Kleinziegenfeld (oberes Viertel, linker Teil) und fließt mit recht flachem Gefälle von rd. 8‰ zum Vorfluter Main bei Altenkunstadt in der Bruchschollenzone des Vorlandes. Sein Talverlauf setzt sich aus einzelnen recht geradlinigen Abschnitten zusammen, wie es auch das Bild zeigt, die einen Hinweis auf die tektonischen Leitlinien des Deckgebirges und deren Bedeutung für die Anlage des Flußnetzes gestatten. Allenfalls der Bachlauf selbst zeigt kleinere und ab Schwammendorf größere Schwingungen, also Flußmäander.

Die Talhänge schneiden im Bereich der Aufnahme die Gesteine des Mittleren und Oberen Weißen Jura an, die in geschichteter oder verschwammter Ausbildung (≙Bank- oder Riff-Fazies) vorliegen können. Gerade unterhalb Wallersberg (kurz nach der abführenden Straßenbiegung) ist dieser Wechsel auf kleinstem Raum zu studieren. Manche dieser Serien, v. a. die Riffe und Schwämme, sind durch ehemals submarine Lösungsvorgänge dolomitisiert; dann setzen sie der heutigen Abtragung besonders starken Widerstand entgegen und werden als Felstürme freigelegt (nur schwach im hinteren Engtalabschnitt im Bild zu erkennen; in der Landschaft um so eindrucksvoller bei Kleinziegenfeld). Vielfach wurden sie im Kleinziegenfelder Tal benannt und als Naturdenkmal ausgewiesen.

Die unterschiedlichen Standorteigenschaften der verschieden exponierten, sehr steilen, meist felsigen und trockenen Talhänge und des ebenen, wesentlich feuchteren Talbodens haben zu je eigenständigen Ökotopen geführt, die man leicht an ihrem Vegetationscharakter erkennen kann. Steppenheideareale an den südexponierten Flanken wechseln mit Kalkbuchenwäldern, durchsetzt mit der Kiefer, an den Hängen und feuchtigkeitsliebenden Vegetationsgesellschaften mit Erlen und Weiden im Talgrund ab. Die darin zum Ausdruck kommende Harmonie der Tallandschaft des Weismains sollte uns allen als Benutzer und Genießer besonders schützenswert sein.

Klaus Hüser

Ahorntal

17

Flacher Kessel und steiles Kastental

(vgl. Abb. 18, 20, 37)

Wandert oder fährt man mit dem Auto auf der Straße aus dem Püttlachtal ins Ailsbachtal über Behringersmühle, Kirchahorn, Volsbach nach Mistelgau, erlebt man einen überraschenden Wechsel der Landschaftsformen: der Unterlauf des Ailsbaches ist als steiles Kastental mit wechselnd breitem Talboden in die leicht gewellte Hochfläche der Malmkalke der Frankenalb eingeschnitten, verengt sich in seinem Mittellauf als mäandrierendes Tal immer mehr, beidseitig flankiert von malerischen Felsen des Frankendolomits, und öffnet sich dann nach der Schweinsmühle in seinem Oberlauf zu einem weiten fast kreisrunden Kessel von rd. 6 km Durchmesser, der ringsum von nur im oberen Teil steilen und bewaldeten Hängen umrahmt wird. Diese Umrahmung ist meist als ganz schmale, aber dennoch flächige Wasserscheide ausgebildet – entweder zu den parallel verlaufenden Seitentälern (Püttlachtal im SE, Zeubachtal im NW) oder zum offenen, tiefer gelegenen Lias-Vorland des Hummelgaus. Überraschend ist dies deswegen, weil wir sonst gewohnt sind, daß sich ein Tal von einem engen Oberlauf zu einem erweiterten Unterlauf öffnet. Hier liegen also extrem umgekehrte Verhältnisse vor.

Im Luftbild ist genau die Nahtstelle des engen Ailsbachtals zum Kessel des Ahorntals abgebildet. Im letzten oberen Fünftel des Bildes erahnen wir noch gerade das in die gewellte Hochfläche eingesenkte Wiesenttal, das für diesen Bereich der Alb als Vorfluter steuernde Funktion hat. Zentral läßt sich die oberhalb des mäandrierenden Ailsbachtales auf dolomitisierten Schwammstotzen erbaute Burganlage des Rabenstein erkennen. Die Dolomitfelsen an den steilen bewaldeten Hängen begleiten den Ailsbach noch ein kurzes Stück und trichterförmig öffnet sich der durch Ackerflächen und Wiesen genutzte Kessel des Ahorntales, in dessen flachgespanntem Talgrund Kirchahorn als erste Ortschaft (am unteren Bildrand) liegt.

Recht komplizierte tektonische Verhältnisse haben zur Ausbildung dieser Landschaftselemente geführt (vergleiche dazu im Kapitel „Oberfranken – ein Raum natürlicher Vielfalt" Abb. 7, die unmittelbar zu diesem Gebietsausschnitt Bezug nimmt). Der Nordteil der Frankenalb wird durch die von NNW nach SSE verlaufende Hollfelder Störung geprägt, die den Ostteil irgendwann in der Kreide stärker emporgehoben hat als den Westen. Da das höher Liegende schneller abgetragen wurde, finden wir heute in gleicher Höhe die Gesteine des Dogger (geologisch älter und sonst tiefer) wie die des Malm (geologisch jünger und sonst höher). Das gilt für den rechten Teil des Luftbildes. Genau beim Beginn des engen Ailsbachtales endet diese Störung, die an dieser Stelle etwa einen Versatz von 80 m West gegen Ost ausmacht. Im linken Bildteil (und anschließend daran) stellen sich wieder „normale" Verhältnisse ein: die Malmkalke überragen in der „Platte" bei Hohenmirsberg mit 610 m ü. NN die Eisensandsteine des Dogger (Dβ), der die Umrahmung des Kessels bildet, bei rd. 520 m ü. NN. Aber noch früher als die Hollfelder Störung hat sich im Bereich des Ahorntales (und nördlich davon) der Untergrund sattelförmig (und senkrecht zur Hollfelder Störung) gehoben, so daß ein alter Flußlauf, der jetzige Ailsbach, gezwungen war, sich im Scheitel dieser Aufwölbung einzuschneiden und dabei rasch auf die wesentlich weicheren Gesteine des unteren Doggers (Opalinustone), später auf tonige und mergelige Serien im Lias (L ζ, ε, δ) traf. Während dort die Abtragung (auch unter den Verhältnissen des Eiszeitalters und der Jetztzeit) sehr rasch ablaufen konnte, war sie in den harten, verkarstungsfähigen (Ludwigs- und Sophienhöhle im Engtalabschnitt!) Malmserien nahezu gestoppt. Zwangsläufig mußte der Unterlauf des Ailsbaches eng bleiben, während sich sein Oberlauf im Zentrum einer ehemaligen Aufwölbung zu einem weiten Kessel, dem Ahorntal, entwikkeln konnte.

Der umrahmende, 60–80 m mächtige Eisensandstein (Dβ) bietet mit seinen nährstoffarmen Böden nur dem Wald ausreichende Wachstumsgrundlage. An der Grenze zu den wasserstauenden Opalinustonen (Dα), die meist durch den Waldrand wiedergegeben wird, ist ein Quellhorizont ausgebildet. Die gesamte Talweitung in vorwiegend tonigen und mergeligen Gesteinen des Lias, die nährstoffreichere Böden zur Verfügung stellen, kann agrarisch genutzt werden: ein bunter Teppich von Wiesen und Feldern gibt hier dem Ahorntal sein charakteristisches Gepräge.

Klaus Hüser

Hohenmirsberger Platte und Püttlachtal

18

Junge Hebung am Ostrand der Alb

(vgl. Abb. 17, 20, 37)

Einen guten Einblick in die Formenwelt der Nördlichen Frankenalb vermittelt dieses Bild vom östlichen Albrand bei Püttlach. Der *Albrand* läßt vom Ostrand des Eschen-Bergs zur Oberhauensteiner Mühle hin seine typische Gliederung erkennen. Ein schmaler Waldstreifen als Begrenzung der Hochfläche kennzeichnet den Steilabstieg der Werkkalk-Stufe. Darunter folgt als schmales Wiesenband die Oolithton-Verebnung, an die sich talwärts der nächste bewaldete Steilabstieg der Eisensandstein-Stufe anschließt. Der Püttlachgrund darunter ist im weichen Opalinumton angelegt.
Wo auf der *Albhochfläche* Bankkalksteine den Untergrund bilden, ist sie eben und gerodet – wie um Hohenmirsberg. Südwestlich des Ortes ist ein Steinbruch sichtbar, der in Bankkalksteinen des Mittl. Malms (Malm γ) angelegt ist. Wo Riffgesteine die Albhochfläche bilden, ragen kuppelförmig erhaltene Riffruinen als bewaldete Bergkuppen über die Hochfläche empor (z. B. Eschen-Berg, Eising, Gollkamm, Knockel, Geiersleite). Durch Rodung und Beweidung der Riffböschungen entstanden Wacholderheiden, wie sie im Bild westlich Oberhauenstein erkennbar sind („W" in der Skizze). Zwischen den Kuppen dehnen sich von Verwitterungsrückständen, meist Lehm, erfüllte Mulden und Senken, die Verkarstungswegen im Untergrund folgen. Tiefer eingeschnitten sind Trockentäler. Deutlich mündet das Trockental westlich Oberhauenstein (20 m hoch) über dem Püttlachtal aus und kennzeichnet damit seine Funktion als Nebenbach des Püttlachtals zu einer Zeit, als dieses noch viel höher lag.
Die Hohenmirsberger Platte ist mit 614 m üb. d. Meer einer der höchsten und schönsten Aussichtsberge der Nördlichen Frankenalb. Verwunderlich ist nur, daß sie nicht aus Riffkalkstein oder Riffdolomit aufgebaut ist – Gesteine, die ansonsten die höchsten Teile des Jura-Schichtgebäudes darstellen und auch die härtesten von allen Gesteinen des Juras sind. Vielmehr wird sie aus Bankkalksteinen und Mergeln des tieferen Malms aufgebaut. Wie ist das möglich, daß einer der höchsten Berge der Alb von Schichten des tieferen Kalksockels und dazu noch weichen, leicht ausräumbaren Schichten gebildet wird?
Gerade diese Befunde weisen darauf hin, daß im Bildbereich ein sehr junges Hebungsgebiet liegt. Innerhalb dessen wurde der Albrand nordwärts von Oberhauenstein in junger Zeit so steil aufgebogen, daß dort die höheren Riffgesteine abgetragen wurden und die tieferen Bankkalksteine und Mergel nun die Hochfläche darstellen. Die Malmuntergrenze taucht bei der Oberhauensteiner Mühle aus dem Püttlachtal auf und steigt bis zur Hohenmirsberger Platte auf eine Entfernung von 4,9 km 175 m hoch auf. Das entspricht einer Steigung von 3,6%.
Dieses Aufsteigen kennzeichnet den Südrand eines jungen Schichtengewölbes, das vom Fichtelgebirge nach Südwesten zieht. Es verursacht, daß der östliche Albrand zwischen Busbach und Hohenmirsberg eine weit nach Westen zurückspringende Bucht beschreibt. Im Zentrum dieser Bucht heben sich unter dem Malm die älteren Dogger-Gesteine und sogar Lias-Tone auf. Sie bilden das weite Ahorntal. Der Blickwinkel des Luftbildes überstreicht diese Bucht. Hinter der Hohenmirsberger Platte sieht man die bewaldete Eisensandstein-Kulisse, dahinter den Albrand an der Nordseite der Bucht. Die Neubürg ragt als kalkbedeckter Zeugenberg aus der Bucht empor.
Die Püttlach fließt – scheinbar widernatürlich – gegen die Albstufe in die Alb hinein – ein Hinweis, daß sie dort vor der Heraushebung der Alb und der Bildung der Albstufe einst schon floß.

Wolfgang Schirmer

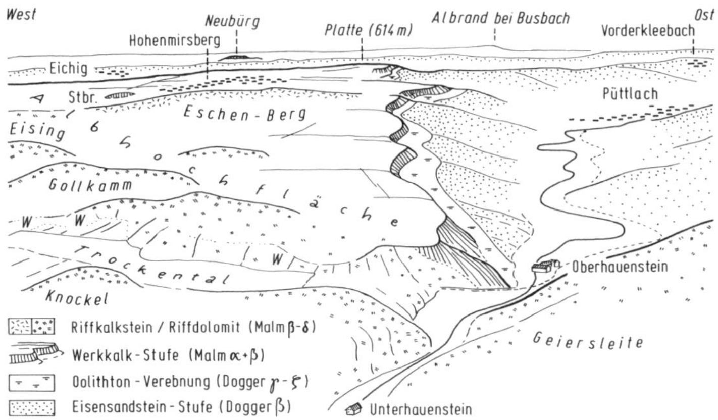

Nördliche Frankenalb bei Modschiedel

19

Aspekte einer Karstlandschaft

(vgl. Abb. 15, 16, 32, 34)

Das Bild (Blickrichtung nach Norden bis über den Albrand hinaus) macht die typischen Reliefeigenschaften dieses nördlichsten Abschnittes der Fränkischen Alb deutlich.

In erster Linie fällt das weitestgehende Fehlen von Tälern und Gewässern auf. Dies ist auf die *Verkarstung* der flächenhaft anstehenden Karbonatgesteine des Malm, hier vorwiegend massige Dolomite, unter dem Einfluß CO_2-haltigen Sickerwassers zurückzuführen: Durch Lösung des Gesteins werden Klüfte zu Hohlräumen erweitert, so daß das Wasser weitgehend unterirdisch abfließt und die Möglichkeiten zur Ausbildung von Tälern eingeschränkt sind. Nur im hinteren Bildmittelgrund ist links das markant eingetiefte Bärental zu erkennen, das zum Main hin entwässert. Seine Sohle liegt bereits größtenteils unterhalb der Malm – Gesteine in den Mergel – und Sandsteinen des Dogger. Der Talboden reicht also unter den tiefsten möglichen Wasserspiegel der Karsthohlräume. Deshalb wird das Gewässer auch durch Quellwasser aus dem verkarsteten Bereich gespeist und ist damit relativ wasserreich.

Typische Leitformen der Karstgebiete sind Dolinen, trichterförmige Hohlformen, die durch Lösung oder Einsturz von Höhlen entstanden sind. Derartige Formen finden sich auch im Bereich des Bildes, sie sind jedoch entweder durch Wald dem Einblick entzogen oder durch verspülte Feinmaterialien und ackerbauliche Maßnahmen verfüllt. Lediglich in der vorderen rechten Bildecke lassen kreisförmige Veränderungen des Bewuchses ein ehemaliges Feld von kleineren Dolinen erahnen.

Im Bild rechts von Modschiedel ist eine schwach ausgeprägte Kuppe mit gelegentlichen Felsausbissen zu erkennen. Solche Kuppen, die durch Unterschiede in der Gesteinsausbildung bedingt sein dürften, sind an sich für weite Teile der Frankenalb charakteristisch. Im Bereich des Bildes treten sie zwar ebenfalls auf (v. a. in den Waldstücken), sind hier jedoch nur wenig markant ausgebildet. Damit unterscheidet sich dieses Gebiet von anderen Bereichen der Frankenalb mit vergleichbarer Gesteinsausbildung. Dies steht wohl im Zusammenhang mit der Landschaftsgeschichte des Raumes. So fällt im Bild mehr der flächenhafte als der kuppige Charakter des Reliefs auf; deutlich ist ein *Flächen-Niveau* zu erkennen, das im Vordergrund ausgebildet ist, am Albrand erneut auftritt, und evtl. auch darüber hinaus nach Norden weiter verfolgt werden kann, bis am Horizont mit höher gelegenem Gelände der Frankenwald beginnt. Das Niveau greift dabei ohne deutliche Gefällsunterschiede über sehr unterschiedliche Gesteine hinweg. Im Vordergrund sind Dolomite betroffen, während weiter südlich (außerhalb des Bildausschnittes) Sedimente der Kreidezeit einbezogen werden. Am Albrand zieht das Niveau über Sandsteine des Dogger und verschiedene Kalksteine des Malm hinweg. Es handelt sich hier also um die Reste einer Fläche, die unterschiedliche Gesteinsschichten kappt und durch Abtragung unter vorzeitlich anderen Klimaverhältnissen entstanden sein muß. Diese Fläche ist deutlich – aufgrund der Aufnahmeperspektive kaum erkennbar – auf den Betrachter zu geneigt, wohl eine Folge nachträglicher Verstellung durch Erdkrustenbewegungen.

Die *Verteilung von Ackerflächen und Wald* ist zum größten Teil durch die geologischen Verhältnisse erklärbar. Unter Wald steht oberflächennah der Dolomit an, während sich die landwirtschaftlichen Flächen in der Regel an die Verbreitungsgebiete feinkörnigen Materials – Lößlehm und Verwitterungsreste der Kreide-Sedimente mit günstigeren Bodeneigenschaften – halten.

Die Unterschiede in der Standortqualität zeigen sich an mehreren Stellen, wo in den Äckern, zumeist an etwas stärker geneigten Böschungen, lichte Stellen im Bewuchs zu erkennen sind. Hierbei handelt es sich um bereits erkennbare Schäden durch *Bodenerosion*, also durch Abtragung der obersten Bodenpartien. An diesen Stellen wird verstärkt Verwitterungsschutt des anstehenden Dolomits durch den Pflug zutage gebracht.

Arno Kleber

Fränkische Alb im Raum Pottenstein 20

Vegetation und Landnutzung

(vgl. Abb. 17, 18, 37)

Bei Pottenstein (371 m ü. NN) weitet sich das enge, tief in die nördliche Frankenalb eingeschnittene Tal der aus Karstquellen gespeisten, stets Wasser führenden Püttlach, da hier in schmalsohligen, mit Alluvionen erfüllten Kastentälern zwei Nebenflüsse, der Weihersbach von SO und der Haselbrunnbach von N münden. Nach ONO geht der Blick über einen Teil der wasserarmen, kuppigen Albhochfläche. Die von flachen, mit kreidezeitlichen Verwitterungsrückständen und kaltzeitlichem Lößlehm erfüllten Senken und Trockentälern getrennten, meist bewaldeten Dolomitknöcke und Schwammkalkstotzen erreichen im Hintergrund im Eschenberg mit 572 m ü. NN die höchste Erhebung im Bildausschnitt.

Als charakteristisch für die Fränkische Alb darf der auffällig hohe Anteil an Laub-, Misch- und Nadelwäldern gelten. Das deutlich zu erkennende bunte Mosaik innerhalb der bewaldeten Flächen wie auch das Wald-Offenland-Muster hängen sowohl mit dem kleinräumigen Wechsel der Standortbedingungen – v. a. Exposition, edaphische Verhältnisse, Wasserversorgung – als auch mit unterschiedlichen anthropogenen Einflüssen zusammen.

Die heute noch am weitesten verbreiteten Reste naturnaher Wälder gehören zu den Hang-Buchenwäldern (Lathyro-Fagetum). Die krautreichen Bestände mit Frühlings-Platterbse, Goldnessel, Waldmeister, Flattergras und Waldschwingel stocken auf frischen, relativ tiefgründigen Standorten der Schatthänge. In tief eingeschnittenen Tälern, wie dem des Haselbrunnbaches, sind örtlich noch im Schatten der Dolomitfelsen Schluchtwaldfragmente (Aceri-Fraxinetum) erhalten, in denen sich die Buche mit Bergahorn, Bergulme, Esche und Sommerlinde mischt. Auf den trockenwarmen, meist südexponierten Hängen mit flachgründigen Rendzinen ist der Orchideen-Buchenwald (Carici-Fagetum) mit der Blaugrünen und der Berg-Segge, dem Maiglöckchen und verschiedenen Orchideenarten verbreitet.

Alle diese Waldgesellschaften sind heute durch forstliche Maßnahmen verändert, v. a. durch Aufforstungen mit Fichten. Besonders tiefgreifend haben sich direkte und indirekte menschliche Einflüsse jedoch auf die Wälder der Hochflächen ausgewirkt. Nur wenige Reste zeugen noch davon, daß hier die Hainbuche (im Galio-Carpinetum) und wohl auch die Kiefer (im Anemono-Pinetum) auf den trockenen, oft flachgründig bis felsigen Standorten der Dolomitkuppen bestandbildend waren. Ebenso selten sind Bestände der haargerstereichen Buchenwälder auf den tiefgründigeren Terrae fuscae der Albüberdeckung in Muldenlagen. Noch zu Beginn des 19. Jahrhunderts waren die steinigen Hochflächenlagen weitgehend entwaldete Schafhutungen, auf denen sich Trockenrasen mit Aufrechter Trespe, Sonnenröschen und Feldthymian oder, auf etwas tiefgründigeren Böden, Halbtrockenrasen mit Zypressenwolfsmilch, verschiedenen Disteln und Orchideen und Wacholder ausbreiteten. Der starke Rückgang der Wanderschäferei hat jedoch dazu geführt, daß diese Standorte sehr schnell verbuschten und heute weitgehend von eintönigen Kiefernforsten eingenommen werden. Die licht- und wärmeliebenden, aber konkurrenzschwachen submediterranen Arten der „Steppenheide“ müssen sich auf die von Natur aus waldfreien, besonnten Felsstandorte zurückziehen (z. B. nördlich Pottenstein). Auf schattigen Felsflanken finden sich dagegen Gesellschaften mit arktisch-alpinen Relikten wie Kalkblaugras, Alpengänsekresse und Rasensteinbrech.

Flachgründige, oft steinige Böden und häufiger Wassermangel sind auf der Albhochfläche ungünstige Voraussetzungen für eine landwirtschaftliche Nutzung. Dennoch ist hier ein bedeutendes Anbaugebiet für die relativ trockenheitsresistente, als Braugerste geschätzte Sommergerste. Unter den Hackfrüchten ist v. a. die anspruchslose Kartoffel vertreten. Als Zwischenfrüchte, auch zur Bodenverbesserung, werden Rotklee, Luzerne und Raps angebaut. Die Erträge sind insgesamt bescheiden und auch nach der stellenweise durchgeführten Flurbereinigung wenig gestiegen. Letztere hatte allerdings zur Folge, daß viele der artenreichen Hecken mit Schlehe, Hartriegel, Kreuzdorn und Faulbaum, oft auf Lesesteinwällen stockend wie im Bildvordergrund, gerodet wurden. Hiermit gingen örtlich Wind- und Erosionsschutz, besonders aber wertvolle Biotope mit zahlreichen ökologischen Nischen verloren.

Früher oft bewässerte und intensiv genutzte Fettwiesen sind gegenwärtig nur noch vereinzelt auf den schmalen Talsohlen zu finden. Ebenso selten sind Reste der die Bäche begleitenden Weidengebüsche und des Schwarzerlen-Auwaldes.

Klaus Müller-Hohenstein

Kuppenalb bei Streitberg

21

Landschaftsgeschichte im Kalkstein

(vgl. Abb. 23, 40)

Das Bild vermittelt einen eindrucksvollen Einblick in typische Landschaftselemente der Fränkischen Alb. Da sind zum einen die wenigen Täler zu nennen, in denen ganzjährig Flüsse fließen, wie hier das Wiesent-Tal im Bildvordergrund. Der breite und flache Talboden wird jenseits der Ortschaft Streitberg von steilen Hängen begrenzt, aus denen einzelne Felsbastionen herausragen. Diese Hänge leiten dann in Blickrichtung (nach Nordosten hin) zur Hochfläche der Alb über, die mancherorten als Ebene entwickelt ist, hier aber durch bewaldete Kuppen und dazwischen liegende Verflachungen mit einer Höhendifferenz von etwa 70 m gekennzeichnet ist, weshalb dieser Landschaftstypus auch den Namen Kuppenalb trägt.
Die Entstehung dieser *Kuppen* (im Volksmund „Knöcke") ist ein altes wissenschaftliches Problem. Auffällig ist nämlich, daß zwar die meisten, wenn nicht alle Kuppen in versteinerten und aus Kalkstein zu Dolomit umgewandelten Schwammriffen des Jurameeres angelegt, also gesteinsgebunden sind, daß jedoch viele solcher Riffe nicht als Kuppen herauspräpariert wurden. Heute dürfte feststehen, daß die Knöcke erstmals in der Unterkreidezeit entstanden sind, als das Gebiet Festland wurde und feucht-heißes Klima eine intensive Verkarstung erlaubte, wie sie uns heute mit ihren steilen Kegeln in manchen Gebieten der Tropen noch begegnet. Dieses engständige Kegelrelief wurde noch in der Kreidezeit von meist sandigen Sedimenten verschüttet, die in Resten im Bereich des Bildes, weiter im Nordosten sogar flächig erhalten sind. Im Zuge der Ausräumung dieser Sande im Tertiär und im Quartär wurde ein Teil der Kuppen beseitigt, ein weiterer Teil blieb verhüllt, die übrigen wurden stark abgeflacht zu ihrem heutigen Erscheinungsbild (PFEFFER, 1981).
Zwischen den hier perlschnurartig aufgereihten Knöcken läßt sich von der Bildmitte aus nach links hinten ein durchgehender Streifen tieferen Geländes mit Äckern verfolgen. Der Eindruck eines Tales, den diese Form macht, täuscht nicht – nur fehlt dem Tal der zugehörige Fluß. Auch diese Formen, die *Trockentäler,* sind typisch für die Alb. Auf dem tief verkarsteten, wasserdurchlässigen Gestein kann Regenwasser kaum oberflächlich abfließen und sich zu Bächen sammeln – lange vorher ist das meiste Wasser schon versikkert, es fließt unterirdisch ab. Die Verkarstung des Untergrunds ist übrigens der Grund für die schwierige Wasserversorgung dieses Gebiets. Nur tiefe Bohrungen oder v. a. Fernwasserleitungen vermögen den heutigen Wasserbedarf zu befriedigen. Die wenigen ständigen Fließgewässer, wie die Wiesent, haben die Kalke und Dolomite bereits durchsunken und fließen in weniger durchlässigem Gestein, wie hier z. B. in Sandsteinen des Dogger. Früher, als der Karstwasserspiegel noch nicht so tief lag wie heute, oder als Eis in den unterirdischen Hohlräumen während der Kaltzeiten des Quartärs das Versickern behinderte, besaß die Alb ein dichtes Flußnetz, durch das die heutigen Trockentäler geschaffen wurden.
Das Trockental in unserem Bild liegt deutlich höher als die Wiesent, nur eine schmale, steile Kerbe vermittelt zwischen beiden. Da das Trockental jedoch auf die Wiesent zu verläuft, muß diese einst viel weniger eingetieft gewesen sein als heute. Tatsächlich finden sich an den Talhängen der Wiesent Verflachungen in ungefähr dem gleichen Niveau wie das Trockental, von denen zwei im Bild deutlich als dreieckige Rodungsinseln ausgemacht werden können. Diese Verflachungen sind Relikte des damaligen Talbodens der Wiesent. Obwohl ich auf ihnen keine ortsfremden Flußschotter auffinden konnte, dürften diese Reste mit dem *Moenodanuvius* korrelierbar sein, einem Fluß, der im ausgehenden Tertiär die Frankenalb querte, und auch einen Teil der Laufstrecke der heutigen Wiesent einnahm (SCHIRMER, 1984).
Im Bild fällt die regelhafte Verteilung der Ackerflächen auf. Die steilen Talhänge und die Kuppen sind bewaldet, während die dazwischen liegenden flacheren Abschnitte vom Landwirt genutzt werden. Im Falle der Kuppen ist dies nicht nur durch das größere Gefälle zu erklären, auch die *Böden* unterscheiden sich von denen der Flachgebiete. Zum einen wird in steileren Bereichen sich bildender Boden immer wieder abgetragen und am Hangfuß abgelagert, so daß schon deshalb in den tieferen Abschnitten mächtigere Böden auftreten. Zum anderen liegen in den tieferen Gebieten noch Reste von Kreide-Sanden, durchmischt mit Lößablagerungen, die sogenannte lehmige Albüberdeckung, die das Wasser etwas länger halten kann als die Böden auf dem stark wasserdurchlässigen Dolomit.

Arno Kleber

Nördliche Frankenalb bei Scheßlitz 22

Struktur- und Skulpturformen in der Schichtstufenlandschaft

(vgl. Abb. 23, 43)

Der gebuchtete Stufenhang der nördlichen Frankenalb und das flachwellige Albvorland prägen das Landschaftsbild um die Kleinstadt Scheßlitz. Die Albhochfläche im Vordergrund des Bildes ist ein Teil der Stufenfläche und wird durch unregelmäßig verteilte Baum- und Gebüschgruppen sowie kleine Ackerflächen gekennzeichnet. Sie liegen bei 530–550 m NN, während die bewaldeten Kuppen bis 560–580 m NN aufsteigen. Im oberen Drittel des Bildes erstreckt sich das nur schwach reliefierte Albvorland mit seinem Mosaik von landwirtschaftlich genutzten Flächen, vereinzelten Waldinseln und zahlreichen kleinen Dörfern. Es weist Höhenlagen von 320–350 m NN auf und wird von flachgeschwungenen, 20–40 m eingesenkten Talmulden gegliedert. Diese greifen z. T. in die Buchten des Albrandes ein, wie das Würgauer Tal am rechten Bildrand, und enden als tiefeingeschnittene Kerbtäler, wie das Talbrunnental am unteren Bildrand.
Mit dem Übergang vom Schichtstufenhang der Albvorsprünge zum Talhang ist eine Versteilung verbunden, die eine Voraussetzung für Bergstürze und Rutschungen bildet; z. B. ist im Talbrunnental unterhalb der Abraumhalden des Steinbruches ein Bergrutsch zu erkennen, der 1969 abging und auch die Straße auf 200 m Länge erfaßte.
Rutschungen sind am Albrand aufgrund des petrographischen Aufbaus aus quellungs- und rutschungsfähigen Tonen unter klüftigen, wasserdurchlässigen Kalksteinen weit verbreitet. Auslösende Momente bilden starke Durchfeuchtung der liegenden Tone sowie natürliche, aber auch künstliche Versteilung der Hänge oder – wie im vorliegenden Fall – Auflast der Abraumhalde.
Ähnlich wie die Rutschung ist das gesamte Landschaftsbild eng mit dem geologischen Bau verknüpft. Ein Profil, das den Bildausschnitt von rechts unten nach links oben quert, zeigt diese Verknüpfungen: Stufenbildner oder Träger von Hangversteilungen sind harte Kalksteine, Dolomite und Sandsteine. Mergelkalke und Tone treten demgegenüber als Hangverflachungen oder als Sockelbildner der Schichtstufe in Erscheinung. Im Albvorland werden allerdings Ton-, geringmächtige Sandstein- sowie Mergelkalklagen spitzwinklig von der Oberfläche gekappt. Diese Fußfläche der Alb trägt unterschiedlich mächtige Schutt- und Lößlehmdecken sowie in ihren randlichen Teilen im W auch plio/pleistozäne Schotterstreu als Datierungsmarken der Reliefentwicklung. In enger Nachbarschaft zur landschaftsprägenden, von der geologisch-petrographischen Struktur bestimmten Schichtstufe treten demnach im Albvorland strukturkappende „Skulpturformen“ auf.
Weitere Informationen zur Landschaftsgeschichte bietet der Steinbruch, der darüber hinaus auf das Problem der Erhaltungswürdigkeit erdgeschichtlich interessanter Aufschlüsse, aber auch auf die Dringlichkeit zügiger Rekultivierung sowie auf die Risiken anthropogener Reliefveränderungen im Bereich der von Natur aus labilen Schichtstufenhänge hinweist.

Karsten Garleff

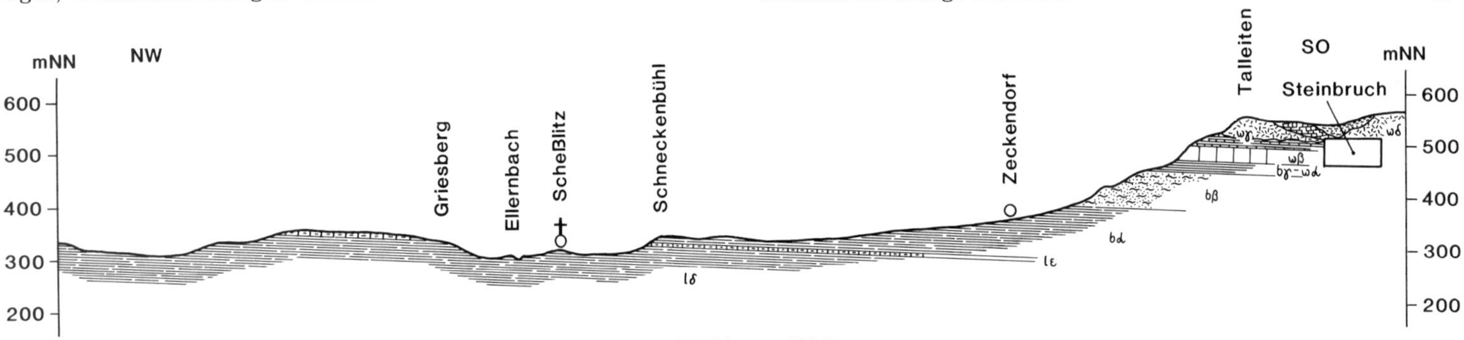

Geologisches Profil bei Zeckendorf (nach Antoniadis et al. 1972 und Schirmer 1981)

Ehrenbürg und Lange Meile

23

Frontstufenauflösung östlich Forchheim

(vgl. Abb. 21, 40)

Zwei weitgespannte Verebnungen von unterschiedlicher Höhenlage werden an der westlichen Frankenalb von einer markanten Stufe begrenzt. Die obere Fläche – im Bildausschnitt von der Tafel der „Langen Meile“ wiedergegeben (hinterer Mittelgrund) – ist von Karbonatgesteinen des unteren Weißjura (Malm $\alpha - \beta$) aufgebaut, während das hügelige niedere Stockwerk von Sandsteinen des oberen Keupers (Rhät) und Tonen des Schwarzjuras (Lias) gebildet wird (linker Hintergrund). Zwischen diesen beiden Niveaus überbrücken sanftkonkave Lias-Dogger-Hänge einen Höhenunterschied von etwa 250 m.
Die Ehrenbürg – ein vom Stufenrand abgetrennter Rest der Malm-Hochfläche (rechte Bildmitte) – gilt als Zeuge eines durch Abtragungsprozesse zurückverlegten Albrandes. Damit ist sie entwicklungsmäßig als Folgestadium der Langen Meile anzusehen, die noch ununterbrochen mit ihrem Hinterland verknüpft ist. Gleichzeitig dokumentieren beide Formen, daß vor geologisch kurzer Zeit (Jungtertiär) der gesamte abgebildete Bereich von Sedimentgesteinen der Jura-Zeit bedeckt war. Entstehung, Rücklauf und Zerlappung der Albstufe sind Ergebnisse der Flußerosion von Regnitz und ihren Zubringern. Einer der Nebenflüsse ist die Wiesent, deren Tal zwischen Ehrenbürg und Langer Meile verläuft.
Die Erhaltung der eingesattelten Bergkuppe der Ehrenbürg muß der besonderen Widerstandsfähigkeit des massigen Malmdolomits zugeschrieben werden, so daß die Quellerosion des Ehrenbachs eher die leichter angreifbaren, undolomitisierten Bankkalke ausräumen konnte. Im kleineren Maßstab ist diese Erklärung auch für die Entstehung der Hohlform auf der Ehrenbürg selbst heranzuziehen, nachdem jene ebenfalls im gebankten Kalk angelegt wurde, während die äußere Begrenzung von härteren Schwammkalken eingenommen wird (Doppelgipfel des Walberla und des Bodensteins).
Die Isolation der Ehrenbürg ist somit auch im Zusammenhang mit ihrer fortgeschrittenen Verkarstung zu sehen, die gerade in den von Hohlräumen durchsetzten, ehemaligen Schwammriffen angreifen konnte. Verminderte oberflächliche Abtragung ist mitverantwortlich für die Konservierung der landschaftstypischen Felsen des Bodensteins („Schlaifhausener Dolomiten“). Die Betonung der unterschiedlichen Gesteinshärte erscheint insofern bedeutsam, als die Ehrenbürg von tektonischen Kräften relativ zum Hinterland angehoben worden ist. Die so verursachte Herausstellung hätte raschere Abtragung zur Folge haben müssen.
Das Landschaftsbild vor der Zeit der Zerschneidung durch die Wiesent muß von einer alles umfassenden Schnittfläche bei etwa 550 m ü. NN gekennzeichnet gewesen sein. Denn, obwohl die Schichten leicht nach Nordosten einfallen, bleiben die Höhenverhältnisse gleich, so daß die zentralen Bereiche der Alb von jüngeren Gesteinen gebildet werden als die Außenzonen. So wird sowohl die Lange Meile als auch die Ehrenbürg von Malm α und β aufgebaut, während schon der gleich hohe, östlicher gelegene Niedermirsberg (mit der Burg Feuerstein) Malm γ und δ als Hangendes aufweist.
Das entstehende Flußnetz richtete sich zur Donau-zugehörigen Ur-Regnitz als Vorfluter aus. Damit ist die für die heutigen Abflußverhältnisse eigenartige Nordost-Südwest-Orientierung des Wiesent-Unterlaufs zu begründen. Für eine alte Anlage der Wiesent spricht schließlich auch ihr insequentes Fließverhalten, d. h. das Tal wurde ohne Rücksicht auf die geologische Struktur gebildet.
Die ausgeprägte Klüftung des unteren Malms hat einen hohen Grad an Wasserdurchlässigkeit zur Folge. Die Sockel der Flächenreste werden dagegen von abdichtenden Tonen des Lias und des Doggers aufgebaut, die Wasser stauen und deswegen außerordentlich fließfähig sind. So stellen die erhabenen Formen der Bildmitte – am Westhang der Ehrenbürg – Malm-Schollen dar, die sich auf der Gleitbasis des Dogger ζ bis zu 500 m weit bewegt haben.

Thomas Reinl

Unteres Regnitztal und östliche Steigerwaldausläufer 24

Landschaftsentwicklung südlich von Bamberg

(vgl. Abb. 22, 23, 41, 85)

Das untere Regnitztal und der durch mehrere Täler stark gegliederte östliche Rand des Steigerwaldes bilden etwa 15 km südlich von Bamberg die beiden landschaftlichen Einheiten dieses Luftbildes.

Der Talraum, der vermutlich erst seit der altpleistozänen Flußumkehr (TILLMANNS 1977) in nördlicher Richtung durchflossen wird, zeigt heute deutlich den umgestaltenden Eingriff des Menschen. So begleiten zahlreiche Kiesseen, in denen die im Quartär abgelagerten Schotter abgebaut werden, den noch leicht mäandrierenden Flußlauf der Regnitz (246 m NN), während östlich davon der Main-Donaukanal verläuft (Baubeginn 1960). Zwischen beiden zeichnet der geschwungene Verlauf der Pappelreihen den ehemaligen Werkkanal nach, der früher mit dem Ludwig-Donau-Mainkanal von 1843 in Verbindung stand. Alle diese Baumaßnahmen verwischen die ohnehin nur undeutlich ausgeprägte, ineinandergeschachtelte Terrassierung der Talaue. Nur am rechten Bildrand erkennt man die etwa 9 m über Flußniveau liegende, letztkaltzeitliche Niederterrasse, die durch eine kleine Erosionskante von der flußwärts folgenden, 5 – 6 m hohen Oberen Vorterrasse (Höhere Auenterrasse nach SCHIRMER 1983) aus dem Spätwürm getrennt ist. Der gebogene Verlauf dieser Kante, der durch die sich ihr anlegenden Parzellengrenzen auffällig hervortritt, gibt die Lage alter Mäanderbögen wieder. Zwischen dem früheren Werkkanal und der Regnitz schließen sich dann die durch holozäne Umlagerung älterer Schotterkörper entstandenen, Mittleren und Tieferen Auenterrassen an, die sich morphologisch nur um dm-Beträge voneinander absetzen, jedoch durch ihren lithologischen und pedologischen Aufbau zu unterscheiden sind (SCHIRMER 1979, 1980, 1983). Sie haben Anschluß an die Seitentalschotter der Aisch, die von Südwesten kommend unterhalb des Lauberges in die Regnitz mündet. Zwischen Aisch und Regnitz schiebt sich von Süden her ein schmaler Sporn aus Angulatensandstein (Lias Alpha 2), der sich durch seinen baumbesetzten ehemaligen Prallhang prägnant von den Terrassenflächen in der Talaue abhebt. Auch der versteilte Anstieg zum Lauberg, südwestlich der Ortschaft Seußling, deutet auf die frühere Unterschneidung durch die Regnitz hin. Heute wird das natürliche Kräftespiel des Flusses mit Prallhangerosion und Gleithangakkumulation, mit sich flußabwärts verlagernden Mäanderbögen und mit der Aufhöhung der flußnahen Talauenbereiche bei Hochwasser, weitgehend durch die Wasserbaumaßnahmen des Menschen eingeschränkt, so daß sich das gegenwärtige Bild der Flußlandschaft deutlich von dem vergangener Jahrhunderte unterscheidet. Auch ist der Talraum heute fast vollständig landwirtschaftlich genutzt, die natürlichen Auenwälder mit Erlen und Eichen sind längst gerodet.

Weniger stark vom Menschen verändert ist dagegen die sich westlich der Regnitz anschließende, hauptsächlich aus Keupersandsteinen aufgebaute östliche Steigerwaldabdachung (Ebrach-Aisch-Platte). Auffallend sind die von konsequent zertalten, flachgewölbten Riedelflächen (300 – 310 mm NN) ausgehenden, bewaldeten Höhenzüge, die parallel zueinander in E-W-Richtung auf die Talzone der Regnitz zulaufen und hier noch randlich von im wesentlichen östlich des Flusses anstehenden jurassischen Gesteinen bedeckt sind (Lias-Zeugenberge). Ganz links handelt es sich um die flache Kuppe des Lauberges (323 m NN), der nur durch eine sanfte Talung vom holozän sandüberwehten Steinbühl (305 m NN) getrennt ist. Dahinter sieht man noch in das Tal der Reichen Ebrach, das bei Sassanfahrt in die Regnitz mündet, bevor der markante Rücken des Mainberges (371 m NN) den Blick ins Rauhe Ebrachtal versperrt, dessen nördliche Umrahmung vom Distelberg (373 m NN) gebildet wird. Am Horizont erkennt man noch Teile des Michaelsberger Waldes (382 m NN).

Die drei letztgenannten Erhebungen bestehen basal aus tonigen Feuerletten (KmF), worüber sich der resistentere Rhätolias anschließt, der noch vom Angulatensandstein überlagert wird. Diese Gesteinsabfolge bedingt die wohl hauptsächlich im Pleistozän unter kaltzeitlichen Klimabedingungen aus einer früher angelegten, mittelpliozänen Hochfläche von 370 – 380 m NN (DÖRRER 1970) herauspräparierten Höhenrücken. Die über unterschiedlich resistente Liasschichten hinwegschneidenden Flächen am Lauberg (300 – 310 m und 320 – 340 m NN) lassen auf jüngere Verebnungsphasen (Oberpliozän) schließen, aus denen dann kaltzeitlich aufgrund der nur geringen Resistenzunterschiede im Liasgestein sehr niedrige, gestufte Hänge herausmodelliert wurden.

Frank Schäbitz

Mündungsdreieck Rodach-Alster-Itz

25

Talentwicklung unter dem Einfluß von Tektonik, Klima und Mensch

(vgl. Abb. 51)

Das Itz-Baunach-Hügelland bildet als Teil des Fränkischen Keuper-Lias-Landes das Vorland zur Nördlichen Frankenalb. Die obere linke Bildhälfte gibt den Blick frei auf die Liasflächen des Itz-Rodach-Sattels, der sich hier W der Itz an den Staffelsteiner Graben anschließt. Das Rodachtal folgt außerhalb des linken Bildrandes einem Ausläufer der Staffelsteiner Störung, die über den Itzgrund nach WNW ausgreift. Die intensive tektonische Beanspruchung dieses Gebietes im Vorfeld der alpidischen Gebirgsbildung findet ihren hervorstechendsten Ausdruck in der Fränkischen Linie, an der das variszische Grundgebirge (Silhouette des Thüringer bzw. Frankenwaldes im Bildhintergrund) mit einer Sprunghöhe von über 1000 m herausgehoben wurde (vgl. HOFFMANN 1970).

Wo am Talhang der Itz in der oberen mittleren Bildhälfte Feuerletten und der darüberlagernde Rhätsandstein ausbeißen, kommt es durch die wasserstauende Wirkung des Feuerletten verbreitet zu Hangkriechen und Rutschungen. Bedingt durch die damit einhergehende Instabilität und Hangversteilung sowie aufgrund ungünstiger edaphischer Bedingungen auf dem Rhätsandstein liegen diese Bereiche meist unter Wald.

Die untere Bildhälfte wird ganz von der holozänen Talaue im Mündungsdreieck von Rodach, Alster und Itz eingenommen, wo im weichen Feuerletten ein breiter Talkessel ausgeräumt wurde. In der oberen rechten Bildhälfte folgt der Blick der Talaue der Itz nach NNE. Von der Talgenese her steht die Itz mit dem Obermain in engstem Zusammenhang. Nach einer Phase starker Verwitterung und flächenhafter Abtragung im Tertiär mit flachen muldenförmigen Tälern, deren Abfluß zum jungtertiären Molassebecken und anschließend zur Donau konsequent zur Albabdachung nach S ausgerichtet war, erfolgte im Altpleistozän mit dem Durchbruch der Steigerwaldwasserscheide und dem Anschluß des Obermains an das Rheinsystem der Umschwung von der Flächenbildungs- zur Taleintiefungsphase (KÖRBER 1962, TILLMANNS 1978). Die Täler des Obermains und seiner Nebenflüsse wurden in der Folge aufgrund der größeren Erosionskraft im Rheinsystem, bedingt durch die viel näher gelegene Erosionsbasis, und zusätzlich begünstigt vom pliopleistozänen Klimaumschwung, sehr schnell bis auf das heutige Niveau eingetieft. Während der Warm- und Kaltzeiten des Pleistozäns fand ein Wechsel von Einschneidungs- und Aufschotterungsphasen statt, wovon die verschiedenen Terrassenreste am Talhang Zeugnis ablegen, angefangen von der 60-m-Terrasse als höchster und ältester derartiger Bildung im Bereich des Luftbildes (am Wiberg NE Schottenstein, obere mittlere Bildhälfte), bis herab zur würmzeitlichen 10-m-Terrasse, auf der beispielsweise die Ortschaft Bodelstadt am rechten mittleren Bildrand liegt. Morphologisch fallen die genannten Terrassen im Gelände kaum auf, da sie im Itzgrund vielfach von Terrassenlehmen und -sanden überdeckt sind. An der Wende vom Spätglazial zum Holozän erfolgte der letzte einschneidende Umbruch in der Flußtätigkeit. Es war dies der Wechsel vom vielarmigen Fluß, der während der Kaltzeiten in seinem eigenen Schutt erstickte und die Terrassenschotter vertikal über die ganze Talbreite hinweg aufhöhte, zum mäandrierenden Fluß, der durch talabwärtige Verlagerung seiner Mäanderbögen die Schotter der Auenterrassen ständig umlagerte und dabei auch Bäume der Auenwälder, die der Unterschneidung am Prallhang zum Opfer fielen, in die Schotterlagen einbettete (SCHIRMER u. a. 1980/83).

Das letzte Kapitel der Landschaftsgeschichte schrieb auch hier der Mensch. Auf die Rodung der Auenwälder im ausgehenden Mittelalter folgte in neuester Zeit großflächig die Flußregulierung, welche durch den so erzeugten schnelleren Abfluß die Tiefenerosion neu belebt und durch die damit einhergehende Grundwasserabsenkung die landwirtschaftliche Nutzung der Talaue begünstigt. Die früher verbreitet anzutreffende Nutzungsdifferenzierung von Grünland in der Talaue zu Ackerland auf den Terrassen- und Liasflächen ist deshalb heute nicht mehr zu beobachten. Ein Beispiel für Flußbegradigung und -verbauung in der vorliegenden Ansicht ist die flußaufwärtige Verlegung der Rodachmündung aus den 60er Jahren. Die ursprüngliche Mündung beim Gut Schenkenau wird heute nur noch von der Alster benutzt. Schenkenau im Bildvordergrund liegt in einem Mäanderbogen der Itz (Schutzlage), der seit der Rodachregulierung abgedämmt ist. Der ehemalige Mühlgraben, ein vermutlich mittelalterlicher Durchstich, wurde im Zuge der Flußbegradigung erweitert. Die Staustufe dient dem Hochwasserschutz.

Thomas Höfner

Steigerwald bei Reichmannsdorf

26

Hochflächen und Täler als Zeugen der Reliefentwicklung

(vgl. Abb. 42)

Langgestreckte, west-ost- bis westnordwest-ostsüdost-verlaufende, vorwiegend waldbestandene Hochflächenstreifen oder Riedel und breite Talmulden mit Siedlungen, Ackerflächen und zahlreichen Fischteichen prägen das Landschaftsbild des Mittleren Steigerwaldes. Der Bildausschnitt umfaßt einen Bereich von der Roten Marter (wenig unterhalb des Bildrandes) nach Südwesten mit Reichmannsdorf (am linken Bildrand), Unter- und Obermelsendorf (am rechten Bildrand oben) bis zu den Steigerwaldhöhen am Horizont, die zwischen dem Sandberg und Roßberg im Westen, dem Roten-Kreuz-Eichelberg und Hohen Föhren im Osten liegen.

Die teils beackerte, teils bewaldete Fläche in der unteren Bildhälfte hat eine Höhenlage von 350 – 360 m NN; das Allbachtal bei Reichmannsdorf liegt wenig unterhalb 300 m NN. Die nach Südwesten anschließenden bewaldeten Höhenrücken zwischen dem Allbachtal und der Ebrach-Haslach-Niederung erreichen im Westen etwa 400 m NN, im Osten um 380 m NN. Jenseits dieser Rücken folgt die breite Ebrach-Haslach-Niederung, die durch die Vorherrschaft landwirtschaftlich genutzter Flächen und die – im Bild kaum zu erkennenden – Siedlungen um Schlüsselfeld sowie Höhenlagen zwischen 290 und wenig über 300 m NN gekennzeichnet ist. Die siedlungsleeren, annähernd geschlossen bewaldeten Hochflächen des Hohen Steigerwaldes im Bildhintergrund fallen von Westen nach Osten von 460 – 480 m NN auf 420 – 440 m NN ab.

Die Hochflächen und Riedel werden von den flach nach Osten einfallenden Sandsteinen des Mittleren Keupers, insbesondere dem Mittleren Burgsandstein (kbm), dem Coburger Sandstein (kc) und dem Blasensandstein (kbl) unterlagert (HAARLÄNDER 1964, 1969). Ihre Höhenlage, ihre Ränder und deren Hangneigung werden meist deutlich vom Ausstrich dieser verwitterungsresistenten Gesteine bestimmt. Insgesamt bilden die Hochflächen und Riedel aber ein Relief, das während tertiärer und quartärer Abtragungsphasen unter dem Einfluß tektonischer Hebungsimpulse und klimatisch bedingter flächenhafter Tieferschaltung angelegt wurde. Die Datierung und Verknüpfung der einzelnen Hochflächen bzw. ihrer Reste in Form der Riedelverflachungen ist allerdings trotz zahlreicher Untersuchungen, die z. B. in der Arbeit von DÖRRER (1970) diskutiert werden, bislang nicht eindeutig geklärt.

Die großen Täler, wie das Ebrach- und das Haslachtal, sind bis in die Tone und Letten der Lehrbergschichten (kl) sowie bis in den Schilfsandstein (ks) eingeschnitten. Sie repräsentieren mit ihrer Weite, die im Mißverhältnis zur geringen Größe der Bäche und Flüßchen steht, alte Abtragungssysteme, die als Teile ehemals weiter nach Westen und Norden ausgreifender danubischer Entwässerung angelegt wurden. Im Zuge dieser Reliefgeschichte entstanden auch die heutigen Pässe in der Steigerwaldstufe, wie z. B. der von Geiselwind, an dem westlich außerhalb des rechten Bildrandes das Ebrachtal ansetzt.

Zu den großen Tälern führen Seitentälchen hinab, die meist abrupt am Rande der Hochflächen beginnen oder die in die Hochflächen eingreifen, wie die kurzen Tälchen, die den Rand der Hochfläche im Bildvordergrund zerschneiden. Ihre steilen Hänge werden durch Gebüschstreifen und Obstgärten markiert. Das Muster der Acker- und Waldparzellen sowie die geradlinigen Flurwege auf dieser Hochfläche kennzeichnen demgegenüber die Effekte junger Flurbereinigungsmaßnahmen, die besonders durch den Vergleich mit den topographischen Karten aus den 50er und 60er Jahren deutlich hervortreten. Junge Veränderungen des Landschaftsbildes stellen auch die Aufforstungen vernäßter Muldenlagen mit schnellwüchsigen Pappeln dar, wie z. B. im Mittelgrund des Bildes links der S-Kurve des Flurweges. Derartige Pappel-, teilweise aber auch Fichtenbestände heben sich durch Farbe und Struktur auch im Luftbild von den älteren Waldstücken ab, die meist von Kiefern beherrscht werden, daneben aber auch weitflächig als Kiefern-Eichen-Mischwälder ausgebildet sind und damit auf sandige, nährstoffarme Böden hinweisen.

Karsten Garleff

Oberfranken – Ein Raum historischer Vielfalt

Ruprecht Konrad

Nach den archäologischen Funden in den Altsiedelräumen aus vor- und frühgeschichtlicher Zeit war das heutige Oberfranken von jeher eine Mischzone unterschiedlichster kultureller und ethnischer Strömungen, die bis zur Zeitenwende der Landschaft ein vielfältiges Gepräge gaben.

Mit der ausklingenden Völkerwanderungszeit drangen Siedlergruppen elbgermanischer Sprache und Kultur in die Region ein und ließen sich vor allem in den Altlandschaften entlang von Regnitz, Main und Itz nieder. Sie bildeten, vielleicht mit geringen Resten der keltischen Vorbevölkerung und den Relikten der Völkerwanderungszeit, ein sehr uneinheitliches Bevölkerungssubstrat als Grundlage der mittelalterlichen Besiedlung.

Die herrschaftlich-politische Erfassung des Raumes begann in der späten Merowingerzeit von Westen her, als im 7. und 8. Jahrhundert der fränkische „Staat" seinen Einfluß entlang der Mainlinie und der alten Straßen gegen die Mittelgebirge hin ausdehnte. Um die Wende zum 9. Jahrhundert werden zum ersten Mal Orte namentlich erwähnt, sowohl in den Güterverzeichnissen des Reichsklosters Fulda als auch im Erlaß Karls des Großen von 805: Hallstadt und Forchheim werden als Kontrollpunkte anläßlich eines Waffenembargos gegenüber den böhmischen Slawen festgelegt, beide Orte sind für die Folgezeit als Stützpunkte entlang der Altstraßen aus dem Würzburger Raum, aus Süddeutschland nach Mitteldeutschland und Böhmen bekannt. Das Land östlich der Regnitz und Itz war damals militärisch-siedlungspolitisches Vorfeld im Spannungsgefüge zwischen den slawischen Stämmen Böhmens und dem fränkisch-ottonischen Reich. Ein Beleg für diese ältere frühmittelalterliche Neubesiedlung Oberfrankens sind die Reihengräber in den Randzonen der Fränkischen Alb und im Obermainland, die zugleich den allmählichen Wandel der religiös-kulturellen Vorstellungen im Zuge des Aufbaus erster kirchlicher Strukturen dokumentieren. Daneben weisen Befestigungen wie auf dem Banzer Burgberg oder auf der Grünbürg bei Stadtsteinach auf zentrale Wehranlagen und deren Schutzfunktion für die Straßen sowie die sich an ihnen orientierenden kleinräumigen Siedlungskammern.

Aufsicht und Verwaltung dieser Einrichtungen, vor allem der ausgedehnten Bannforste im waldreichen Oberfranken, waren dem Adel als ursprünglichem Amtswalter stellvertretend für das Königtum übertragen. Die ältere Adelsschicht läßt sich in den Urkunden als Grundherren in den verschiedenen Funktionen der Gerichts- und Wehrverfassung erkennen, mit weitgespannten familiären Beziehungen zum allemanischen, thüringischen und bayerischen Herzogshaus, ins Elsaß, in den Hennegau und nach Sachsen.

Damit war das Gebiet als Rand- und Übergangszone im Gefüge des frühen deutschen Stammesstaates und als Grenzraum nach Böhmen hin gekennzeichnet. Neben dem Adel war an dieser Eingliederung auch die Reichskirche mit ihrem Netz ausgedehnter Urpfarreien beteiligt, aber auch Reichsklöster wie Fulda. Neben den großen Familien wie den Babenberger-Popponen, den Konradinern und Liudolfingern des 9. und 10. Jahrhunderts finden wir das Schweinfurter Grafenhaus und später die Henneberger im 10. und 11. Jahrhundert als Gaugrafen. Ihnen ist vor allem die erste große Siedlungserweiterung durch Rodung in der Zeit um 1000 zuzuschreiben. Diese Periode prägt ein auffälliger Anteil slawischer Siedlungen, der sich bis heute in Gewässer-, Orts- und Flurnamen erhalten hat und vom Frankenwald nach Süden bis an den Nordrand der Fränkischen Alb, und vom Itzgrund bis ins Bamberger Land erstreckt. Diese „terra Sclavorum" der Quellen stellte kein einheitliches und geschlossenes slawisches Siedlungsgebiet dar, sondern ist das Ergebnis mehrerer Phasen slawischer Zuwanderung vom 9. bis zur Mitte des 12. Jahrhunderts. Aus den Siedlungsverhältnissen wird ein enges Miteinander von slawischer und deutschsprachiger Bevölkerung deutlich. Vor allem durch das Einwirken der Kirche und ihrer geistlich-politischen Verwaltungsstruktur wurden seit der Mitte des 11. Jahrhunderts die Slawen in Oberfranken nach Sprache, Sozial- und Wirtschaftsstruktur angepaßt und eingegliedert. Dieser Prozeß war weitgehend abgeschlossen, als im 14. Jahrhundert die ersten schriftlichen Nachrichten über eine planmäßige Erfassung und Beschreibung des Landes einsetzten. Nur aus den Namensrelikten läßt sich der Anteil der Slawen an der Rodung und am Siedlungsausbau heute noch erkennen.

Mit dem Aufstand des Schweinfurter Grafen Heinrich gegen seinen Vetter und nachmaligen König Heinrich II. „den Heiligen" im Jahr 1003 vollzog sich in der Geschichte des sogenannten „Radenzgaues", das ist die Siedlungslandschaft um die Regnitz und die daran anschließenden ostwärtigen Gebiete, ein gravierender Bruch. Hein-

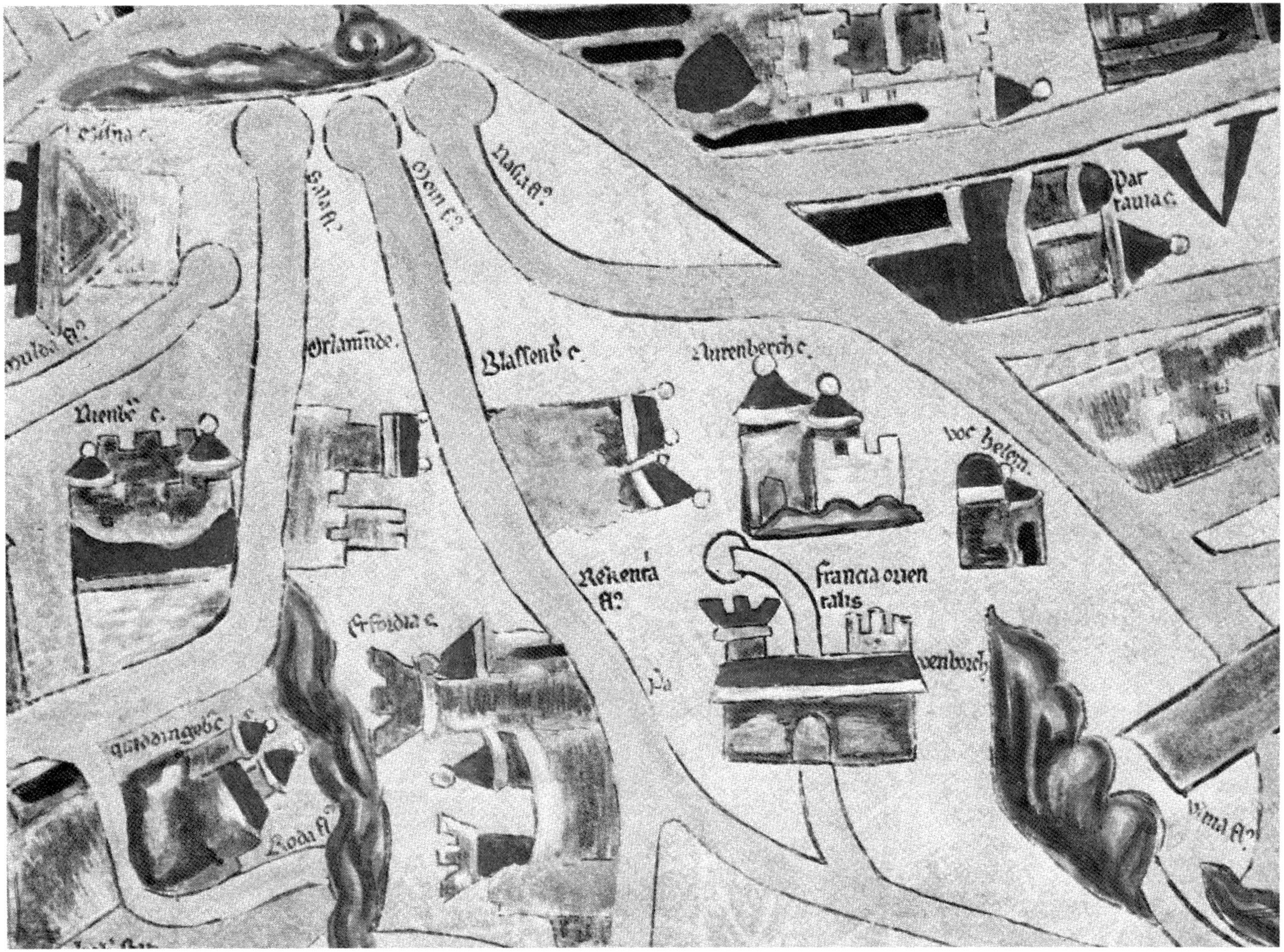

Karte 1
Oberfranken (Plassenburg, Bamberg, Forchheim). Ausschnitt aus der Ebstorfer Weltkarte (13. Jahrhundert) auf der Plassenburg, Kulmbach.

Karte 2
Oberfranken auf der Etzlaub-Karte von 1492

rich II. konfiszierte damals die zum großen Teil aus altem Königsgut bestehenden Güter der Schweinfurter Grafen und stattete mit einem Teil davon das 1007 neu gegründete Bistum Bamberg aus.
Die in der Hand des Grafenhauses verbliebenen Eigengüter wurden weitervererbt und gelangten über die Grafen von Andechs-Dießen (die späteren Herzöge von Meranien), nach deren Aussterben 1248 über die Grafen von Truhendingen (Hohentrüdingen) und die Grafen von Orlamünde an die Zollern-Burggrafen von Nürnberg, die späteren Markgrafen von Kulmbach-Plassenberg (-Bayreuth). (Karte S. 92)
Mit den Ereignissen von 1003/1007 wurde der Grundstein gelegt für die sich bis in die Neuzeit, letztlich bis zur Gebietsreform von 1972 deutlich werdende Teilung der Region in ein bischöflich-bambergisches, geistlich-weltliches Hochstift, und ein weltliches markgräflich-zollerisches Territorium.
Die ursprüngliche Besitzgrundlage des Bistums Bamberg bestand zunächst aus der königlichen Burg sowie den an der Grenze zwischen Volkfeld- und Radenzgau gelegenen Königsgütern um den Königshof Hallstadt/Bamberg. Dazu kam das Gebiet um den Königshof Forchheim sowie der dazwischen liegende Reichsforst. In der Folgezeit konnte das Bistum seine territorialen Grundlagen nach Osten hin über die Fränkische Alb bis an die Ränder des Frankenwaldes ausdehnen, wo durch Abtretungen der Grafen von Henneberg um Stadtsteinach ein neuer Stützpunkt und Mittelpunkt für umfangreiche Rodungen entstanden war. Während das Bistum Würzburg seine ursprüngliche Zuständigkeit neben vereinzelten Urpfarreien im neuen Bistum Bamberg auch der Mainlinie entlang bis vor die Tore von Kronach behaupten konnte, gelang den Bamberger Bischöfen seit 1122 mit Otto I. durch den Erwerb von Kronach der Ausgriff in das Innere des Frankenwaldes.
Ausgespart blieb dadurch bei der Entwicklung des heutigen Oberfranken bis zum Volksentscheid von 1920 das wettinische Herzogtum Coburg, dessen Geschichte der Besiedlung nach seit dem frühen Mittelalter eng mit dem Main-Regnitz-Land und Thüringen als Durchgangsland verbunden war. Seine herrschaftspolitischen Bindungen aber waren bis in die Neuzeit hinein nach Mitteldeutschland ausgerichtet.
Die Erwerbungen des Bistums Bamberg nach Süden in den bayerischen Nordgau und damit in den Eichstätter Bistumssprengel gehen ebenfalls auf die Gründungsphase des Bistums zurück. Königliche Schenkungen zwischen Pegnitz und Schwabach, vor allem aber die Übertragung ausgedehnter königlicher Grenzforste, erweiterten hier die Grenzen des Bistums Bamberg. Auf gleiche Weise kamen auch die westlich der Regnitz gelegenen Gebiete an Bamberg, die das bischöfliche Gebiet bis nach Herzogenaurach und Langenzenn in den Rangau hinein erweiterten.
Aus diesen vielfältigen und durch übergreifende Herrschaftsansprüche zersplitterten Gebietsteilen entstand durch Ausschaltung kleinerer, adeliger Herrschaftszentren, durch die Ausübung der zentralen Gerichtsgewalt in der Hand des Bischofs sowie durch planmäßigen Rodungsausbau ein geschlossenes Territorium, das als geistliches Hochstift bis zum Ende des Alten Reiches existierte und dessen Bevölkerung sich noch heute nach Konfession und Mentalität nach Bamberg hin orientiert.
Dem steht das weltliche Markgrafentum der Zollern gegenüber, das sich durch die Auswirkungen der Reformation in vielfältiger Weise davon unterscheidet, und dessen Bevölkerung eine deutlich andere Lebensart geprägt hat.
Den Zollern-Burggrafen von Nürnberg gelang es sehr bald, durch eine systematische Verwaltungsorganisation von der Kulmbacher Plassenburg aus die aus dem Andechser Erbe zugehörigen Besitzteile einzugliedern und einen seit dem 14. Jahrhundert geordneten territorialen Machtblock zu bilden. Dieser entwickelte in der Folgezeit, durch die Verlagerung der Handels- und Straßenachsen, spätestens seit 1603 mit der Übersiedlung der Residenz nach Bayreuth und später nach Erlangen, eine eigene Zielrichtung. (Karte S. 96)
Bedingt durch das Wirken der Bischöfe im Frankenwald, vollzog sich die territoriale Erweiterung des burggräflich-markgräflichen Gebietes nach Nordosten und Osten. Hier war es das Regnitzland um Hof, das mit seiner alten Mittelpunktspfarrei und als mutmaßlicher Königshof zunächst eine eigenständige Entwicklung durchgemacht hatte: Als ein Teil des Vogtlandes waren die älteren Beziehungen in Siedlung und Herrschaft nach Mitteldeutschland hinein orientiert, was sowohl die Zugehörigkeit zum alten Bistum Zeitz-Naumburg wie auch die Ausübung der Herrschaft durch die Reichsvögte von Weida und Plauen belegen. Erst im 14. Jahrhundert wurde die endgültige Bindung an das Territorium der Burggrafen vollzogen.
Ähnlich eigenständig entwickelte sich das Innere der Fichtelgebirgslandschaft. Wie heute noch durch Mundart, Brauchtum, Mentalität und Konfession erkennbar, vollzog sich die Besiedlung hier aus dem nordgauisch-oberpfälzischen Egerland heraus und in der Zugehörigkeit zum Bistum Regensburg.
Die herrschaftspolitischen Anfänge gehen auf das Wirken der Diepoldinger Markgrafen im 11. und 12. Jahrhundert zurück und wurden von deren Ministerialen, die zum großen Teil aus dem bayerischen Nordgau kamen, weitergeführt. Erst im 13. Jahrhundert bahnte sich der Prozeß der Anbindung an die burggräfliche Herr-

schaft an, der durch eine geschickte Erwerbspolitik der Zollern zur Errichtung der „Sechs Ämter“ führte. (Karte S. 96)
Zwischen den großen Territorien entwickelten sich um kleine adelige Herrschaftssitze auf der Grundlage der Gerichts- und Steuerhoheit kleine und kleinste Territorien, die sich durch Rodung erweitern konnten. Das Gebiet der Aufseß im Aufseß- und Wiesenttal, der Förtsche von Thurnau, der Guttenberg und Künßberg legt bis in die Neuzeit hinein davon Zeugnis ab. Allerdings waren diese Nieder-Adelsgeschlechter, um zu überleben, schon sehr bald durch Lehen an die Herrschaft des Bischofs oder der Burggrafen gebunden. Daneben gab es bis zum 14. Jahrhundert die Walpoten als Relikt der frühmittelalterlichen Landesverfassung: Ursprünglich Verwalter der königlichen Domänen im Bannforst, konnten sie ihre Machtbasis durch Rodung und Burgenbau von ihrem Zentrum im Kasendorfer Gebiet bis in den Frankenwald, an den Rand des Fichtelgebirges, den Steinwald und über die Fränkische Alb ausdehnen. Ihr Schicksal war es, unter dem Druck der mächtigen Nachbarn stückweise ihre Güteranteile zu verlieren und letztlich in der vom sozialen Abstieg begleiteten Bedeutungslosigkeit zu verschwinden. Es besteht kein Zweifel daran, daß erst mit dem Ausschalten der Walpoten der Prozeß der geistlichen und weltlichen Territorienbildung in Oberfranken erfolgreich sein konnte.
Neben dem Adel durchsetzten die Güter der großen Klöster wie Fulda, Banz, Michelsberg und Langheim die politische Landschaft. Erst im Laufe der Zeit konnten die Klöster ihren über die Region verstreuten Grundbesitz arrondieren und in Verwaltungsbereichen zusammenfassen. Neben den beiden Herrschaftszentren Bamberg und Kulmbach ging von den Klöstern der entscheidende Impuls der kulturellen Durchdringung der Region im Mittelalter aus. (Seite 97)
Die strukturbedingte Vielzahl adeliger, klösterlicher und herrschaftlicher Überschneidungen hat neben der Kleinräumigkeit der oberfränkischen Siedlungslandschaften zu einer ausgeprägten politischen, kulturellen und wirtschaftlichen Mannigfaltigkeit geführt, die heute noch allgegenwärtig scheint. Das war aber auch Ursache dafür, daß in der Umbruchsphase vom Mittelalter zur Neuzeit das neuerwachte bürgerliche und bäuerliche Selbstverständnis den inzwischen unüberschaubar gewordenen Verhältnissen Widerstand entgegensetzte. Es waren die in vielen Dörfern, Märkten und Städten nebeneinander und gegeneinander wirkenden Abhängigkeiten, Rechtsverhältnisse, Abgaben und Wirtschaftsformen, die zum Ausbruch des Bauernkriegs von 1524/25 führten. Dazu kam der Geist der Reformation, der allenthalben der neuen Rechtsnorm die Thesen der Bibel und des daraus abzuleitenden Staats- und Gesellschaftsbildes entgegenstellte. Die zum Teil bis in die Neuzeit hineinwirkenden Formen der Abhängigkeit von Adel, Klerus und Landesherrschaft führten zum Aufstand vor allem im bischöflichen Gebiet. Mit ihm verknüpft war das neue Idealbild eines einheitlichen und geschlossenen Territoriums, unter der Herrschaft eines Landesherrn und unter Ausschluß der übrigen Gewalten, der dem „Gemeinwohl“ des „gemeinen Mannes“ dienen sollte. Unter den gegebenen Voraussetzungen mußte dieser Versuch scheitern, wenn auch die Reformation als Mittel der Staatsräson im markgräflichen Gebiet sich durchsetzen konnte. Die gesellschaftliche Zielsetzung wurde erst vom frühneuzeitlichen absoluten Staat in beiden Territorien erfüllt, wenngleich in der Durchsetzung der Herrschaft von oben.
Solchen Bestrebungen versuchte der Adel durch Bildung einer landständischen Korporation entgegenzuwirken: Die kleinen Territorialherren bildeten ritterschaftliche Kantone, entzogen sich in ihren Leistungen den Landesherren und unterstellten sich unmittelbar der kaiserlichen Gewalt und Obhut. Diese Struktur blieb bis zum Ende des Alten Reiches erhalten und war die Voraussetzung dafür, daß man in Franken kaiserlich-reichisch dachte, in Ansätzen dies bis heute tut. Das Ende des Alten Reiches wurde in Oberfranken eingeläutet mit dem politisch-wirtschaftlichen Niedergang der beiden Territorialmächte.
1792 wurde das Markgrafentum an Preußen verkauft, der Markgraf zog sich in den Ruhestand nach England zurück. Hardenberg und Alexander von Humboldt reorganisierten das Staats- und Wirtschaftsleben, in wenigen Jahren entstand hier ein Modellfall für die sog. „preußischen Reformen“. Diese Entwicklung wurde durch die Annexion Oberfrankens durch die Franzosen 1806 zwar unterbrochen, in wesentlichen Aspekten aber durch den neuen „Rationalismus“ der französischen Verwaltung ergänzt.
So geschah dies auch im Fürstentum Bamberg, das als geistliches Hochstift 1802 bairisch wurde. Mit ca. 200 000 Einwohnern, durchsetzt von einer Vielzahl von geistlichen und weltlichen Ämtern, mit seit Jahrhunderten unbereinigten Grenzverhältnissen belastet, war das Territorium geradezu „unregierbar“ geworden. Die Klöster wurden säkularisiert, der Adel korporativ aufgelöst und in dem neuen Staatsverband integriert.
1810 wurde schließlich auch das (markgräflich-)preußische Oberfranken bairisch, in einem „Königreich von Napoleons Gnaden“. Den alten Bindungen nach Preußen trauerte man hier lange nach, den alten Verhältnissen, vor allem im Bürgertum, weniger.
Der gesamte Obermain-Kreis war somit bayrisch geworden. Zunächst folgte der politischen Demontage die wirtschaftliche und kulturelle. Die neue „Metropole“ München zog Oberfrankens

Karte 3

Die Territorialstaaten des 14. Jahrhunderts

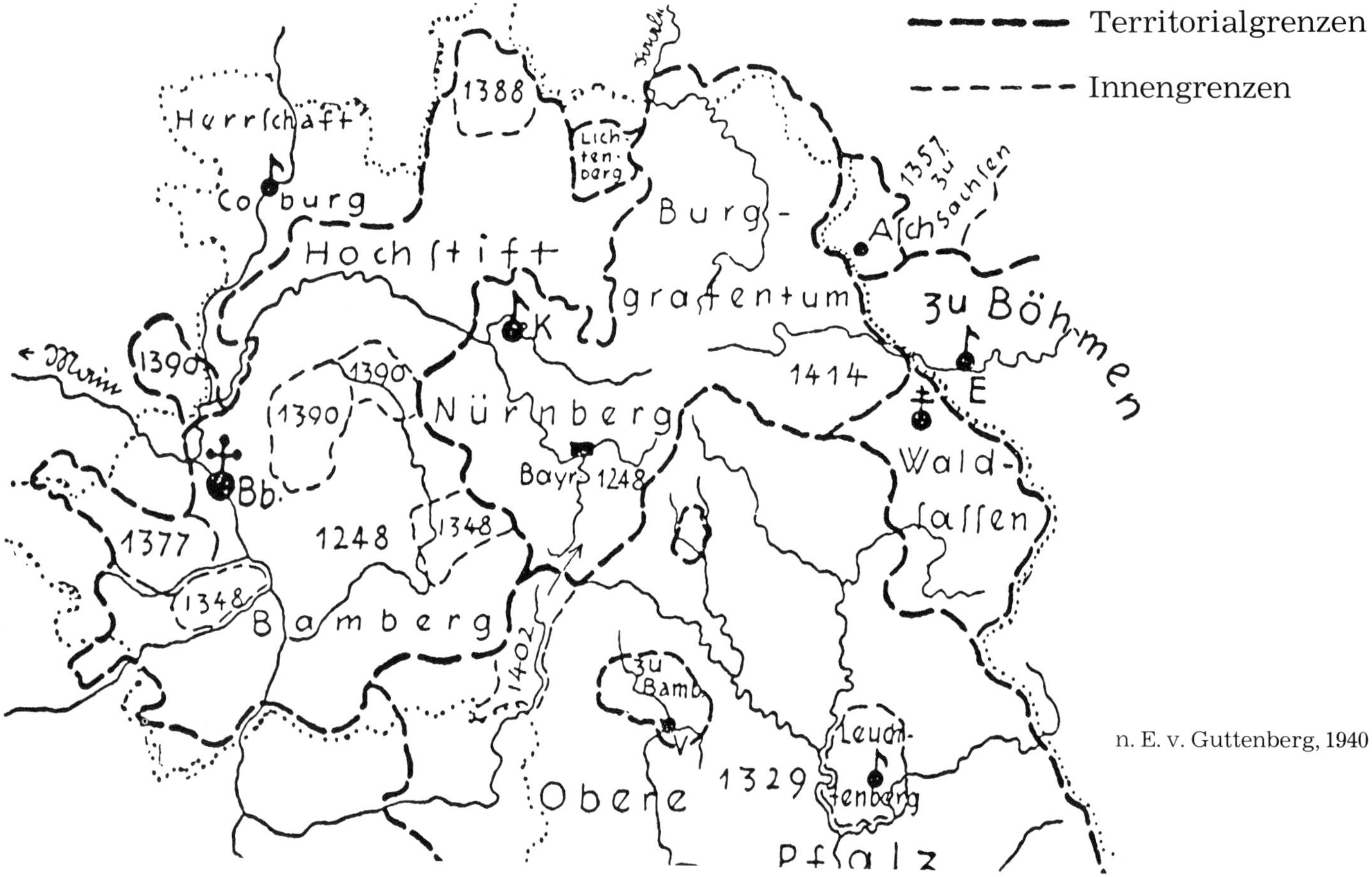

n. E. v. Guttenberg, 1940

Grundriß der Schloßanlage von Seehof aus der Blütezeit der Erzbischöfe von Bamberg ▶

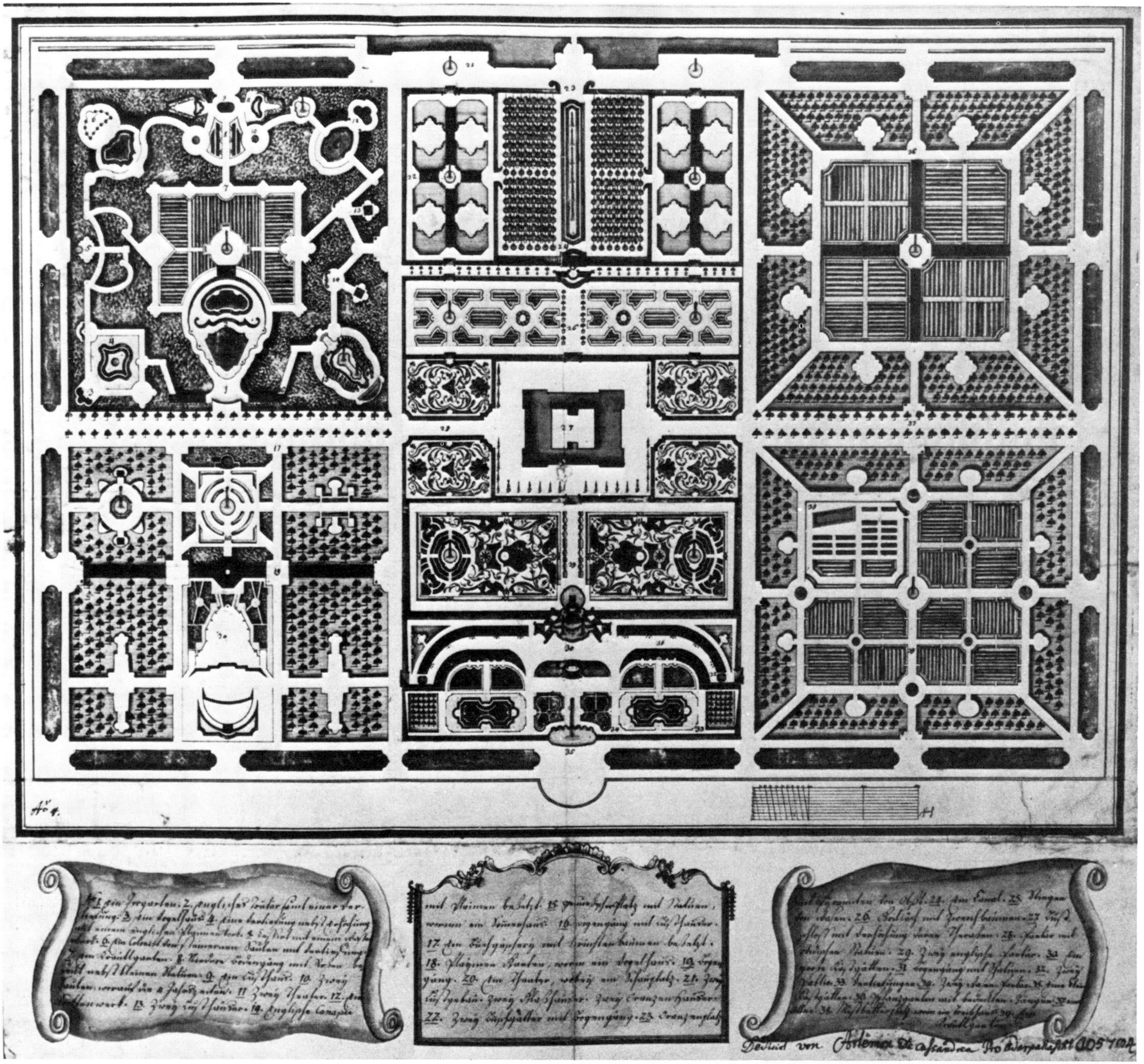

Kunstschätze an sich, noch bedeutungsvoller aber war der Verlust der Residenzen Bayreuth und Bamberg: Er traf die Identität des ansässigen Bürgertums mit politischer Tradition und wirtschaftlichem Selbstverständnis, und dies ein halbes Jahrhundert lang. Auch die neue bayerische Verfassung, als „Lockmittel" für die schon von den neuen Staatsideen erfaßten Franken, konnte zunächst nur den Adel motivieren, in der neuen Hauptstadt Ersatz für alte Privilegien in neuer staatspolitischer Verantwortung zu suchen.
Zur Integration der „Oberfranken" trug die Ära Montgelas kaum bei: Erst die sich anbahnende Aufbruchsstimmung des Zeitalters Ludwigs I., die neuen wirtschaftlichen Entwicklungen im Gefolge der sich abzeichnenden Industrialisierung ließen den „Dörnröschenschlaf" am Obermain überwinden. Neue Verkehrswege wie Eisenbahn und Kanal bahnten Verbindungen erstmals nach Süden, aber auch erneut in die traditionellen Absatz- und Kontaktgebiete nach Mitteldeutschland. Die Obermain-Region lag nicht mehr am Rand, sondern wurde sinnfällig zur „Drehscheibe" eines neuen, gesamtdeutschen Kultur- und Wirtschaftsaustausches. In der Mitte des 19. Jahrhunderts prägte ein zunächst auch politisch selbstbewußtes, nach 1848 vor allem kulturell-wirtschaftlich agiles Bürgertum in den alten Residenzen Geist und Tradition eines neuen „Patriotismus", der sich weniger als königlich-bayerischer entwickelte, sondern traditionell der neuen deutschen Einheitsidee verpflichtet war. Trotz des unverkennbaren wirtschaftlichen Aufschwungs im letzten Jahrhundertdrittel blieb die „Provinz" aber weitgehend sich selbst überlassen. Die alten Grundstrukturen der Region wurden in all ihrer inneren Gegensätzlichkeit und historischen Bedingtheit nicht aufgehoben.
Diese Gliederung Oberfrankens hat sich im sozialen, wirtschaftlichen und politischen Leben als Grundstruktur mit negativen Vorzeichen bis heute erhalten. Die Eigenwilligkeit, das traditionelle Festhalten an althergebrachter Zuordnung und Zugehörigkeit, das an Kleinräumigkeit und Überschaubarkeit orientierte Denken sind noch ebenso spürbar wie die deutliche Bipolarität zwischen den beiden Zentren Bamberg und Bayreuth, zwischen den alten und neuen Universitätsstädten, aber auch zwischen den ehemaligen Residenzen Kulmbach und Bayreuth. Konsequent daraus hat sich aber auch ein vielfältiges kulturelles und geistiges Leben entwikkelt, das seinen Ausdruck in der Mannigfaltigkeit der Kunst, des Brauchtums, der Überlieferung, der Lebensart und der Mundarten findet. Über die alten Landes- und Konfessionsgrenzen hinaus gibt es eine kulturelle Lebenslinie entlang des Mains, die Regnitzland mit Obermain, mit Itzgrund und Wiesenttal verbindet, entsprechend dazu das Gemeinsamkeitsgefühl in allen Fragen aktueller politischer Probleme.
Die nach dem 2. Weltkrieg entstandenen Notwendigkeiten, die Abkapselung von Sachsen, Thüringen und Böhmen, machten neue Orientierungen lebenswichtig. Das gemeinsame Schicksal der Zonengrenzlage hat das Bewußtsein der Randlage geschärft und mehr als je zuvor den Blick über die eigenen Grenzen und Begrenztheiten hinaus gerichtet. Die mangelnde Anbindung an die Verkehrs-, Wirtschafts- und Entscheidungszentren in Land, Bund und Europäischer Gemeinschaft haben der Region die Notwendigkeit selbstbewußten und eigenverantwortlichen Handelns verdeutlicht.

Hof

27

Vom Königshof bis zum Zentralort des bayerischen Vogtlandes

(vgl. Abb. 62, 63, 64)

Die Stadt Hof liegt im bayerischen Teil des Vogtlandes, oberhalb eines Steilhanges der Sächsischen Saale. Der um 1160 als Rekinzi, 1268 als curia Regnitz urkundlich erwähnte Ort hat seinen Namen nach der slawischen Gewässerbezeichnung für „Fluß".
In der Siedlung Rekinzi sind in der 2. Hälfte des 12. Jahrhunderts Ministeriale der Markgrafen von Vohburg-Giengen nachweisbar, die aus dem bayerischen Nordgau kamen und auch im Egerland tätig waren. Wohl schon ein Jahrhundert früher ist ein Adelssitz auf dem späteren Klausenberg am Übergang der Altstraße über die Saale zu vermuten. Der Ort war sicher als „curia" ein königlicher Hof. Darauf weist auch seine Funktion als Mittelpunkt einer Großpfarrei mit einer Königskirche hin, deren Ausdehnung ca. 30 km betrug. Dazu kam die Lage an wichtigen Altstraßen, die seit dem frühen Mittelalter Süddeutschland über das Vogtland mit Mitteldeutschland und Osteuropa verbanden. Ursprünglich gehörte das Regnitzland zur Sorbenmark, dem in spätkarolingischer Zeit eingerichteten Grenzbezirk des 9. Jahrhunderts. Von den Markgrafen von Vohburg-Giengen ging die Herrschaft auf die Andechs-Meranier über, die seit 1230 als Lehensgrafen des Radenzgaues über Zehnteinnahmen im Regnitzland verfügten. Als ihre Hochrichter fungieren seit dieser Zeit die Vögte von Weida und Plauen, die seit 1260 auch Träger des Reichslehens wurden. Sie verkauften 1373 das Regnitzland an die Zollern-Burggrafen von Nürnberg, und von da blieb es beim Markgrafentum Kulmbach/Plassenburg-Bayreuth. Neben der Hochgerichtsbarkeit unterstrich das Amt des in Hof ansässigen Landeshauptmanns und später eines Superintendenten die Mittelpunktsfunktion innerhalb des südlichen Vogtlandes.
Neben dem alten Siedlungskern entstand im 13. Jahrhundert, wohl noch unter den Meraniern, die städtische Marktsiedlung mit drei Straßenzügen. Die namengebende curia/Hof im Bereich von St. Lorenz blieb außerhalb der ummauerten Neustadt. Die planmäßig oval angelegte Neustadt wurde im 13. Jahrhundert um die Spitalvorstadt und das Franziskanerkloster erweitert.
Seit der Mitte des 19. Jahrhunderts wuchs die Stadt entlang der Saale und der für die Zukunft der Stadt entscheidenden Eisenbahnlinie.
Die Wirtschaft des Ortes wurde vor allem von der Textilindustrie bestimmt, mit Tuchmacherei, Baumwollweberei und Gerberei.

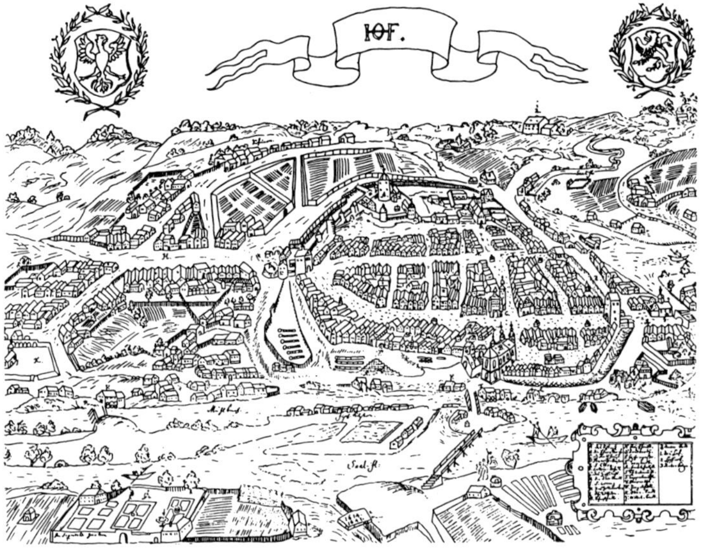

Älteste Stadtansicht aus dem 17. Jahrhundert

Mit der Industrialisierung kamen Maschinenfabriken, Eisengießereien und die Mechanisierung der Textilbetriebe. Der Handel mit den Wirtschaftszentren in Sachsen und in Süddeutschland wurde durch den seit 1848 errichteten Eisenbahnknoten intensiviert.
Einen gewissen Aufschwung nahm die Stadt seit dem 17. Jahrhundert durch den Zuzug böhmischer und österreichischer Exulanten sowie von Hugenotten, die vor allem für den Aufbau der Textilindustrie von Bedeutung wurden.
Hof hat eine lange Tradition kulturellen Lebens, die seit der Gründung des Franziskanerklosters (nach 1290) bis zur Einrichtung der ersten Schule im 14. Jahrhundert und dem heute vorhandenen, umfassenden Bildungsangebot reicht. Die seit dem 17. Jahrhundert vorhandene Theaterentwicklung führte nach Kriegsende zur Einrichtung des Städtebund-Theaters mit seiner ganz Oberfranken erfassenden Ausstrahlung.

Ruprecht Konrad

Hohenberg a. d. Eger

Bayreuther Grenzfestung und Geburtsort der deutschen Porzellanindustrie

(vgl. Abb. 66, 67, 68)

Der Ort Hohenberg an der Eger liegt auf einer Bergkuppe oberhalb des Flusses. Auch wenn der Ort relativ früh, nämlich bereits 1285, an die Nürnberger Burggrafen kam, während das ebenfalls egrische Marktredwitz erst 1816 nach 575jähriger Zugehörigkeit diese Verbindung verlor und in Bayern eingegliedert wurde, so ist er durch seine Lage, auch über die direkte politische Zugehörigkeit zu Eger hinaus, zumindest ein geographisches Bindeglied zwischen dem Markgrafentum und der Reichsstadt gewesen. Seine Entstehung verdankt Hohenberg der Anlage von schützenden Burgen um die Reichsburg Eger herum. Als Sitz eines gleichnamigen reichsministerialen Geschlechtes, dessen Existenz am Ort 1285 endet, hatte es die Aufgabe, zusammen mit anderen befestigten Plätzen, die bedeutende Reichsburg der Staufer zu sichern. Die 1322 erfolgte Verpfändung an den König von Böhmen ist nur ein Zwischenspiel in der Entwicklung Hohenbergs zu einem der Sechsämter (außer Hohenberg, Wunsiedel, Weißenstadt, Kirchenlamitz, Thierstein und Selb), deren Gebiet als Sechsämterland bezeichnet, einen wesentlichen Bereich des heutigen Landkreises Wunsiedel ausmacht. Im Schutze der großen Burganlage entwickelte sich ein Ort, der 1449 das Marktrecht erhielt. Außer durch kriegerische Ereignisse wurde der Ort vor allem 1633 durch die Pest und 1708 durch eine große Feuersbrunst hart getroffen. Die über den 30jährigen Krieg erhalten gebliebene Burg wurde mit Errichtung des heute noch bestehenden Hauptgebäudes im Jahre 1666 in ein markgräfliches Jagdschloß verwandelt, dessen Revier vor allem der ehemalige Reichsforst bildete. Überstand die Burg die Zeitläufe der Geschichte einigermaßen, so erfuhr sie im letzten Kriegsjahr 1945 erhebliche Beschädigungen, die Vorburg harrt immer noch des Wiederaufbaues. Jetzt dient das Schloß dem sudetendeutschen Sozialwerk als Heimstätte und knüpft damit in dieser Verwendung an die uralte Verbindung zwischen Hohenberg und dem Sudetenland an. Als Besonderheit haben sich in Hohenberg die vier Säulen der kaiserlichen Freistadt erhalten, die 1499 erstmals bezeugt ist und sich bis 1799 nachweisen läßt. Straffällige Personen konnten innerhalb des Raumes, welchen die vier Säulen markierten, als Flüchtlinge Asyl beanspruchen. Dieses Recht galt allerdings nicht für Mörder, Kirchenbrenner und Ehebrecher. Es wird behauptet, daß dieses Recht in Hohenberg das am weitestgehende im ganzen nördlichen Franken gewesen sei. Mit der Geschichte Hohenbergs eng verbunden ist die Geschichte der deutschen Porzellanindustrie. Nicht nur die erste Porzellanmanufaktur, sondern auch das erste Porzellanindustriewerk Europas entstanden auf deutschem Boden. 1814 wurde von Karl Magnus Hutschenreuther in der Burg jene Firma gegründet, die heute noch zu den bedeutendsten internationalen Unternehmen in diesem Bereich gehört.

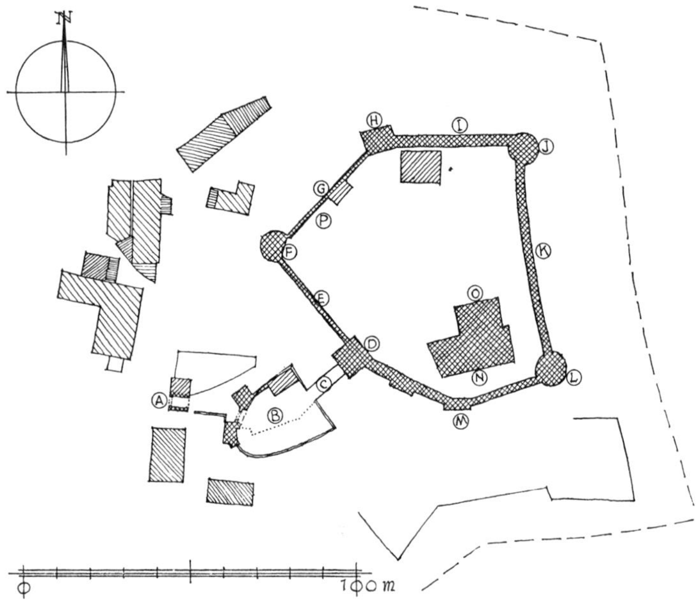

Hohenberg a. d. Eger, Burg, Lageplan

A = Äußeres Torhaus; B = Barbakane; C = Brücke; D = Inneres Torhaus; E = Ringmauer, 1. Abschnitt; F = Storchenturm; G = Ringmauer, 2. Abschnitt; H = Gefängnisturm; I = Ringmauer, 3. Abschnitt; J = Felsenturm; K = Ringmauer, 4. Abschnitt; L = Stückturm; M = Ringmauer, 5. Abschnitt; N = Fürstenhaus; O = Küchenbau; P = Keller.

Albrecht Graf von und zu Egloffstein

Wunsiedel

29

Zentralort im Sechsämterland

(vgl. Abb. 4, 5, 67, 68)

Die 1163 urkundlich erstmals erwähnte Stadt Wunsiedel (Wnsidil) liegt entlang den Ufern der Röslau am Ostrand des Fichtelgebirges. Ursprünglich gehörte Wunsiedel zum aus dem bairischen Nordgau besiedelten Reichsland Eger und damit auch zum Bistum Regensburg. Sprachlich ist diese alte Bindung bis heute erkennbar. Aus der Hand der Habsburger gelangte 1285 die Burg als Reichslehen an die Zollern-Burggrafen von Nürnberg. Mit der gleichzeitigen Erwerbung von Hohenberg und Arzberg war damit die Grundlage zur Entstehung des markgräflichen „Sechs-Ämter-Landes“ gelegt.
Die Burg, 1163 erstmals erwähnt, lag einst inmitten der Stadt. Durch Brand 1607 zerstört, verfiel die Wehranlage und wurde mit Wohnhäusern überbaut. Die Stadt Wunsiedel lag einst an der großen Reichsstraße nach Eger und hat dieser Funktion als Straßenknotenpunkt ihren Ursprung zu verdanken. Bis zum Dreißigjährigen Krieg blieb die Handelsstadt wichtiger Etappenpunkt, wurde aber auch in das Schicksal kriegerischer Entwicklungen ständig mit einbezogen. Die Verleihung des Stadtrechtes 1326 und die Errichtung einer Stadtmauer 1328 markieren die Entwicklung der städtischen Siedlung, die aus dem Zusammenwachsen der Altstadt mit der im 15. Jahrhundert genannten Vorstadt entstanden ist. Die ursprüngliche Grundfläche innerhalb der Mauern betrug ca. 13 ha.
Die Pfarrei mit der St.-Veits-Kirche, einst Burgkapelle, gehörte anfänglich zum Sprengel von Marktredwitz und wurde 1384 selbständig. Enge kirchliche Beziehungen bestanden zum Kloster Waldsassen.
Die Entwicklung der bürgerlichen Selbstverwaltung ist spätestens seit dem 14. Jahrhundert nachweisbar mit dem Rat der Stadt und dem 1425 genannten ältesten Rathaus. Mehrfach wurde die Stadt zerstört, obgleich sie bis heute ihr eigentümliches Gepräge behalten hat: der fest umrissene Stadtkern, das in Teilen noch erhaltene Scheunenviertel, die Neubaugebiete der jüngeren Zeit. Als Sitz einer Amtshauptmannschaft war Wunsiedel bis in die Gegenwart hinein Verwaltungs- und Behördenmittelpunkt.
Die Wirtschaft florierte bis zum Dreißigjährigen Krieg vor allem in den Bereichen der Eisen- und Zinnverarbeitung. Der Handel mit den großen Zentren Leipzig, Frankfurt und Regensburg kam seit dem 17. Jahrhundert auch der Textilindustrie mit den Strumpfwirkereien, den Baumwollmanufakturen und Färbereien zugute.

Wunsiedel, ev.-luth. Stadtkirche

Neben der Porzellanherstellung (seit 1890) ist Wunsiedel auch als Stadt des „Sechs-Ämter“-Likörs bekannt. Einen wesentlichen Aufschwung erlebte die Industrie mit dem Anschluß an die Bahnlinie Hof – München 1877.
Wunsiedel wurde außerdem bekannt durch die seit dem 18. Jahrhundert stattfindenden Festspiele auf der Luxburg, einer bereits im 14. Jahrhundert erwähnten Befestigung inmitten des von Goethe bewunderten Felsenparks. Heute sind die Luisenburg-Festspiele auf der ältesten Naturbühne Deutschlands weltweit besucht.
Die Geburtsstadt des zwischen Klassik und Romantik stehenden Dichters Jean Paul (Friedrich Richter, 1763–1825) beherbergt heute das hervorragend eingerichtete, im alten Spital untergebrachte Fichtelgebirgsmuseum mit umfassenden Sammlungen zur Geologie, Geschichte und Volkskunde dieser Landschaft.

Ruprecht Konrad

Kulmbach

30

Die Zwei-Main-Stadt des Bieres

(vgl. Abb. 8, 11, 74)

Kulmbach liegt im Mündungsgebiet der beiden Main-Quellflüsse, des Weißen und des Roten Main, zwischen Frankenalb, Frankenwald und Fichtelgebirge. Das zwischen 1028/40 urkundlich erstmals erwähnte „Culma" (slawisch: „Bergbach") ist als grundherrschaftlich organisierter Bannforstbezirk anzusehen und gelangte damals aus der Hand der Walpoten an die Bamberger Domkirche. Ursprünglich war das Gebiet wohl Königsland.
Ihre Entstehung verdankt die Stadtsiedlung Kulmbach, vermutlich im 10. Jahrhundert, dem Schnittpunkt alter Straßen am Übergang über den Main und am Aufstieg über die Mittelgebirge nach Mitteldeutschland und Böhmen. Eine Reihe kleinerer Befestigungsanlagen (Turmhügel) sind urkundlich im Stadtgebiet nachweisbar. Der älteste Siedlungskern der Stadt entstand im Anschluß an den Wehrbezirk um die St.-Petri-Kirche etwa in der Zeit der Schweinfurter Grafen um das Jahr 1000. Unter den Grafen von Andechs-Dießen (Herzöge von Meranien) wurde planmäßig mit dem Oberen Markt ein Straßenmarkt nach bayerischem Vorbild geschaffen. Im 13. Jahrhundert erweiterte sich die Bebauung mit der Umwallung über den heutigen Marktplatz hinaus nach Nordwesten. Unter der Herrschaft der Zollern-Burggrafen von Nürnberg und späteren Markgrafen von Plassenburg/Kulmbach (-Bayreuth) vollzog sich die endgültige Abrundung des Stadtbildes in der Funktion als Residenz, Markt- und Handelsplatz zu Füßen der von den Meraniern noch im 12. Jahrhundert erbauten Plassenburg (urkundlich 1135 erstmals erwähnt).
Noch bis in das 18. Jahrhundert wird Kulmbach in den europäischen Reisekarten auf der Route von Paris nach Prag eingezeichnet, obwohl sich seit der Wende zur Neuzeit eine Verlagerung der großen Verkehrswege beobachten läßt. Dieser Entwicklung entsprechend, wurde von den Markgrafen 1603 die Residenz nach Bayreuth und später nach Erlangen verlegt.
In der Mitte des 16. Jahrhunderts wurden Stadt und Burg im Bundesständischen Krieg zerstört, im Anschluß daran im Stile der Renaissance glanzvoll wieder aufgebaut.
Ursprünglich gehörte Kulmbach nach der Kirchen- und Gerichtsverfassung zur Cent Melkendorf. Erst später wurde mit dem Herrschaftszentrum auf der Plassenburg das „Amt Plassenburg" gebildet.

Die Residenzstadt, Geburtsort des Dürer-Schülers Hans von Kulmbach, war von jeher eine Stadt der Handwerker. Goldschmiede, Tuchmacher, Barchentweber, Färber und Seidensticker bestimmten die Wirtschaftsstruktur. Die Handelsbeziehungen weisen nach Nürnberg und Krakau. Auch nach der Verlegung der Residenz behielt die Stadt diesen Charakter bei, wenngleich in späterer Zeit, aus der Tradition des Klosterbrauwesens erwachsen, Büttner und Mälzer zunehmend das Wirtschaftsleben mitbestimmten. Die Tradition des Kulmbacher Brauwesens (bedingt durch die Qualität einheimischer Gerste und des Wassers) und die Rolle als Zentrum der Nahrungsmittelproduktion wurden seit der Gründerzeit intensiviert. Fleisch- und Wurstwaren sind nicht erst seit der Ansiedlung der Bundesanstalt für Fleischforschung überregional bekannt, ebenso die Backmittelproduktion und die Gewürze. Neue Impulse erhielt das Wirtschaftsleben mit der Errichtung der Nord-Süd-Eisenbahn (1846) und den Möglichkeiten des Warenexports nach Mitteldeutschland und Osteuropa.
Mit dem Ende des Zweiten Weltkrieges war durch die Zonengrenze der Zugang zu den traditionellen Absatzmärkten versperrt. Ebenso negativ macht sich auch die mangelnde Verkehrsanbindung nach Westen bemerkbar. Inzwischen hat die Stadt von ca. 30 000 Einwohnern ihre Bedeutung als regionales Einkaufszentrum (Fußgängerzone) erweitern können. Moderne Industrieansiedlungen (Druck- und Verlagswesen, Elektroindustrie) stärken die Wirtschaftskraft des Mittelzentrums und der großen Kreisstadt. Daneben hat die Stadt seit dem Mittelalter ein ausgeprägtes kulturell geistiges Leben entwickelt. Die Anfänge des Bildungswesens gehen bis in das 13. Jahrhundert zurück. Heute hat die Stadt alle schulischen Einrichtungen bis zur Hochschulreife und ein umfassendes Fachschulangebot parat. Die beiden Universitäten Bamberg und Bayreuth haben hier Forschungsinstitute errichtet.
Seit den Zwanziger Jahren, besonders aber nach dem Kriege, ist der Ausbau der Plassenburg zu einem überregionalen kulturellen Zentrum mit einem hohen Aufwand an Staatsmitteln im Gange. Das Deutsche Zinnfigurenmuseum sowie die Staatlichen Sammlungen in den Räumen der Hochburg mit zunehmender Besucherzahl sind zugleich Beleg für die wachsende Bedeutung des Fremdenverkehrs.

Ruprecht Konrad

Burgkunstadt

31

Das „fränkische Pirmasens“

(vgl. Abb. 75)

Die im 9. Jahrhundert als Besitz des Reichsklosters Fulda urkundlich genannte „villa cunstat“ ist wohl identisch mit der im Frühmittelalter durch ein Reihengräberfeld im Bereich der Pfarrkirche belegten Dorfsiedlung Altenkunstadt. Die Altsiedlung liegt jenseits des Mains und ist mit der Burgsiedlung durch den Verlauf jener Altstraße verbunden, die über den Höhenrücken der Fränkischen Alb kommend, hier den Fluß überquert und über die Mittelgebirge nach Mitteldeutschland führt. Ihr Verlauf ist heute noch durch den sogenannten „Judenweg“ erkennbar. Die Burgsiedlung, 1059 Chuonstat genannt, war jedoch bereits in karolingisch-ottonischer Zeit als Befestigung auf dem strategisch günstigen Ausläufer des Frankenwaldes angelegt. Ausgrabungen der letzten Jahre lassen die in mehreren Phasen entstandene Burg im Bereich des heutigen Rathauses erkennen. Der Besitz „Kunstadt“ geht seit dem 9. Jahrhundert auf jene Schicht hochadeliger Familien zurück, denen die Babenberger-Popponen und auch die Markgrafen von Schweinfurt als Herrschaftsträger am Obermain entstammten. Über die wohl verwandten Formbacher Grafen gelangte Kunstadt in der Mitte des 11. Jahrhunderts an das Bistum Bamberg. Bischöfliche Ministeriale verwalteten seitdem Burg und Amt. Das Rathaus, ein 300 Jahre alter prächtiger Fachwerkbau, umschließt mit einem Anbau das Museum, das die Ergebnisse der archäologischen Grabungen birgt.

Als „Stadt“ 1323 bezeichnet, wird der Ort im 13. Jahrhundert Markt- und Stadtrechte von den Bamberger Bischöfen erhalten haben, daneben eigenes Getreidemaß, Malz- und Braurechte. Im 15. und 16. Jahrhundert wurde Burgkunstadt mehrfach ausgeplündert und verbrannt.

Die wirtschaftliche Grundlage des Ortes bildete seit dem Mittelalter die Förderung von Eisenerz, daneben die Flößerei auf dem Main mit den Zolleinnahmen sowie die Korbmacherei. Die Bedeutung als Handelsmarkt an alter Straße unterstreicht die seit dem 13. Jahrhundert nachweisbare Ansiedlung von Juden. Im 19. Jahrhundert kam der Entwicklung der Industrie der Ausbau der Eisenbahnlinie Hof-Nürnberg 1846/48 zugute: In der Unterstadt, zu Füßen der Burg, entstanden neue Industriebetriebe, vor allem der Aufbau von Schuhfabriken aus der Tradition alteingesessener Gerbereien. 1888 wurde die erste Schuhfabrik gegründet, 1920 bestanden schon fünf, die Stadt erhielt den Ruf eines „fränkischen Pirmasens“ und hat ihn bis heute bewahrt mit einer täglichen Produktion von über 11 000 Paar Schuhen. Auf solcher Grundlage wurde 1925 der Baur-Versand gegründet. Vor dem Hintergrund der Wirtschaftskrise bot die Möglichkeit, qualitativ gute Schuhe per Sammelbestellung und Raten zu kaufen, breiten Bevölkerungsschichten einen Anreiz. Die Erweiterung des Sortiments kontinuierlich auf heute mehr als 10 000 Artikel ließ den Großversand rasch erweitern mit einer Beschäftigtenzahl von rd. 2000 Personen mit 3–4 Millionen DM Umsatz täglich. Für den Ort bedeutet dies eine solide Grundlage für Wirtschaftsstruktur und Arbeitsmarkt, Sozialwesen und kulturelles Leben der ca. 6600 Einwohner (1939: 2800), das sich in einem gut ausgebauten Schulwesen dokumentiert.

Ruprecht Konrad

Burg Zwernitz

32

Der erste Landschaftsgarten auf dem Kontinent

(vgl. Abb. 30, 74)

Die Burg Zwernitz und der anschließende Felsengarten Sanspareil bilden eine Einheit, die zu den bedeutendsten Landschaftsgartenschöpfungen in Deutschland gehören. Auch wenn heute von der ehemaligen Vielzahl kleiner Gartenarchitekturen und Ausstattungen des Felsenhaines nurmehr geringste Teile erhalten sind, so gehört Sanspareil dennoch zu den wichtigsten Zeugnissen der deutschen Gartenkunst. Noch vor der Veränderung der Bayreuther Eremitage, in einen der sentimentalischen Romantik entsprechenden Landschaftsgarten, wurde in den Jahren 1745 – 1748 durch die Markgräfin Wilhelmine von Bayreuth, eine Schwester Friedrichs des Großen, Sanspareil als vermutlich erster Landschaftsgarten auf dem Kontinent in Anlehnung an die englischen Vorbilder geschaffen. Der Felsenhain, mit seinen von der Natur her gegebenen idealen Voraussetzungen, dessen Besonderheiten auch dazu führten, daß er – für eine Landschaft ausgesprochen ungewöhnlich – bereits 1434 erstmals urkundlich genannt wird, bilden die Kulisse, in der sich eine reiche Vielfalt von Grotten, Gartenarchitekturen und Skulpturen entwickelte, welche nach dem im 18. Jahrhundert vielgelesenen Roman von Fénélon „Les Aventures du Telemaque", eine Umsetzung dieses literarischen Vorbildes in Landschaftsgartenarchitektur und Gebäude und als solches ein Abbild der Insel Ogygia darstellte, auf welcher der Sohn des Odysseus, Telemach, der Zauberin Kalypso begegnete. Ganz bewußt einbezogen in das Konzept wurde die bestehende Burg Zwernitz. Auch mit dieser Idee ist die Gesamtanlage von Sanspareil wegweisend. Verwendet doch die Gartenkunst der zweiten Hälfte des 18. Jahrhunderts mehr und mehr historische Bauteile oder deren frei erfundene Nachschöpfung und dabei gerade solche mittelalterlicher Form und wird damit zum Vorboten der romantischen Wiederentdeckung des Mittelalters. Die Burg Zwernitz, welche 1163 erstmals erwähnt wird, war der Hauptsitz eines Dynastengeschlechtes, der Walpoten, das im Jahre 1015 zum erstenmal genannt wird und nach 1300, in einer Zeit, als die meisten Dynastengeschlechter in Franken aussterben, nicht mehr erwähnt ist. Das dazugehörige Territorium war mit der Hochgerichtsbarkeit ausgestattet, weitere Besitzungen zu Trebgast, Berneck, Stein, Nemmersdorf, Marktleugast im Gebiet des Steinwaldes und ansonsten weit verbreiteter Streubesitz, kennzeichnen einen großen Wirkungsraum der Walpoten. Ihre Erben und Nachfolger wurden die Orlamünde, denen die Hohenzollern folgten. Zwernitz, als Sitz einer der großen Territorialherrschaften, welche den Markgrafen von Brandenburg-Kulmbach-Bayreuth vorausgingen, wurde also ganz bewußt in das Programm des Gartens mit einbezogen, um Kontinuität und Legitimität der Herrschaft auch auf diese Weise zu zeigen. Weitere herausragende Monumente des Gartens sind heute noch das als Morgenländischer Bau bezeichnete Schlößchen der ehemals in lockeren Pavillons um ein Gartenparterre gruppierten Anlage, von der weiter nur noch der gegenüberliegende sogenannte Küchenbau steht, während die beiden verbindenden Flügel für Damen und Kavaliere abgebrochen wurden. Im Parkgelände bildet schließlich das noch erhaltene Felsentheater einen weiteren Höhepunkt. Als Künstler dieser Bauten sind vor allem der markgräfliche Hofarchitekt Joseph Saint Pierre und der Bildhauer Giovanni Batista Pedrozzi zu nennen. Das umfangreiche Stichwerk von Köppel zeigt noch die gesamte Anlage und die einzelnen, inzwischen verschwundenen Gartenarchitekturen und Einzelausstattungen. Selbst in seinen heutigen rudimentären Resten vermag Sanspareil immer noch einen Eindruck seiner großen Bedeutung zu vermitteln.

Albrecht Graf von und zu Egloffstein

Thurnau

33

Ehemalige kleine Residenz der Grafen Giech

(vgl. Abb. 34, 35)

Der Markt Thurnau gehört in die Reihe der kleinen fränkischen ehemaligen Residenzorte. Ursprünglich im Besitz der Familie der Herren Förtsch von Thurnau, eines ministerialen Geschlechtes der Herzöge von Andechs-Meranien, ging es durch die drei Töchter des letzten Förtsch an die Familien Fuchs, Giech und Künßberg. Die Fuchs ließen sich gleich auszahlen, während die Giech und Künßberg sich in den stattlichen Besitz teilten. 1731 verkauften die Künßberg ihren Anteil am Schloß an die inzwischen zu Reichsgrafen aufgestiegenen Miterben Giech. Nach deren Aussterben im Jahre 1938 besaßen den weitläufigen Komplex die Freiherren Hiller von Gaertringen, welche ihn nach ersten Renovierungsmaßnahmen in das Eigentum einer gemeinnützigen Stiftung überführten und es so ermöglichten, daß die Schloßanlage, deren Unterhalt und Nutzung einen privaten Eigentümer vor finanziell unlösbare Probleme stellen würde, langfristig gesichert werden kann. Seit einigen Jahren nutzt die Universität Bayreuth mit ihrem Forschungsinstitut für Musiktheater einen Teil des Komplexes. Ein ebenfalls seit dieser Zeit laufendes Renovierungsprogramm soll nach und nach die ganze, stark vom Verfall bedrohte Anlage sanieren und anschließend insgesamt einer Nutzung für die Universität und für museale Zwecke zuführen. An Thurnau läßt sich in besonders interessanter Weise die territoriale Gemengelage im Franken des alten Heiligen Römischen Reiches deutscher Nation darstellen. Der Besitz der Förtsch wie der Giech und Künßberg lag im Grenzbereich zwischen Hochstift Bamberg und Markgrafentum Brandenburg-Kulmbach-Bayreuth. Als ritterschaftliches Territorium und späterhin kleine Grafschaft, die ihre Existenz nur durch die Herausnahme aus dem ritterschaftlichen Verband, gegen deren großen Widerstand erreichen konnte, und in den Auseinandersetzungen mit den mächtigen Nachbarn wird die komplizierte Überlagerung von Rechten, deren Anhäufung letztlich zu einer Art Souveränität eines Landesherren führte, in besonders interessanter Weise deutlich. Die heutige, 1292 erstmals erwähnte Schloßanlage um zwei große Höfe entstanden, vereinigt in sich von Bauteilen der Romanik bis zum Historismus des 19. Jahrhunderts aus jedem der Stile noch architektonische Details und vermittelt so, wie kaum eine andere Schloßanlage in Oberfranken, das Wachstum eines derartigen Komplexes über 700 Jahre. Ursprünglich dürfte nur die Kemenate, der höchste Teil, auf einem Felsen inmitten eines sumpfigen Geländes gelegen und ein Teil des anschließenden unteren Schloßhofes eine erste Burg gebildet haben. Der Wiederaufbau der im Bauernkrieg zerstörten Burg dauerte bis zur Mitte des 16. Jahrhunderts. Unter dem ersten Giech in Thurnau Hans Georg erfolgten dann in den Jahren 1581–1591 wesentliche Umbauten. Während der Zeit des Kondominates, der gemeinsamen Herrschaft der Künßberg und Giech über die Schloßanlage, besaßen die Künßberg die Gebäude um den unteren, die Giech diejenigen um den oberen Schloßhof, während die Kemenate mittendurch geteilt wurde. Die Künßberg ließen dann um 1675 einen Teil ihrer Gebäude neu errichten, die Giech 1731 den Karl-Maximilians-Bau als Hauptgebäude aufführen. Im Schutze dieser Burganlage entwickelte sich ein großer und bedeutender Markt mit einigen repräsentativeren Gebäuden. Die evangelische Pfarrkirche birgt bemerkenswerte Stuckdekorationen des Italieners Bernardo Quadri, einen Elias Räntz zugeschriebenen Altar und mit dem einzigartigen Herrenstand, der die Giech'sche und Künßberg'sche Patronatsloge zusammenfaßt, eines der eindrucksvollsten Monumente ehemaliger herrschaftlicher Patronatsrechte in diesem Raum. Die Lateinschule, heute Töpfermuseum, ist ein interessantes Zeugnis der Bemühungen der Herrschaft um eine verbesserte Ausbildungssituation auch auf dem Lande. Die heutige Nutzung dieses Gebäudes als Museum steht im Zusammenhang mit einer großen Töpfertradition, die sich seit dem späten Mittelalter in Thurnau lückenlos verfolgen läßt und noch heute in einigen namhaften Betrieben fortbesteht. Zusammen mit Creußen dürfte Thurnau der wichtigste Ort für die Herstellung von Hafnerwaren in Oberfranken sein.

Albrecht Graf von und zu Egloffstein

Hollfeld

34

Ein altes Montan-Zentrum

(vgl. Abb. 32, 33, 35)

Der 1017 urkundlich erstmals genannte Ort liegt am Steilrand der Fränkischen Alb, im Mündungswinkel von Kainach und Wiesent. Inmitten einer an vorgeschichtlichen Funden reichen Landschaft verdankt der Ort seine Entstehung der beherrschenden Lage am Flußübergang und am Albaufstieg alter Straßen von Nürnberg nach Kulmbach, von Bamberg nach Bayreuth, schließlich über die Mittelgebirge nach Mitteldeutschland und Böhmen. Die ersten Siedlungsansätze reichen in die Zeit vor Gründung des Bistums Bamberg 1007 zurück, auf die zentrale Kirchenverwaltung des Bistums Würzburg in Zusammenhang mit dem seit der späten Karolinger-Zeit bekannten Königshof Königsfeld „im Gebirge nach Böhmen hin". Aus der Hand der Walpoten (als Verwaltern königlicher Domänen) erhielten in der Mitte des 11. Jahrhunderts die Bamberger Bischöfe umfangreiche Güter im Hollfelder Gebiet zur Ausstattung des neu gegründeten Kollegiatstiftes St. Gangolf: Dessen Wirtschaftshof lag in Hollfeld zu Füßen der Stadtburg, die Gangolfskirche mit romanischer Apsis geht als Burgkapelle auf diese Zeit zurück. Die kulturhistorisch wertvolle Salvator-Kirche außerhalb der Stadtmauern ist noch in Würzburger Zeit anzusetzen, während die Marien-Stadtpfarrkirche als Mittelpunkt des Archidiakonats Hollfeld Zentralort einer weit umgreifenden bischöflich-bambergischen Kirchenverwaltung zu sehen ist.

Die älteste Ansiedlung entwickelte sich um das Straßenkreuz mit dem „Alten Markt" zu Füßen der Stadtburg. In späterer Zeit füllte die Stadt den Burgberg und den mit Mauer und Graben gegen die Hochfläche abgeschirmten Bergrücken aus. So entstand der „Obere Markt".

Entlang der Talstraße an der Kainach gruppierte sich später ein weiterer Siedlungskern.

Diesen Gegebenheiten entspricht auch die ursprüngliche Sozialstruktur des Ortes. Während in der (jüngeren) Oberstadt vorwiegend landwirtschaftliche Betriebe angesiedelt waren, gruppieren sich um den Alten Markt in der Unterstadt die begüterten Schichten, zu denen neben den Handwerkern vor allem die Mühlenbesitzer gehörten. Ursprünglich waren entlang der Kainach und Wiesent bis zu vier Mühlen vorhanden, deren Bedeutung für den Getreidehandel auch aus der Existenz eines eigenen Hollfelder Getreidemaßes erkennbar ist.

Daneben waren die Zugehörigkeit zum alten Bannforst und die dort nachweisbaren Schürfgruben für Eisenerz für die Entwicklung von Hollfeld von entscheidender Bedeutung. Noch bis in die Zeit des Ersten Weltkrieges hinein hat die Gewerkschaft „Wittelsbach" hier ihre Schürfrechte behalten, wenngleich nach Quantität und Qualität ein rentabler Abbau der Erze nicht mehr sinnvoll war. Andererseits reichen die aus Flurnamen und nach Funden von Schlacke und Resten von Brennöfen vorhandenen Belege aus, Hollfeld als Zentrum eines umgreifenden Erzgebietes für das Mittelalter auszuweisen, das sich vor allem entlang der Wiesent und der Aufseß erstreckte.

Die alte Mittelpunktsfunktion im Bereich von Königsgut verhalf dem Ort zur Einrichtung des bischöflichen Amtes Hollfeld, dessen Reste mit der Liquidierung des Amtsgerichts 1964 beseitigt wurden. Bis dahin spielte der Ort als Grenzfestung des Hochstifts Bamberg gegenüber dem Markgrafentum Kulmbach-Bayreuth eine wichtige Rolle, wenngleich seit der Wende zur Neuzeit die Funktion als Verkehrsknotenpunkt verloren ging. Erst im 19. Jahrhundert brachte die Errichtung der Eisenbahnlinie Bayreuth–Hollfeld neue Bedeutung, aber auch diese ging in den letzten Jahren mit der Stillegung der Strecke verloren.

Die unmittelbare Grenzlage hat bis zur Gebietsreform 1972 gegenüber dem östlich gelegenen regionalen Umfeld die Eigenart des Hollfelder Raumes in Mundart, Brauchtum und Mentalität sowie die Orientierung zum entfernter gelegenen Bamberg hin erhalten. Mit der Errichtung des Schulmodells „Gesamtschule" hat der Ort eine neue und bedeutende kulturelle Funktion erhalten.

Ruprecht Konrad

Bayreuth

Die Stadt und ihre Universität

35

(vgl. Abb. 81, 82, 83)

Bei diesem Bild geht der Blick von Süden her über die Stadt und erfaßt knapp ein Sechstel des Stadtgebietes. Der segmentförmige Ausschnitt reicht vom Universitätsgelände bis zum Festspielhaus, von der Stadtkirche bis zur Oberen Au und hat als Bildhorizont die Waldungen der Hohen Warte. Der untere Bildrand zeigt eine Ausdehnung von rund tausend Metern, auf der Ebene des Festspielhauses sind 3500 Meter zu messen und die Bildtiefe bis zu diesem Bereich übernimmt eine Entfernung von etwa 4500 Metern.
Aus der Absicht, die zentralen Anlagen der Universität zusammen mit den in der Nord-Süd-Achse liegenden Teilen der Stadt zu zeigen, ist als Thema des Bildes „Die Stadt und ihre Universität" abzulesen. Auf dem Universitätsgelände, das ohne den südlich anschließenden großen botanischen Garten und die Sportflächen abgebildet ist, ist dokumentarisch der Ausbauzustand vom Juli 1984 festgehalten. Nach zehnjähriger Bauzeit ist das Gesamtkonzept erkennbar. In der Morgensonne des Aufnahmetages sind die stark gegliederten Baugruppen in ihren Umrissen plastisch hervorgehoben. Im Zeitraum der Aufnahme zählte die Universität 3710 Studenten (inzwischen 4512 Studenten).
Jenseits der schmalen Trasse der Bahnlinie, die früher bis Hollfeld führte und jetzt in der Altstadt endet, liegen Bereiche unterschiedlicher Nutzung und Struktur: Da ist die mit dem Eichendorffring sichtbar in sich geschlossene Birkensiedlung und daneben die Bebauung am Frankengut, die in einem Zuge mit der Universität konzipiert wurde. An den nach Süden, zur Universitätsmitte geöffneten Gebäudegruppen ist erkennbar, daß hier eine Idee verwirklicht wird, die eine gegenseitige Zuordnung zweier Bereiche zum Ziele hat. Zu diesem Ziel gehört der Weg aus dem Universitätsgelände heraus, die Bahnlinie unterführend, durch den sogenannten Verflechtungsbereich in Richtung Innenstadt. In unmittelbarer Nachbarschaft liegt das Kreuzsteinbad, erkennbar an den hellblauen Becken.
In der nächsten Zone des Luftbildes gibt die grüne, langgestreckte Fläche des Hofgartens einen Bezugspunkt zur Orientierung. Im Gefüge der angrenzenden Bauquartiere ist der mittelalterliche Stadtkern mit der Stadtkirche und dem Geviert des Alten Schloßes erkennbar. Als hohes Gebäude ragt das 1972 errichtete Rathaus über die Bereiche am Luitpoldplatz, westlich davon sind die Baumassen der Hochhäuser am Josephsplatz sichtbare Dominanten. Auf der rechten Bildhälfte, in Höhe des Hofgartens, sind die Wohnanlagen an der Wieland-Wagner-Straße und an der Königsallee, begrenzt durch die Bahnlinie und durch die Mainauen in ihrer städtebaulichen Struktur gut erfaßt.
Den Bereich Hammerstatt-St. Georgen läßt das Luftbild als eigenen Stadtteil, begrenzt von den Bahnanlagen und den Mainauen erscheinen. Trotz der starken perspektivischen Verkürzung läßt sich der alte Stadtteil St. Georgen mit dem Schloß und der Ordenskirche ablesen. Ein weiteres Charakteristikum ist in der anschließenden Grüninsel, die aus den Friedhofanlagen und den zur Schule St. Georgen gehörenden Grundstücken besteht, zu sehen. Das auf der Fläche des ehemaligen Brandenburger Weihers angelegte Industriegelände zeigt sich als Ganzes, nicht in einzelnen Strukturen.
Von besonderem Reiz ist auf dem Luftbild der obere Bildabschluß mit den unregelmäßigen und kleinteiligen Übergängen von den bebauten Gebieten in die freie Landschaft sowie mit dem langgestreckten, bewaldeten Rücken der Hohen Warte hinter dem noch Fluren und Gehöfte die Ferne des Umlandes andeuten. In der Möglichkeit, einen weiten Raum in einem Zuge zu überspannen und in ein Bild die unmittelbare Nähe und das entfernt Gelegene zu nehmen, ist die Stärke des Luftbildes. Aus dem hier vorliegenden Teil einer größeren Einheit sind landschaftliche und topographische Gegebenheiten ablesbar. Der Bildausschnitt gibt Informationen über Phasen der Stadtentwicklung und dokumentiert gleichzeitig den Zeitpunkt, in dem nach einer stetigen und kontinuierlichen Entwicklung die Zeugnisse der neuen Epoche in baulichen Anlagen der Universität und der Stadt sichtbar geworden sind.

Hans Vollet

Pegnitz

Moderner Industriestandort mit großer Tradition

36

(vgl. Abb. 37, 84)

Das 1119 urkundlich erstmals genannte „Begenz" liegt in der Fränkischen Alb am gleichnamigen Fluß, der in alteuropäisch-vordeutscher Periode so benannt worden sein muß. Pegnitz ist aus zwei verschiedenen, ursprünglich durch den Fluß voneinander getrennten Ortsteilen zusammengewachsen: aus dem „Dorf an der Begenz", der späteren Altenstadt, und der erst im 14. Jahrhundert von den Leuchtenberger Landgrafen gegründeten Neustadt Pegnitz.
Schon 1280 war die Altenstadt Marktort. Er hatte das Befestigungsrecht und war mit zwei Toren sowie einer Mauer mit Graben umgeben. Nach dem bayerischen Markttypus erweitert sich die Hauptstraße in der Mitte zum Marktplatz mit dem Rathaus. Die Stadt wird überragt von der Burg Böheimstein im Nordwesten, die Kaiser Karl IV. ausgebaut hatte, nachdem sie 1359 zum ersten Mal urkundlich genannt wurde.
Ursprünglich im baierischen Nordgau gelegen und zum Bistum Eichstätt gehörig, kam das Gebiet um Pegnitz wohl durch Schenkung Kaiser Heinrichs II. an das fränkische Bistum Bamberg. Die Lage an der Grenze hat auch in Zukunft das Schicksal des Ortes mitbestimmt: im 12. Jahrhundert bambergisches Lehen der Grafen von Sulzbach, später staufisch, schließlich in der Hand der Wittelsbacher, im 14. Jahrhundert bei den Schlüsselbergern und den Landgrafen von Leuchtenberg. Von diesen erhielt 1357 Kaiser Karl IV. den Ort durch Kauf. Pegnitz wurde Teil der „neuböhmischen" Gebiete, kam als Pfand 1402 an die Zollern-Burggrafen von Nürnberg und verblieb fortan samt der Burg Böheimstein in deren Besitz, gehörte damit zum Markgrafentum (Kulmbach-)Bayreuth. In den folgenden drei Jahrhunderten wurde die Stadt immer wieder zerstört: von den Hussiten 1430, im Markgrafenkrieg, im bayerischen Erbfolgekrieg, und schließlich durch die Schweden 1632/34.
Die älteste Kirche ist die Friedhofskirche St. Ägidius in der Altenstadt, während später die Stadtkirche St. Bartholomäus zur Hauptpfarrei wurde. Mit der Einführung der Reformation im Markgrafentum wurde Pegnitz 1528 protestantisch. Die Traditionen als Verwaltungsmittelpunkt reichen von der Hochgerichtsbarkeit des 16. Jahrhunderts bis zur Errichtung eines Land-, später Amtsgerichts seit 1879. Daneben geht die Forstverwaltung auf die alten Grenzforste in der Umgebung zurück. Eine moderne Verwaltungsschule ergänzt diese Funktionen. Darüber hinaus ist Pegnitz als Schulstadt gut ausgestattet. Pegnitz hat seine Bedeutung der alten Handelsstraße von Nürnberg nach Böhmen zu verdanken. Schon seit dem Mittelalter spielt der Eisenerz-Bergbau auf dem Arzberg eine wichtige Rolle bis in die Gegenwart hinein. Bis zur Schließung der letzten Zeche in unserer Zeit war der Bergbau Grundlage für das Sozial- und Wirtschaftsleben des Ortes. Nach 1945 traten Textil- und Metallindustrie dazu, daneben ein Milchhof mit überregionalem Vertrieb. Den Aufschwung brachte für das Wirtschaftsleben zunächst der Anschluß an die Eisenbahnlinie Nürnberg–Bayreuth–Hof seit 1877, später die nahe gelegene Autobahn. Der Ort hat heute für das Umland als Einkaufszentrum große Bedeutung.

Ruprecht Konrad

Pottenstein

Im Herzen der Fränkischen Schweiz

(vgl. Abb. 20, 36, 38)

Das Gebiet um Pottenstein (1121/24 Botenstein) kam aus dem Erbe der Schweinfurter Grafen an den Aribonen-Pfalzgrafen Boto von Kärnten, der als namengebender Erbauer der Burg in der 2. Hälfte des 11. Jahrhunderts anzusehen ist. Burg und Siedlung gelangten ein Jahrhundert später an das Hochstift Bamberg. Das Dorf entstand im Anschluß an den zur Burg gehörenden Fronhof und wurde 1127 urkundlich erstmals erwähnt. 1128 wurde das Dorf in der sogenannten Staufer-Fehde zerstört. Pottenstein liegt zu Füßen seiner Burg im tief eingeschnittenen Tal der Püttlach, an der Altstraße von Nürnberg nach Mitteldeutschland. Der Straßenmarkt mit den rippenförmig abzweigenden Seitengassen wurde im Mittelalter von der Stadtmauer und einem vorgelagerten Wassergraben geschützt. Eine Mauer zog sich von der Stadt bis zur Burg hinauf. In späterer Zeit entstanden vor den Toren die Vorstädte. Nach der Zerstörung im Hussitenkrieg 1430 wurde die gesamte Anlage beim Wiederaufbau wesentlich verändert. Die Pfarrei gehörte ursprünglich zum Sprengel des älteren Büchenbach. Die Stadtpfarrkirche St. Bartholomäus geht dem Patrozinium nach vermutlich auf Bischof Otto I. von Bamberg zurück (12. Jahrhundert).

Alte Stadtansicht

Seit dem 13. Jahrhundert war Pottenstein Sitz eines bischöflichen Amtes mit dem Halsgericht, von einem Kastellan und Stadtvogt verwaltet. Das Landgericht Pottenstein wurde zu Beginn des 19. Jahrhunderts mit verschiedenen umliegenden Ämtern zusammengefaßt.

Die Entstehung von Burg und Ort in der Funktion zum Schutz der alten Straße wird auch durch die Existenz einer kleinen, seit dem 14. Jahrhundert nachgewiesenen jüdischen Gemeinde unterstrichen. Außerdem spielte die in Flurnamen noch erkennbare Gewinnung und Verhüttung von Eisenerz zumindest im Mittelalter eine gewisse Rolle. Das hierzu notwendige Holz kam aus dem umliegenden Staatswald, der auch für die früh belegte Bienenzucht Bedeutung hatte. Während die Erträge aus dem landwirtschaftlichen Umfeld in früherer Zeit wenig bedeutsam waren, wurden die aus der Lage an der Straße erklärbaren und seit dem 17. Jahrhundert entscheidenden Wochen- und Jahrmärkte auch für das regionale Umfeld von Belang. Die seit dem 14. Jahrhundert nachweisbaren Mühlen des Hochstiftes waren ursprünglich wohl als Eisenhämmer in Betrieb.

Heute verdankt Pottenstein seine Bedeutung vor allem dem aufblühenden Fremdenverkehr innerhalb einer reizvollen Naturlandschaft. Seit deren Entdeckung durch die Romantiker Tieck und Wackenroder und der Entstehung des Begriffes „Fränkische Schweiz“ im ausgehenden 18. Jahrhundert hat diese Entwicklung angehalten. Das anheimelnde Ortsbild mit zahlreichen Gasthöfen, Mühlen in romantischer Lage am fischreichen Fluß, eine an vor- und frühgeschichtlichen Funden reiche Höhlenwelt in der Umgebung (Teufelshöhle) sowie eine für den Tourismus gut entwickelte Infrastruktur machen Pottenstein heute zu einem Zentrum des oberfränkischen Fremdenverkehrs.

Ruprecht Konrad

Tüchersfeld

38

Der Inbegriff von Romantik in der Fränkischen Schweiz

(vgl. Abb. 37, 39)

Der Ort Tüchersfeld, im Herzen der Fränkischen Schweiz, gehört zu den meist fotografierten Ansichten dieses romantischen Landstriches. Insbesondere die Baugruppe, des anstelle einer Burg entstandenen Judenhofes, auf der bizarren Dolomitfelsengruppe, entspricht den Vorstellungen von der romantischen Fränkischen Schweiz. Der im Jahr 1243 erstmals erwähnte Ort und seine Geschichte sind ein Zeugnis für die einstmalige territoriale Zersplitterung, gerade im Bereich der Fränkischen Schweiz. Obwohl eng nebeneinander angesiedelt auf dem gleichen Felsen, hatte die dort stehende Burg zeitweise verschiedene Besitzer, war dann allerdings seit dem ausgehenden Mittelalter in der Hand der in der Nähe ansässigen Herren Groß von Trockau vereint. Die nach Zerstörungen im Bauernkrieg nochmals neu errichtete Burg wurde im 30jährigen Krieg so vollständig zerstört, daß ein Wiederaufbau nicht mehr in Frage kam. An ihrer Stelle entstand der Judenhof, eine relativ einheitliche Anlage, die im Inneren eine größere Anzahl kleiner Wohnungen für die hier ansässigen Juden umfaßte. Als Besonderheit hat sich noch die dazugehörige Synagoge aus dem 18. Jahrhundert erhalten. Seit einigen Jahren wird auf Betreiben und unter Leitung des Landkreises Bayreuth in Gemeinschaft mit den beiden anderen an der Fränkischen Schweiz beteiligten Landkreisen Forchheim und Bamberg, eine großzügige Sanierung des gesamten Komplexes durchgeführt und hier das Fränkische Schweiz Museum eingerichtet. Bei den Restaurierungsarbeiten fand man noch Teile der alten Burg, so die Zugangstreppe zur unteren Burg, während ansonsten die Baulichkeiten zumeist aus der Zeit stammen, als die untere Burg eine jüdische Wohnsiedlung war, für die bereits aus dem Jahre 1745 44 Bewohner nachgewiesen sind. Im Jahre 1872 endete mit dem Auszug der letzten Bewohner die Geschichte der jüdischen Gemeinde. Unter den vielen Bewerbern für ein Fränkische-Schweiz-Museum wurde Tüchersfeld deshalb ausgesucht, weil es sowohl in seiner landschaftlichen Situation klassische Merkmale der Fränkischen Schweiz, also des Gebietes, welches das Museum darstellen soll vereinigt, nämlich Fels und Tal, als auch die architektonische Vielfalt der Gegend widerspiegelt, da die Bauten des Judenhofes in den typischen heimischen Bautechniken errichtet sind, in Bruchstein, Haustein und Fachwerk. Schließlich markiert die ursprüngliche Bestimmung als Burg und spätere jüdische Siedlung, zwei ebenfalls wichtige Komponenten der Geschichte der Fränkischen Schweiz, nämlich die markanteste Architektur der Burgen ehemaliger Territorialherrschaften und die Siedlungsform jüdischer Gemeinden, welche in den vielen kleinen ritterschaftlichen Orten angesiedelt ein wesentlicher Wirtschaftsfaktor waren.

Albrecht Graf von und zu Egloffstein

Burg Rabenstein

39

Seltenes Monument historisierender Denkmalpflege unserer Tage

(vgl. Abb. 37, 38)

Die Burg Rabenstein in der Fränkischen Schweiz kann, so wie sie heute vor uns steht, als ein kurioses Monument historisierender Denkmalpflege des 20. Jahrhunderts betrachtet werden. Als namengebender Stammsitz der 1188 zum ersten Mal genannten Herren von Rabenstein ist es zwar mit diesem zu Beginn seiner Geschichte verbunden, aber ebenso wie manche andere Burg, bei denen Familienname und Burgenname identisch ist, z. B. Streitberg und Giech, während der folgenden Zeit nicht mehr oder nur zwischenzeitlich im Besitze des gleichnamigen Geschlechtes. Die Burg wird 1307 zum ersten Mal erwähnt, und litt in den folgenden Jahrhunderten bis zum Beginn der Neuzeit unter den vielen Kriegen und Fehden, die dieses Land heimsuchten ebenso wie viele andere Burgen der Umgebung. Der jeweilige Wiederaufbau brachte immer wieder eine grundlegende Veränderung der Anlage. Die erste Hauptburg muß wohl an der Stelle des einzigen heute noch als Ruine verbliebenen Teiles auf der Spitze des Felsens angenommen werden. Durch einen Graben getrennt folgte die vorgelagerte Vorburg und vor dieser ein Wirtschaftshof. Mit Peter Johann Albrecht von Rabenstein starb die Familie aus. Als letzter seines Geschlechtes vereinte er noch einmal die alten Besitzungen Rabenstein, Rabeneck, Weiher, Kirchahorn und Adlitz in seiner Hand und hatte als Ritterhauptmann des Kantons Gebürg das höchste Amt inne, welches die Reichsritterschaft im Kanton, ihrem Organisationsverband, zu vergeben hatte. Eine besonders interessante Hinterlassenschaft ist ein von ihm 1737 gestiftetes Gesangbuch, dessen Titelkupfer die fünf rabensteinschen Besitzungen zeigt. Im Jahr 1744 ging Rabenstein für 20 000 Gulden und 200 Dukaten an Rudolf Franz Erwein Graf von Schönborn. Wie auch in anderen Fällen und im 18. Jahrhundert durchaus üblich, wurden die jeweils frei werdenden Lehen im Bereich der fränkischen Hochstifte an die Familien vergeben, denen der jeweils regierende Fürstbischof entstammte. Zusammen mit Rabeneck war es bis vor wenigen Jahren Besitz der Schönbornschen Familie. Rabenstein wurde schließlich an einen Dr. Bauer veräußert, der die von den Vorbesitzern in ihren bestehenden Teilen renovierte Burganlage nun vollständig zu erneuern bemüht war. Bedauerlicherweise hielt man sich bei der Rekonstruktion nicht an den örtlichen Befund und das Quellenmaterial, so daß heute eine zwar handwerklich sehr gut ausgeführte, in der Form, den Details und vor allem dieser Größenordnung aber vollkommen unpassende Anlage auf dem Gelände der alten Burg entstanden ist. Der vordere Teil, welcher als einziger bis dahin noch unter Dach erhalten war, ist allerdings im wesentlichen erhalten geblieben und hat dank der Restaurierung auch in seinem Äußeren eine erhebliche Verbesserung erfahren. Wenn auch ein falsch verstandener Historismus hier eine dem bescheidenen Wesen der Fränkischen Schweiz untypische Anlage entstehen ließ, so ist die Burg heute dennoch ein interessantes Wahrzeichen, das in einmaliger Weise landschaftliche besondere Gegebenheiten einer romantischen Umgebung historische Substanz und die für unsere nostalgische Zeit typischen verfälschenden Zutaten zu einem letztlich für die derzeitige Situation dieser Landschaft, in der um des Auffallens willen auch einiges Ursprüngliche verfälscht wird, sehr aussagekräftigen Monument vereint.

Albrecht Graf von und zu Egloffstein

Streitberg und Neideck

40

Markgräfliche Enklave und Sperrfestung

(vgl. Abb. 21, 23, 41, 85)

Das Gebiet um Streitberg bildete lange Zeit hindurch eine markgräfliche Enklave in dem ansonsten hochstiftisch-bambergerischen und ritterschaftlichen Gebiet der Fränkischen Schweiz. Streitberg und das gegenüberliegende Neideck gehörten ursprünglich zum Besitz der Herren von Schlüsselberg, die ähnlich wie die Walpoten als edelfreies Geschlecht ihre Blüte im hohen Mittelalter erlebten und 1347 mit Konrad II. ausstarben. Mit ihnen erlosch das mächtigste Dynastengeschlecht dieser Gegend, dessen weite verwandtschaftliche Verbindungen (Hohenlohe, Zollern, Neideck, Monfort, Württemberg, Wertheim, Katzenellenbogen, Leuchtenberg) den Rang dieses Hauses verdeutlichen. Streitberg gab aber auch einem Ministerialengeschlecht den Namen, das 1121 erstmals auftritt und 1690 erlischt. Neben Streitberg und großem Streubesitz in der Fränkischen Schweiz besaß es auch noch Greifenstein bei Heiligenstadt. Die komplizierte Eigentumslage nach dem Aussterben der Schlüsselberger machte die Bischöfe von Würzburg und Bamberg zu Eigentümern. 1350 werden die Herren von Streitberg als Mitbesitzer erwähnt. Nach verschiedenen Lehnsauftragungen und Besitzübergängen geht es 1538 endgültig an das Markgrafentum über. Daher wird die im Bauernkrieg nicht in Mitleidenschaft gezogene Burg 1553 im bundesständischen Krieg gegen Markgraf Albrecht Alcibiades zerstört. Am Wiederaufbau zwischen 1563 und 1565 war der berühmte Plassenburger Baumeister Caspar Fischer beteiligt. Allerdings verfiel die Anlage in den folgenden Jahrhunderten soweit, daß sie 1811 größtenteils abgebrochen wurde und heute nurmehr Reste erhalten sind. Die auf der anderen Seite des Tales gelegene Burg Neideck, in der am 14. September 1347 der letzte Schlüsselberger während einer Belagerung den Tod fand, wurde nach Aussterben dieses Geschlechtes ebenfalls bambergisch, erlitt im gleichen Krieg wie die Streiburg eine weitgehende Zerstörung, wurde aber trotz erster Wiederaufbaumaßnahmen Ende des 16. Jahrhunderts nicht wieder errichtet. Im 18. Jahrhundert auch als Marmorbruch verwandt verfiel die Anlage mehr und mehr. Durch ihre landschaftliche Lage in besonderer Weise ausgezeichnet, zog sie vor allem zur Zeit der Romantik immer wieder Künstler in ihrem Bann, so daß Dichter wie Viktor von Scheffel und viele romantische Maler sie im Bild festhielten. Sicherlich ist die Bezeichnung als schönste Ruine Deutschlands eine liebenswerte Übertreibung. Im fränkischen Raum dürften wir sie aber ohne Zweifel als eine der schönsten Übersteigerungen einer landschaftlichen Situation durch eine, wenn auch nur noch in Resten erhaltene, Architektur bezeichnen. Die Luftaufnahme gestattet in besonderer Weise zu verdeutlichen, in welch idealer Form einstmals Streitberg und Neideck, im gleichen Besitz befindlich, in der Lage waren, das Tal und die es überquerenden Wege zu beherrschen und zu sperren. Die heutige topografische Situation kann somit in nurmehr selten noch anzutreffender Weise dieses geschichtliche Faktum vor Augen führen.

Albrecht Graf von und zu Egloffstein

Burg Streitberg vor dem 1811 beginnenden Abbruch

Forchheim

Altes und neues Handelszentrum an der Regnitz

(vgl. Abb. 23, 24, 40, 85)

Forchheim liegt am rechten Regnitzufer und wird von den beiden Mündungsarmen der Wiesent durchzogen. Der Ortsname (ahd. forah: Föhre) wird 805 in einem Erlaß Karls des Großen erstmals urkundlich erwähnt. Damals wurde der Waffenhandel mit den Slawen entlang einer Embargolinie von Hamburg bis zur Donau verboten. Forchheim ist als ein bedeutender Handelsknotenpunkt des frühen Mittelalters entstanden, in einer aus vorgeschichtlicher Zeit reich belegten Siedlungslandschaft. Hier kreuzten sich alte Handelsstraßen aus dem Würzburger Raum und aus Mitteldeutschland und führten nach Böhmen und zur Donau. Zudem war die Regnitz ein weiterer wichtiger Verkehrsweg für den frühen Handel. So dürfte im Laufe des 8. Jahrhunderts zum Schutz dieses wichtigen Knotenpunktes ein karolingisches Kastell errichtet worden sein, mit Brückenköpfen an beiden Ufern der Regnitz. Dazu wurde ein Königshof angelegt mit der Königskirche St. Martin, die 976 von Otto II. samt Zubehör dem Bistum Würzburg geschenkt wurde.

In den folgenden Jahrhunderten blieb Forchheim als Pfalzort ein bedeutsamer Platz für Fürstentage und Synoden, wurden deutsche Könige hier gewählt. 1007 schenkte Kaiser Heinrich II. den Reichsgutbezirk Forchheim mit einem umfangreichen, in späterer Zeit durch Rodung weiter erschlossenen Siedlungsgebiet, dem Bistum Bamberg. An die Stelle des Königshofes trat die bischöfliche Pfalz. Der Bischof blieb Stadtherr bis zum Ende des Alten Reiches. Als bedeutendste Festung des Hochstifts Bamberg, vor allem gegenüber Nürnberg, spielte die Stadt eine wichtige Rolle in den territorialen Fehden des 15. und 16. Jahrhunderts. Von Forchheim aus erhielt 1524 der Bauernkrieg in Oberfranken einen entscheidenden Anstoß. Als Residenz der Bamberger Bischöfe erlebte auch das Bürgertum eine starke wirtschaftliche Aufwärtsentwicklung. Neben den traditionellen Zünften etablierten sich im 18. Jahrhundert eine Spiegel- und Folienfabrik, die Papierverarbeitung und das Textilgewerbe spielen eine bedeutende Rolle. Dem Anschluß an den Ludwig-Donau-Main-Kanal folgte, nicht minder bedeutend, die Eisenbahnlinie Nürnberg–Bamberg (1844) mit einer Abzweigung in die „Fränkische Schweiz".

Forchheim verfügt nach allen Richtungen hin über ein weites, wirtschaftlich bedeutsames Hinterland: die „Fränkische Schweiz" mit ihren durch den Fremdenverkehr zu wachsender Bedeutung gelangten Tälern, sowie über den ertragreichen Aischgrund. Die Errichtung des Rhein-Main-Donau-Kanals hat die Stadt in den letzten Jahren in ihrer Rolle als Handels- und Wirtschaftszentrum im mittleren Regnitztal bestätigt.

Das Mittelzentrum mit 29 000 Einwohnern hat moderne Elektronikbetriebe ansiedeln können und daneben traditionelle Strukturen in Handwerk und Einzelhandel weiter entwickelt. Als Einkaufsstadt mit weitem Einzugsgebiet hat Forchheim auch ein zunehmend kulturelles Leben aktivieren können. Die Wiederherstellung des mittelalterlich geprägten Stadtbildes und die breit angelegte Denkmalpflege machen den Ort zu einem schmucken „Tor zur Fränkischen Schweiz".

Ruprecht Konrad

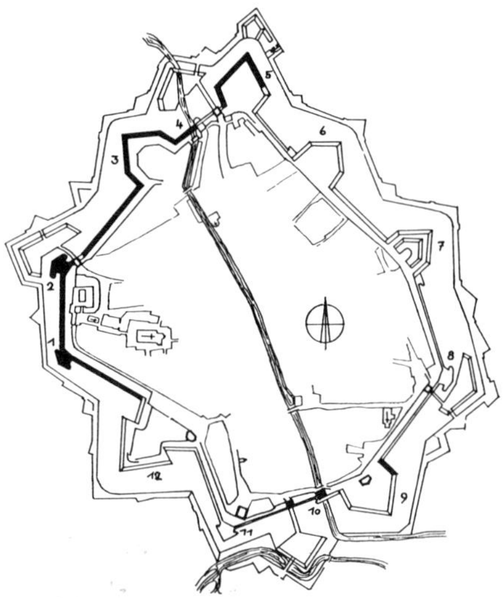

Forchheim,
Stadtbefestigung, nach einem Plan von 1793 umgezeichnet
aus: T. Breuer, Stadt und Landkreis Forchheim, Bayer. Kunstdenkmale XII, 1961

Reichmannsdorf

42

Eine kleine Barockresidenz der Reichsritterschaft

(vgl. Abb. 26, 49, 50)

Der Ort Reichmannsdorf ist in seinem Erscheinungsbild durch die ehemalige Zugehörigkeit zu einem reichsritterschaftlichen Territorium gekennzeichnet. Das Schloß mit den dazugehörigen Nebengebäuden und der zu einer umfangreichen Anlage von vielen Fischweihern aufgestaute Albach, sind die am deutlichsten sichtbaren Zeugnisse der künstlerischen und ökonomischen Hinterlassenschaft dieses Territoriums. Ein besonders interessanter Moment der Geschichte Reichmannsdorfs ist die Gründung einer Porzellanmanufaktur, zusammen mit Schney die einzige Manufakturgründung des 18. Jahrhunderts in Oberfranken, denn das 1794 gegründete Tettau war bereits keine Manufaktur mehr im Sinne der Porzellanmanufakturen des 18. Jahrhunderts. Die Reichmannsdorfer Produktion lief bis in das 19. Jahrhundert und wurde vor allem durch Türkenkopchen, kleine Kaffeeschalen, für den Export in die Türkei, bekannt. Da bisher keine Marke für das Porzellan festgestellt wurde, ist eine Identifikation äußerst schwierig. Das Schloß Reichmannsdorf gehört zu den prachtvollsten Landschlössern Frankens. In den Jahren 1714–19, wahrscheinlich nach den Plänen von Johann Dientzenhofer errichtet, ist es nicht nur durch Architektur und Ausstattung, sondern auch durch seinen ausgezeichneten Pflegezustand ein besonderes Schmuckstück dieser Landschaft. Die Mitwirkung einer Reihe von ebenfalls für das gleichzeitig gebaute Pommersfelden tätigen Künstlern, wie des Stuckators Johann Christian Beuntner und des Malers Johann Jakob Gebhardt weist auf die enge Verbindung des Bauherrn und seiner Familie zum Mainzer und Bamberger Hof des Kurfürst-Fürstbischofs Lothar Franz von Schönborn hin. Der Bauherr Reichmannsdorfs gehörte zu einer Anzahl von Kavalieren, die Lothar Franz um sich versammelt hatte und mit denen er nicht nur seine eigenen Bauaufgaben besprach. Diese Anregung führte dazu, daß von den Personen dieses Kreises auch auf den eigenen Gütern größere Bauvorhaben durchgeführt wurden, unter denen allerdings Rechmannsdorf mit seiner vollendeten Form einen besonderen Platz einnimmt. Es verwundert daher auch nicht, daß Künstler, die auch für die Schönbornhöfe arbeiteten, für die Architektur, die wandfeste und auch die bewegliche Ausstattung Reichmannsdorfs tätig waren. Von dem ab 1763 nach Plänen von Johann Jakob Michael Küchel angelegten Garten westlich vom Schloß, hat sich nichts erhalten. Er wurde später in einen englischen Landschaftspark umgewandelt. In Reichmannsdorf wird in besonders hervorragender Weise deutlich, welchen bedeutenden Beitrag zur Baukultur Frankens die Reichsritterschaft im 17. und 18. Jahrhundert geleistet hat.

Albrecht Graf von und zu Egloffstein

Gügel und Burg Giech

43

Landschaftlich-historischer Zweiklang im Osten des Bamberger Landes

(vgl. Abb. 22, 45, 46, 47)

Die Burg Giech bildet zusammen mit der benachbarten Wallfahrtskapelle Gügel eine untrennbare Einheit, ähnlich, wenn auch in der Bedeutung nicht ganz vergleichbar, wie Banz und Vierzehnheiligen. Weithin über das Land sichtbar, auf einem 563 m hohen Bergkegel gelegen, erhebt sich die Burg, welche dem gleichnamigen meranischen ministerialen Geschlecht bis 1255 gehörte und das sie in einer romantischen Anwandlung noch einmal während des 19. Jahrhunderts erworben und für einige Zeit besessen hat. Als Lehen der Andechs-Meranier treten Burggraf Friedrich III. von Nürnberg und Friedrich von Truhendingen auf. Die Truhendingen bauen ihren Besitz aus und sind schließlich alleinige Eigentümer. 1390 wird die Burg durch Bischof Lambert von Brunn für das Hochstift Bamberg erworben, dem sie bis zum Ende als wichtige Burg und Befestigung dient. Im Hussitenkrieg 1430 und im Bauernkrieg 1525 zerstört und wieder aufgebaut, erleidet sie wie viele andere Anlagen gerade des Bischofs von Bamberg im bundesständischen Krieg 1553 eine weitere Zerstörung. Die vor allem in den Jahren 1599 und 1609 durchgeführte Wiederherstellung und Ausbau zu einer großen schloßartigen Festungsanlage, ließen die Giechburg neben den großen Festungen Kronach und Forchheim zu einem strategisch besonders wichtigen Punkt des Hochstiftes Bamberg werden, dessen Ausbau man so betrieb, daß sie im 30jährigen Krieg sogar einer Belagerung standhalten konnte. Die bis zum Ende der Geschichte des Hochstiftes vollständig erhaltene Anlage wurde auf Veranlassung des königlich bayerischen Bauinspektors Freiherr von Hohenhausen in wesentlichen Teilen abgerissen und teilte damit das Schicksal vieler säkularisierter und mediatisierter Burgen, Schlösser und Amtssitze in dem neu zu Bayern gekommenen Franken. Hohenhausen erhielt nicht nur aufgrund dieser Maßnahme den Spottnamen „Reichseinreißmeister". Ab 1819 im Besitz der Grafen Giech, versuchten diese dem Verfall Einhalt zu gebieten. Mit der anschließenden weiteren Veräußerung begann aber ein rapider Verfall der großartigen Bergveste. Nur durch das Eingreifen des Landrates von Bamberg konnte verhindert werden, daß die Burganlage gänzlich verfiel. Inzwischen hat sich der Landkreis vorbildlicherweise für die Restaurierung und den teilweisen Wiederaufbau dieses markanten Wahrzeichens eingesetzt. Eine sinnvolle Nutzung für gastronomische Zwecke und Veranstaltungen soll ihren langfristigen Erhalt sicherstellen.

Albrecht Graf von und zu Egloffstein

Schloß Greifenstein

44

Barockes Bergschloß des Fürstbischofs Stauffenberg

(vgl. Abb. 45)

Schloß Greifenstein, ausgezeichnet durch eine landschaftlich herausragende Lage an der Spitze eines bewaldeten Höhenzuges, gehört zu den imposantesten Burganlagen in Oberfranken. Eingebunden in die Juralandschaft und umgeben von den Resten eines bedeutenden englischen Landschaftsparks, erreicht der Besucher die der Öffentlichkeit zugängige Schloßanlage über eine lange Lindenallee, an deren Ende ein Rundtempel als Rest ehemals bedeutender Gartenarchitektur noch heute vorhanden ist. Ursprünglich im Besitz der Schlüsselberger, ging Greifenstein später an ihre Dienstmannen, die Herren von Streitberg, über, welche hier und im benachbarten Streitberg, aber auch in Ahorn bei Coburg, saßen. Nach ihrem Aussterben 1690 folgt der Bamberger Fürstbischof Marquardt Sebastian Schenck von Stauffenberg als Eigentümer und läßt die Anlage, die nach dem Wiederaufbau infolge der Zerstörung durch den Bauernkrieg bis zum Ende des 17. Jahrhunderts wieder weitgehend verfallen war, in den Jahren 1690 bis 1693 nach den Plänen Leonhardt Dientzenhofers nahezu vollkommen neu aufbauen. Das Haus behält zwar seinen wehrhaften Charakter mit Graben, Zugbrücke und von Wehrgang umgebenem Vorhof, wird aber ansonsten zu einem barocken Wohnschloß gestaltet. Der einzigartigen, im Inneren verwahrten umfangreichen Galerie von geschnitzten Hirschhäuptern hat der fränkische Autor Hans Max Freiherr von und zu Aufseß ein bleibendes literarisches Denkmal gesetzt. Nur knapp entging die Anlage nach dem 20. Juli aufgrund der verwandtschaftlichen Verbindungen, der Eigentümer mit dem führenden Widerständler Claus Graf Schenck von Stauffenberg, einer vollkommenen Zerstörung. Wie Aufseß und viele andere ritterschaftliche Sitze bildeten Greifenstein und seine zugehörigen Güter zu Zeiten des Heiligen Römischen Reiches auch ein eigenes Territorium. Die Möglichkeit der jeweiligen Herrschaft entsprechend dem Satz: „Cuius regio eius religio“, die Konfession der Bevölkerung zu bestimmen, fand hier in nicht einzigartiger, aber exemplarischer Weise dadurch ihren Niederschlag, daß die auch nach dem 30jährigen Krieg protestantisch gebliebenen Streitberger für eine evangelische Religionsausübung sorgten, also entsprechend auch die Pfarrkirche im dazugehörigen Heiligenstadt evangelisch war, während die Besitznachfolger Schenck von Stauffenberg katholisch geblieben waren und somit für ihre eigenen gottesdienstlichen Zwecke eine katholische Schloßkapelle erbauten. Zur Wahrnehmung der seelsorgerischen Aufgaben folgten sie dem weit verbreiteten Vorbild, wie es u. a. im benachbarten Aufseß'schen Freienfels auch zu finden war, nämlich ein Franziskanerhospiz in dem ebenfalls zu Greifenstein gehörenden Burggrub einzurichten, von wo aus die Patres die Seelsorge für die Schloßherrschaft und die katholischen Untertanen übernahmen.

Albrecht Graf von und zu Egloffstein

Bamberg

Bischofsstadt und Bürgerstadt

45

(vgl. Abb. 46, 47, 87)

Der Ausschnitt dieses Bildes zeigt besonders deutlich die Zweiteilung der Altstadt, welche – sieht man einmal von der östlich des Rhein-Main-Donau-Kanals gelegenen Theuerstadt mit ihrer eigenen Entwicklung ab – in Bamberg einen bürgerlichen und einen bischöflichen Bereich markiert. Westlich von der Regnitz ist das Erscheinungsbild einer vorherrschend bischöflich geprägten Stadt anhand der dazugehörigen Baukomplexe deutlich ablesbar. Zwischen den Armen von Regnitz und Kanal breitet sich dagegen die bürgerliche Stadt mit ihren öffentlichen Bauten und Räumen, wie dem Rathaus und den Märkten, Hochzeitshaus und Theater sowie den Geschäfts- und Wohnhäusern aus. Die Lage des auf einer weiteren Insel gelegenen Brückenrathauses stellt die Verbindung zwischen diesen beiden die Stadt prägenden Faktoren bildhaft dar, zumal die jeweils zur anderen Seite angebrachten Wappen der Balkons des Rathausturmes – bischöfliches zur Stadtseite, städtisches zur Domseite – diese Verbindungsfunktion noch auf besondere Weise unterstreichen. Die Anfänge der Inselstadt dürften – darauf läßt auch das karolingische Verbindungen andeutende Martinspatrozinium der größten Kirche zwischen den Regnitzarmen schließen – nicht so früh anzusetzen sein, wie die der vermutlich vorkarolingischen Theuerstadt, aber doch wohl auch nicht später als die des 903/06 erstmals genannten castrum babenberch.

Wenn auch aus den frühen Zeiten der Inselstadt keine Bauzeugen mehr vorhanden sind, so verbirgt sich hinter der weitgehend barock geschlossen wirkenden Bebauung der Straßenzüge und Plätze oftmals wesentlich ältere Substanz, die lediglich im 18. Jahrhundert mit einer neuen Fassade und Ergänzungen der neuen Entwicklung angepaßt wurde. Als besonders gutes Beispiel für diese Situation sei hier wiederum das im Rokoko veränderte Rathaus genannt, dessen Durchfahrt im Turm noch das spätmittelalterliche Gewölbe des 15. Jahrhunderts zeigt, während seine Fassade in überschwenglichsten farblichen und plastischen Dekorationen der Mitte des 18. Jahrhunderts schwelgen. Die Stadt zwischen den Flußarmen ist geprägt durch eine Reihe von repräsentativen Bürgerhäusern, darunter auch schöne Wohnbauten Bamberger Hofkünstler. Die Palais des Adels sind hier mit wenigen Ausnahmen z. B. Rottenhan in der Kapuzinerstraße, nicht vertreten, wenngleich andere Bauten, wie die Hauptwache, wiederum deutlich sichtbar den Bezug zur bischöflichen Herrschaft versinnbildlichen. Das Erscheinungsbild der Inselstadt bestimmen auch noch andere Baugruppen. Die malerische Zeile Klein Venedigs mit ihren Fischerhäusern und dem anschließenden Anlegeplatz für die Schiffahrt am Kranen gehört ebenso dazu, wie die Bauten der ersten Universität neben dem Jesuitenkolleg, welche wie viele andere inzwischen von der heutigen Universität wieder bzw. erstmals genutzt werden. Der große Komplex des ehemaligen Jesuitenkollegs mit der gewaltigen St. Martinskirche, einem der wichtigsten und frühesten barocken Kirchenbauten in Franken, macht die Funktion Bambergs als kirchlicher Mittelpunkt und die auch geistliche Erholungsphase Bambergs nach dem 30jährigen Krieg besonders deutlich. Die Entwicklung der Bebauung um den Maximiliansplatz zeigt schließlich ebenso bildhaft die weitere Entwicklung der Stadt. 1804, infolge der Säkularisation, die Bambergs Stellung als Residenzstadt beendet, Abbruch der Pfarrkirche Alt St. Martin und Schaffung eines schließlich nach einem König aus der Dynastie der neuen bayerischen Landesherren benannten Platzes. Die Verwendung des ehemaligen Klerikalseminars als Rathaus und von Resten des Katharinenspitals als Kaufhaus, kennzeichnet die infolge der Säkularisation weitergehende Profanierung kirchlicher Bauten, schafft aber zugleich, wenn auch nicht unproblematische, Verwendungszwecke für nunmehr ohne neue Nutzung dastehende Gebäude. Die jedem historischen Anwesen gemäße Nutzung zu finden, welche sowohl Erhaltung der wertvollen Substanz, als auch langfristige Nutzung sicherstellt, ist gerade im Bereich des großen denkmalgeschützten Ensembles der Bamberger Altstadt die wichtigste und oftmals auch gut gelöste Aufgabe. Die vom alten Kern nach Norden, Osten und Süden auslaufenden Straßenzüge sind durch Bauten der 2. Hälfte des 19. Jahrhunderts gekennzeichnet, wobei außer den monumentalen Verwaltungsgebäuden und Schulen, Häuser wirtschaftlicher Unternehmen, die Gebäude an der Willy-Lessing-Straße und vor allem die Villenbebauung im Bereich des Hains zu erwähnen ist, die auch zwischen den beiden Kriegen weitergeführt wurde. Die glücklicherweise nur geringen Zerstörungen im Krieg ließen auf der Inselstadt eine geschlossene neuzeitliche Bebauung im wesentlichen nur außerhalb des alten Kernes entstehen.

Albrecht Graf von und zu Egloffstein

Bamberg 46

Stadt der Fürstbischöfe

(vgl. Abb. 45, 47, 87)

Dieses Bild beherrscht das bischöfliche Bamberg. Man ersieht wie der Fluß den bischöflichen vom bürgerlichen Teil trennt.
Der Dom, eine der großartigsten Kirchen der deutschen Romanik beherrscht das ganze Viertel. Die Bauten des Domberges unterstreichen in ihrer Geschlossenheit um den Dom seine Bedeutung und verleihen der engen Verbindung von weltlicher und geistlicher Macht einen städtebaulich einmalig akzentuierten Ausdruck. Den Dom umgibt als erstes ein Kranz von Kurien, kleinen teilweise auch heute noch mit den Spuren von mittelalterlichen Befestigungsanlagen versehenen Stadthäusern der Domherren, die in ihrer Anordnung der äußeren Befestigungsmauer, welche den mittelalterlichen Domberg umzog, folgen. In ihrer heutigen Erscheinung vereinen sie die Stile von der Gotik bis zum Louis XVI. des späten 18. Jahrhunderts, in welchem die frühere Rotenhansche Kurie, heute Erzbischöfliches Palais als letzter großer Bau der Fürstbischöflichen Zeit auf dem Domberg errichtet wurde. Nördlich des Domes mußten diese Anlagen, die auf einem Plan von Zweidler aus dem Beginn des 17. Jahrhunderts noch in ihrer vollständigen Geschlossenheit ablesbar sind, seit dem frühen 17. Jahrhundert dem sukzessiven Neubau der Residenz weichen. Vor allem die Fürstbischöfe Gebsattel, Aschhausen und Lothar Franz Schönborn prägten den weitläufigen neuen Residenzkomplex an dessen Ausführung mehrere Baumeister u. a. Jakob Wolff d. Ä., Johann Leonhard Dientzenhofer, Balthasar Neumann, Johann Jakob Michael Küchel und Johann Michael Fischer beteiligt waren. Dieser Bau verdrängte die kleinstrukturiert gewachsene Bebauung um den Dom, wurde allerdings nicht in der vollen Größe seiner ursprünglichen Planungen verwirklicht, welche unter Beseitigung der Hofhaltung den heutigen Domplatz zu einem riesigen und wohl kaum gegliederten Ehrenhof einer zu lang geratenen Palastfassade gemacht hätte. Das Klosterähnliche der überlangen und relativ wenig spannungsvollen Residenzflügel paßt städtebaulich zur benachbarten Situation des Klosterkomplexes Michelsberg. Diese topografische Gegebenheit der nebeneinanderliegenden bebauten Erhebungen steht auch bildhaft für das Selbstbewußtsein starker, um die Wahrung ihrer unabhängigen Interessen bemühter Klöster und Stifte im Hochstift Bamberg. Der mächtige Bau des Kapitelhauses neben dem Dom, von Neumann entworfen, drückt das Selbstbewußtsein eines starken Domkapitels, das sich durchweg als Partner und nicht Untergebener der Fürstbischöfe verstand, aus. Die Kleinstruktur der Bauweise des ansonsten nur durch große Kirchen überragten Stadtteiles, in die sich auch die nicht übergroßen Palais des Adels einordnen, wird lediglich durch wenige umfangreichere Anlagen unterbrochen, wie die beiden Schlösser Böttingers und die repräsentativen Höfe der Klöster etwa des Langheimer und des Ebracher Hofes. Daß gerade ein so reiches Kloster wie Ebrach zur Errichtung eines barocken Stadtpalastes nicht einen fürstbischöflichen, sondern einen städtischen Baumeister, Martin Mayer, wählte mag ein weiterer Beweis für Selbstbewußtsein und Unabhängigkeitsstreben der Klöster in und um Bamberg sein. Unter dem stark barock geprägten Bild der Stadt verbirgt sich eine umfangreiche mittelalterliche Substanz, die in vielen Fällen lediglich eine Überfangung des 18. Jahrhunderts erfahren hat. In dieser Geschlossenheit gehört die Altstadt Bamberg nach den großen Verlusten des Zweiten Weltkrieges zu den bedeutendsten Altstädten Mitteleuropas. Die Erhaltung dieser Einmaligkeit steht deshalb vorrangig vor allen anderen Überlegungen für Gestaltung und Entwicklung dieses Altstadtbereiches.

Albrecht Graf von und zu Egloffstein

Schloß Seehof bei Bamberg

47

Die Reste von Oberfrankens schönstem Barockgarten

(vgl. Abb. 43, 45, 46)

Das Parkareal von Schloß Seehof bei Bamberg ist heute nurmehr ein Torso dessen, was sich ursprünglich auf diesem Gelände befunden hat. Von den Baulichkeiten ist zwar der wesentlichste Teil erhalten, die eigentliche Besonderheit der Anlage aber, der großartige spätbarocke oder Rokokogarten ist bis auf Reste untergegangen bzw. weitgehend verändert. Die Geschichte des Seehofes beginnt mit dem Jahre 1426, in welchem hier ein Ökonomiehof nachweisbar ist. 1577 bis 1580 wird dort ein Neubau errichtet. Die Anlage muß wohl ein Sommerschloß gewesen sein, für dessen Nutzung auch als Jagdschloß die 1625 erwähnte Erbauung eines Fasanenhauses spricht. In den Jahren 1687 bis 1696 läßt, wohl unter Mitwirkung des Würzburger Hofbaumeisters Antonio Petrini der Fürstbischof Marquardt Sebastian Schenck von Stauffenberg ein neues Schloß errichten, das im wesentlichen dem heutigen äußeren Erscheinungsbild entspricht. Die Beratung durch den in Bamberg gerade mit den Plänen für die Jesuitenkirche befaßten Georg Dientzenhofer und den ebenfalls in Bamberger Diensten stehenden Kronacher Festungsbaumeister Johann Christein wird angenommen. In der Folge führen Johann Dientzenhofer, Balthasar Neumann und Johann Michael Küchel umfangreiche Umbauten durch bzw. wird eine Reihe von Nebengebäuden errichtet, so 1733 bis 1737 durch Balthasar Neumann an der nördlichen Parkgrenze die Orangerie, welche durch Johann Michael Küchel mit seitlichen Treib- und Feigenhäusern, die jeweils in Pavillons enden, ergänzt werden. Der östliche Pavillonbau, das sogenannte Franckensteinschlößchen, mit einer besonders kostbaren Rokokoausstattung, wurde im 19. Jahrhundert abgebrochen. Weiterhin entstand 1737 bis 1738 an der westlichen Zufahrt eine Toranlage, die ebenfalls Johann Michael Küchel zugeschrieben wird. Diesen Bauten entsprachen an der Ostzufahrt des Parkes zwei, im 19. Jahrhundert auch abgerissene Torhäuser. Diese Querachse wurde über die Parkgrenzen hinaus verlängert durch eine später ebenfalls abgebrochene Fasanerie im Westen, der im Osten die heute noch erhaltene 1782 bis 1783 vom Bamberger Baumeister Johann Lorenz Fink errichtete Schweizerei entspricht. Mit dem weiten achsialen Bezug in Ost-West-Richtung korrespondierte ein noch großartigerer in Nord-Süd-Richtung. Das Schloß und der nach Norden vorgelagerte Orangeriekomplex bildeten den Endpunkt einer langen Achse, die von hier aus durch den Park über die südlich vorgelagerten Weiher den Hauptsmoorwald durchschnitt und den Bamberger Domberg als Schlußpunkt einer langen Sichtbeziehung mit in die weiträumige Landschaftsplanung einbezog. Eine Besonderheit Seehofs war neben dem ungewöhnlich reichen Figurenprogramm – es wird von über 400 Gartenfiguren berichtet, die unter Leitung von Ferdinand Dietz und Mitarbeit von Jakob Gollwitzer, Michael Trautmann, Bernhard Kamm, Johann Baumgärtner, Johann August Nahl und Georg Anton Reuß entstanden – vor allem eine großartige Wasserkunst, welche in der Querachse des Schloßgartens gelegen ein großartiges verbindendes Element zwischen der Weiherlandschaft und dem Schloßkomplex bildete. Für ihre Anlage wurde u. a. der weithin berühmte Salzburger Wasserbaumeister Abraham Huber bemüht. So wie für die Ausstattung des Parkes hervorragende Künstler tätig waren, wurde wiederholt und auch in der letzten entscheidenden Phase unter Fürstbischof Adam Friedrich von Seinsheim im Inneren vieles verändert. Als besonders großartige Leistung muß der Festsaal gewertet werden, dessen Ausstattung mit Stukkowänden und vor allem dem Deckengemälde von Appiani einen der qualitätvollsten Festsäle des fränkischen Rokoko bilden. Von der ursprünglich sehr reichen beweglichen Ausstattung des Schlosses hat sich aufgrund unbeschreiblichen Desinteresses der Vorbesitzer nicht mehr allzuviel erhalten. Seit einigen Jahren in den Besitz des Freistaates Bayern gelangt und als Sitz des Bayerischen Landesamtes für Denkmalpflege verwandt, bemüht sich diese oberste Fachbehörde in Bayern, als Hausherr und Verantwortlicher, um eine fachgerechte, qualitätvolle Sanierung und Restaurierung dieses gesamten Baukomplexes und seiner Nebengebäude sowie eine weitgehende Wiederherstellung der einzigartigen Parkanlagen, die zu den bedeutendsten ihrer Zeit in Mitteleuropa gezählt werden konnten. Der sogenannte Frankfurter Plan, dessen Exaktheit sich immer wieder durch archäologische Grabungen, zuletzt an der Kaskade, bestätigt haben, dient dabei als Orientierungsmaßstab. Inwieweit eine vollständige Wiederherstellung der ehemaligen spätbarocken Gartenpracht möglich sein wird, hängt von dem Verständnis ab, das die Öffentlichkeit diesem Projekt entgegenbringt.

Albrecht Graf von und zu Egloffstein

Schloß Weißenstein ob Pommersfelden 48

Einzigartiges Barockschloß der Familie Schönborn

(vgl. Abb. 45)

Schloß Weißenstein, ob Pommersfelden, gehört zu den imposantesten Schloßanlagen des fränkischen Barock. Das ursprünglich im Besitz der Truchseß von Pommersfelden befindliche Dorf mit seinem Schloß, welches noch heute als Ruine erhalten ist, fiel 1710 durch Testament des letzten Truchseß an den Bamberger Fürstbischof und Kurfürsten von Mainz, Lothar Franz von Schönborn. Als Mitglied eines angesehenen reichsritterschaftlichen, aus dem Rheinland stammenden Geschlechtes, das im 17. Jahrhundert in Franken endgültig Fuß faßte und eine Reihe der bedeutendsten geistlichen Wahlfürsten im späten 17. und 18. Jahrhundert im rheinfränkischen Raum stellte, war er bemüht, in den neuen Landen ein eindrucksvolles Denkmal seiner Stellung und der seiner Familie zu hinterlassen. Mit der von ihm bekleideten Würde eines Kurfürsten von Mainz war auch das Amt des Reichserzkanzlers verbunden. In dieser Eigenschaft, mannigfach mit reichspolitischen Belangen befaßt, wollte Lothar Franz mit dem Schloßbau dieser besonderen Position Ausdruck verleihen. Die Erbauung von Pommersfelden krönte seine architektonische Hinterlassenschaft, in der große Sakral- und Profanbauten hervorragender Qualität ein Zeugnis von seiner sprichwörtlichen Baulust – er bezeichnet sich selbst als vom Bauwurm befallen – ablegen. Vor allem mit zwei Ereignissen im Kaiserhaus ist seine Person untrennbar verbunden, der Ehestiftung für Karl VI. und dessen Wahl zum Kaiser. Die Konversion der Braut Karls VI. aus dem Hause Braunschweig im Dom zu Bamberg, beleuchtet Schönborns persönlichen Anteil an dem Zustandekommen dieses Ehebündnisses. Wegen der großen Dienste, die er dem Kaiserhaus leistete, mit reichen Dotationen versehen, war für ihn der finanzielle Grundstock zur Ausführung der großartigen Schloßanlage gelegt. Der Bauherr beschäftigte an seinem Hof eine Vielzahl von Architekten für verschiedene Bauvorhaben. Die Kavaliersarchitekten, seine wie er selber sagte Baudirigierungsgötter aus dem Kreise der Hofleute, bildeten ein Gremium, das der Bauherr bei baulichen Fragen zu Rate zog. In Pommersfelden entstand – für die Zeit durchaus nicht untypisch – ein Gemeinschaftswerk, das verschiedenste Einflüsse des rheinisch-fränkischen und österreichisch-böhmischen Raumes miteinander verbindet. Federführend für die Planung des Schloßgebäudes war Johann Dientzenhofer zu dessen Projekten, z. B. auch Lukas von Hildebrand aus Wien wesentliche Anregungen lieferte, ebenso wie aus Mainz Maximilian von Welsch. Die Bauausführung lag in den Händen des Jesuitenpaters Nikolaus Loyson. In der erstaunlich kurzen Zeit von 1711 bis 1718 wird das Haus mit der sehr reichen Innenausstattung vollendet. Als Gegenüber und Abschluß des großen Ehrenhofes entsteht von 1717 bis 1718 nach Plänen Maximilian von Welschs der Marstall und 1719 fügt Franz Anselm Freiherr von Ritter zu Groenesteyn die seitlichen Nebengebäude (Orangerie, Fasanerie, Brauerei und Schenke) hinzu. Mit dem Schloß zusammen wird nach Entwürfen Maximilian von Welschs ab 1714 der reiche Barockgarten angelegt, dessen Herzstück die besonders reiche Treppenanlage bildet. Von dieser Anlage ist nichts mehr erhalten. Der heutige Park geht auf eine anglisierende Umwandlung im ersten Drittel des 19. Jahrhunderts zurück. Kernstück der reichen Ausstattung des Schlosses ist eine umfangreiche Gemäldegalerie mit Meistern des 16., 17. und 18. Jahrhunderts, die zwar im vorigen Jahrhundert etliche ihrer Glanzstücke einbüßte, trotzdem aber ein ungewöhnlich geschlossenes Bild einer barocken Gemäldegalerie bietet. Die Haupträume mit dem wohl wichtigsten Teil, dem weitläufigen von Galerien umgebenen Treppenhaus, verherrlichen den Bauherren und seine Familie und stellen in ihrem gesamten Bild- und Ausstattungsprogramm den engen Zusammenhang mit dem Kaiserhaus dar. Das Schloß ist aber nicht nur aufgrund seiner architektonischen Qualität und seiner hervorragenden Ausstattung ein von Vielen aufgesuchter Ort. Auch die vom Eigentümer, Dr. Karl Graf von Schönborn-Wiesentheid, gestützte und getragene Nutzung für vielerlei kulturelle Zwecke, macht Schloß Pommersfelden zu einem einzigartigen kulturellen Mittelpunkt. Kunstausstellungen zeitgenössischer Kunst und vor allem in jedem Sommer ein mehrwöchiger Aufenthalt von bis zu 100 jungen Musikern füllt die Anlage mit Leben. Jeden Sommer wohnen sie hier in den Monaten Juli bis August um unter der Leitung erfahrener Dirigenten zu arbeiten und das Ergebnis der Öffentlichkeit in Konzerten vorzuführen. So ist Pommersfelden heute nicht nur von seiner historischen Qualität her ein besonders wichtiger Ort, sondern wird das Mäzenatentum, dem diese Schloßanlage ihre Entstehung verdankt, in dem heute möglichen Maße fortgeführt.

Albrecht Graf von und zu Egloffstein

Burgwindheim

49

Eine vom Kloster Ebrach geprägte Landgemeinde

(vgl. Abb. 42, 50)

Der Ort Burgwindheim, ehemals im Einflußbereich des Klosters Ebrach, konnte sich trotz der Nähe zu so einem wichtigen Ort gut entwickeln und wurde mit einer Reihe von Privilegien ausgezeichnet. Kaiser Karl IV. verlieh ihm Marktrecht und König Wenzel 1398 die hohe Gerichtsbarkeit. Von der Bedeutung des Ortes zeugt die im Äußeren zwar sehr schlichte Pfarrkirche, welche in den Jahren 1748 bis 1751 errichtet wurde, deren Inneres aber eine sehr reiche Ausstattung beherbergt, so drei Altäre nach Entwürfen Balthasar Neumanns und eine besonders aufwendig mit Rokokostukkaturen ausgestattete Decke, bei der Wolfgang von der Auwera mitgewirkt hat. Der nach Entwürfen Leonhard Dientzenhofers errichtete Heiligblutbrunnen gehört zu den schönsten Bauwerken dieser Art in Franken. Die benachbarte Kapelle zum Heiligen Blut, aus dem Jahre 1594, verdankt ihre Entstehung einem Hostienwunder von 1465. Das bedeutendste Denkmal des Ortes, welches zugleich die Verbindung zum Kloster Ebrach in besonderer Weise dokumentiert, ist das sogenannte Amtsschloß, über dessen Architekten bis heute noch die Gelehrten rätseln. Der besonders originelle Grundriß, bei dem sich die Seitenräume um einen zentralen Festsaal in einer elegant abgestimmten Staffelung pavillonartig gruppieren, wurde schon allen in Frage kommenden Baumeistern der näheren und weiteren Umgebung, nämlich Joseph Greising, Johann Dientzenhofer, Maximilian von Welsch und Balthasar Neumann zugeschrieben. Angesichts der wohl sehr starken eigenen schöpferischen Kräfte im Bereich des Klosters, für die der reiche Planbestand der Delineationes Ebrachensis in der Würzburger Universitätsbibliothek spricht, kann vielleicht auch ein Zisterziensermönch aus Ebrach als Autor in Frage kommen, der hier verschiedenste Elemente der genannten Baumeister zu einer eigenen Synthese vereint hat. Schloß Burgwindheim diente wie andere Ebrach'sche Klosterhöfe (z. B. Oberschwappach und Sulzheim) als Sommerresidenz der Äbte. Den beiden Gartenterrassen vorgelagert, nahm ursprünglich ein großer See das heutige umliegende Wiesengelände ein. Eine Wiederherstellung des alten Zustandes sollte unbedingt ins Auge gefaßt werden. In den letzten Jahren wurde durch die Initiative der Gemeinde eine große Anzahl von Baudenkmälern, vor allem entlang der Hauptstraße, die noch ein weitgehend geschlossenes Bild einer harmonischen alten Bebauung zeigt, restauriert und durch Platzgestaltungen das Ortsbild weiter verbessert.

Albrecht Graf von und zu Egloffstein

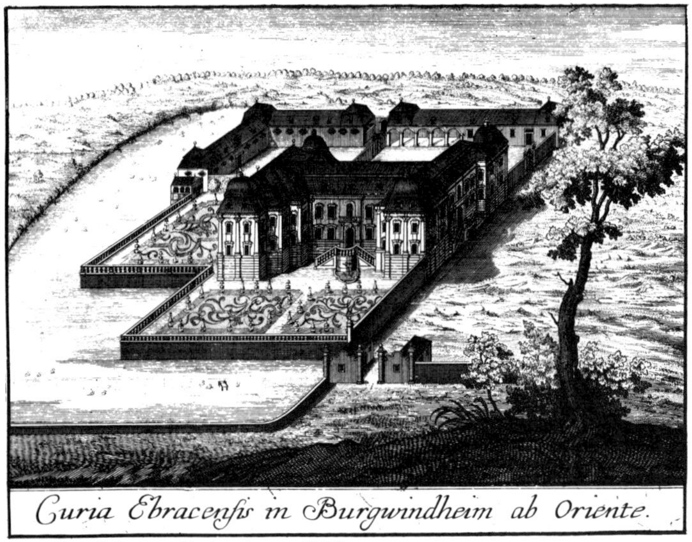

Kupferstich von Gutweis um 1740

Kloster Ebrach

50

Oberfrankens größte Klosteranlage der Barockzeit

(vgl. Abb. 42, 49)

Zu den großartigsten Klosteranlagen in Franken gehört die ehemalige Zisterzienserabtei Ebrach. Das 1127 gegründete Kloster konnte bereits kurz nach seiner Entstehung erste Tochterklöster einrichten, von denen Langheim wohl als bedeutendstes anzusehen ist. Die Begünstigung Ebrachs durch das stauffische Kaiserhaus, welches in Franken ein Reichsland aufbauen wollte, förderte die Entwicklung des Klosters erheblich und verschaffte ihm eine Reihe von kaiserlichen und päpstlichen Privilegien, von denen das Kloster späterhin, allerdings vergeblich, versuchte, eine Reichsunmittelbarkeit abzuleiten. Eine erste Abteikirche wurde bereits 1134 geweiht. Der jetzige Bau entstand ab 1200 und wurde im Jahre 1285 geweiht. Die Gebäude, welche sich im Laufe der folgenden Jahrhunderte um diese Kirche gruppierten, gibt ein Gemälde aus dem Jahre 1663 im Staatsarchiv Würzburg wieder. Nach Planungen von Johann Leonhard Dientzenhofer erfolgte Ende des 17. Jahrhunderts und Anfang des 18. Jahrhunderts ein weitestgehender Neubau, so daß eine Anlage entstand, die den Vergleich mit den großen reichsunmittelbaren Barockklöstern nicht zu scheuen braucht. Der 1715 zum Abt gewählte Wilhelm Söllner unternahm den Versuch, seine Bemühungen für das Kloster die Reichsunmittelbarkeit zu erreichen, durch ein entsprechend aufwendiges architektonisches Programm zu unterstützen. In Anspielung seines Namens Söllner auf das lateinische Wort: Sol, die Sonne, verstand er sich in Fortführung des Gedankens des Sonnenkönigs als absolutistischer Herr eines allerdings nicht reichsunmittelbaren Klosters. Der Anspruch auf diese Reichsunmittelbarkeit wird in besonderer Weise im gesamten Bild- und Ausstattungsprogramm des unter ihm errichteten Abteibaues verdeutlicht. Der zentrale Raum des Kaisersaales, den man vor allem in den reichsunmittelbaren Residenzen geistlicher Fürsten findet, nimmt dabei in der Abfolge des Raumkonzeptes einen besonderen Platz ein. Außer Johann Leonhard Dientzenhofer sind noch Josef Greising, Balthasar Neumann, Johann Dientzenhofer und Maximilian von Welsch als Baumeister dieses umfangreichen Komplexes anzunehmen. Nachdem schon in der ersten Bauphase nicht der planende Architekt Johann Leonhard Dientzenhofer, sondern dessen Schwager Balthasar Caminata an der Bauleitung beteiligt ist, kann es für möglich gehalten werden, daß unter Leitung eines örtlichen Baumeisters die Anregungen und Planungen der verschiedensten obengenannten Architekten zusammengefaßt und zu einem eigenen Konzept entwickelt wurden. An der Ausführung waren neben diesen erwähnten Baumeistern die Stukkateure Francesco Giulio Brenno und Giovanni Battista Brenno, der Bamberger Hofstukkateur Johann Jakob Vogel sowie Georg Hennecke und Daniel Schenck beteiligt. Die Deckenbilder der Würzburger Anton Clemens Lünenschloß und Johann Adam Remela sowie Plastiken von Balthasar Esterbauer gehören zur Ausstattung der wichtigsten Räume. Nach Fertigstellung des barocken Klosterkomplexes wurde in den Jahren 1778 bis 1791 die Klosterkirche von Materno Bossi im Zopfstil grundlegend neu stukkiert und mit Bildhauerarbeiten von Johann Peter Wagner versehen. Dem Wirken Ebrachs setzte 1803 die Säkularisation ein Ende. 1851 erreichte das Unverständnis der öffentlichen Stellen mit der Einrichtung eines Zuchthauses den Höhepunkt. Wenn diese Zweckentfremdung auch durchaus nicht erfreulich ist, so blieben dadurch wenigstens die Baulichkeiten Klosterkomplex erhalten und wurden nicht, wie z. B. in Münsterschwarzach, abgebrochen. Gerade in den letzten Jahrzehnten haben sich das für Bauunterhalt und Restaurierung zuständige Landbauamt in Bamberg und die Anstaltsleitung in vorbildlicher Weise bemüht, die wichtigsten Räume des Klosters wiederherzustellen und die Nutzung so einzurichten, daß eine Beeinträchtigung der wertvollen Substanz in den meisten der kostbarer ausgestatteten Räume beendet oder zumindest in Grenzen gehalten wird. Von dem großen Reichtum und Einfluß des Klosters zeugen auch außerhalb Ebrachs viele Bauten, seien es die besonders aufwendig gebauten Sommer- und Amtsschlösser oder auch die Höfe, welche das Kloster in mehreren Städten Frankens, z. B. in Nürnberg, Bamberg, Würzburg und Schweinfurt unterhielt. Außerdem erinnert im Ort selbst eine Reihe von außerhalb des eigentlichen Klosterbaues gelegenen Bauten, wie der Klosterbauernhof, Orangerie, Gärten und die als Forstverwaltung oder Wirtschaftsgebäude genutzten Bauten an die rege künstlerische Tätigkeit Ebrachs.

Albrecht Graf von und zu Egloffstein

Seßlach

51

Das oberfränkische Rothenburg

(vgl. Abb. 25, 52, 88)

Die kleine Stadt Seßlach unweit Coburg trägt sicherlich nicht zu unrecht die Bezeichnung eines oberfränkischen Rothenburg. Mit der sehr frühen Erwähnung bereits um 800, gehört es zu den ältesten urkundlich nachgewiesenen Ansiedlungen Oberfrankens. Bis zum Ende des Alten Reiches verblieb es eines der am weitesten in das heutige Oberfranken hineinragenden Würzburger Territorien. Ausgestattet mit der hohen Gerichtsbarkeit, deren Gerichtsstätte sich früher unterhalb des Geiersberges befand und der Funktion als Amtssitz, die im Schloß Geiersberg ausgeübt wurde, war es der Mittelpunkt dieser ansonsten von fremden Territorien umgebenen würzburgischen Enklave. Die Verleihung des Gelnhäuser Stadtrechtes im Jahre 1335 bildete den Auftakt für eine Reihe weiterer Privilegien u. a. für Märkte. Diese Rechte wurden bis in das 18. Jahrhundert hinein immer wieder erweitert. Dank seiner Lage abseits der großen Verkehrsstraßen konnte Seßlach, wie kaum eine andere Stadt, sein altes Ortsbild wahren. Ein nahezu vollständig erhaltener Mauerzug in annähernd ovaler Form mit drei Stadttoren und kleineren Verteidigungstürmen wurde in letzter Zeit weitestgehend restauriert. Zwar erfolgten seit dem vorigen Jahrhundert einige Veränderungen durch Neu- und Umbauten, die Stadt behielt aber ihr historisch bestimmtes Aussehen. Eine Reihe von Gebäuden weist auf die ehemalige Funktion Seßlachs als Würzburger Amtssitz hin, so das große Amtshaus, die Stadtmühle, das Spital, Getreideschüttboden und Gülthof des Juliusspitals Würzburg, die Zehntscheune der bischöfliche Getreideschüttboden, das sogenannte hohe Haus, das Pfarrhaus und das ehemalige Schulhaus. Die wohl auf mittelalterliche Reste zurückgehende Pfarrkirche mit ihren späteren Veränderungen birgt Arbeiten eines der größten Söhne dieser Stadt, des Stukkateurs Johann Christian Beuntner – auch Beindtner geschrieben –, der zur Werkstatt des Bamberger Hofstukkateurs Vogel gehörig, im gesamten ostfränkischen Raum bedeutendste Stuckarbeiten hinterlassen hat. Vom hohen künstlerischen Anspruch jener Zeit, auch in kleinen Orten, zeugen die Fresken Franz Anton Günthers, eines Bruders des Bildhauers Ignaz Günther aus München. Ebenso wie die Stadt ihr altes Gepräge bewahrt hat und im Zuge von Restaurierungsmaßnahmen dieses Bild auch weiterhin gepflegt wird, hat Schloß Geiersberg außerhalb der Mauern sein altes Bild erhalten. Außer dem eigentlichen Schloß, das durch die Grafen Ortenburg im 19. Jahrhundert umgebaut wurde, ist das Ökonomiegebäude von Bedeutung, welches dem Ansbacher Hofbaumeister Zocha zugeschrieben wird, der im benachbarten Rodach ein Jagdschloß für die Herzöge von Coburg errichtete. Die Friedhofskapelle, wie üblich von einem heimischen Baumeister aus der Stadt errichtet, wurde von einem Kulmbacher Bildhauer ausgestattet. Allein die kleine Auswahl der hier erwähnten Künstler und ihre Herkunft zeigt, welche Verbindungen seinerzeit bestanden haben und daß weder lokale noch konfessionelle Zugehörigkeit ausschlaggebend für ihre Auswahl waren. Für die begonnenen Sanierungs- und Restaurierungsarbeiten an Einzelgebäuden in Seßlach ist zu hoffen, daß sie nach und nach in der ganzen Stadt so weit voranschreiten werden, daß der Zustand der gesamten Altstadt der Bedeutung, ihrer in diesem Raum einmaligen Geschlossenheit, entspricht.

Albrecht Graf von und zu Egloffstein

Coburg

52

Hauptort des ehemaligen Herzogtums Coburg

(vgl. Abb. 88)

Coburg als Hauptort des ehemaligen gleichnamigen Herzogtums verdankt seine Zugehörigkeit zu Oberfranken und damit zu Bayern erst einer Volksabstimmung aus dem Jahre 1920. Bis dahin sind die Stadt und ihr Umland der fränkische Teil der ernestinischen Besitzung des Hauses Wettin. Mit den verschiedenen Teilherzogtümern Thüringens, u. a. Saalfeld und Gotha, verschiedene Male verbunden, ist auch seine Kultur sowohl von thüringischen wie fränkischen Einflüssen geprägt. Weit über den Rahmen dieser vielschichtigen Verbindungen im Kerngebiet Deutschlands hinaus geht der Einfluß Coburgs als mit dem 19. Jahrhundert die regierende Dynastie durch vielfältige familiäre Verbindungen Kontakte über ganz Europa knüpft. So wie die herzogliche Geschichte und die des in ihrem Schutze aufblühenden Bürgertums das architektonische Erscheinungsbild der Stadt bis zum 19. Jahrhundert geprägt haben, geschieht dieses nun auch durch die vielfältigen ausländischen Verbindungen während des 19. und frühen 20. Jahrhunderts. Überragt von der als fränkische Krone bezeichneten Veste, im Altstadtbild beherrscht von den beiden großen Plätzen um Rathaus und Residenz, versammelt Coburg auf diesen Plätzen die Zeugen einer bis in die heutige Zeit lebendigen Geschichte. Im Gegensatz zu vielen anderen Gebieten, die mit der Aufgabe ihrer Souveränität und Unabhängigkeit auch ihre kulturelle Mittelpunktfunktion verloren haben, konnte Coburg u. a. auch dank günstiger Verträge mit dem Freistaat Bayern, vor allem aber der Aktivität seiner Bewohner, seine Bedeutung weiterhin erhalten und ausbauen. Kristallisationspunkte eines solchen kulturellen Lebens, wie Museum, Archiv, Bibliothek und Theater blieben der Stadt erhalten und machen sie zu einem wichtigen, in dieser Kontinuität einer historischen Entwicklung einmaligen, da organisch gewachsenen und weiter lebenden Mittelpunkt einer ganzen Landschaft. Die Veste vereint die vor allem auf der Sammeltätigkeit des Coburger Herzoghauses beruhenden umfangreichen Museumsbestände der Kunstsammlungen und der herzoglichen Familienstiftung. Die Ehrenburg mit ihrer weitgehend erhaltenen Einrichtung aus der Residenzzeit, führt in besonders interessanter Weise die vielfältigen künstlerischen Beziehungen, die in Coburg zum tragen kamen vor, etwa die Arbeiten der aus Oberitalien stammenden Baumeister und Ausstattungskünstler Lucchese und Bonalino und die nach Entwürfen des Preußischen Architekten Schinkel und des Franzosen Renié Grétry vorgenommenen Außengestaltung der Ehrenburg. Der Marktplatz flankiert von einem der schönsten Renaissancebauten, die Coburg dem Herzog Johann Kasimir verdankt und dem barocken Rathaus, das ältere Teile in sich aufgenommen hat, vereinen in beispielhafter Weise die architektonischen Symbole der herrschenden Dynastie und der Bewohner der Stadt in architektonischer Harmonie.

Harald Bachmann

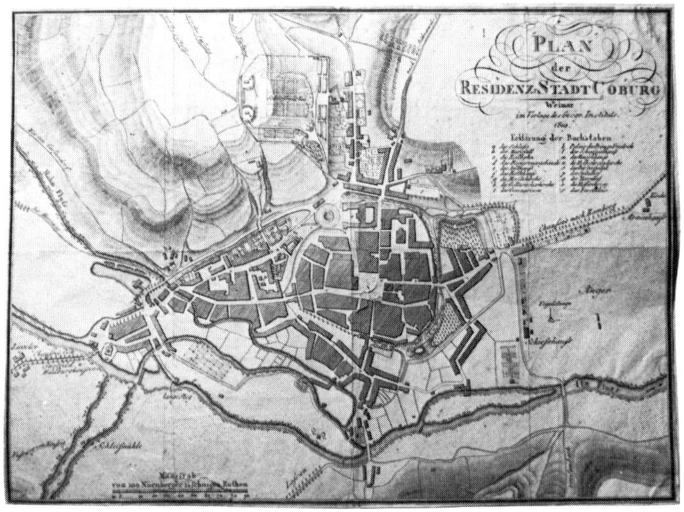

Der Staffelberg bei Lichtenfels

53

das „Troja Oberfrankens“

(vgl. Abb. 13, 54, 55, 59)

Als markantes Bergmassiv ragt der Staffelberg über das Maintal. Die Anhöhe ist in zwei Plateaus gegliedert: das untere, ca. 49 ha groß, erreicht eine Höhe von etwa 475 m und wird durch ein weiteres, 3 ha großes steiles Massiv um 50 m überragt.
Die günstige Lage am Main machte den Staffelberg über viele Jahrtausende hinweg zu einem bevorzugten und natürlichen Schutz gewährenden Siedlungsplatz in Oberfranken.
Bereits im 7. vorchristlichen Jahrtausend wurde er von steinzeitlichen Jägern aufgesucht. Im 5. Jahrtausend vor Chr. wurde das Hochplateau erstmals von jungsteinzeitlichen Bauern besiedelt. Zwei Jahrtausende später befestigten diese die Höhenlage mit einem Erdwall. Gegen Ende des 2. Jahrtausends lag hier eine bedeutende spätbronzezeitliche Siedlung. Im späten 6. vorchristlichen Jahrhundert entstand auf dem Staffelberg eine frühkeltische Häuptlingsburg mit einer mächtigen, 3 m breiten und über 3 m hohen Trockensteinmauer mit Holzkonstruktion, der im Nordosten eine weitere Mauer vorgelagert war.
Dieser Anlage folgte eine ähnliche in der zweiten Hälfte des 5. Jahrhunderts v. Chr. Im Anschluß daran wurde der Berg nahezu 300 Jahre lang nicht mehr besiedelt. Erst gegen Ende des 2. Jahrhunderts v. Chr. gründeten die Kelten auf dem unteren Plateau eine Stadtanlage, bei der es sich um das in der Antike bei dem griechischen Geographen Ptolemäus genannte „Menosgada“ handeln dürfte. Die Stadt war mit einer 2800 m langen Stadtmauer umwehrt, die in ihrem gefährdeten östlichen Bereich über 6 m hoch und 13 m breit war. In ihrem Inneren lagen Handwerkerviertel und es wurde auch Geld geprägt. Der Fund einer um 170 v. Chr. geprägten Silbermünze aus Kappadokien legt Handelsbeziehungen des Obermain-Oppidums zu den kleinasiatischen Galatern nahe. Damals befestigte man auch wieder das akropolisartige Hochplateau mit einer Burgmauer. Als gegen Ende des 1. Jahrhunderts v. Chr. Elbgermanen über das Mittelgebirge nach den Mainlanden zogen, verließen die Kelten die Stadt. Eine alte Sage von den Heinzelmännlein, die den Berg und seine Schätze verließen, geht vielleicht auf dieses Ereignis zurück. Die Sage weist aber auch auf die wirtschaftliche Grundlage der Besiedlung des Staffelbergs in alter Zeit: erzführende Schichten, deren Abbau noch bis in das Mittelalter hinein eine Rolle gespielt haben dürfte.

Um 400 n. Chr. erfuhr das Hochplateau als spätgermanische Häuptlingsburg eine letzte Ausbauphase mit einer nahezu 4 m breiten Steinmauer. Ein Jahrhundert später verfiel diese Anlage, und das „Troja Oberfrankens“ geriet in Vergessenheit, der sie die Archäologie seit 1967 durch gezielte Grabungen wieder zu entreißen versucht.

Björn-Uwe Abels
Ruprecht Konrad

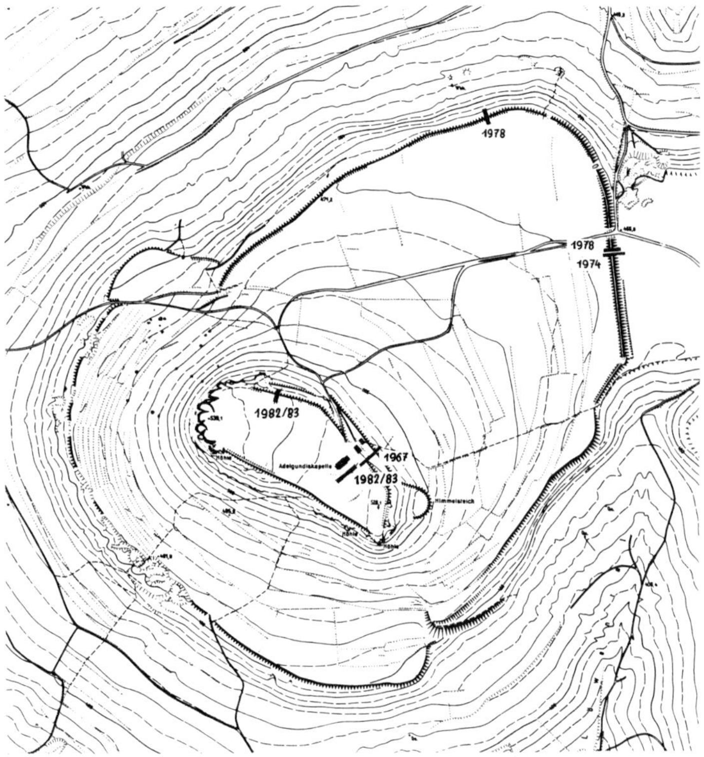

Kloster Banz

Von der Benediktinerabtei zur modernen Tagungsstätte

54

(vgl. Abb. 13, 53, 55, 59)

Kloster Banz, zusammen mit den Klosterbauten von Michelsberg in Bamberg und Ebrach, wohl der noch bedeutendste erhaltene Klosterkomplex in Oberfranken und wie viele Benediktinerabteien an landschaftlich herausragender Stelle errichtet, läßt nicht nur aufgrund seiner Lage und Ausmaße an die Klöster des österreichisch-böhmischen Raumes denken. Die weitläufige Anlage, errichtet an der Stelle einer im 10. Jahrhundert hier von den Schweinfurter Grafen gegründeten Burg, wird 1069 zum ersten Mal erwähnt. Das Auf und Ab in der Klostergeschichte, zu dem u. a. Zerstörungen während des Bauernkrieges und des zweiten Markgräflerkrieges sowie des 30jährigen Krieges gehören, führen immer wieder zu seiner Wiederherstellung. Die Abtei übersteht alle Plünderungen, Brände, Zerstörungen und schließlich sogar die drohende Auflösung als in der zweiten Hälfte des 16. Jahrhunderts Abt und Konvent zum Protestantismus übertreten. Architektonischer Ausdruck der größten Blütezeit sind die ab 1695 entstandenen großzügigen Klosterbauten. Ihre künstlerische Autorenschaft ist ein Spiegelbild der weit verzweigten Verbindungen des Klosters und damaliger Bauherren in diesem Raum. Johann Leonhard Dientzenhofer liefert die ersten Pläne, von denen wohl ein Deckenbild im sogenannten Fürstenzimmer einen Eindruck gibt. Ab 1698 beginnen die Neubauten, zuerst der langgestreckte Abteibau zum Vorhof hin und dann die nach Südosten anschließenden Refektoriums- und späterer Bibliotheksflügel. 1707 leitet nach dem Tode seines Bruders Johann Dientzenhofer die weiteren Baumaßnahmen. Dabei entsteht in den Jahren 1710 bis 1719 als erstes die Kirche. Mit dem Bischofsbau wird der dritte Querflügel bis 1721 fertiggestellt. Nach dem Tode Dientzenhofers kann als letzter Bau des eigentlichen Klosters, in Verlängerung des Chores, der Konventsbau errichtet werden, zu dem Balthasar Neumann ebenso wie Anselm Franz Freiherr Ritter von Groenesteyn Beiträge liefern. Damit steht der Hauptbau, das eigentliche Kloster. Die Planungen für die weiträumigen Flügel, welche den Vorhof umschließen sollen, liegen in den Händen des ländlichen Baumeisters Johann Thomas Nißler, der auch bei der Ausführung von Vierzehnheiligen beteiligt ist und in diesem Raum viele Kirchen baut. Neumann verbessert diese Pläne und sorgt vor allem dafür, daß sie symmetrisch auf dem Konventsbau bezogen werden. Zeigt die Baugeschichte des eigentlichen Klosterkomplexes schon die Vielzahl beteiligter Baumeister, wie sie für alle großen klösterlichen und residenzialen Bauvorhaben des 18. Jahrhunderts in Franken typisch sind, so wird an der Klosterkirche noch ein weiteres Moment deutlich, nämlich die grenzüberschreitenden Verbindungen zum böhmisch-österreichischen Kulturraum, die insbesondere in den Wölbformen aber auch vielen Details der Klosterkirche den böhmischen Einfluß und die enge Verwandtschaft mit dem dortigen Kulturkreis, dem auch mehrere Mitglieder der Familie Dientzenhofer eng verbunden sind, beweist. Die reiche Innenausstattung an der u. a. die Bamberger Hofmaler Steidl sowie Gebhardt und Johann Joseph Scheubel, der Würzburger Hofbildhauer Balthasar Esterbauer, die Bamberger Hofstukkateure Vogel und der Wiesentheider Ebenist und Mechaniker Johann Georg Nestfell mitarbeiten, zeigt eine Fülle von Künstlern, die, ungeachtet der territorialen Zwistigkeiten ihrer Herren, hier gemeinsam Großes leisteten. Banz gehörte geistlich zu Würzburg, weltlich zu Bamberg, worüber immer wieder Streitigkeiten zwischen Bamberg und Würzburg ausbrachen. Das Entstehen eines Gemeinschaftswerkes auf dem Gebiete der Kunst, vermochten diese Auseinandersetzungen nicht zu verhindern. Mit der Säkularisation, zu deren theoretischer Entwicklung gerade in Banz entstandenes aufklärerisches Schrifttum nicht wenig beigetragen hat, kommt auch das Ende der geistlichen Bestimmung des Klosterkomplexes in Banz. 1814 bewahrt es der Herzog in Bayern durch Ankauf vor dem Verfall. Nach verschiedenem Eigentümer- und Nutzungswechsel gelangte die Klosteranlage vor wenigen Jahren in das Eigentum der Hanns-Seidel-Stiftung, die sie von Grund auf sanieren und restaurieren ließ und als Tagungs- und Fortbildungsstätte eine weitere Nutzung langfristig sicherstellen konnte. Es ist zu hoffen, daß die Sanierungsarbeiten auch noch auf die Nebengebäude ausgedehnt und damit der gesamte Komplex endgültig vor dem Verfall bewahrt werden kann.

Albrecht Graf von und zu Egloffstein

Vierzehnheiligen

55

Frankens großartigste Wallfahrtskirche

(vgl. Abb. 13, 53, 54, 59)

Die Wallfahrtskirche Vierzehnheiligen gehört zu den großartigsten Kirchenbauten des 18. Jahrhunderts in Deutschland. Zusammen mit Kloster Banz bildet sie einen der schönsten Eindrücke von Kulturlandschaft in dem sich natürliche Voraussetzungen, von Menschen gestaltete Landschaft und sie überragende Zeugnisse künstlerischen Schaffens zu einer Einheit verbinden, die man als Höhepunkt im Erleben eines durch jahrhundertealte Kultur geprägten Landes empfindet. Die Kirche steht auf einem Platze, an dem 1445 und 1446 ein Schäferjunge des benachbarten Klosters Langheim zwei Erscheinungen hatte, davon einmal die des Jesuskindes, umgeben von einem Kreise von 14 Kindern als Verkörperung der 14 Nothelfer. Mit einer kurze Zeit später erfolgten Heilung begann hier eine Wallfahrt, die bis in unsere Zeit zu den größten und auch heute noch lebendigsten Wallfahrten Süddeutschlands gehört. Die Äbte von Langheim, zuständig als Herren dieses Gebietes, ließen 1448 eine erste Kapelle errichten, die nach dem Bauernkrieg und dem 30jährigen Krieg jeweils wieder aufgebaut wurde. In den Jahren 1743 bis 1772 entsteht der großartige Kirchenbau.

Die ungeklärten Zuständigkeiten für den Bauunterhalt und Verteilung der Einnahmen aus der Wallfahrt führen zu einem langwierigen Streit zwischen dem Kloster Langheim und dem Fürstbischof von Bamberg. Allein dadurch bedingt werden mehrere Baumeister an den Planungen beteiligt. Das Kloster zieht als erstes Gottfried Heinrich Krohne, den thüringischen Baumeister vor, der auch für Langheim selbst und einige Gebäude außerhalb des Klosters Entwürfe liefert. Weiterhin beteiligt sich Johann Jakob Michael Küchel. Schließlich aber wird der Bau im wesentlichen nach Plänen Balthasar Neumanns ausgeführt, während die Bauleitung Gottfried Heinrich Krohne zufällt, der die Ausführung am Ort wiederum dem Maurer und Steinhauermeister Johann Thomas Nißler anvertraut, welcher seinerseits, auch im Auftrage Langheims, eine Reihe von Kirchen und Profanbauten auf den Besitzungen des Klosters errichtet und zu den vielen ländlichen Meistern gehört, die einen vor allem von Küchel entwickelten Stil über das ganze Gebiet des Hochstiftes Bamberg verbreiten. Noch während die Arbeiten im Gange sind, bei denen Krohne eigenmächtig Neumann'sche Konzepte verändert, hält das Gerangel um die Zuständigkeiten an, so daß der Langheimer Abt einen weiteren großen der fränkischen Barockbaumeister, nämlich Maximilian von Welsch, mit neuen Plänen beauftragt. Aus dem ganzen Hin und Her geht aber schließlich doch wiederum die Neumann'sche Konzeption als die Entscheidende hervor. Sie wird nunmehr unter Bauleitung Johann Jakob Michael Küchels ausgeführt. Bis 1763 sind Gewölbe und Dach fertiggestellt, so daß im gleichen Jahr Johann Michael II. Feichtmeier und sein Bruder Franz Xaver I mit den Stuckierungen und Guiseppe Appiani mit den Fresken beginnen können. Neun Jahre später, im Jahre 1772, erfolgt die Weihe. Nicht einmal 60 Jahre später, im Jahre 1835, vernichtet ein Brand den Dachstuhl, wobei die Folgeschäden, vor allem die Schäden der Restaurierung, wesentlich größer sind als die eigentlichen Brandschäden. So bringen die Maßnahmen zwischen 1848 und 1872 sowie deren teilweise Beseitigung 1914–1918 und 1958 eher weitere Substanzverluste als eine Restaurierung. Die derzeit in Angriff genommene Restaurierung, bei der man sich glücklicherweise für eine vollständige Freilegung der alten Substanz, soweit sie noch vorhanden ist, entschieden hat und die auf das Behutsamste vorgenommen wird, soll sowohl die Farbigkeit der Deckenbilder als auch der Raumausstattung wieder herstellen. Die Arbeiten werden viele Jahre in Anspruch nehmen, aber es ist zu hoffen, daß damit erstmals seit dem Brand wieder ein annähernd dem Originalzustand entsprechendes Erscheinungsbild zurückgewonnen werden kann. Die zuständige Fachbehörde, das Bayerische Landesamt für Denkmalpflege, in Abstimmung mit dem ausführenden Landbauamt Bamberg, haben sich die Entscheidung in keiner Weise leicht gemacht. Es ist zu hoffen, daß die vielfältigen Überlegungen und eine qualitätvolle Restaurierungsarbeit den gewünschten Erfolg erbringen.

Albrecht Graf von und zu Egloffstein

Kronach

56

Der Eckpfeiler des Hochstiftes Bamberg

(vgl. Abb. 58, 77, 78)

Kronach und die Feste Rosenberg in Kronach bilden das geschlossenste Ensemble von Verteidigungs- und Wehranlagen in Oberfranken. Die von der weitläufigen Festungsanlage überragte Stadt gehörte zusammen mit Forchheim zu den wichtigsten Orten des Hochstiftes Bamberg. Beide Städte waren als Festungen des Fürstbischofs von größter Bedeutung. Während in Forchheim ein Großteil der Anlagen im 19. Jahrhundert geschleift wurde, hat sich in Kronach die Stadtmauer mit Toren und Türmen nahezu vollständig erhalten, ebenso die Festung Rosenberg. So wie durch eine Vielzahl von Wappen nahezu sämtlicher Fürstbischöfe, welche an der Festung Rosenberg gebaut haben, die enge Verbindung mit der Residenzstadt Bamberg sichtbar ist, weist das historische Ortsbild viele architektonische Bezüge zum ehemaligen Mittelpunkt des alten Hochstiftes auf. Die Altstadt ist geprägt von den Plätzen um die Kirche und das Rathaus und den beiden diese Plätze miteinander verbindenden Straßenzügen. Das großartige barocke Festungsfünfeck der Feste Rosenberg überhöht dieses geschlossene Altstadtbild in eindrucksvoller Weise. Die an ihm tätigen Baumeister Engelhardt, Hellerstein, Petrini, Welsch, Christein, Neumann und Küchel waren allesamt in bischöflichen Diensten tätig. Ihr Wirken bestätigt ein weiteres Mal die enge Verbindung Kronachs zu Bamberg. Auch wenn die eigentliche Festungsanlage im wesentlichen barocke Züge trägt, ist doch im Bereich der Bauten die architektonische Entwicklung eines halben Jahrtausends ablesbar. Bis 1866 hat Rosenberg seinen Festungscharakter behalten und sogar Napoleon ließ sie 1806 noch als Rückendeckung gegen seine vorwärts ziehenden Truppen umbauen. Dem im vorigen Jahrhundert beginnenden Zerfall wurde in den letzten Jahrzehnten durch groß angelegte Restaurierungsmaßnahmen bereits in manchen Teilen Einhalt geboten, und sogar erste grundlegende Sanierungen durchgeführt. Erster großer Erfolg ist die Einrichtung eines Zweigmuseums des Bayerischen Nationalmuseums, der Fränkischen Galerie, im ehemaligen Kommandantenbau. Für das im Zeughaus untergebrachte Museum laufen derzeit die Planungen für den Ausbau zu einem Landschaftsmuseum des Frankenwaldes. Darüber hinaus werden Teile der Kernburg als Jugendherberge genutzt, so daß die ganze Anlage wieder mit Leben erfüllt wird. In den nächsten Jahren ist eine schrittweise Sanierung der Festungsanlagen geplant, um diese schönste oberfränkische Barockfestung wieder ganz in ihren ursprünglichen Zustand zu versetzen.

Albrecht Graf von und zu Egloffstein

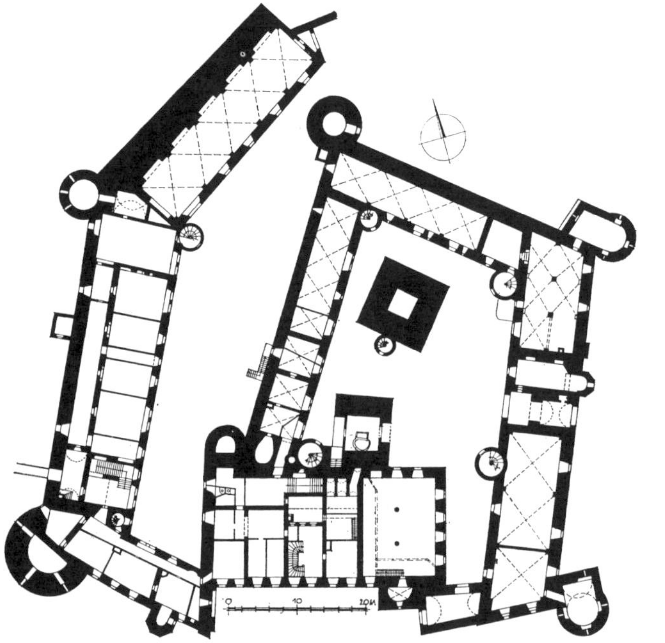

Kronach, Festung Rosenberg, Grundriß von Kernburg und Zeughausflügel

Burg Lauenstein

57

Grenzfeste der Markgrafen im Norden

(vgl. Abb. 80)

Die Burg Lauenstein, oberhalb von Ludwigstadt, liegt als nördlichste Burg Oberfrankens nahe der thüringischen Grenze. Diese Grenzlage spiegelt sich auch in der bewegten Geschichte der Burganlage wider. Sie ist wohl eine Gründung der thüringischen Grafen von Orlamünde, welche hier bis ins 15. Jahrhundert den Besitz behaupteten und zu deren oberfränkischen Besitzungen weite Teile des ehemaligen Markgrafentums Kulmbach-Bayreuth gehörten. 1430 wurde die Burg an die in Thüringen begüterten Grafen von Gleichen und von diesen bereits acht Jahre später an die ebenfalls in Thüringen ansässigen Grafen von Schwarzburg-Leutenberg weiterverkauft. Als Lehnsherren folgen nun die Markgrafen von Brandenburg, welche sie wiederum an ein Mitglied des Hauses Schwarzburg zu Lehen geben, von wo aus 1501 eine Weiterveräußerung an die Grafen von Mansfeld erfolgt. 1506 sind die Herren von Thüna, ein sächsisch-thüringisches Geschlecht, Afterlehnsinhaber der Mansfeld. Ab 1622 ist Lauenstein ganz markgräflich und wird Amtssitz der neuen Herren um von nun an die Geschicke des Markgrafentums zu teilen. Die Burganlage besteht im wesentlichen aus zwei Teilen, dem älteren südöstlichen Flügel, dem sogenannten Orlamündeflügel, dessen Anfänge wohl auf die Begründer zurückgehen und dem Thünaflügel, der von der gleichnamigen Familie in den Jahren 1551 bis 1554 errichtet wurde. Der Bau, dessen Inneres ursprünglich noch wesentlich reicher ausgestattet war, so beispielsweise auch Fresken enthielt, weist als Hauptraum im Erdgeschoß den sogenannten Rittersaal auf, der durch die volle Breite des Flügels gehend ein Drittel des gesamten Geschosses einnimmt und dessen reiches Sterngewölbe an thüringisch-sächsische Vorbilder erinnert. So wird vermutet, daß der Baumeister des Schlosses Rottweinsdorf bei Pirna hier mitgewirkt hat. Auch an dieser künstlerischen Verbindung läßt sich die im übrigen in der Besitzergeschichte ablesbare Nähe zu Thüringen besonders verdeutlichen. Die Anfang des 19. Jahrhunderts mit Verlegung des Landgerichtes von Lauenstein nach Ludwigstadt ohne weitere Nutzung verfallende Burg wird ab 1896 durch den neuen Eigentümer Erhard Messmer in umfangreichen historisierenden Baumaßnahmen vor dem Untergang bewahrt. Die Burg erhält eine für die Zeit charakteristische Ausstattung und auch teilweise Ausmalung. Hierbei sind es vor allem die kunsthandwerklichen Leistungen der Möbelschreinerei und des Schmiedehandwerks, die mit großer Geschicklichkeit, teilweise unter Verwendung originaler alter Stücke in den Interieurs ein stimmungsvolles Gesamtbild zu erzeugen vermögen. Da die Nachkommen des Erwerbers sich nicht in der Lage sahen den Komplex weiter zu erhalten, erwarb 1962 der Freistaat Bayern die Burg. Nun in der Zuständigkeit der Bayerischen Verwaltung der Staatlichen Schlösser, Gärten und Seen wurde sie in den folgenden Jahren vorbildlich von Grund auf restauriert, wobei viele historisierende Zutaten entfernt wurden und man das Schloß als Museum, teils mit Resten des alten Inventars, teils mit hinzu erworbenen Stücken wieder neu einrichtete. Heute zählt Lauenstein zu den besonders lohnenden Ausflugsziel im nördlichen Frankenwald.

Albrecht Graf von und zu Egloffstein

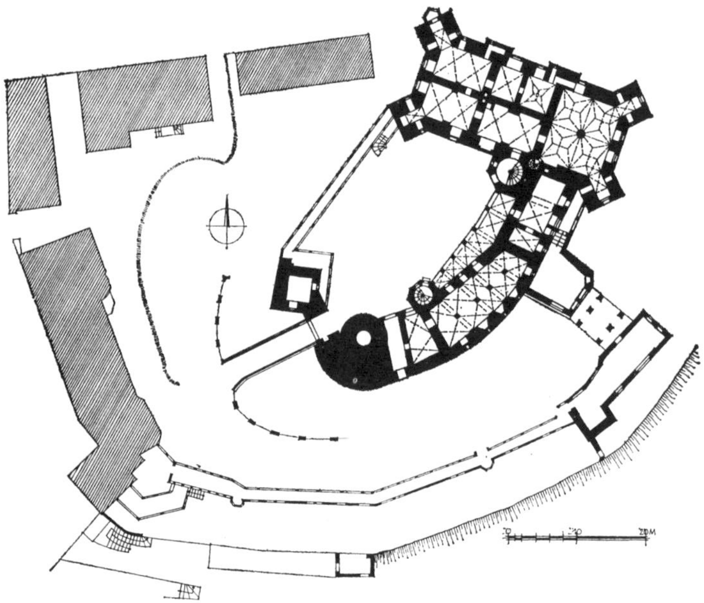

Schloß Mitwitz

58

Weitläufiges Wasserschloß der Freiherren von Würtzburg

(vgl. Abb. 56, 90, 91)

Das Schloß Mitwitz kann als eine der schönsten Wasserschloßanlagen des östlichen Franken bezeichnet werden. Jahrhundertelang im Besitz ritterschaftlicher Familien ist seine Geschichte und seine Baugeschichte eng mit der des umgebenden Landes verbunden. Es wird im Jahr 1315 das erste Mal im Besitz der Herren von Schaumberg erwähnt und geht 1425 an die Coburger Münzmeister von Rosenau über, um 150 Jahre später Eigentum der Freiherren von Würzburg zu werden, als deren Erben es nun die Freiherren von Cramer-Klett besitzen. Vor- und Hauptburg sind von Gräben und einem Weihergelände umzogen. Das heutige Erscheinungsbild verdankt Mitwitz vor allem dem Wiederaufbau nach dem Bauernkrieg. Die um einen annähernd quadratischen Innenhof angeordnete Baugruppe mit vier Ecktürmen und einem weiteren neben dem Brückenzugang an der Eingangsseite eingefügten Turm, erscheinen als einheitliche Anlage. Das äußere Erscheinungsbild wird bestimmt durch die großen Bauperioden, einmal des ersten Drittels des 16. Jahrhunderts und dann des großzügigen Umbaues in den Jahren 1596 bis 1598, vermutlich unter Federführung des Baumeisters Daniel Engelhardt, der sowohl an der Plassenburg als auch der Feste Rosenberg in Kronach und dem Schloß Wernstein mitgewirkt haben dürfte. Aus dem ersten Drittel des 17. Jahrhunderts stammen die Stallungen und der Verwaltungsbau, für welchen der Öttingen-Wallerstein'sche Baumeister Hans Alberthal die Pläne geliefert haben dürfte. Der Verbindungsbau mit der Einfahrt wurde vom Coburger Peter Sengelaub, die Stallungen von dem vor allem im benachbarten ritterschaftlichen Gebiet der Herren von Redwitz tätigen Hans Fridmann ausgeführt. Weitere Umbauten des 18. Jahrhunderts veränderten am Äußeren des Schlosses die Fensteranordnung, ließen auf den Türmen die barocken Hauben entstehen und brachten vor allem im Inneren eine reiche barocke Ausstattung, die bei einem letzten Umbau an der Wende des 19. zum 20. Jahrhunderts nochmals überarbeitet wurde. Insgesamt ist Mitwitz, wie viele ritterschaftliche Schlösser, in besonderem Maße Denkmal einer langen Entwicklungsgeschichte, deren Spuren sich an der architektonischen Erscheinung des Komplexes ablesen lassen. Die vom Verfall bedrohte Schloßanlage wird seit einigen Jahren auf Betreiben des Landrates von Kronach in vorbildlicher Weise sehr behutsam wieder hergerichtet. Dabei ist es bisher gelungen, eine Überrestaurierung wie sie in diesen Fällen nicht selten ist, zu vermeiden. So wurde auch auf eine farbige Fassung des Äußeren verzichtet und nur im Innenhof die letzte einheitliche farbige Fassadengestaltung des 18. Jahrhunderts unter Beibehaltung älterer Elemente wiederhergestellt. Das Innere, heute in größeren Teilen ebenfalls bereits restauriert, nimmt die Reste eines ursprünglich sehr umfangreichen Inventars auf. Zu den Besonderheiten zählen mehrere mit bemalten Wandbespannungen des 18. Jahrhunderts ausgestattete Räume. Das Schloß ist mittlerweile durch viele Aktivitäten u. a. Sitz einer deutsch-griechischen Initiative sowie für Einrichtungen der Universität Bayreuth zu einem kulturellen Zentrum in diesem Raum Oberfrankens geworden.

Albrecht Graf von und zu Egloffstein

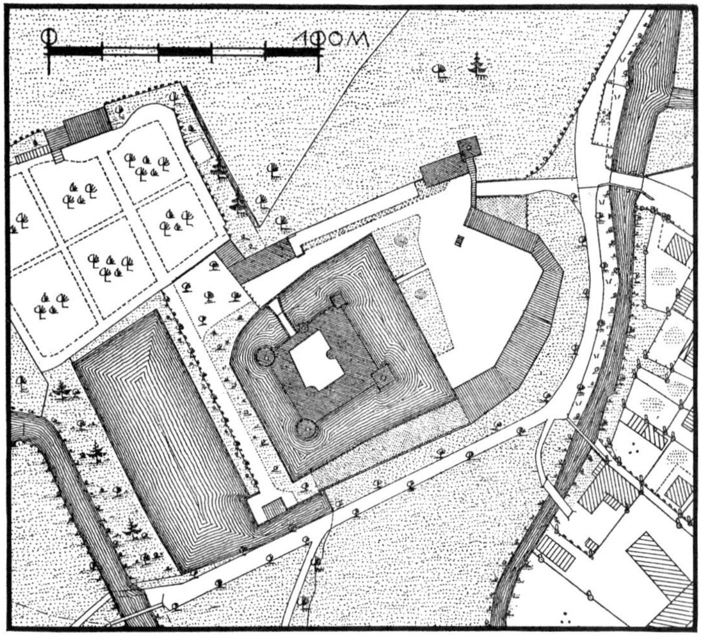

Lichtenfels

59

Die „Deutsche Korbstadt“

(vgl. Abb. 13, 53, 54, 55)

Das 1142 urkundlich erstmals genannte Litenuels entwickelte sich aus verschiedenen Ortskernen vom Maintal aus südlich bis zum Fuß des Burgberges. Vor- und frühgeschichtliche Funde weisen auf die schon seit alter Zeit bevorzugte Siedlungslage auf der Mainterrasse hin.
Entlang einer für die Region entscheidenden Verkehrsachse hat sich der Ort seit dem Mittelalter ausgedehnt, die von Bamberg durch das Maintal über das Coburger Land nach Thüringen und über den Frankenwald ins Vogtland führte.
Das heutige Lichtenfels wuchs aus drei älteren Ortskernen zusammen: Dem alten Lucelowa/Lovicelowe (slawisch: „herrschaftliches Jagd- oder Fischereirevier“), der alten Fischerei im Ortsteil Kleinau, das in den Besitzurkunden des Reichsklosters Fulda genannt wird und auf frühmittelalterliche Kolonisation durch Slawen innerhalb von Königsgut hinweist. Der Burgberg als weiterer Siedlungsmittelpunkt befand sich um die Jahrtausendwende in der Hand der Schweinfurter Grafen und kam als deren Erbe an die Grafen von Andechs-Dießen (Herzöge von Meranien). Diese sind auch als Gründer der Stadt Lichtenfels anzusehen, die 1142 in der Schenkung an das Bistum Bamberg genannt wird. Zu Beginn des 13. Jahrhunderts wiesen die Meranier urkundlich auf ihre neue Befestigung in Lichtenfels und auf den Markt hin, der im 14. Jahrhundert mit einer Mauer umgeben ist. Die Funktion als Straßenort und als Kontrollpunkt der Mainschiffahrt läßt an eine Entstehung spätestens im 10. Jahrhundert denken. Die beiden Hauptverkehrsachsen kreuzen sich auf dem Marktplatz. Im 15. und 16. Jahrhundert wurde die Stadt durch kriegerische Einwirkungen schwer beschädigt. Über der Altstadt erhebt sich heute das 1555 von den Grafen von Sternberg erbaute Stadtschloß.
Die Pfarrei Lichtenfels wurde zur Meranier-Zeit eingerichtet und gehörte zum Sprengel der vor-bambergischen Urpfarrei Staffelstein. Der Ort war Mittelpunkt einer Cent, die auf die Gerichtsverhältnisse im alten Radenzgau zurückgeht und ursprünglich von den Andechsern ausgeübt wurde. Hier tagte 1232 auch das Gaugrafengericht. Nach dem Ende der Meranier 1248 kam die Gerichtsherrschaft an das Hochstift Bamberg, bis zum Ende des 18. Jahrhunderts war Lichtenfels Sitz eines bischöflichen Oberamtes, seit 1804 eines Landgerichts.

Lichtenfels um 1730. Ausschnitt aus dem Flurplan von Chr. W. Meuser

Neben der Mainflößerei aus dem Lichtenfelser Forst war für die Wirtschaftsstruktur neben dem Getreidehandel in späterer Zeit vor allem die Produktion von Korbwaren von Bedeutung. In Lichtenfels befindet sich die einzige staatliche Fachschule für Korbflechterei. Alljährlich im Herbst wird der bekannte Korbmarkt abgehalten. Seit dem Rückgang der Mainschiffahrt und der Veränderung des mittelalterlichen Wegenetzes gab die Lage als Hauptknotenpunkt an der Bahnlinie Bamberg–Kulmbach neue Impulse.

Ruprecht Konrad

Oberfranken – Ein Raum wirtschaftlicher und sozialer Vielfalt

von R. Färber und J. Maier

Oberfrankens Vergangenheit und Gegenwart

1. Staatlicher Einfluß als raumprägendes Element

Entscheidungen des Staates, seien es staatspolitische Maßnahmen, wie etwa Grenzziehungen, spielten für zahlreiche Gebiete eine wichtige Rolle, für Oberfranken brachten sie jedoch grundlegende Änderungen mit sich.

Die große regionale Vielfalt, die lange Zeit das Gebiet kennzeichnete, ging auf den ersten Blick durch die Säkularisation 1803, die kaiserlich-französische Zwischenherrschaft und letztlich die Einbeziehung nach Bayern 1810 verwaltungsmäßig verloren. Unter dem Staatsminister Montgelas wurde 1817 eine neue regionale Ordnung der Verwaltung, der „Obermainkreis" eingeführt, die bis zur Gebietsreform unserer Tage die Gemeinde- und Landkreisgrenzen sowie die Standorte der Ämter festlegte.
Dadurch verlor mancher frühere Amtsort an Bedeutung, neue räumliche Strukturen und Verflechtungsbereiche bildeten sich heraus. Seit 1862 bestanden im heutigen Regierungsbezirk Oberfranken 19 Bezirksämter (vergleichbar den jetzigen Landratsämtern) sowie die drei kreisunmittelbaren (heute kreisfreien) Städte Bamberg, Bayreuth und Hof. Im Jahre 1920 wurde dann das Gebiet des Freistaates Coburg mit den kreisunmittelbaren Städten Coburg, Neustadt bei Coburg und Rodach b. Coburg an Oberfranken angegliedert. Im Zuge der Kreis- und Gebietsreform 1972 veränderte sich dieses Bild, verloren doch die Städte Forchheim, Kulmbach, Marktredwitz, Neustadt b. Coburg und Selb ihre Kreisunmittelbarkeit. Auch die Zahl der Landkreise verringerte sich von 17 auf 9 Kreise, verbunden mit dem Ziel, größere und leistungsfähigere Verwaltungseinheiten zu schaffen. Dabei war der Verlust des Landratsamtes und weitere Ämter durch die parallel laufende Reform der Fachverwaltungen zum Teil mit einem erheblichen Bedeutungsrückgang dieser Städte (wirtschaftlich z. B. in Gestalt des Zentralitätsverlustes oder auch sozial gesehen, wurde doch damit häufig die soziale Oberschicht als Initiator mancher gesellschaftlichen Aktivität wesentlich reduziert) verbunden. Insbesondere waren davon die sog. Unterzentren und möglichen Mittelzentren, Standorte wie etwa Ebermannstadt, Stadtsteinach, Naila, Staffelstein oder Rehau negativ betroffen; die „Gewinner" dieser Verwaltungsumorganisation waren dagegen die möglichen Oberzentren, wie Bamberg, Bayreuth, Coburg und Hof (vgl. die Luftbilder Nr. 64 und 75).

Weit gravierender wie diese regionsinternen Veränderungen in Oberfranken aufgrund staatlichen Einflusses hat jedoch die Grenzziehung nach außen, nach dem 2. Weltkrieg und insbesondere nach dem Bau der Mauer durch die DDR, aber auch durch die optisch weniger sichtbare, jedoch in ihrer Bedeutung durchaus ähnliche Grenzziehung gegenüber der ČSSR gewirkt. Oberfranken, das eng mit dem Plauener und Chemnitzer sowie dem Leipziger Raum (im wissenschaftlichen Bereich etwa mit Jena) verbunden war und in weiten Teilen der Wirtschaft seine Orientierung nach Norden besaß, mußte nach dem 2. Weltkrieg eine völlige Neuorientierung vornehmen (vgl. auch die ähnlichen Bevölkerungsentwicklungen in den angrenzenden Gebieten in Südthüringen und Südsachsen. Die wirtschaftlichen Beziehungen erfuhren von nun an grundlegende Veränderungen, die man folgendermaßen charakterisieren kann:

- ausgesprochene Randlage im Hinblick auf die westdeutsche Volkswirtschaft,
- Verlust nahegelegener Rohstoff- und Absatzgebiete,
- Unterbrechung der Kommunikationsnetze nach Mitteldeutschland,
- völlige Veränderung der verkehrsgeographischen Situation.

Diese negativen Veränderungen werden überlagert von wenigen „positiven" Folgen des Krieges, wobei hier in erster Linie die neuen unternehmerischen Aktivitäten, die durch die Ansiedlung von Flüchtlings- bzw. Vertriebenenunternehmen in den Untersuchungsraum einflossen, zu nennen sind.

Geht man der Frage nach, worin die Unternehmer den gravierendsten Einfluß der Zonengrenze sehen, so zeichnet sich folgendes Bild ab:

a) negative Einflüsse
  - Einengung des Absatzgebietes
  - schlechte Verkehrsanbindung
  - hohe Transportkosten

– lange Wege zum Kunden
– Abwanderung allgemein und Abwanderung von Fachkräften
– Mangel an Fachkräften
– fehlendes Hinterland
– Ausfall der Kunden
– dezentrale Lage
– Hauptabsatzgebiete Thüringen und Sachsen fehlen
– höhere Kosten des Zonenrandgebietes allgemein
– schlechtes Image, geringe Attraktivität des Zonenrandgebietes
– Ausfall der Lieferanten
– sonstige negative Einflüsse

b) positive Einflüsse
– relativ stabile Lohnkosten
– Arbeitskraftreserven.

Aufgrund vielfältiger wirtschaftlicher Anpassungsprozesse versucht die Unternehmerschaft, insbesondere der dynamische Teil, inzwischen den neuen Marktanforderungen gerecht zu werden und durch entsprechende Produktspezialisierung sowie höhere Produktivität den Wettbewerbsvorteilen anderer Gebiete in der Bundesrepublik Deutschland entgegenzuwirken.
Auch im Leben der Bevölkerung Oberfrankens hat die Grenzziehung erhebliche Veränderungen gebracht, lagen und liegen hier doch weitaus höhere Anteilswerte an verwandtschaftlichen Beziehungen vor als beispielsweise im Raum Aachen gegenüber den Gebieten in den Niederlanden und Belgien. Aufgrund der weitgehend geschlossenen Grenzen liegen jedoch die Zahlen der Grenzüberschreitungen geringer wie an Grenzen gegenüber EG-Ländern oder vor allem Österreichs (z. B. in Schirnding rd. 200 000 Grenzübertritte pro Jahr). Eine Ausnahme stellt der Grenzübergang Rudolphstein dar, der die Verbindung nach West-Berlin aufrechterhält und mit seinen über 3 Mill. Grenzübertritten pro Jahr zu den am meisten frequentierten Grenzübergangsstellen in der Bundesrepublik Deutschland zählt (vgl. die Luftbilder Nr. 60, 61, 62, 66, 67, 79, 89 und 90).

2. Bevölkerungsentwicklung und -struktur

Eine Darstellung der wirtschaftlichen und sozialen Vielfalt Oberfrankens muß bei den Menschen dieses Raumes beginnen, haben sie durch ihre Arbeitskraft und ihren Ideenreichtum in der Vergangenheit den Raum gestaltet und von ihnen wird es abhängen, ob die derzeit sich verstärkende periphere Situation des Raumes anhalten wird oder durch neue Impulse verändert werden kann. Nimmt man etwa die Zahl der gesamten Bevölkerung Oberfrankens, so ist diese in den letzten 20 Jahren im Vergleich etwa zum bayerischen Durchschnitt relativ gering gewachsen, teilweise hat sie sogar abgenommen. Nimmt man nur den Zeitraum zwischen 1970 und 1983, so sank die Bevölkerung von 1,079 Mill. auf 1,044 Mill. Einwohnern, wobei Bayern im gleichen Zeitraum um 4,7% zunahm (vgl. Abb. 1). Während dabei die Stadt Bayreuth, durch die Entwicklung der Universität sicherlich nicht unwesentlich mitbewirkt, bis Anfang 1985 einen Bevölkerungszuwachs aufwies und vor allem die Landkreise Bamberg und Forchheim, auch die Landkreise Bayreuth, Coburg, Lichtenfels und Kulmbach mit Abnahmeraten bis –5% noch recht stabile Verhältnisse aufwiesen, sind insbesondere in den Landkreisen Hof und Wunsiedel im Fichtelgebirge rückläufige Entwicklungen bis zu –12% festzustellen. So gibt es zwischen Marktredwitz und Selb Gemeinden, in denen zwischen 1970 und 1983 jeder vierte Einwohner entweder weggezogen oder gestorben ist.
Dieser zum Teil erhebliche Bevölkerungsverlust, der sich nach verschiedenen Prognosen noch fortsetzen dürfte, ist sowohl in der ungünstigen Entwicklung des natürlichen Bevölkerungszuwachses als auch in den Wanderungsbewegungen (mit einem Überhang der Wegzüge insbesondere jüngerer, dynamischer Personengruppen) begründet, verbunden mit der Gefahr der Überalterung und der sozialen Erosion (vgl. Abb. 1).
Besonders erwähnenswert ist dabei, daß das östliche Oberfranken bereits einen negativen natürlichen Bevölkerungssaldo aufwies als in allen anderen bayerischen Planungsregionen noch positive Salden vorlagen. Als Erklärungen dafür werden, wenn dies auch wissenschaftlich durchaus noch umstritten ist, einmal und im Gegensatz zum Einflußbereich von Bamberg der hohe Anteil an evangelisch-lutherischer Bevölkerung, die hohe Industriebeschäftigtendichte verbunden mit einem hohen Anteil weiblicher Arbeitskräfte, eine bereits früher vorhandene, leicht überalterte Bevölkerung aufgrund großer Abwanderungen von jüngeren Personen im Anschluß an die Flüchtlingsumsiedlungen in den 50er Jahrn und manchmal auch der „pessimistisch wirtschaftliche Erwartungshorizont“ (H. Ruppert) der Bewohner für dieses generative Verhalten angeführt.

3. Wirtschaftsentwicklung und -struktur

a) Erwerbsstrukturen und Arbeitslosigkeit

Regionale Unterschiede kennzeichnen auch die wirtschaftliche Situation.

Abb. 1
Bevölkerungsentwicklung im Regierungsbezirk Oberfranken 1961 – 1984

Quelle: Bayerisches Statistisches Landesamt
Entwurf: R. Färber · Bearbeitung: Regierung von Oberfranken, Bayreuth 1985

Tab. 1: Ausgewählte Strukturdaten Oberfrankens

Städte und Landkreise	Bevölkerung 1970	Bevölkerung 1984	Veränderung in %	Bruttoinlandsprodukt in Mill. DM 1970	Bruttoinlandsprodukt in Mill. DM 1982	Veränd. in %	je Einw. Bayern = 100 1982
Stadt							
Bamberg	77 453	69 990	– 9,6	1 203	2 598	115	245
Bayreuth	69 212	71 811	3,8	1 457	3 593	147	236
Coburg	48 962	44 239	– 9,6	592	1 407	137	266
Hof	56 838	51 183	– 9,0	713	1 492	109	233
Landkreis							
Bamberg	106 658	118 001	10,6	465	1 295	178	249
Bayreuth	97 069	96 187	– 0,3	583	1 249	114	148
Coburg	85 161	81 874	– 3,9	762	1 569	106	229
Forchheim	87 462	96 831	11,0	562	1 273	126	217
Hof	120 158	107 032	– 11,0	1 022	2 106	106	228
Kronach	80 716	74 377	– 7,9	661	1 416	114	233
Kulmbach	78 489	73 789	– 6,0	744	1 614	117	238
Lichtenfels	67 863	65 034	– 4,2	630	1 462	132	262
Wunsiedel i. Fichtelgebirge	103 056	89 599	– 13,1	873	1 916	119	245
Oberfranken insgesamt	1 079 104	1 039 947	– 3,7	10 267	22 990	124	239
Bayern	10 479 386	10 957 544	1,5				

Quelle: Bayer. Statistisches Landesamt, verschiedene Unterlagen, München 1984

Außer der Tatsache, daß im Vergleich zum Bundesgebiet die möglichen Oberzentren Oberfrankens zum Teil deutlich überdurchschnittliche Werte aufweisen und Landkreise, wie etwa Wunsiedel im Fichtelgebirge, Kulmbach, Coburg und Lichtenfels mit 80 und mehr Punkten an die Ergebnisse des Bundesgebietes heranreichen, zeigt sich, daß Oberfranken seit altersher ein hochindustrialisierter Raum ist. Während der Anteil der Land- und Forstwirtschaft am Bruttoinlandsprodukt nur noch in den Landkreisen Bamberg und Bayreuth knapp 10% ausmacht, erreicht das produzierende Gewerbe in den Landkreisen Kulmbach, Kronach, Hof und vor allem Coburg Anteilswerte von über 60%.

Aufgrund dieser Struktur wirken sich konjunkturelle Schwankungen und insbesondere Probleme einzelner Industriebranchen in Oberfranken gravierend aus, wenngleich man allerdings sehen muß, daß die Arbeitsmarktbezirke zwar deutlich ungünstigere Ergebnisse bezüglich der Arbeitslosenzahlen wie in Südbayern aufweisen, jedoch die Situation immer noch etwas besser wie in der Oberpfalz oder im Bayerischen Wald ausfällt. Im Vergleich zu

Bayern mit 1984 7,7% Arbeitslosenquote oder auch dem Durchschnitt des Bundesgebietes mit 9,1% zeigten sich die bestehenden wirtschaftlichen Probleme Oberfrankens in einer Arbeitslosenquote von 10,1%.
Bietet nun die Landwirtschaft vielleicht eine Möglichkeit des Ausgleichs dar?

b) Landwirtschaft und ihre Strukturprobleme

Gewiß spielt der Nebenerwerb in der Landwirtschaft eine wichtige Rolle, wobei in Zukunft wohl die heute zwischen 10 und 20 ha großen Vollerwerbsbetriebe eine besonders problematische Gruppe bilden werden. Denn auch in der Landwirtschaft hat sich seit dem 2. Weltkrieg ein starker Strukturwandel vollzogen. Dabei zeigten sich in Oberfranken wiederum eine Vielzahl kleinräumiger Unterschiede. Dies beginnt bereits bei den landwirtschaftlichen Produktionsbedingungen, schwanken doch etwa die Niederschlagsverhältnisse zwischen 600 mm im südwestlichen Bereich des Regierungsbezirks und 1200 mm in den Kammlagen des Frankenwaldes und des Fichtelgebirges (bezüglich der ungünstigen Erzeugungsbedingungen vgl. auch die Einbeziehung weiter Teile Oberfrankens in das Bergbauerngebiet).
Nimmt man jedoch einige allgemeine Grunddaten der Landwirtschaft in Oberfranken, so betrug die gesamte landwirtschaftlich genutzte Fläche 1983 330 313 ha, wovon 220 796 ha als Ackerland genutzt wurden. Auf diesem Ackerland wurden 1983 40 100 ha Weizen, 79 337 ha Gerste, 12 616 ha Kartoffeln, 39 690 ha Futterpflanzen und davon 19 671 ha Grünmais angebaut. Regionale Unterschiede sind aus Karte 2 ersichtlich, wobei hohe Anteile des Dauergrünlandes vor allem in den Fichtelgebirgs- und -randgemeinden und in der südlichen Fränkischen Schweiz auftreten (vgl. die Bilder 3, 17 u. 25).

Im Bereich der Rinderhaltung Oberfrankens, dem seit langem wohl bedeutsamsten Erwerbszweig wird eine allgemeine Tendenz ersichtlich, die auch in der übrigen Bundesrepublik zu beobachten ist,

Tab. 2: Entwicklung der Rinderhaltung in Oberfranken 1950–1984

Jahr	Zahl der Rinderhalter	gesamter Rinderbestand	davon Milchkühe
1950	45 343	309 750	153 530
1960	39 230	330 135	164 324
1970	29 161	358 443	158 029
1984	17 229	381 806	162 534

nämlich einen Rückgang der Rinderhalter bei gleichzeitigem Anstieg des Rinderbestandes bzw. auch des Bestandes an Milchkühen.

Im Bereich der Schweinehaltung war dieser Prozeß nicht in der gleichen Weise zu beobachten, nahm doch die Zahl der Schweinehalter in Oberfranken im gleichen Zeitraum von 56 238 auf 18 627 ab, wobei der Bestand von 220 770 1950 auf 377 073 im Jahre 1970 anstieg und seitdem auf 342 963 zurückging.

Insgesamt ergibt sich damit für die landwirtschaftlichen Betriebe in Oberfranken, daß diese doch in dem bereits genannten Zeitraum einen erheblicher Rückgang aufweisen. In absoluten Zahlen gesehen bedeutet dies eine Veränderung allein zwischen 1977 und 1983 von 36 577 auf 26 371 Betrieben.

Dabei verlief dieser Rückgang keinesfalls gleichmäßig, sondern er war in den stadtnahen Standorten (z. B. um Bamberg, Bayreuth, Coburg und Hof) sowie in jenen Bereichen, die Arbeitsplatzalternativen im außerlandwirtschaftlichen Sektor anbieten (z. B. Landkreise Forchheim und Coburg) erheblich. Dagegen weisen agrarisch geprägte Räume, wie z. B. die Albhochflächen, nur eine geringe Veränderung in der Zahl der landwirtschaftlichen Betriebe auf. Bezogen auf die Betriebsgrößen bedeutet dies, daß die durchschnittliche Betriebsgröße von 9,6 ha im Jahr 1973 (Bayern: 10,8 ha) auf 11,6 ha im Jahr 1980 (Bayern: 12,7 ha) anstieg. Dabei verloren die Betriebsgrößen bis unter 20 ha erheblich an Betrieben, während die Betriebe mit 30 bis unter 50 ha und darüber hinaus einen starken bis leichten Anstieg verzeichnen konnten.

Regional betrachtet schwankt die Betriebsgröße zwischen durchschnittlich 3,2 ha in Fichtelberg (Landkreis Bayreuth) und 30,5 ha in Gattendorf (Landkreis Hof) (vgl. auch Karte 1). Innerhalb Oberfrankens treten damit wesentliche regionale Unterschiede zwischen dem westlichen und östlichen Teil auf, wohl ein Ergebnis der Realteilung in den katholischen Gebieten. So kann man sagen, daß die durchschnittliche Betriebsgröße von Südwesten nach Nordosten zunimmt. In sämtlichen Gemeinden des Landkreises Forchheim, in über der Hälfte der Gemeinden des Landkreises Bamberg sowie in einigen Gebieten des Frankenwaldes und des Fichtelgebirges liegt die durchschnittliche Betriebsgröße unter 10 ha, während es Gemeinden mit einer durchschnittlichen Betriebsgröße von mehr als 20 ha, abgesehen von zwei Ausnahmen, nur in den Landkreisen Hof und Wunsiedel im Fichtelgebirge gibt (vgl. Karte 1).

Neben diesen Hinweisen aus der amtlichen Statistik sei noch auf einige Ergebnisse der 1981 durchgeführten Befragung landwirtschaftlicher Betriebsleiter in 11 repräsentativ ausgewählten ober-

Karte 1 Landwirtschaftliche Betriebe über 20 ha in Oberfranken 1979

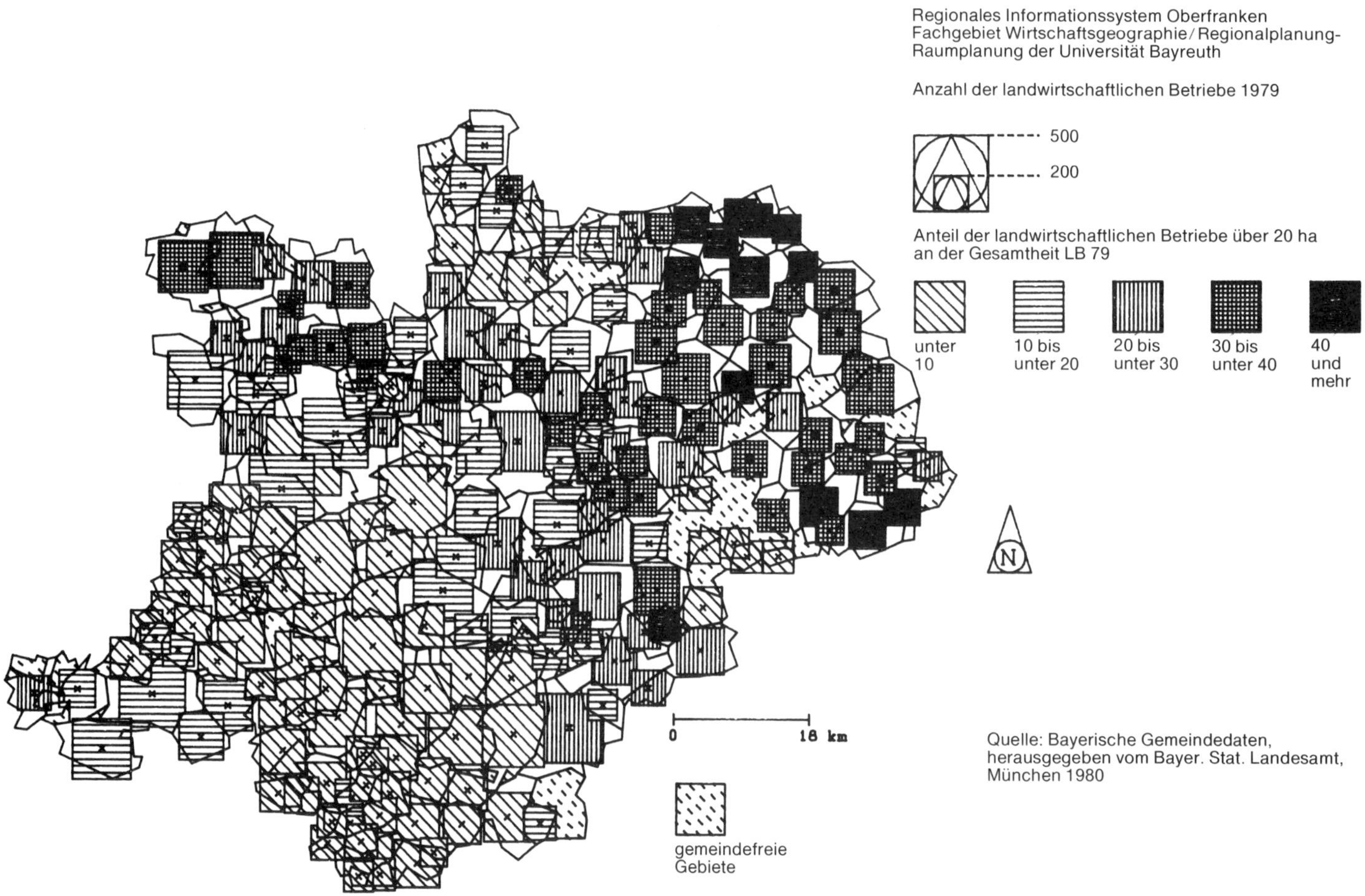

Karte 2 Anteil des Dauergrünlandes an der landw. Nutzfläche in Oberfranken 1977

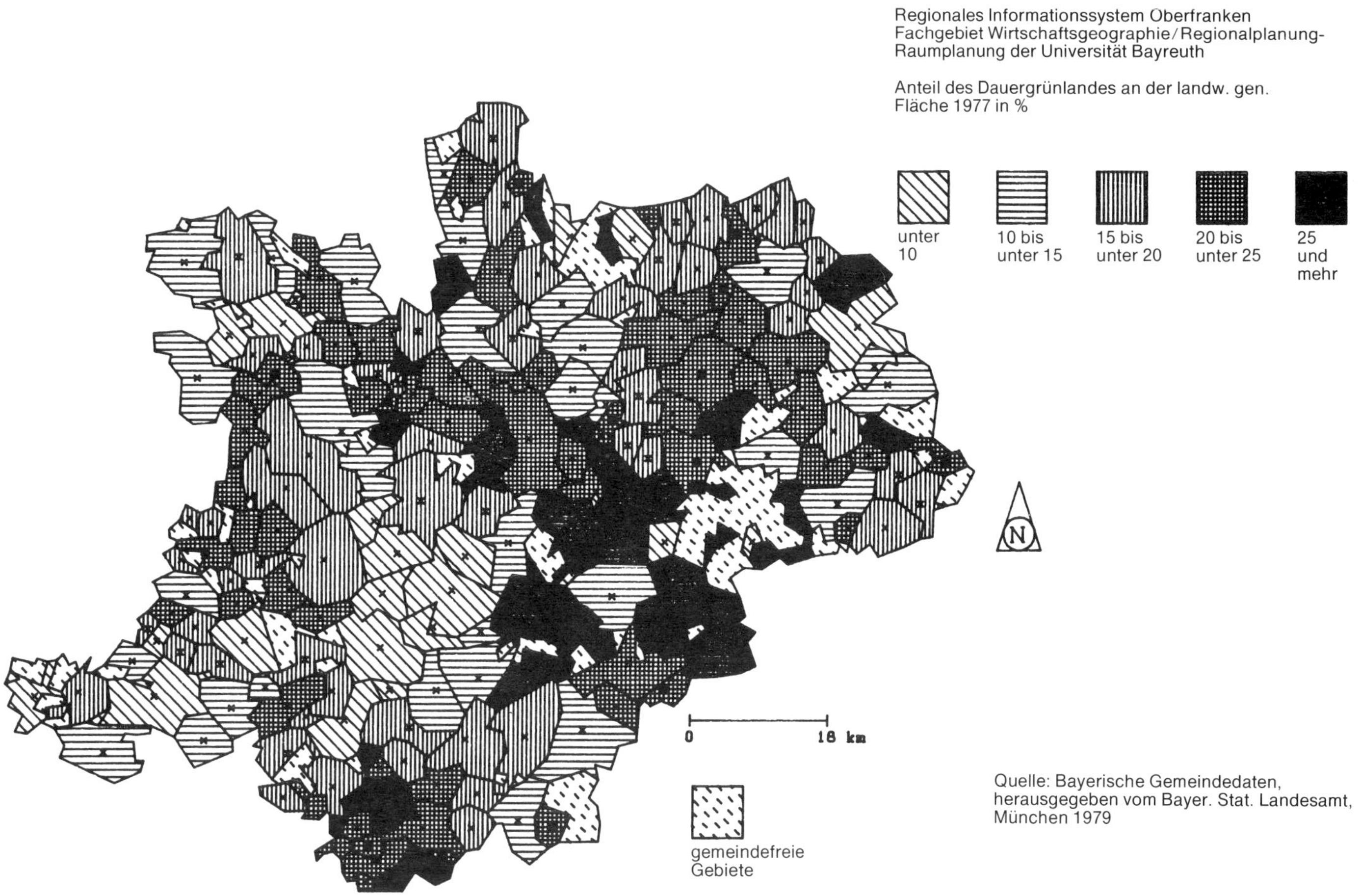

fränkischen Gemeinden hingewiesen. Dabei zeigte es sich etwa, daß über die Hälfte der befragten Betriebsleiter zwischen 45 und 65 Jahre alt war, 46% gehörten der Altersklasse unter 45 Jahre an, während nur knapp 1% über 65 Jahre alt war. Jüngere Betriebsleiter waren dabei vor allen Dingen in Betrieben zwischen 10 und 20 ha und in solchen mit mehr als 30 ha vertreten. Diese generell recht günstige Situation (mit relativ hohem Anteil jüngerer Betriebsleiter) trat besonders in jenen Gemeinden auf, in denen die sonstigen landwirtschaftlichen Strukturen, verglichen mit dem oberfränkischen Durchschnitt, relativ positiv zu werten sind.

c) Das Handwerk

Bleiben wir bei der wirtschaftsstrukturellen Betrachtung noch kurz bei einem weiteren traditionellen Wirtschaftszweig Oberfrankens, dem Handwerk, so wird auch hier der enorme Wandel sichtbar, der sich insbesondere in den letzten 20 Jahren vollzogen hat. So ist einerseits die Zahl der Betriebe, wie in anderen Teilen des Bundesgebietes auch, stark zurückgegangen, andererseits die Zahl der Beschäftigten angestiegen. Von den 11 400 Handwerksbetrieben und ihren rd. 77 000 Beschäftigten im Bereich des Kammerbezirkes Bayreuth bzw. den 1573 Betrieben und rd. 13 000 Beschäftigten im Kammerbezirk Coburg sind umsatzstarke Situationen vor allem in den auch von der Industrie stark geprägten Räumen sowie in und um die großen Städte anzutreffen, während etwa weite Teile der Fränkischen Schweiz unterdurchschnittliche Umsätze pro Beschäftigte aufwiesen (bei durchschnittlich 7 Beschäftigten pro Betrieb und insgesamt rd. 7,5 Mrd. DM Umsatz in Oberfranken insgesamt (1978 als dem amtlich zuletzt verfügbaren Datum)). Von der Branchenstruktur her wird ferner deutlich, daß vor allem die Metallhandwerke (Anteil 26,5%) und die Nahrungsmittelhandwerke (mit 20,1%) sowie an dritter Stelle die Bau- und Ausbauhandwerke (16,6%) das Bild prägen.

d) Industrie - von monoindustriellen Ansätzen zur Branchenvielfalt

Dieses Kennzeichen einer regional und nach Branchen vielfältigen Struktur der Wirtschaft setzt sich auch bei der Industrie fort. Dabei ist noch einmal zu betonen, daß Oberfranken zu den am stärksten industrialisierten Gebieten Bayerns zählt. Mit einem Besatz 1981 von 155 (Beschäftigten in der Industrie auf 1000 Beschäftigte insgesamt), steht es nach Mittelfranken (1981 = 157) an zweiter Stelle aller bayerischen Bezirke (Durchschnittswert in Bayern im Jahre 1981 = 124). Insgesamt waren im gleichen Jahr 162 687 Personen in der Industrie beschäftigt. Läßt man konjunkturelle Schwankungen einmal außer Acht, so kann man feststellen, daß der langfristige Trend der Beschäftigtenänderung rückläufig ist (vgl. in Tab. 3 die Beschäftigtenzahlen von 1956 und 1983).

Tab. 3: Industrie (Bergbau und verarbeitendes Gewerbe): Betriebe mit 20 und mehr Beschäftigten

Jahr	Betriebe	Beschäftigte absolut	Beschäftigte je 1000 Einw. Oberfranken	Beschäftigte je 1000 Einw. Bayern	Umsätze in Mio. DM	Exportanteil in %
1956	3410	181 522	169	119	–	–
1963	1825	182 627	167	127	4 790	–
1968	1828	175 622	158	120	7 377	–
1974	1737	172 469	161	125	10 919	16,1
1976	1629	157 335	149	116	12 549	16,8
1977	1563	164 734	156	125	14 955	15,9
1980	1525	167 616	159	127	17 251	17,3
1983	1394	149 873	143	116	18 885	19,7

Quelle: Bayerisches Statistisches Landesamt

Die Gründe für diesen Prozeß sind vielfältig: Erstens ist ein betrieblicher Konzentrationsprozeß festzustellen und zweitens führten erhöhte Personalkosten und der hohe Anteil standardisierter Produkte im Zusammenhang mit einem verstärkten Wettbewerbsdruck aus sog. „Billiglohnländern" (insbesondere den Schwellenländern) zu erhöhten Rationalisierungsanstrengungen, die ebenfalls zu Beschäftigtenfreisetzungen führten. Weiterhin ist zu erwähnen, daß die Kapitalausstattung der oftmals mittelständisch geprägten Betriebe diesem Rationalisierungsdruck nicht gewachsen war, so daß eine hohe Zahl von Betriebsschließungen in den letzten 10 Jahren keine Seltenheit waren.

Das Branchenspektrum der Industrie Oberfrankens macht deutlich, daß die wichtigste Branche die Textilindustrie mit 25 708 Beschäftigten, gefolgt von der Feinkeramik (17 631 Beschäftigte), der Elektrotechnik (15 899 Beschäftigte), dem Maschinenbau (14 156 Beschäftigte), dem Bekleidungsgewerbe (14 609 Beschäftigte) und der Holzverarbeitung (14 123 Beschäftigte) ist (Stand 1981).

Räumlich ist die Industrie in Oberfranken, die sich nach dem 2. Weltkrieg aus regional eher monoindustriellen Ansätzen zu einem breiten Branchenspektrum, wenn auch immer noch zu fast ⅔ im Bereich der Konsumgüterindustrie, weiterentwickelt hat, deutlich durch Schwerpunkte gekennzeichnet: Einem hochindustrialisierten Norden mit polyzentrischer Industriestruktur steht ein weniger stark industrialisierter Süden gegenüber (vgl. Karte 3). Die hohe Industriedichte des Nordens ist ein Ergebnis der Industrialisierung des ersten Drittels des letzten Jahrhunderts. In dieser Zeit wurden die ersten Betriebe der Glas- bzw. Porzellanindustrie in den Landkreisen Kulmbach, Münchberg und Wunsiedel sowie im Landkreis Hof Unternehmen des Textil- und Bekleidungsgewerbes gegründet (vgl. die Luftbilder Nr. 80, 66 und 68 sowie 62, 66, 67 und 85).

Den dritten regionalen Branchenschwerpunkt bildet die in den Landkreisen Coburg und Lichtenfels ansässige Holz- und Möbelindustrie. Sie hat erst in den 50er und 60er Jahren dieses Jahrhunderts eine Ausdehnung erfahren (vgl. die Luftbilder Nr. 76 und 77).

Die monozentrischen Bereiche im Süden Oberfrankens wurden erst nach dem 2. Weltkrieg durch Industrieansiedlungen erfaßt. Als Ergebnis des nahen Verdichtungsraumes Nürnberg/Fürth/Erlangen sowie bestehender Arbeitskräftereserven siedelten sich im Bamberger und Forchheimer Raum in den 60er Jahren große Zweigbetriebe mit zum Teil über 1000 Beschäftigten und eine Reihe von meist flächenintensiven Klein- und Mittelbetrieben an. Auch die Standorte Kulmbach, Bayreuth und Pegnitz erweiterten nach dem 2. Weltkrieg durch die Ansiedlung von Elektro- und Tabakindustrie sowie durch Betriebe des Maschinenbaus ihr branchenbezogenes Arbeitsplatzangebot (vgl. die Luftbilder Nr. 74, 83, 88 und 90).

Um die Vielfalt der Industriestruktur ersichtlich machen zu können, sollen zwei Branchen, die Porzellan- und die Bekleidungsindustrie kurz dargestellt werden:

Sicherlich kann dabei die Porzellanindustrie auf die längere Zeit des Bestehens zurückblicken, deren Betriebe in der Mehrzahl bereits seit Ende des letzten Jahrhunderts existierten. Die Betriebsgründungen waren dabei in erster Linie rohstofforientiert, wie dies z. B. durch die bestehenden Kohle-, Quarz-, Sand- oder Feldspatvorkommen dokumentiert wird. Auch die vorhandenen Arbeitskräfte spielten bei der Ansiedlung bzw. bei der Betriebsgründung eine gewisse Rolle. Die Standorte der Porzellanindustrie konzentrierten sich auf das östliche Oberfranken sowie auf die benachbarte nordöstliche Oberpfalz. Bis zum 2. Weltkrieg waren die Betriebe meist handwerklich geführt, sehr lohnintensiv und nur bei kleinen Sortimenten rationalisierbar. Im Laufe der Zeit wurden auch Fusionen vorgenommen. Ein bedeutender Umschwung kam in den 30er Jahren mit der Einführung der Tunnelöfen zustande, was zu einer erheblichen Kapazitätsausweitung und zu einer starken Rationalisierung führte (vgl. die Luftbilder Nr. 66, 87 u. 88). Verfolgt man die Entwicklung der Beschäftigten sowie der Betriebe, so ist seit 1973 ein deutlicher Rückgang in der Zahl der Betriebe und bei den Beschäftigten zu erkennen. Von 43 Betrieben mit 20 und mehr Beschäftigten z. B. der Stadt Hof sowie in den Landkreisen Hof und Wunsiedel existierten im Jahre 1982 nur noch 29 Betriebe. Gleichzeitig verringerte sich die Zahl der Beschäftigten von ehemals 13 359 auf 11 050 Beschäftigte. Diese Entwicklung ist vor allem die Folge der angesprochenen Rationalisierung und von Fusionen. Andererseits ging mit dieser Entwicklung gerade bei den großen Porzellanbetrieben eine deutliche Umsatzsteigerung einher, so daß die Entwicklung der regionalen Porzellanindustrie im Vergleich zu anderen traditionellen Branchen in einem günstigeren Licht erscheint. Insgesamt arbeiteten in den 57 Betrieben der feinkeramischen Industrie Oberfrankens 1980 17 819 Beschäftigte, das waren immerhin 31% aller in dieser Branche in der Bundesrepublik Deutschland Tätigen.

Im Gegensatz zu den Porzellanbetrieben blicken die Unternehmen der Bekleidungsindustrie auf eine kürzere Zeit des Bestehens zurück. Rund die Hälfte der Betriebe bestehen seit den 20er und 30er Jahren dieses Jahrhunderts, während die übrigen erst nach dem 2. Weltkrieg entstanden. Vor dem Krieg wurden die Betriebe meist als Handstickereien geführt. Der Übergang von der Handstickerei zur Konfektion erfolgte meist nach 1945 durch die Entwicklung neuer Maschinen sowie durch den Kontakt zu Großversendern. Hinzu kommt, daß der bayerische Staat die Ansiedlung von Betrieben der Textil-, Leder- und Bekleidungsindustrie nach 1945 in ländlichen Gebieten stark unterstützte. Mit dem Entstehen dieser Konfektionsbetriebe erlebte die deutsche Bekleidungsindustrie einen großen Aufschwung. In den letzten Jahren zeichnet sich jedoch ein neuerlicher Umschwung mit einem deutlich negativen Akzent ab. Dies äußert sich in einem Schrumpfungsprozeß, der bereits mehr als 100 000 Arbeitsplätze in der bundesdeutschen Bekleidungsindustrie „vernichtet" hat. Die Gründe für diesen Schrumpfungsprozeß vieler, vornehmlich kleiner und mittelständischer Bekleidungsbetriebe liegen vor allen Dingen in der außerordentlich starken Konkurrenz aus den sogenannten Niedrigpreisländern. So sind z. B. Handstickerei und andere arbeitsintensive Produktionsgänge in Deutschland aufgrund der vergleichsweise hohen Lohnkosten zu teuer geworden, um mit den Produkten aus dem Ostblock oder aus Ostasien auf Dauer konkurrieren zu können. In diesen Ländern werden deutlich niedrigere Löhne gezahlt. Die Folge davon ist, daß viele deutsche Bekleidungsunternehmen im harten internationalen Konkurrenzkampf unterliegen und aufgeben. Andere versuchen sich diesen neuen Entwicklungen anzupassen. Dies

Karte 3 Standorte der Industrie in Oberfranken

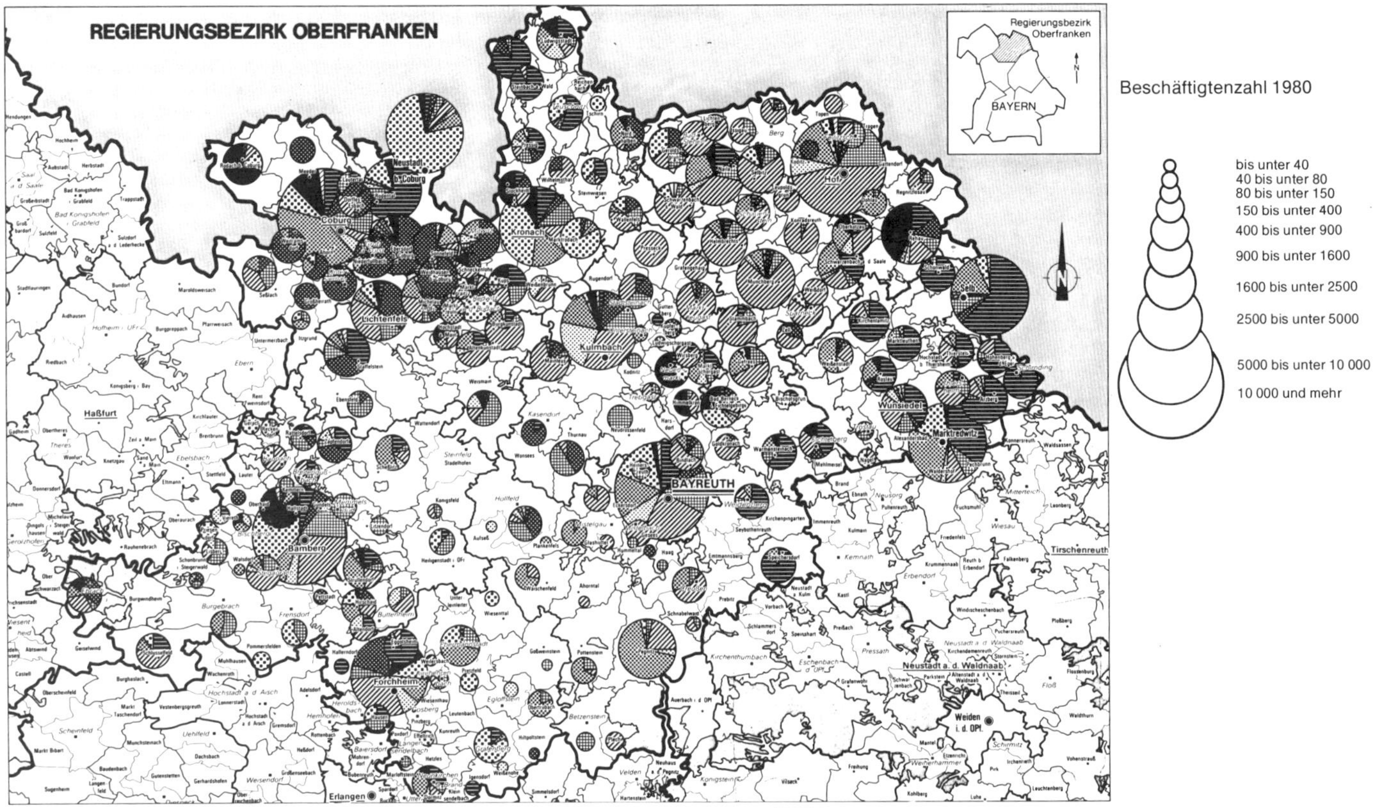

Branchen

- Energie, Wasser, Bergbau, Steine u. Erden, Glas, Feinkeramik
- Holz, Papier, Druck
- Baugewerbe insgesamt (mit Bau- u. Ausbaugewerbe)
- Textil, Leder, Bekleidung
- Nahrungs- und Genußmittel
- Eisen, Stahl u. NE-Metalle, Maschinen- u. Fahrzeugbau
- Elektrotechnik, Feinmechanik, Optik, Sport, Spiel, Schmuck
- Chem. Industrie, Mineralölverarbeitung, Kunststoffe, Gummi, Asbest
- Sonstige

Quelle: Industriestatistik 1980
Lehrstuhl Wirtschaftsgeographie und Reginalplanung der Universität Bayreuth 1981

äußert sich zum einen darin, daß z. B. sehr kleine Betriebe nur noch in Lohnarbeit für größere Unternehmen tätig sind. Andere, meist größere Betriebe versuchen sich der ausländischen Konkurrenz dadurch zu erwehren, indem sie sich einerseits spezialisieren und vor allem hochwertige Produkte herstellen. Damit gelingt es einigen Unternehmen ganz gut, sich einen gewissen Marktanteil zu sichern, da die ausländischen Produkte eher im Bereich der Massenware minderer Qualität angesiedelt sind. Eine weitere Möglichkeit der Reaktion und Anpassung liegt in der Auslagerung bestimmter arbeitsintensiver Produktionsgänge, wie z. B. Nähen oder Sticken. Solche Arbeiten werden zunehmend von eigenen oder fremden Produktionsstätten im Ausland ausgeführt. So haben verschiedene Betriebe bereits eigene Zweigbetriebe in Marokko, Portugal oder Griechenland bzw. der ČSSR, wo die Löhne deutlich unter dem deutschen Lohnniveau liegen. Allerdings ist diese Auslagerungspolitik ins Ausland für manche kleinen Betriebe kaum realisierbar, so daß hier in Abhängigkeit von der Betriebsgröße auch Grenzen gegeben sind (vgl. die Luftbilder Nr. 64 und 65).

Faßt man die Aussagen zur industriellen Struktur und Entwicklung zusammen, so ist die oberfränkische Industrie durch eine Reihe von Strukturproblemen gekennzeichnet. So fällt es vielen Unternehmen aufgrund ihres mittelbetrieblichen Charakters (die durchschnittliche Betriebsgröße betrug 1980 110 Beschäftigte) schwer, vor allem auf kostenintensiven Exportmärkten zu bestehen. Außerdem bereitet diesen, vielfach in Familienbesitz befindlichen Klein- und Mittelbetrieben eine kontinuierliche Investitionsplanung große Probleme. Häufig werden Ersatzinvestitionen erst dann vorgenommen, wenn der Wettbewerb keine andere Entscheidungsalternative zuläßt. Plötzlich ansteigender Kapitalbedarf, der aufgrund von Schubinvestitionen notwendig wird, überfordert gerade in Zeiten hoher Fremdkapitalzinsen viele Eigentümer-Unternehmer und bedeutet oft das Ende traditionsreicher Unternehmen (als Beispiel kann hierfür die Textilindustrie angeführt werden, in der allein in Oberfranken aufgrund der Umstellung auf Spinn- und Webautomaten Anfang der 70er Jahre über 10 000 Arbeitsplätze verloren gingen).

e) Der Einzelhandel in Oberfranken

Erweitert man nun die Betrachtungen zur Wirtschaftsstruktur Oberfrankens von den sog. tertiären Bereich, d. h. Handel und Dienstleistungen, so zeigte die Entwicklung des Einzelhandels in Oberfranken etwa, daß – wenn auch mit einer zeitlichen Verzögerung von 8 – 10 Jahren – gegenüber den Verdichtungsräumen vergleichbare Entwicklungen eines Auslese- und Konzentrationsprozesses auftreten. Der deutliche Rückgang der Zahl der Einzelhandelsbetriebe (von 7152 Betrieben im Jahr 1972 auf 6078 Betriebe im Jahr 1978) wurde begleitet von einer Verdreifachung der Umsatzzahlen der verbleibenden Betriebe zwischen 1968 und 1978. Da im betrachteten Zeitraum auch Unternehmen und Betriebe neu gegründet wurden, war der tatsächliche Ausleseprozeß noch stärker als er in den Zahlen zum Ausdruck kommt.

Dieser Ausleseprozeß verlief dabei innerhalb der einzelnen Branchen in Oberfranken sehr unterschiedlich. Vom Ausleseprozeß sind zumeist Unternehmen der Nahrungs- und Genußmittelbranche betroffen. Es folgen Unternehmen mit dem Angebot Bekleidung und Textilien sowie Unternehmen mit dem Angebot Mineralöl und Kohle. Andererseits zeigen verschiedene andere Branchen einen deutlichen Anstieg der Betriebszahlen, wie Pharmazeutika, Optik, Fahrzeuge und die Sparte sonstige Waren. Wie Karte 4 zeigt, sind im östlichen Oberfranken sowie im Bereich zwischen Kulmbach und Coburg noch relativ viele Betriebe mit teilweise recht breiter Branchenstruktur vorhanden, während im Umland von Bayreuth und Bamberg, eben jenen Standorten mit besonderem Zuwachs an neuen Märkten sowohl hinsichtlich der Zahl als auch der Struktur nach zum Teil dünne Angebotsstrukturen des Einzelhandels (gemessen an der Zahl und auch dem Branchenspektrum) anzutreffen sind. Dies ist ein Hinweis auf Kaufkraftabflüsse aus dem ländlichen Raum hinein in die möglichen Oberzentren und teilweise Mittelzentren als bevorzugte Standorte der Großformen des Einzelhandels (vgl. die Luftbilder Nr. 80, 83, 84 und vor allem 86).

Dieser dargestellte Ablauf des Auslese- und Konzentrationsprozesses, der verbunden ist mit einer Ausdünnung des Einzelhandelsangebots des ländlichen Raumes zugunsten einer Massierung des Angebots in den Zentren, läßt sich gut anhand einer Fallstudie verfolgen:

Der Landkreis Kulmbach gehört zu jenen Landkreisen Oberfrankens, in denen der Ausleseprozeß zu starken Abnahmen sowohl der Arbeitsstätten als auch der Steuerpflichtigen im Einzelhandel geführt hat.

Besonders betroffen waren auch hier die kleinen Gemeinden, die zum Teil einen Rückgang von über der Hälfte der Arbeitsstätten zu verzeichnen hatten, während die Prozesse der Umsatz- und Unternehmenskonzentration sich auf die Stadt Kulmbach beschränkten. Es ist zu erwarten, daß die Kaufkraft der kleinen Gemeinden bei gegebener Nähe in Zukunft noch stärker in die Zentren höherer Ordnung, in diesem Falle Kulmbachs, abfließen wird und dort dann

Karte 4 Einzelhandel in Oberfranken 1979

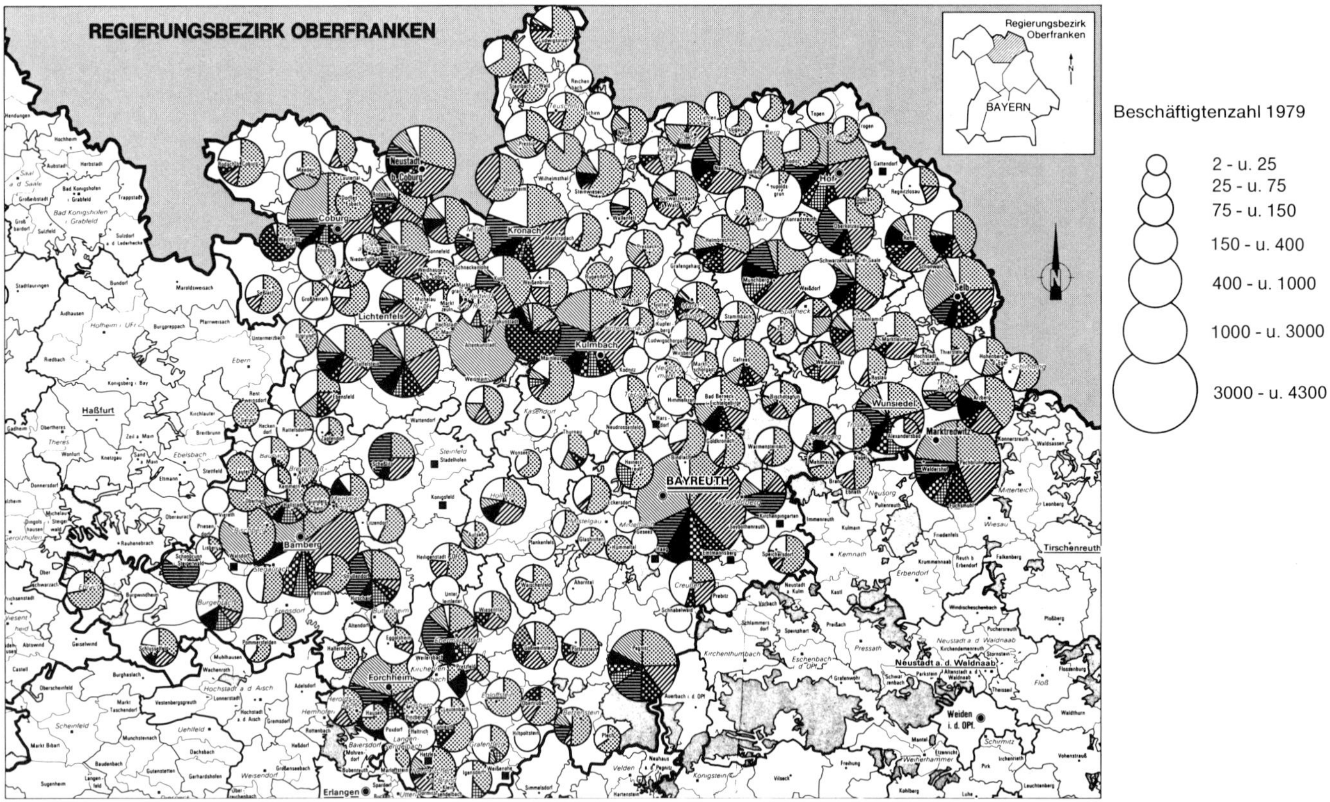

Branchen:

- Nahrungsmittel, Getränke, Tabakwaren
- Textilien, Bekleidung, Schuhe, Lederwaren
- Einrichtungsgegenstände (ohne Elektrotechn. usw.)
- elektrotechn. Erzeugnisse, Musikinstrumente usw.
- Papierwaren, Druckerzeugnisse, Büromaschinen
- Kraft- und Schmierstoffe
- pharmazeutische, kosmet. u. medizinische Erzeugn.
- Fahrzeuge, -teile, Reifen
- sonst. Waren
- alle Branchen ohne Zahlenangaben
- ■ Orte ohne Zahlenangaben

Quelle: Bayer. Statist. Landesamt, Handels- u. Gaststättenzählung 1979 München 1981

Lehrstuhl Wirtschaftsgeographie und Regionalplanung der Universität Bayreuth 1982

in die Großunternehmen, und nicht in eventuell vorhandene Kleinzentren, wie etwa Thurnau (vgl. Luftbild Nr. 33).

f) Oberfranken im Bereich Freizeit und Erholung – typisch für die regionale Vielfalt

Dieser Teilbereich der Wirtschaft, eng mit Fragen der Lebensqualität und der Umweltvorsorge sowie auch -belastung verbunden, bietet ein überaus gutes Beispiel für die räumliche Vielfalt Oberfrankens. Beginnt man etwa mit dem Bereich des Fremdenverkehrs, der – laufend statistisch erfaßt – eine erste Basis für die Einschätzung Oberfrankens als Erholungsraum darstellt. Nehmen wir nun etwa das Jahr 1983, so entfielen von den erfaßten rd. 56 Mill. Gästeübernachtungen in Bayern 3,6 Mill. auf Oberfranken. Im Vergleich zu Oberbayern und Schwaben, aber auch zu Niederbayern mit dem Bayerischen Wald ist damit Oberfranken ein zwar nicht unwichtiges Fremdenverkehrsgebiet, doch relativ gesehen von nicht allzu gravierender Bedeutung. Dies besagt selbstverständlich noch wenig über die Funktion des Tourismus für einzelne Gemeinden bzw. einzelne Beherbergungsbetriebe aus, sondern macht nur deutlich, daß der Tourismus für Oberfranken insgesamt nur **einer** der wirtschaftlichen Faktoren ist.

Überträgt man diese statistischen Daten auf einzelne Teilbereiche Oberfrankens, so wird nicht nur ersichtlich, daß sich der Tourismus auf die drei markanten regionalen Teilbereiche Fichtelgebirge, Frankenwald und Fränkische Schweiz konzentriert, darüber hinaus noch mit dem Oberen Maintal bzw. dem Coburger Land kleinere Fremdenverkehrsgebiete bzw. in der Region Oberfranken-West mehrere durchaus bemerkenswerte Fremdenverkehrsorte vorhanden sind, sondern daß sich die vorhandene regionale Konzentration innerhalb dieser Gebiete auf einzelne Standorte noch verstärkt (vgl. Karte 5). Im Frankenwald zeigt sich dies etwa mit der hohen Konzentration der Gästeübernachtungen auf Bad Steben, im Fichtelgebirge mit ähnlichen Konzentrationen in Warmensteinach, Bischofsgrün, Fichtelberg und Bad Berneck, während in der Fränkischen Schweiz ein relativ geschlossener Kreis mehrerer touristisch erschlossener Gemeinden ins Auge springt. Listet man etwa die Fremdenverkehrsgemeinden nach der Zahl der Gästeübernachtungen auf, so zeigt sich auch die Breite Oberfrankens als ein Unterschied zu den klassischen Fremdenverkehrszentren in Oberbayern und Schwaben, jedoch nicht nur in bezug auf die unterschiedlichen Zahlen der amtlichen Statistik, sondern auch in der historischen Entwicklung und der Einbindung des Tourismus in das allgemeine Wirtschafts- und Sozialleben (vgl. die Luftbilder Nr. 60, 61, 70, 72, 78, 81 und 89).

Während etwa der Tourismus im Bayerischen Alpenraum von Mitte bis Ende des letzten Jahrhunderts durch Bergsteiger und Naturfreunde einen ersten Aufschwung nahm, waren die ersten Ansätze des Fremdenverkehrs in der Fränkischen Schweiz und im Frankenwald, insbesondere in Bad Steben, bereits in der zweiten Hälfte des 18. Jahrhunderts vorhanden. Angeregt durch die Beschreibungen der Romantiker und das wissenschaftliche Interesse an den neu entdeckten Höhlen war so etwa in der Fränkischen Schweiz bereits Anfang des letzten Jahrhunderts eine erste Blütezeit des Tourismus zu beobachten, was nicht zuletzt dazu führte, daß bereits 1830 Muggendorf und 1841 Streitberg einen Kurbetrieb aufnahmen.

Im Vergleich etwa zu Oberbayern besteht ein weiterer Unterschied in bezug auf die wirtschaftliche und gesellschaftliche Position des Fremdenverkehrs in Oberfranken. Das liegt ganz einfach daran, daß der sekundäre Sektor, d. h. die Industrie und das Handwerk nicht nur in früheren Zeiten, sondern auch heute noch die für Oberfranken wesentlichen Wirtschaftsbereiche repräsentieren. Ein möglichst störungsfreies Miteinander ist daher die Voraussetzung für eine Wirtschaftsstruktur, die es ermöglicht, daß die ortsansässige Bevölkerung diesen Raum auch weiterhin als Wohn- und Arbeitsstandort anerkennt. Im Gegensatz zu der im Alpenraum vorgenommenen funktionalen Trennung zwischen Industrie und Tourismus können in den Mittelgebirgslagen beide Bereiche einander sogar ergänzen. Dies zeigt sich nicht nur in der Nachfrage nach Porzellan oder Glaswaren von Seiten der Gäste und Besucher in verschiedenen Standorten des Fichtelgebirges, sondern auch in der Betonung regional eigenständiger, touristischer Attraktionen aus der früheren Industrialisierung. Erwähnt sei hier nur das inzwischen mit Erfolg für Besichtigungen wieder eröffnete Silberbergwerk in Fichtelberg oder die große Nachfrage nach geologischen Fundstellen in den aufgelassenen Steinbrüchen des Fichtelgebirges und der Fränkischen Schweiz.

Um es jedoch bei der Darstellung Oberfrankens als vielfältige Erholungslandschaft nicht nur bei der Erwähnung des Fremdenverkehrs zu belassen, soll nun der Bereich des Naherholungsverkehrs noch nachgetragen werden. Dessen Palette reicht von sport- und kultur- bis zum spiel-, konsum- und kontaktorientiertem Freizeitverhalten. Rein quantitativ zeigt sich, daß der Naherholungsverkehr eine beträchtliche raumprägende Kraft besitzt, ist er im Unterschied zum Tourismus noch dadurch gekennzeichnet, daß im Zielgebiet häufig Konzentrationen mit den bekannten Problemen (Verkehrsstau, Luftverschmutzung, Ballung von Erholungsuchenden usw.) auftreten, wie dies etwa aus dem Vergleich der Herbst-

Karte 5 Der Fremdenverkehr in Oberfranken 1984

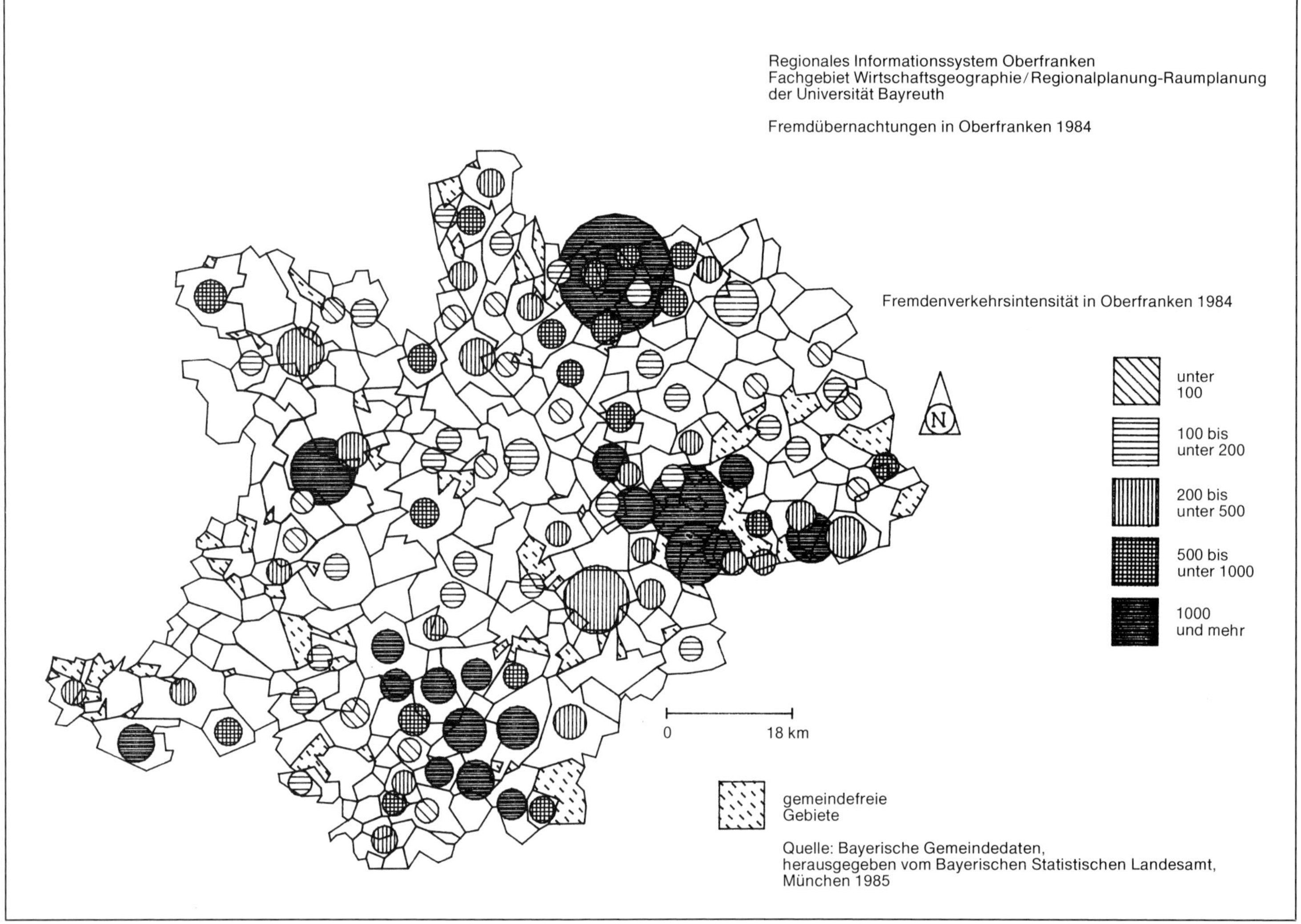

und der Wintersaison im Fichtelgebirge deutlich wird (vgl. die Luftbilder Nr. 63, 69, 70, 71, 73 und 89).
Ohne letztlich die genaue Zahl der Naherholer zu kennen, kann davon ausgegangen werden, daß aus Gemeinden bis 10 000 Einwohnern sich regelmäßig am Wochenende 5 – 8% der Bevölkerung, aus Gemeinden bis 20 000 Einwohnern 10 – 15%, aus Gemeinden bis 50 000 Einwohnern 20 – 25% an der Naherholung beteiligen. Bei 1,1 Mill. Einwohnern Oberfrankens wären dies – nur um eine Größenvorstellung zu gewinnen – wahrscheinlich zwischen 100 000 – 150 000 Menschen, die allwöchentlich die verschiedenen Zielgebiete in Oberfranken, teilweise auch der Oberpfalz, Mittel- und Unterfrankens aufsuchen. Hinzu kommen selbstverständlich noch die Naherholer aus anderen Quellgebieten, wobei insbesondere jene aus dem Verdichtungsraum Nürnberg–Fürth–Erlangen entscheidenden Anteil in den verschiedenen oberfränkischen Zielgebieten haben. Dabei zeigt sich, daß es Naherholungsziele gibt, die gleichzeitig auch Erholungsräume des Fremdenverkehrs sind, wie etwa das Fichtelgebirge, die Fränkische Schweiz und auch der Frankenwald, daß jedoch auch Naherholungsziele existieren, die ausschließlich bzw. in erster Linie diese Funktion haben, z. B. die meisten Badeseen in Oberfranken.
Auf den gesamten Raum Oberfranken übertragen, ist ferner anzufügen, daß der Naherholungsverkehr aufgrund seiner Eigenart, regionale und überregionale Verkehrslinien zu benutzen, sogenannte sektorale Einzugsbereiche erzeugt. Für die Fränkische Schweiz führt dies etwa zu einem stärkeren Auftreten der Naherholer aus dem Verdichtungsraum Nürnberg–Fürth–Erlangen in Standorten wie Wiesenttal, auch Gößweinstein, teilweise Waischenfeld, einer relativ stärkeren Bedeutung der Bamberger Erholungsuchenden etwa im Aufseßtal, während in Pottenstein oder auch im Freizeitpark „Fränkisches Wunderland“ in Plech die Bayreuther Ausflügler im Vordergrund stehen.
Faßt man die Ausführungen zur Wirtschafts- und Sozialstruktur Oberfrankens zusammen, so wird für jeden Betrachter die enorme regionale und sachliche Vielfalt ersichtlich. Wie läßt sich diese nun auch in Zukunft erhalten?

Oberfrankens Zukunft

Ziel der Raumordnungs- und Regionalpolitik ist es seit mehr als dreißig Jahren die durch die Grenzziehung nach dem 2. Weltkrieg entstandenen Nachteile für den oberfränkischen Raum abzubauen und damit einen Ausgleich mit anderen Räumen der Bundesrepublik Deutschland zu schaffen. Wenn auch große Erfolge erzielt wurden, ist das Ziel noch nicht erreicht. Deshalb muß der Vorrang der Zonenrandförderung auch in der Zukunft gewahrt bleiben. Voraussetzungen dafür sind neben dem Erhalt der regionalen Förderpolitik von Seiten der Raumplanung Instrumente wie die Schaffung von Planungsregionen, die Betonung zentraler Orte, von räumlichen Entwicklungsachsen und insbesondere die politische Umsetzung in Gestalt des Regionalplans.

1. Die Region als Planungsraum

Zum 1. 4. 1973 erfolgte die Einteilung Bayerns in 18 Planungsregionen. In Oberfranken wurden dabei zwei Planungsregionen gebildet. Die **Region 4 Oberfranken-West** umfaßt zwei kreisfreie Städte (Bamberg und Coburg) und fünf Landkreise (Bamberg, Coburg, Forchheim, Kronach, Lichtenfels). Auffallend ist die große Nord-Süd-Ausdehnung von Ludwigsstadt an der Grenze der DDR bis nach Forchheim und Neunkirchen am Brand, am Nordrand des großen Verdichtungsraumes Nürnberg/Fürth/Erlangen mit 120 km (siehe Karte 6).

Zur **Region 5 Oberfranken-Ost** gehören ebenfalls zwei kreisfreie Städte (Bayreuth und Hof) und vier Landkreise (Bayreuth, Hof, Kulmbach, Wunsiedel im Fichtelgebirge) sowie fünf Gemeinden des Landkreises Tirschenreuth, die im Einzugsbereich der Stadt Marktredwitz liegen. Diese Region grenzt im Norden an die DDR und im Osten an die ČSSR
Seit 1973 bestehen regionale Planungsverbände, denen alle Landkreise und Gemeinden der jeweiligen Region als Mitglieder angehören. Die Regionseinteilung hat sich bewährt. Die jahrelange Zusammenarbeit der Mitglieder der einzelnen Gremien der Verbände (Verbandsversammlungen, Planungsausschüsse und -beiräte), die stets eine eingehende Berichterstattung und Diskussion in der Öffentlichkeit auslöste, hat zum allmählichen Wachsen eines Regionalbewußtseins geführt. Dies ist für die weitere Entwicklung von sehr großer Bedeutung, denn die Lösung der regionalen Probleme ist dann erfolgversprechend, wenn eine geschlossene, zielbewußte Willensbildung auf regionaler Ebene erfolgt.

2. Der zentrale Ort in der Landesplanung

Im Landesentwicklungsprogramm Bayern 1976 und in seiner Fortschreibung von 1982 wurden zentrale Orte der verschiedenen Stufen ausgewiesen. Sie sind die Mittelpunkte des wirtschaftlichen, sozialen und kulturellen Lebens ihres jeweiligen Verflechtungsbereiches. Planerisches Ziel ist es, daß die zentralen Orte so im Raum verteilt und ausgebaut werden, daß die für die Bevölkerung erfor-

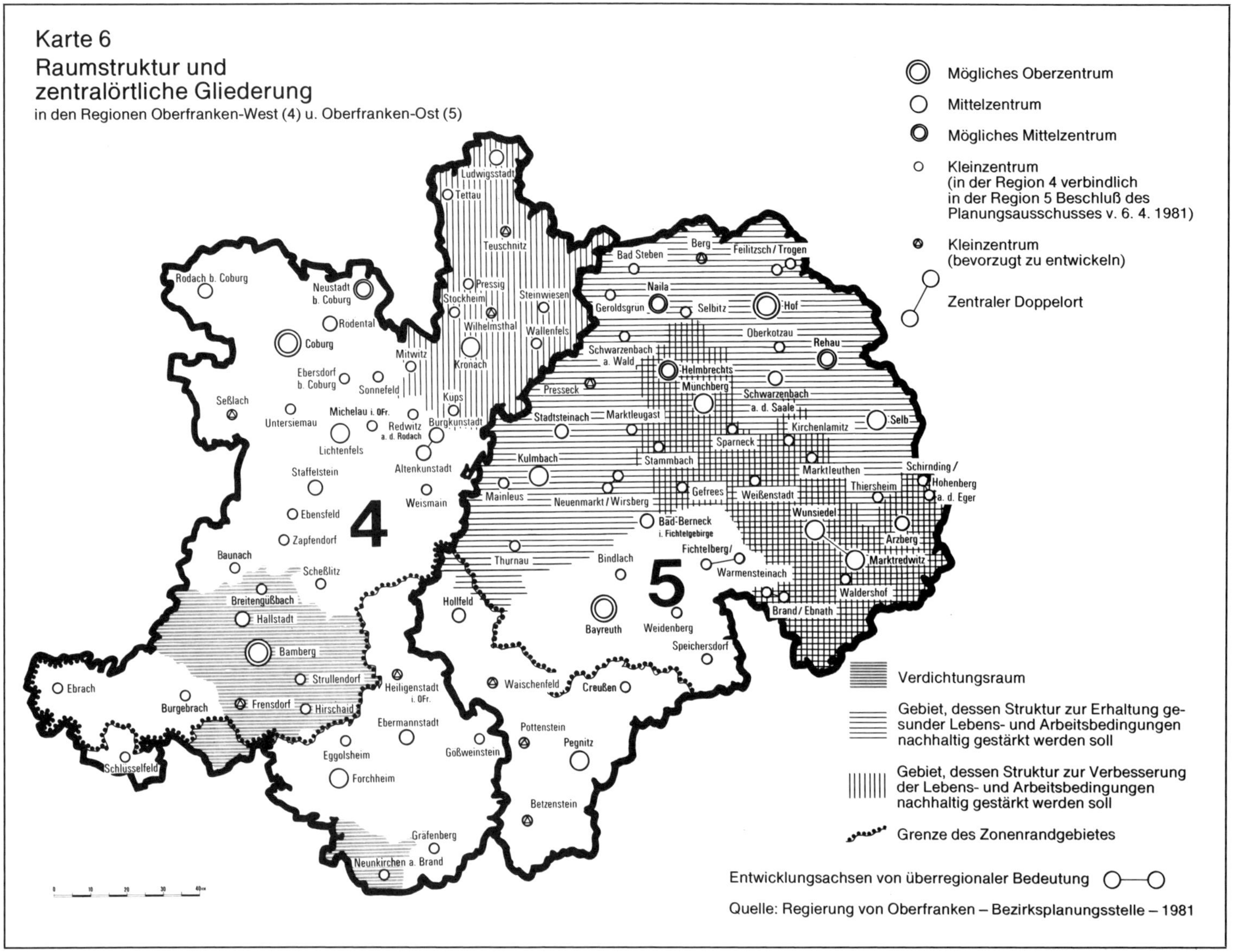

Karte 6
Raumstruktur und zentralörtliche Gliederung
in den Regionen Oberfranken-West (4) u. Oberfranken-Ost (5)

derlichen Versorgungseinrichtungen in zumutbarer Entfernung zur Verfügung stehen.
Wie die Karte zur Raumstruktur näher ausweist, sind in Oberfranken 4 mögliche Oberzentren, 8 Mittelzentren, 4 mögliche Mittelzentren, 12 Unterzentren und 62 Kleinzentren festgelegt worden. Man kann meist ein ausgewogenes Verhältnis der Zentren untereinander und in ihrer räumlichen Verteilung feststellen. Allerdings fehlt in Oberfranken ein voll funktionsfähiges Oberzentrum. Um so größere Bedeutung kommt dem Ausbau der vier möglichen Oberzentren Bamberg, Bayreuth, Coburg und Hof zu, die in idealer Weise mit etwa gleichgroßen Einzugsbereichen im Raum verteilt sind.
Das zentralörtliche Netz war auch die Grundlage bei wichtigen, raumbedeutsamen Entscheidungen. Waren die Kleinzentren mit ihren Nahbereichen die Ansatzpunkte für die Gemeinde- und Volksschulreformen, so waren die zentralen Orte höherer Stufe maßgebend für die Standortplanungen von beruflichen, weiterführenden Schulen und letztlich von Hochschulen. Die Kreisreform stützte sich auf die sozioökonomischen Verflechtungen der Kreisstädte als zentrale Orte mit ihrem Umland. Die Schwerpunkte der regionalen Wirtschaftsförderung wurden ebenso mit dem Netz der zentralen Orte abgestimmt. Fachplanungsträger stützen ihre Konzepte auf die zentralörtliche Gliederung (z. B. Post- und Fernmeldenetze, öffentlicher Nahverkehr). Neuerdings spielen die zentralörtlichen Versorgungsfunktionen bei der landesplanerischen Beurteilung von Einzelhandelsgroßprojekten (Einkaufszentren, Super- und Verbrauchermärkte, Bau-, Hobbymärkte, Möbelhäuser) eine große Rolle.
In Oberfranken wird sich in der Zukunft nicht vorrangig die Frage nach Lücken in der Ausstattung mit zentralörtlichen Einrichtungen stellen, sondern die Frage nach der wirtschaftlichen Auslastung dieser Einrichtungen, insbesondere angesichts gleichbleibender oder rückläufiger Einwohnerzahlen. Die Träger werden vor neue Aufgaben gestellt und werden finanzielle Probleme zu bewältigen haben. Hier stellen sich möglicherweise Fragen nach einer Anpassung des Finanzausgleichs zwischen den Gemeinden. Das zentralörtliche System bildet darüber hinaus einen immer mehr hervortretenden Entscheidungsrahmen für private Investitionen im gewerblichen und im Dienstleistungsbereich. Der Ausbau und die Neuansiedlungen von Gewerbebetrieben richten sich zunehmend auf die zentralen Orte aus, viel mehr noch gilt dies für Dienstleistungsbetriebe im Bereich des Handels, des Gesundheitswesens, der Banken und der Versicherungen. Dies wird noch dadurch unterstützt, daß die Zielsetzungen der Landes- und Regionalplanung für die zentralen Orte Eingang in die Bauleitpläne der Gemeinden finden.

3. Was bewirken Entwicklungsachsen?

Im Landesentwicklungsprogramm Bayern sind als weiteres Planungsinstrument überregionale Entwicklungsachsen ausgewiesen. In ihnen soll eine Verdichtung der Wohn- und Arbeitsstätten erfolgen und die Infrastruktur bandartig ausgebaut werden. In den oberfränkischen Achsen sind aber die Entwicklungsmöglichkeiten begrenzt, denn sie enden an abgeriegelten Grenzen, wo leider im Gegensatz zu anderen bayerischen Gebieten, die an andere Bundesländer oder an Österreich angrenzen, kein intensiver wirtschaftlicher Austausch erfolgen kann. Die oberfränkischen Entwicklungsachsen sind vorgezeichnet durch das vor der Zonengrenzziehung wirksame Verkehrsnetz in nördlicher und östlicher Richtung:
Coburg–**Meiningen–Erfurt,**
Forchheim–Bamberg–Lichtenfels–Kronach–**Saalfeld–Jena–Halle,**
Bayreuth–Hof–**Plauen–Dresden,**
Marktredwitz–Hof–**Leipzig–Berlin,**
Bamberg–Kulmbach–Bayreuth–Marktredwitz–**Eger–Prag.**
Ohne die Teilung Deutschlands wären hier sicherlich stärkere Entwicklungsimpulse wirksam geworden. Die Bedeutung der oberfränkischen überregionalen Entwicklungsachsen, an denen alle möglichen Oberzentren und Mittelzentren mit Ausnahme von Kronach liegen, besteht im Vorhandensein wichtiger Infrastruktureinrichtungen, wie Eisenbahnen, Fernstraßen, Gas-, Strom-, Wasser-, Abwasser- und Fernmeldeleitungen. Das planerische Bestreben muß darin bestehen, diese Einrichtungen in der Zukunft auszubauen und vor allem funktionsfähig zu halten.

4. Der Regionalplan – das Entwicklungskonzept für die Region

Die Hauptaufgabe der regionalen Planungsverbände ist die Aufstellung von Regionalplänen auf der Grundlage des Landesentwicklungsprogramms Bayern. Die Regionalpläne enthalten Ziele der anzustrebenden räumlichen Ordnung und Entwicklung der Regionen in textlicher und zeichnerischer Form. Die Ziele werden im einzelnen begründet.
Die Entwürfe der Regionalpläne für die oberfränkischen Regionen wurden in Teilabschnitten von der Regionalplanungsstelle bei der Regierung von Oberfranken ausgearbeitet. Sie wurden in den Planungsausschüssen und -beiräten über Jahre hinweg intensiv beraten und gestaltet. Auch war ein umfangreicher Abstimmungspro-

zeß mit einer Vielzahl von Fachplanungsträgern erforderlich. Ende 1983 waren die Gesamtentwürfe der Regionalpläne fertiggestellt. In den Jahren 1984/85 wird das gesetzlich vorgeschriebene Anhörungsverfahren durchgeführt. Nach einem Beschluß durch die Verbandsversammlung erfolgt die Verbindlicherklärung der Regionalpläne durch das Bayerische Staatsministerium für Landesentwicklung und Umweltfragen. Die Ziele der Regionalpläne sind für die Kommunen und für die Öffentlichen Planungsträger verbindlich. Dies bedeutet eine entscheidende Weichenstellung für die künftige Entwicklung der Regionen, auch wenn man in Betracht zieht, daß die Pläne fortwährend zu überprüfen und der Entwicklung anzupassen sind.
In den Regionalplänen werden insbesondere festgelegt: Kleinzentren (die diesbezüglichen Regionalplanabschnitte wurden schon vorweg in Kraft gesetzt), regionale Entwicklungsachsen, regionalplanerische Funktionen der Gemeinden, Verkehrs-, Versorgungs-, Bildungs- und Erholungseinrichtungen, Planungen und Maßnahmen zur Erhaltung und Gestaltung der Landschaft und sonstige zur Verwirklichung der Grundsätze und Ziele der Raumordnung und Landesplanung erforderlichen Planungen und Maßnahmen. Die regionalen Planungsverbände werden als Träger öffentlicher Belange bei der Durchführung von Raumordnungsverfahren für Projekte, die raumbedeutsam sind und Flächen in erheblichem Umfang beanspruchen, beteiligt. In diesen Verfahren ist festzustellen, ob das einzelne Vorhaben den Erfordernissen der Raumordnung entspricht und gegebenfalls welche Maßgaben bei der Detailplanung und Ausführung zu beachten sind. Weiterhin sind die regionalen Planungsverbände beteiligt bei der Ausarbeitung von Bauleitplänen der Gemeinden und bei der Aufstellung von fachlichen Programmen und Plänen (z. B. Agrarleitpläne, Waldfunktionspläne, Ausbaupläne für Bundesfernstraßen und Staatsstraßen, Standortsicherungsplan für Wärmekraftwerke).

5. *Prognosen der Bevölkerung und der Arbeitsplätze*

Bei den sich rasch wandelnden gesamtstaatlichen Rahmenbedingungen werden Voraussagen, insbesondere für kleinere Raumeinheiten, immer schwieriger; sie sind in kürzeren Zeitabständen zu überprüfen und anzupassen. Dies geschah letztmals bei der Fortschreibung des Landesentwicklungsprogramms Bayern von 1982, in dem eine sogenannte Status-quo-Prognose (vom Stand 1983 aus) für die einzelnen Regionen enthalten ist.
In der **Region Oberfranken-West** wird vorausgeschätzt, daß die Bevölkerung bis 1990 auf 559 300 und bis 1995 auf 558 700 Einwohner zunimmt. Es wird also eine Stagnation bzw. leichte Zunahme der Bevölkerung um 8200 Einwohner gegenüber 1983 angenommen. Innerhalb der Region war bereits in der Vergangenheit die Entwicklung unterschiedlich. Im nördlichen Teil ging die Einwohnerzahl seit 1970 um rd. 14 400 zurück, was durch Zuwächse im Süden (Landkreise Bamberg und Forchheim) weitgehend ausgeglichen wurde. Nach dem Entwurf des Regionalplanes soll im möglichen Oberzentrum Bamberg und im Nordteil der Region (Mittelbereiche Coburg, Kronach, Lichtenfels) dem Einwohnerrückgang entgegengewirkt werden, ohne allerdings im Detail auszuführen, wie dies geschehen soll. Das gleiche Ziel wird für die Entwicklung der Arbeitsplätze festgelegt, wobei vor allem qualifizierte Arbeitsplätze im produzierenden Gewerbe und eine erheblich über dem Landesdurchschnitt liegende Zuwachsrate der Arbeitsplätze im Dienstleistungsbereich angestrebt werden sollen.
Ein Hauptproblem der **Region Oberfranken-Ost** ist die rückläufige Bevölkerungsbewegung. Der Verlust betrug seit 1970 rd. 30 000 Personen, wovon 90% auf den Norden und Osten der Region (Räume Hof, Wunsiedel, Marktredwitz, Selb, Münchberg) entfallen. Nach der Status-quo-Prognose wird die Bevölkerung bis 1990 auf 482 700 und bis 1995 auf 470 100 zurückgehen. Dies bedeutet gegenüber 1983 eine Abnahme zwischen 12 600 und 22 600 Personen. Der anhaltende Bevölkerungsverlust, der seine Ursachen sowohl in Sterbeüberschüssen als auch in Wanderungsverlusten hat, erschwert die Unterhaltung und den Ausbau der vorhandenen Wirtschafts- und Infrastruktur und hat negative Auswirkungen auf das Image der Region. Deshalb strebt der Regionalplan eine günstigere Entwicklung der Altersstruktur und der Wanderungsbilanz hauptsächlich im Norden und im Osten der Region an. Die Voraussetzungen für ein Verbleiben der jüngeren erwerbsfähigen Bevölkerung und für Zuwanderungen sollen verbessert werden. Dies ist aber nur zu erreichen, wenn das Arbeitsplatzangebot erhalten, nach Möglichkeit erhöht und qualitativ, insbesondere auch hier im produzierenden und Dienstleistungsbereich, verbessert wird. Eine Wanderungsmotiv-Untersuchung der Regierung von Oberfranken 1976/77 in dieser Region und im Landkreis Kronach hat gezeigt, daß bei Wegzügen berufliche Gründe eindeutig im Vordergrund stehen. Bei Zuzügen treten neben beruflichen Gründen andere Motive stärker hervor, wie Möglichkeiten zur Freizeitgestaltung, günstiger Baulanderwerb, Pensionierung, gesundheitliche und klimatische Gründe. Die positiven Wirkungen des Ausbaus des Fremdenverkehrs, des Hochschulwesens und des Gesundheitswesens hinsichtlich der Zuwanderungen wird durch die Wanderungsanalyse bestätigt.

Karte 7
VERKEHRSWEGE IN OBERFRANKEN

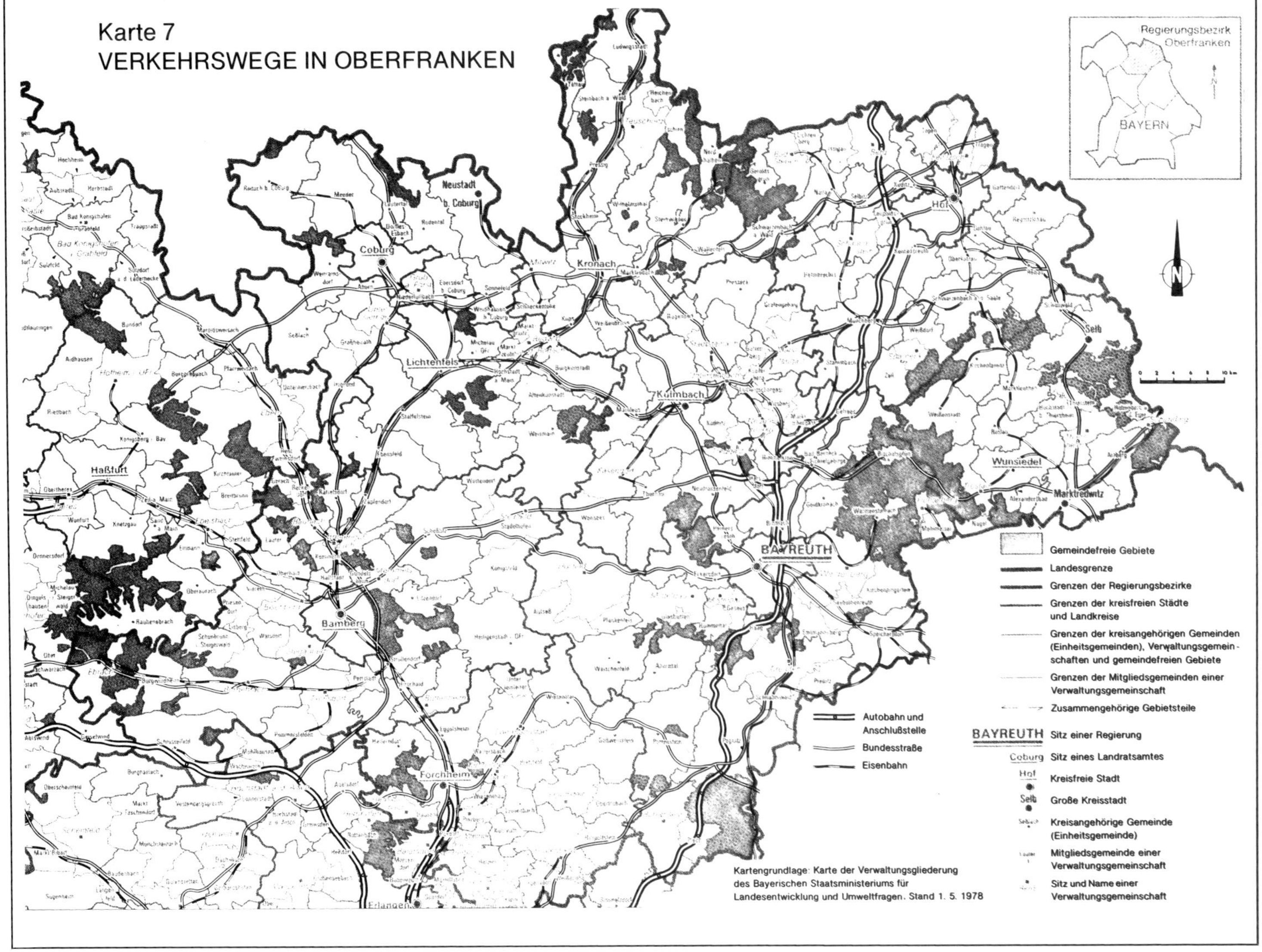

6. Welche strukturverbessernden Maßnahmen sind erforderlich?

In Oberfranken herrscht – wie bereits angeführt – der gewerbliche Klein- und Mittelbetrieb vor. Seine Stärken liegen in der Flexibilität der Produktion und auf dem Markt. Es fällt ihm jedoch schwer, bei dem raschen technischen Fortschritt mitzuhalten. Für die Zukunft wird es notwendig sein, seine Innovationsbemühungen durch die öffentliche Hand zu unterstützen. Erfolgversprechende Maßnahmen sind angelaufen. Die Industrie- und Handelskammern, die Handwerkskammern, die Universitäten Bamberg und Bayreuth mit ihren vielfältigen Forschungs- und Entwicklungseinrichtungen sowie das Ostbayerische Institut für Technologie-Transfer in Regensburg leisten vielseitige Hilfestellungen.

Die **Landwirtschaft** in Oberfranken ist erheblich durch eine ungünstige Betriebsgrößenstruktur und durch die ungünstigen natürlichen Erzeugungsbedingungen in den vorherrschenden Mittelgebirgslagen benachteiligt. Ihre Existenzsicherung ist abhängig von der allgemeinen Agrarpolitik. Hier müssen auch in Zukunft verstärkte Anstrengungen unternommen werden, sei es über förderungspolitische Maßnahmen, über Maßnahmen der Flurbereinigung, der Dorferneuerung und sonstige Fördermittel.

Der **Fremdenverkehr** ist im Fichtelgebirge, Frankenwald, Fränkischer Schweiz und im Oberen Maintal/Coburger Land entwicklungsfähig, wobei er nur in Schwerpunkten dieser Gebiete ein tragender Erwerbszweig sein kann. Es wird darauf ankommen, neue Herkunftsgebiete und Schichten von Gästen mit Werbemaßnahmen und örtlichen Leistungsbeweisen zu erschließen.

Große Hoffnungen werden in den Ausbau des **Dienstleistungsbereichs** gesetzt. Ein erfolgreicher Anfang wurde mit der Gründung der Universitäten Bamberg und Bayreuth sowie der Beamtenfachhochschule Hof gemacht, deren vollständiger Ausbau Ziel der nächsten Jahre ist. Schon heute zeigen sich die positiven Auswirkungen dieser Hochschulen auf die Bevölkerungs- und Wirtschaftsstruktur, auf das gesamte Baugeschehen und auf die Finanzkraft der Kommunen. Unter Hinweis auf die Ziele des Landesentwicklungsprogramms muß alles daran gesetzt werden, daß Behörden und dgl. aus den großen Verdichtungsgebieten in das Zonenrandgebiet verlagert werden. Aktuelle Beispiele sind oberfränkische Bemühungen, die zentrale Bußgeldstelle und das Mahngericht in das Zonenrandgebiet zu bringen. Dabei könnte die Entwicklung neuer, preisgünstiger Nachrichtensysteme eine Begünstigung der Verlagerung von Dienstleistungsbetrieben in die Randgebiete Bayerns erwarten lassen.

7. Warum weitere Infrastrukturmaßnahmen

Die Bevölkerung und die Wirtschaft Oberfrankens beklagen seit vielen Jahren die mangelhaften **Fernstraßenverbindungen** nach Westen. Die planerischen Voraussetzungen für die beiden wichtigsten Autobahnprojekte wurden in den letzten Jahren weitgehend geschaffen, beklagt wird von Seiten der regionalen Planungsverbände die schleppende Verwirklichung. Es handelt sich um die Autobahn A 70 Bayreuth–Bamberg–Schweinfurt und um die Autobahn A 73 Forchheim–Bamberg–Lichtenfels–Coburg (s. Karte 7).

Der Ausbau der **Energieversorgung** hat mit dem Bedarf erfreulicherweise Schritt gehalten. Die Inangriffnahme der Ferngasversorgung bereits anfangs der 60er Jahre hat unter heutigen Gesichtspunkten der Luftreinhaltung große Erfolge gehabt. Eine Ergänzung des Versorgungsnetzes wird mit Förderung der öffentlichen Hand durchgeführt. Die Versorgung mit Strom ist dank des laufenden Ausbaues des Leitungsnetzes gesichert (vgl. Luftbild Nr. 67).

In der **Wasserversorgung** wurden große Ausbauleistungen erbracht. Das großräumige Leitungsnetz der Fernwasserversorgung Oberfranken, gespeist aus der Trinkwassertalsperre Mauthaus im Landkreis Kronach, deckt den Spitzenwasserbedarf weiter Teile Oberfrankens. Als Großbaumaßnahme steht noch der Bau des Bayreuther Astes an. Größere Investitionen werden noch erforderlich im Rahmen der Jura-Gruppe in den Landkreisen Bayreuth und Forchheim (vgl. Luftbild Nr. 1).

Ein großes Problem stellte in Oberfranken die **Abwasserbeseitigung** dar, da die Vorflutverhältnisse sehr ungünstig sind (nur Oberläufe vwn größeren Flüssen mit geringer Wasserführung). Schon frühzeitig bestand daher der Zwang zum Bau von Kläranlagen. In den Bereichen der Sächsischen Saale und anderer Flüsse kam es zur Bildung von Abwasserverbänden, die zukunftsweisende Projekte für größere Flußabschnitte verwirklichten. In Zukunft werden die Schwergewichte auf dem Ausbau und der Modernisierung bestehender Abwasseranlagen liegen.

Im **Schul- und Bildungswesen** ist ein nahezu optimaler Versorgungsgrad erreicht, wenn man die in den nächsten Jahren noch anstehenden Investitionen als gesichert ansieht. In Zukunft geht es vornehmlich um die Unterhaltung und Bestandssicherung.

8. Probleme im Umweltschutz

Besonders große Sorgen bereitet insbesondere das rasche Fortschreiten der **Waldschäden** gerade in Oberfranken. Wenn auch die Ursachen noch nicht abschließend erforscht sind, so liegen die Verursacher weitgehend außerhalb des oberfränkischen Bereichs. Es ist hinreichend erwiesen, daß die Schäden zu einem erheblichen Teil durch Immissionen, die ihre Quellen in der ČSSR und in der DDR aber auch anderen Bundesländern in der Bundesrepublik Deutschland sowie teilweise jedoch auch in Oberfranken selbst haben, verursacht werden. Aus oberfränkischer Sicht kann nur immer wieder eindringlich an die zuständigen Stellen appelliert werden, Übereinkommen mit den genannten Nachbarstaaten zur Minderung des Schadstoffausstoßes herbeizuführen. Emittenten im oberfränkischen Raum sind dabei, Umweltschutzmaßnahmen durchzuführen: Das Braunkohlekraftwerk der Energieversorgung Oberfranken AG in Arzberg hat zunächst eine Trockenentschwefelung eingeführt. Die Anlage für Naßentschwefelung und Stickoxydbeseitigung ist in Bau.

Die Staatsforstverwaltung ist bemüht, durch waldbauliche Maßnahmen die besonders stark betroffenen Waldgebiete in den Höhenlagen des Fichtelgebirges zu sanieren, sowie den Privatwaldbesitz entsprechend zu beraten und zu unterstützen. Längerfristige Konsequenzen für Funktionen der betroffenen Waldgebiete sind derzeit nicht abzusehen.

Die **Abfallbeseitigung** wird in Oberfranken bereits weitgehend nach den Zielsetzungen des bayerischen Abfallbeseitigungsplans durchgeführt. Große Investitionen stehen noch im Raum Coburg an.

Zur Hausmüllbeseitigung des Raumes Coburg-Lichtenfels-Kronach ist ein Müllheizkraftwerk im nördlichen Bereich der Stadt Coburg geplant. Das Vorhaben ist vordringlich, da die Deponiekapazitäten nahezu erschöpft sind. Nach jahrelangen Standortdiskussionen über Deponie- und Verbrennungsmöglichkeiten ist das schwierige Planfeststellungsverfahren für das Müllheizkraftwerk angelaufen. Die Räume Hof und Wunsiedel/Marktredwitz haben dagegen zentrale Mülldeponien. Für den Raum Bamberg arbeitet eine Müllverbrennungsanlage. Der Raum Bayreuth/Kulmbach hat sich dem Müllbeseitigungszweckverband in Schwandorf angeschlossen. Eine endgültige Lösung steht noch aus für den Bereich Forchheim.

Große Aufgaben hat der **Naturschutz** in Oberfranken zu bewältigen. Entsprechend den vom Bayerischen Landtag beschlossenen Begleitmaßnahmen zur Änderung der Verfassung des Freistaates Bayern sind die Unterschutzstellungsverfahren für Naturparke, Natur- und Landschaftschutzgebiete möglichst bis Ende 1986 zum Abschluß zu bringen. In Oberfranken stehen wegen der Vielfalt seiner Naturräume eine Vielzahl, darunter auch eine Reihe flächenmäßig großer Unterschutzstellungen an. Es gibt allein drei Naturparke (Fichtelgebirge, Frankenwald, Fränkische Schweiz/Veldensteiner Forst). Weiterhin greifen die Naturparke Haßberge und Steigerwald auf oberfränkisches Gebiet über. Für Naturparke und großräumige Landschaftsschutzgebiete sind nach Durchführung von Anhörungsverfahren Rechtsverordnungen zu erlassen. Desgleichen sind Verordnungen für kleinere Landschaftsschutzgebiete und für eine Reihe von Naturschutzgebieten nach vorheriger Erfassung der vorhandenen Tier- und Pflanzenwelt notwendig. Die dazu notwendigen Untersuchungen und daraus zu folgende Maßnahmen sind in vollem Gange. Ziel ist es, die Vielfalt der oberfränkischen Landschaft auch dadurch zu erhalten.

Bad Steben

Heilbad im Frankenwald

60

(vgl. Abb. 1, 2, 61, 64)

Das Mineral- und Moorheilbad Steben – 1980 zusammen mit den Ortsteilen Bobengrün, Obersteben, Carlsgrün und Thierbach 3846 Einwohner – ist mit 600 m das höchstgelegene staatliche Heilbad in Bayern. Es feierte erst kürzlich sein 150jähriges Bestehen als Staatsbad. Allerdings wurde die erste Heilquelle bereits im 17. Jahrhundert entdeckt. Heute werden vor allem Herz- und Gefäß-, rheumatische und Gelenkerkrankungen sowie Frauenleiden und Erschöpfungszustände kuriert.

Der alte Ortskern gruppiert sich um die beiden Kirchen (im 14. Jahrhundert errichtete Wehrkirche, um 1900 erbaute evangelische Stadtkirche), deren Türme in der Mitte des Luftbildes in Erscheinung treten. Die Marktgemeinde lebte früher ausschließlich von der Landwirtschaft und vom Bergbau, woran nur noch die ausgedehnten Wiesen und Felder sowie einige wenige Aussiedlerhöfe und das 1965 renovierte alte Bergamt erinnern. Letzteres beherbergte zu Beginn des 19. Jahrhunderts die von Alexander von Humboldt gegründete Bergschule.

Der Kurtourismus erfährt seit dem Niedergang der traditionellen Wirtschaftszweige eine stetige Aufwärtsentwicklung. Mittlerweile werden in Bad Steben jährlich knapp 27 000 Gäste registriert, die sich zu etwa 60 Prozent aus Sozialversicherungspflichtigen zusammensetzen und im Durchschnitt 19 Tage bleiben. Da etwa die Hälfte von ihnen mit der Eisenbahn anreist, stellen der Bahnhof (Bildmitte rechts) und die von Stillegungsplänen bedrohte Zugverbindung nach Hof ein wichtiges Verkehrsangebot im Grenzland dar. Mit rund 2500 Gästebetten und fast einer halben Million Fremdenübernachtungen ist die Marktgemeinde der größte Fremdenverkehrsort im Frankenwald.

Auf dem Luftbild erkennt man die staatlichen Kureinrichtungen, umgeben von dem mit Bäumen bepflanzten Kurpark, auf der linken Seite in der Mitte. Zu den ältesten Gebäuden zählen das 1911 der Öffentlichkeit zur Verfügung gestellte Staatliche Kurhaus, die neue Wandelhalle und das demnächst restaurierte „Parkschlößchen“ (bis vor kurzem Staatliches Kurheim). 1980 wurde das 20 Millionen DM teuere Jean-Paul-Bad (mit Bewegungs- und Sprudelbad, Sauna, Gymnastikhalle und Fitneßraum) eröffnet. Hinter diesen Gebäuden sind weiterhin das 1837 von Leo von Klenze entworfene, 1982 teilweise neu errichtete ehemalige Badehaus (heute Sitz der Staatlichen Kurverwaltung und des Kurvereins) sowie das im Bau befindliche Staatliche Kurhotel (mit Baukran) zu sehen.

Die größten Erholungsheime und Kurkliniken liegen am Ortsrand. Im Bild links hinten ist die von der Landesversicherungsanstalt Ober- und Mittelfranken seit 1959 betriebene Kurklinik „Frankenwarte“ (166 Betten) erkennbar. Links vorne, neben dem in den siebziger Jahren modernisierten Freischwimmbad, erstreckt sich die 1969 ihrer Bestimmung übergebene Kurklinik „Franken“, in der maximal 252 bei der Bundesversicherungsanstalt für Angestellte versicherte Kurgäste unterzubringen sind. Am Ortsausgang, im rechten mittleren Teil des Luftbildes, befindet sich die 1971 eingerichtete Kurklinik „Auental“ (172 Betten), in der sich Mädchen im Alter zwischen 15 und 21 Jahren therapeutischen Behandlungen und Rehabilitationsmaßnahmen unterziehen können.

Bad Steben ist nur 2 km von der Staatsgrenze zur DDR entfernt, die ungefähr entlang des Waldes im Bildhintergrund verläuft. In der Straßenverlängerung auf der rechten Seite kommt man an der noch landwirtschaftlich geprägten Kleinsiedlung Dörflas vorbei nach Lichtenberg (vgl. S. 190). Im Luftbild rechts hinten sind schließlich die bereits zu Thüringen gehörenden Gemeinden Blankenstein und Blankenberg mit ihren unmittelbar an der Grenze gelegenen, emittierenden Industrieanlagen zu erkennen.

Peter Jurczek

Lichtenberg

61

Standort verschiedener Freizeitaktivitäten an der Grenze zur DDR

(vgl. Abb. 60, 62, 64)

Lichtenberg mit seinen 1123 Einwohnern zählt zu den ältesten und in der Vergangenheit bedeutendsten Städten des jetzigen Landkreises Hof. Die historische Ortschaft ist auf einem „lichten, im Walde gerodeten Berg" entstanden, wodurch sie ihren Namen erhalten hat. Im 14. Jh. war sie im Besitz der Grafen von Orlamünde, später wurde sie waldenfelsisch, nach 1628 schließlich markgräflich. Im Jahre 1810 kam Lichtenberg zu Bayern und wurde wenige Jahre später durch die neue Verfassung und das Gemeindeedikt eine Stadt III. Ordnung.
Auf der in der Mitte des Luftbildes sichtbaren Bergkuppe befindet sich der älteste Teil Lichtenbergs. Die mittelalterlichen Gebäude, die den langgestreckten Straßenmarkt begrenzen, sind trotz mehrerer Brände recht gut erhalten geblieben. Sie sind überwiegend mit Schiefer bedeckt, der – wegen der ziemlich rauhen Winter im Frankenwald – das für diese Gegend typische Baumaterial darstellt. Im Nordosten der Altstadt sind der im 17. Jh. erbaute Turm der evangelischen Kirche sowie der 25 Meter hohe Bergfried zu erkennen. Vom Schloß existieren heute nur noch Ruinen, die wegen des dichten Busch- und Baumbestandes am Schloßberg kaum in Erscheinung treten.
Westlich und südlich der Altstadt sind nach dem Zweiten Weltkrieg verschiedene Neubauviertel entstanden. Die handwerkliche Tradition ist teilweise bis heute bewahrt worden (z. B. Braugewerbe). Andere Produktionszweige wie der Bergbau, an den lediglich noch einige Namen erinnern (z. B. Friedrich-Wilhelm-Stollen, Blechschmidtenhammer), wurden in der Zwischenzeit wieder aufgegeben. Andere wiederum – deren Fabrikationshallen man in der linken Bildhälfte gut sehen kann – sind seit den fünfziger Jahren vergrößert und modernisiert worden (z. B. Seilerei und Flechtwerk).
Die Hauptursache für die ungünstige Entwicklung Lichtenbergs in den Nachkriegsjahren ist mit Sicherheit auf die im Bildhintergrund erkennbare, mitten durch den Wald verlaufende Grenze zur DDR zurückzuführen. Auf diese Weise ist Lichtenberg sowohl wirtschaftlich benachteiligt als auch von den benachbarten thüringischen Ortschaften abgeschnitten worden. Dazu gehört beispielsweise die im Luftbild rechts hinten sichtbare Gemeinde Blankenstein mit dem Schornstein einer VEB-Papierfabrik, die für die Umweltbelastungen in diesem Raum mitverantwortlich ist. Besonders gravierend ist der Wegfall der Eisenbahnlinie, die einmal durch das heute unter Naturschutz stehende Höllental zu der jetzt in der DDR liegenden Kreisstadt Lobenstein führte.
Schließlich hat Lichtenberg in den letzten Jahren als Freizeitstandort zunehmend an Bedeutung gewonnen. Im Bild links vorne sieht man das 1977 ausgebaute Erholungsgebiet mit Freizeitzentrum, Campingplatz und natürlichem Badesee. Es hat insgesamt 9,8 Millionen DM gekostet und ist zu 97% mit staatlichen Mitteln gefördert worden. Den verhältnismäßig kleinen Standort rechts im Bild hat ein Bayreuther Unternehmen mit 125 gleichförmig aussehenden Einfamilienhäusern bebaut, die überwiegend von Berlinern als Zweitwohnsitz genutzt werden.
Auf der noch freien Fläche im Bildvordergrund plant eine Straubinger Baugesellschaft die Errichtung einer Feriensiedlung mit 638 Gästebetten sowie verschiedenen Infrastruktureinrichtungen zur Freizeitgestaltung der Erholungsuchenden. Obwohl das Raumordnungsverfahren für dieses touristische Großprojekt positiv abgeschlossen worden ist, sind die erwarteten Bauaktivitäten bislang ausgeblieben. Dies dürfte einerseits daran liegen, daß der Bauträger zu hohe Forderungen an die öffentliche Hand stellt, weitere Freizeitanlagen mitfinanzieren zu sollen. Andererseits mag das an Attraktivität verlorene Bauherrenmodell, mit Hilfe dessen das touristische Vorhaben verwirklicht werden sollte, in der derzeitigen rezessiven Phase der wirtschaftlichen Entwicklung zur Vorsicht veranlaßt haben.
Darüber hinaus sind noch weitere, bildungsbezogene Freizeiteinrichtungen zu erwähnen, die in jüngster Zeit geschaffen worden sind. Zum einen handelt es sich um das 1980 vom Bezirk Oberfranken angekaufte Haus Marteau – eine ehemalige Jugendstil-Villa des Violin-Virtuosen Henri Marteau (1874– 1934) –, in dem Konzerte und Serenaden aufgeführt werden. Zum anderen sind es die im ehemaligen Lichtenberger Bahnhof geplante Naturpark-Informationsstelle sowie zahlreiche künstlerische Veranstaltungen (z. B. kleine Sommerakademie), die die Stadt Lichtenberg als regionale Kulturstätte bekannt zu machen beginnen.

Peter Jurczek

Hof

Textilzentrum ganz oben in Bayern

62

(vgl. Abb. 27, 63)

Wer heute über zwei so unterschiedliche Themen, wie die Entwicklung der Textilindustrie in der Bundesrepublik Deutschland einerseits und den Einfluß einer weitgehend geschlossenen Grenze andererseits berichtet, also über Dynamik und Barrieren in der Wirtschaft, der kommt an Hof nicht vorbei. Der Bildausschnitt belegt nicht nur in der rechten oberen Bildhälfte den Standort der Textilgruppe Hof, inmitten der Fabrikvorstadt, eines der bedeutendsten Industrieunternehmen der Textilbranche in der Europäischen Gemeinschaft, sondern auch die gerade in Verbindung mit der Textilindustrie gewachsene Stadt des 19. Jahrhunderts zwischen Bahnhof (im Bild rechts unten), den gründerzeitlichen Vierteln bis zur Altstadt sowie der 1214 erstmals erwähnten Lorenzkirche und läßt den Blick weiter frei auf die Neustadt, die Ludwigstraße und zuletzt auf das Naherholungsgebiet am Theresienstein oberhalb der Saale.

Die Grenze ist für die Entwicklung Hofs ein langer bestehender Faktor, spielte sie im Laufe der Jahrhunderte immer wieder eine Rolle, wenn auch nicht in der heute massiv abschließenden Funktion. So wurde die Stadt bereits im 12. Jahrhundert zu einer nördlichen Grenzbastion der Vohburger Markgrafen ausgebaut und behielt diese Rolle als Grenzstadt bis heute bei. Über die Grafen von Andechs-Meranien, die Vögte von Weiden, Gera und Plauen (daher der Name Vogtland), die Burggrafen von Nürnberg, die brandenburgische Linie der Hohenzollern wurde die Stadt 1792 Teil des Königreichs Preußen und 1810 dann nach Bayern eingegliedert. Das einheitlich gegliederte Stadtbild, das uns in der Bildaufnahme entgegentritt, ist eine Folge des Wiederaufbaus der Stadt nach dem großen Stadtbrand von 1823, der fast die gesamte Stadt vernichtete. Damals entstand eine reizvolle Biedermeierstadt mit einheitlichen Bauformen und geschlossenen Gebäudefronten, erweitert durch die Fabrikvorstadt am rechten Saaleufer während der Industrialisierung Mitte des letzten Jahrhunderts. Da zahlreiche Arbeitskräfte der Webereien und Spinnereien aus Schwaben kamen, wurde dieses Gebiet, heute stark von ausländischen Arbeitnehmern geprägt, auch als „Schwabenviertel“ bezeichnet. Ab Mitte des letzten Jahrhunderts, nach dem Eisenbahnanschluß an Plauen und die Kohlenreviere in Zwickau bzw. – später – in Falkenau und der stürmischen Aufwärtsentwicklung der Textilindustrie sowie auch anderer Industriezweige, entstand die Bezeichnung vom „bayerischen Manchester“, eine Zeit, in der die Stadt Hof von rd. 8000 Einwohnern 1840 auf 40 000 bis zur Jahrhundertwende anschwoll. Diese Entwicklung, eng mit Unternehmen in Plauen und Zwickau verbunden, hielt bis zum 2. Weltkrieg an (1939 hatte Hof 44 877 Einwohner) und sie erklärt auch, weshalb Hof weit weniger wirtschaftliche Verflechtungen zu Städten im übrigen Oberfranken aufwies wie nach Sachsen.

Der Zusammenhang zwischen der Stadtentwicklung und der Entwicklung der Textilindustrie läßt sich in Gestalt der Textilgruppe Hof klar nachvollziehen:

1854 wurde der Aktiengesellschaft „Mechanische Baumwollspinnerei“ die Genehmigung zur Betriebsgründung erteilt und nach ersten Schwierigkeiten ab 1869 als „Neue Baumwoll-Spinnerei Hof“ mit Hilfe eines süddeutschen Bankenkonsortiums weitergeführt. Aufgrund des ständigen Ausbaus innerhalb und zwischen den einzelnen Produktionsstufen entstand eine vielseitige Unternehmensgruppe mit Werken in Hof, Nördlingen, Münchberg und Uhingen, die über 7 Spinnereien, eine Zwirnerei, 2 Webereien, eine Stickerei, ein Tuftingwerk und über 2 Veredelungsbetriebe verfügt. Sie beschäftigt mehr als 3000 Arbeitskräfte, allein in Hof sind es mehr als 2000 Mitarbeiter. Verglichen mit den rd. 8200 Arbeitnehmern in der Industrie Hofs 1983 wird auch heute noch deutlich, erweitert durch andere Textilunternehmen, daß dieser Wirtschaftszweig – trotz Rationalisierung und besonders in den 70er Jahren rückläufigen Beschäftigtenzahlen – die charakteristische Wirtschaftsbranche der Stadt darstellt.

Der Bildausschnitt weist darüber hinaus auf eine weitere Komponente des Wirtschaftslebens von Hof hin, angefangen von dem im Bildmittelpunkt sichtbaren Gebäude des Kaufhofs bis zur Altstadt und der dort vorhandenen Konzentration von Geschäften des kurz- und mittelfristigen Bedarfs, daß die Stadt Hof neben ihren 1983 insgesamt 52 453 Einwohnern der Versorgungsstandort einen weitausgreifenden Einzugsbereich darstellt, bis Issigau, Kirchenlamitz, Helmbrechts und Bad Steben reichend. Aufgrund der unterschiedlichen sozialen Schichtung der Bevölkerung Hofs bildete sich damit auch eine breite Palette an Einzelhandels- und Dienstleistungsbetrieben heraus.

Jörg Maier

Untreusee bei Hof

63

Wasserrückhaltebecken und Freizeitattraktion

(vgl. Abb. 27, 62)

Die Stadt Hof besitzt in den letzten Jahren eine stagnierende bzw. negative Wanderungsbilanz. Diese Entwicklung ist in erster Linie auf den Standortnachteil durch die Zonenrandlage zurückzuführen. Sicherlich spielen auch das relativ geringe Freizeitangebot und die klimatische Ungunst (6,2° C mittlere Jahrestemperatur, 677 mm mittlerer Jahresniederschlag) eine gewisse Rolle. Dabei ist die Landschaft um Hof – zwischen Fichtelgebirge und Frankenwald – abwechslungsreich. Hügel und Täler beleben das etwa 550 – 620 m hoch gelegene Plateau. Viele Rodenamen weisen auf den einstigen Waldreichtum hin: z. B. Eppenreuth, Konradsreuth, Martinsreuth, Föhrenreuth.

Das Gebiet wird von der Saale und ihren Nebenflüssen entwässert. Einer davon ist die Ölsnitz, die südlich des Ortsteils Moschendorf in die Saale mündet. Die Ölsnitz entspringt in einem Waldgebiet (namens „Untreu") südwestlich von Konradsreuth und heißt in diesem Bereich Untreubach. Zwischen Martinsreuth und Autengrün umläuft der Bach einen waldbedeckten Hügel (namens „Ölsch") und trägt jetzt den Namen Ölsnitz. Der Ölsnitzbach – im Volksmund auch Untreubach genannt – speist den Stausee im Süden der Stadt Hof mit Wasser und gab ihm auch seinen Namen: Untreusee.

Der Bildausschnitt zeigt den Untreusee mit der Stadt Hof im Norden. Am oberen Bildrand endet die städtische Bebauung, deutlich durch einen langgezogenen Waldstreifen von den Landwirtschaftsflächen in Richtung Zedtwitz und Feilitzsch getrennt. Der schmale Waldgürtel ist die 55 ha große Parkanlage des Theresiensteins, bis vor kurzem das einzige stadtnahe Erholungsgebiet. Mit dem Untreusee besitzt Hof nun ein neues, vielseitiges Freizeitgelände.

Der See liegt zwischen den Bundesstraßen B 2 nach Münchberg, der B 15 nach Weiden und der Straße nach Oberkotzau; er ist dadurch verkehrstechnisch hervorragend an das Umland angebunden. Bei einer Länge von 2000 m und einer maximalen Breite von 700 m besitzt er eine Fläche von 58 ha. Die größte Tiefe beträgt 15 m. Der Wasserspiegel liegt im 500-m-Niveau. Die exakt in Nord-Süd-Richtung verlaufende 316 m lange Staumauer am Ostufer staut fast sechs Mill. cbm Wasser. Im Bereich des Sees steigt das Tal der Ölsnitz im Osten steil an. Der Anstieg findet seine höchste Erhebung im 558 m hohen Schaumberg. Ein Teil des Waldes, der früher bis ins Tal reichte, mußte dem Stausee weichen. Die Rodung erfolgte aber sehr behutsam; an manchen Stellen bleibt zwischen See und Wald nur noch Platz für einen schmalen Gehweg. Der flache Westhang ist weitgehend waldfrei und wird vorwiegend landwirtschaftlich genutzt. Auch die beiden Waldflächen am Nordufer des Sees blieben erhalten. Ein Großteil des Materials für den Bau des Staudammes wurde aus dem Steinbruch unterhalb des rechten Waldstückes gewonnen. Balkonartige, aus Holz gefertigte Sonnenterrassen setzen jetzt in der kahlen Felswand optische Akzente. In der Lichtung über dem ehemaligen Steinbruch ist die Errichtung eines Hotels geplant.

Das Nordufer – in der Nähe der Parkplätze gelegen – ist an schönen Tagen mit Badegästen und Surfern überfüllt. Zur Freude der Kinder liegt ein Kinderspielplatz halb im Wasser, halb auf dem Land. Wer ungestörte Badefreuden genießen will, muß ein paar Schritte weitergehen; der See bietet genügend Möglichkeiten. Nur im Bereich des Biotops ist das Baden nicht erlaubt. Das Biotop liegt am südlichen Ende des Sees, wo die Ölsnitz in den See einmündet. Künstlich aufgeschüttete Inseln und Röhrichtzonen bilden Nist- und Brutplätze für Vögel und Wassertiere.

Rund um den See führt ein Wanderweg, der in seiner ganzen Länge durch ein Landschaftsschutzgebiet führt. Ruhebänke laden ein zum Verweilen, Aussichtspunkte gewähren einen Überblick über den Stausee. Wem die gesamte Wanderstrecke von 7 km zu lang ist, kann über die Holzbrücke im Norden des Biotops den Rundwanderweg um 2 km verkürzen. Mit dem Untreusee besitzt die Stadt Hof und ihr Umland eine Freizeitanlage in einem landschaftlich reizvollen Gebiet, die allen Bevölkerungsschichten gerecht wird. Sie bietet Erholungsmöglichkeiten und sportliche Betätigung für Schwimmer, Surfer, Segler, Ruderer, Angler, Langläufer und Spaziergänger.

Werner Wirth

Naila 64

Vom traditionellen Industriestandort zum modernen zentralen Ort

(vgl. Abb. 1, 2, 27, 60, 61, 62)

Das nordöstliche Oberfranken ist durch eine größere Zahl von Städten mit rd. 10 000 Einwohnern gekennzeichnet, ein Siedlungsbild, das nur im Zusammenhang mit den früher bestehenden, engen gewerblichen Verbindungen in dem Raum Plauen und Chemnitz (heute Karl-Marx-Stadt) verständlich ist. Durch die Gebietsreform 1972 weiter an Bedeutung verloren, versuchen diese Städte durch die Herausbildung neuer Funktionen wieder an Attraktivität und damit Position innerhalb der Siedlungsstruktur zu gewinnen.
Naila, 1984 mit rd. 9000 Einwohnern, ist dafür ein gutes Beispiel. Umgeben von Ortschaften, deren Entstehung meist in Verbindung mit dem Roden im 13. und 14. Jahrhundert verbunden ist (siehe die zahlreichen Ortsnamen mit der Endung „-grün"), geht seine Entwicklung auf das Jahr 1000 zurück und belegt durch die Territorialherrschaften der Nürnberger Burggrafen, der Bischöfe von Bamberg, des Königreiches Preußen und letztlich der Bayern einen für weite Teile Oberfrankens fast klassischen Besitzwandel. Jedoch die früher gewerbliche Orientierung Nailas, vom 15. bis Anfang des 19. Jahrhunderts als Standort des Erzbergbaus, belegt eine besondere Eigenart. In der Blütezeit dieses Bergbaus Ende des 17. bis Anfang des 18. Jahrhunderts, mit der Ansiedlung von erfahrenen Bergleuten aus dem Erzgebirge, standen im Raum Naila und Schauenstein 53 Bergwerke in Betrieb. Nach deren Niedergang und der verheerenden Brandkatastrophe 1862, der fast die ganz Stadt zum Opfer fiel, fand über die Handels- und Handwerkstradition (insbesondere der Schuhmacher) in der 2. Hälfte des letzten Jahrhunderts die Industrialisierung Eingang. Aus den handwerklichen Betrieben wurden Schuhfabriken, aus der Hausweberei spezialisierte Textilfertiger mit Standorten in Selbitz-Tal (s. die rechte Bildhälfte). Zusammen mit dem ebenso lange bestehenden Brauereigewerbe entstand so ein Industriestandort, der 1867 2037 und 1925 3950 Einwohner umfaßte.
Die Entwicklung nach dem 2. Weltkrieg, durch die geschlossenen Grenzen gegenüber der DDR und der ČSSR bedingt, führte nicht nur zu einer notwendigen Umstellung in den Liefer- und Absatzbeziehungen der Unternehmen in Naila, sondern auch zur Auseinandersetzung mit neuen Aufgaben der Stadt. So galt es in den ersten Jahren nach dem Krieg eine große Zahl von Heimatvertriebenen in die Bevölkerung einzubeziehen, später die Infrastruktur (im Bildungs- wie auch im Freizeitbereich) auszubauen und die Funktion als zentraler Ort zu erhalten (seit 1966 noch Bundeswehr-Standort). Die Schuhindustrie veränderte sich bereits Anfang der 60er Jahre, wurden nun die bisher produzierten Arbeitsstiefel durch neue, modische Formen abgelöst. Die ausländische Konkurrenz wurde immer stärker und nur dasjenige Unternehmen konnte überleben, das flexibel genug war, sich den neuen Marktforderungen anzupassen. So spiegelt sich in der Zahl der Arbeitskräfte der traditionellen Schuhfabrik Seifert & Klöber von 670 Beschäftigten im Jahr 1957 auf 302 im Jahre 1984 (zusätzlich 75 Heimarbeiter) diese Anpassung wider. Betriebsschließungen im Bereich der Schuhproduktion standen allerdings auch Neuansiedlungen gegenüber, etwa des Unternehmens Libba, dem heute mit 494 Beschäftigten und 52 Mill. DM Umsatz/Jahr größten Arbeitgeber in Naila.
Aufbauend auf der industriell-gewerblichen Funktion (19 Betriebe mit 2165 Arbeitskräften 1983), ist es der Stadt auch gelungen, trotz des Arbeitsplatzverlustes durch die Gebietsreform, ihre Standortfunktion als zentraler Ort zu erhalten. Neben der Errichtung eines Gymnasiums und einer Realschule im Bereich weiterführender Schulen und eines modernen Krankenhauses muß dazu auch der gut sortierte Einzelhandel gerechnet werden. Seine Standorte sind bevorzugt in der Hauptstraße, Bahnhof- und Kronacher Straße (in der Bildmitte unterhalb des Marktplatzes gelegen), daneben noch in der Angerstraße. Dadurch wird nicht nur der überwiegende Teil des kurzfristigen, sondern auch ein wesentlicher Teil des mittelfristigen Bedarfs des Bürger Nailas, zum Teil auch der umliegenden Orte in Naila gedeckt. Durch das nun seit einigen Jahren zunehmende Auftreten von Supermärkten und Einzelhandels-Großprojekten entstehen Konflikte zwischen den verschiedenen Interessengruppen unter der Bevölkerung. Die Hoffnung, daß sich der Tourismus, wie er im Ortsteil Hölle (mit rd. 20 000 Gästeübernachtungen 1983) bereits traditionell vorhanden ist, auch auf die Stadt Naila erweitern läßt, zählt zu den jüngsten Bemühungen, durch attraktive Arbeitsplätze die drohende Abwanderung jüngerer, dynamischer Personengruppen abzuwenden.

Jörg Maier

Münchberg

65

Ein Zentrum der bayerischen Textilindustrie

(vgl. Abb. 3, 6, 68, 71)

Münchberg, eine industriereiche Stadt mit 1982 11 796 Einwohner, liegt inmitten einer Hochfläche zu beiden Seiten des Pulschnitztales. Die Stadtgründung geht auf das 13. Jahrhundert zurück; noch heute prägt der damals angelegte, geschwungene Straßenmarkt am nördlichen Steilufer der Pulschnitz das Bild der Stadt. Die 1837 durch Brand zerstörte und in den Jahren 1867–72 im neugotischen Stil wiederaufgebaute Pfarrkirche (vgl. Bildmitte), das 1840 wiedererbaute Rathaus und das 1839 errichtete Gebäude des Landratsamtes Münchberg, heute Dienststelle des Landratsamtes Hof, begründen die Bedeutung dieses Straßenmarktes als Zentrum öffentlicher Dienstleistungen. Der Einzelhandel und die privaten Dienstleistungen haben ihren Standort zwischen diesem Bereich, der Bahnlinie Neuenmarkt–Wirsberg–Hof und der Industrie, die sich im letzten Jahrhundert entlang der Pulschnitz niederließ, gefunden.

Das Luftbild zeigt die Stadt aus südöstlicher Richtung. Im Hintergrund sind die bewaldeten Höhen des Frankenwaldes zu erkennen, und davor durchzieht von links nach rechts die Bundesautobahn Nürnberg–Berlin das Bild dieser Schrägaufnahme.

Die Stadt Münchberg ist seit Jahrhunderten ein Zentrum bayerischer Textilindustrie, insbesondere der Baumwollverarbeitung. Bereits seit dem 15. Jahrhundert prägen Leinen- und Wollspinnereien und -webereien die Stadt. 1884 erfuhr Münchberg durch die Einführung der mechanischen Textilindustrie und der damit zusammenhängenden Ablösung der Verlagssysteme einen beachtlichen wirtschaftlichen Aufschwung. Noch 1844 waren 1393 Weberfamilien ausschließlich und 237 Familien im Nebenberuf an 2657 Webstühlen der gewöhnlichen Baumwoll-, Leinen- und Wollverarbeitung und an 56 Webstühlen der Jacquard-Verarbeitung tätig. In den 80er Jahren des 19. Jahrhunderts verringerte sich mit der relativ späten Einführung des mechanischen Webstuhls die Zahl der Produktionsstätten ganz erheblich: In nur wenigen Fabriken laufen 1700 Webstühle und 26 000 Baumwollspindeln. Dieser Einschnitt in die Produktionsweise von textilen Erzeugnissen ist nur noch vergleichbar mit der Situation der Textilindustrie seit Ende der 60er Jahre unseres Jahrhunderts, als verstärkte Importe aus sog. „Billiglohnländern" (Schwellenländer) die Absatzmärkte mit Textilien aller Art überschwemmen. Die Münchberger Industrie ist seit dieser Zeit gezwungen, durch die Einführung von Spinnerei- und Webautomaten sowie durch andere Rationalisierungsmaßnahmen die Produktionskosten zu senken. Darüber hinaus versucht sie, ihre Wettbewerbsfähigkeit durch die Spezialisierung auf die Produktion modischer und qualitativ hochwertiger Textilien zu erhöhen. Der Wandel von einer lohnkostenintensiven zu einer mit hohen Anlagenkosten verbundenen Industrie hat zu einer ständigen Verringerung der Zahl der Arbeitsplätze bei real wachsenden Umsatzvolumen geführt. 1983 sind in den 20 Betrieben des verarbeitenden Gewerbes noch 2254 Beschäftigte (dagegen 1978: 2419 Beschäftigte), wovon etwa drei Viertel auf die Industriegruppen Textil und Bekleidung entfallen.

Die Produktionsstätten sind auf dem Bildausschnitt nur zum Teil zu sehen. Sie konzentrieren sich im westlichen Bereich (vgl. linke obere Bildseite) sowie, auf der Schrägaufnahme nicht mehr ersichtlich, im östlichen Gebiet der Stadt. Innerhalb des textilen Sektors ist das Fertigungsspektrum breit gefächert: Buntgewebe und Matratzenstoffe werden ebenso hergestellt wie hochwertige Artikel der Damenoberbekleidung. Daraus wird deutlich, wie problematisch es ist, den Industriestandort Münchberg als monostrukturiert zu kennzeichnen.

Die Bedeutung Münchbergs als Textilstadt wird auch dadurch belegt, daß hier seit über 125 Jahren Stätten der Textilausbildung ansässig sind. Heute hat der Fachbereich Textiltechnik und Gestaltung der Fachhochschule Coburg mit über 150 Studierenden als einzige Hochschule dieser Art in Bayern hier seinen Standort; außerdem wird die Landesblockbeschulung für Textilberufe sowie die Ausbildung zum Textiltechniker, zur Textiltechnischen Assistentin sowie zum technischen Textilkaufmann am staatlichen Berufsbildungszentrum (staatliche Berufsschule und Fachschule) vorgenommen. In der beruflichen Grundbildung werden 1983 1014 Schüler unterrichtet. Darüber hinaus verfügt die Stadt Münchberg über ein Gymnasium mit 1983 709 Schülern. Damit stellt Münchberg auch ein wichtiges Zentrum schulischer Bildung in Oberfranken dar.

Jürgen Weber

Selb

Stadt des Porzellans

66

(vgl. Abb. 4, 28, 29, 67)

Am Nordostrand der Selb-Wunsiedler Hochfläche liegt in einer nach Westen leicht geöffneten Mulde die Stadt Selb. Die Schrägaufnahme zeigt einen Teil des Stadtkerns mit der Ludwigstraße, dem umgebauten Martin-Luther-Platz, der evang. Stadtpfarrkirche und dem neuen Grenzlandtheater (Bildrand rechts unten) sowie die im Norden der Stadt anschließenden Industriegebiete.
Noch Mitte des 19. Jahrhunderts war Selb ein kleiner Ort, dessen Bewohner sich vorwiegend von der Hausweberei ernährten. Der „Grundstein" für Selb als Stadt des Porzellans wurde im Jahre 1856 gelegt, als ein großer Brand 221 von 300 Wohnhäusern und 408 Nebengebäuden mit den Handwebstühlen vernichtete. Der größte Teil der damals 3389 Einwohner wurde obdachlos.
Lorenz Hutschenreuther, ein Sohn des C. M. Hutschenreuther, der bereits 1814 in Hohenberg an der Eger die erste Porzellanfabrik in Ostoberfranken errichtete, baute südöstlich der Stadt eine Porzellanmanufaktur.
Weitere Betriebe entstanden bis zur Jahrhundertwende; häufig gingen sie aus Porzellanmalwerkstätten hervor: 1867 Porzellanfabrik Zeidler & Co. in Selb-Plößberg, 1879 Rosenthal in Erkersreuth und seit 1886 in Selb, 1884 Krautheim im Norden der Stadt, 1890 Paul Müller und 1896 Heinrich & Co. westlich der Stadt.
Doch schon bald setzten Konzentrationsbewegungen ein. So übernahm die Firma L. Hutschenreuther neben auswärtigen Betrieben 1896 die neuerbaute Porzellanfabrik Jäger & Werner (heute Werk B) und 1917 die Porzellanfabrik Paul Müller. Auch Rosenthal sicherte sich neben auswärtigen Erwerbungen 1917 die Porzellanfabrik Zeidler & Co. in Selb-Plößberg.
Der größte Industriekomplex der Stadt Selb liegt im Nordosten der Stadt. Neben der Maschinenfabrik Netzsch, die sich wie die auf dem Bild nicht mehr erkennbare Maschinenfabrik Zeidler KG als Produzent von Porzellanmaschinen spezialisiert hat, steht hier das Rosenthal-Werk Selb, Keimzelle eines weltberühmten Porzellanunternehmens. Langgestreckte Bauten mit vier bis fünf Geschossen verweisen auf den alten technischen Produktionsprozeß in fünf Ebenen: Brennhaus – Aufbereitung der Rohstoffe – Dreherei – Glasurboden – Malerei. Diese Bauten sind genauso am Beispiel der Lorenz Hutschenreuther AG (Werk B) nordöstlich auf der gegenüberliegenden Straßenseite zu erkennen.
Markant in diesem Stadtteil ist auch das Zentralwerk der Rosenthal-Isolatoren GmbH (RIG; seit 1984 zur Hoechst AG gehörig). Seit 1900 befaßte sich eine elektrotechnische Abteilung der Porzellanfabrik Rosenthal mit der Fertigung technischen Porzellans. Ein weithin sichtbares Hochspannungslaboratorium verfügt über eine Gleichstromanlage für 3 Mill. Volt und eine Wechselstromanlage für 1,3 Mill. Volt. Am Ortseingang von Erkersreuth, am rechten oberen Rand des Bildes, sind beiderseits der Straße Werk 2 und Werk 3 der RIG zu erkennen. Links der Straße nach Erkersreuth liegt auch die unter Mithilfe von Prof. Gropius nach den Erkenntnissen der neuesten Fabrikations- und Transportmethodenforschung auf 21 000 qm Fläche entworfene Porzellanfabrik „Rosenthal am Rotbühl".
Die einseitige Industriestruktur, fußend auf der konsumorientierten Porzellanindustrie bzw. auf den für die Porzellanwerke fertigenden Maschinenbaubetrieben, brachte für Selb nach dem 2. Weltkrieg große Nachteile. Durch Rationalisierung und Spezialisierung sowie Diversifikation der Produktpalette konnten neue Exportmärkte erobert werden (knapp 40% der Produktion Selber Firmen gehen in das Ausland). Allerdings wurden angesichts des Kostendruckes durch steigendes Lohnniveau auch viele „Porzelliner"-Arbeitsplätze nicht mehr besetzt. Die Zahl der Beschäftigten in den Selber Unternehmen mit mehr als 20 Beschäftigten sank gerade auch in den letzten Jahren von 6761 (1978) auf 5575 (1983).
Von den 1984 insgesamt ca. 8500 in Selb Beschäftigten pendeln 1800 täglich in die Stadt zur Arbeit. Die Bevölkerungsabnahme war von 1970 bis 1983 sehr stark, unter Berücksichtigung der eingemeindeten Gebiete sank in dieser Zeit die Bevölkerung von 24 039 auf 20 756. Mit der Gebietsreform von 1972 verlor die Stadt ihre Kreisfreiheit und wurde als Große Kreisstadt in den Landkreis Wunsiedel eingegliedert. Für das Selbstbewußtsein der wirtschaftsstarken Industriestadt spricht die Tatsache, daß Selb mit Stadtratsbeschluß vom 25. April 1975 einen modernen, von Professor Gropius und Professor Leibbrand entworfenen Gesamtverkehrs- und Entwicklungsplan verabschiedete.

Helmut Ruppert

Arzberg

Kraftwerksstandort in Oberfranken

(vgl. Abb. 4, 28, 29)

Arzberg (481 m NN) ist mit 7181 Einwohnern (1984) die viertgrößte Stadt im Landkreis Wunsiedel. Seit 1970 hat die Bevölkerung um über 20% abgenommen, fast schon typisch für Teile dieses Landkreises im Grenzland. Im Bildvordergrund fallen die großen Porzellanfabriken auf, die für die Entwicklung der Stadt sehr bedeutend waren und sind, sowie vor allem das Kraftwerk der EVO, der Energieversorgung Oberfranken (früher BELG), dessen 120 m hoher Schornstein neben dem Bahnhof (rechts im Bild) alle übrigen Bauten überragt. Parallel zur Bahnlinie verläuft in der Bildmitte die Straße von Marktredwitz über Schirnding nach Eger (B 303) und führt vorbei am Ortsteil Schlottenhof, mit 780 Einwohnern eines der größten Ortsteile der nur 5 km von der tschechischen Grenze entfernten Stadt Arzberg. Rechts im Bildhintergrund erkennt man die Nachbarstadt Schirnding, links liegt die Stadt Hohenberg a. d. Eger, danach folgt unmittelbar im Tal der Eger die Grenze zur ČSSR, d. h. die bewaldeten Höhenzüge im Hintergrund des Bildes liegen bereits in Böhmen.

Arzberg wurde erstmals 1268 in einer Urkunde des Klosters Waldsassen erwähnt. 1292 kam der Ort an die zollerischen Burggrafen von Nürnberg. Seit dieser Zeit begannen Schürfungen nach Silber und Bleierz, die im 15. Jahrhundert zunehmend vom Eisenerzabbau abgelöst wurden. 1574 wurde bei Arzberg der erste Hochofen in Nordostbayern angeblasen und war bis nach 1700 in Betrieb. Im Gegensatz zu anderen Erzabbauten im Fichtelgebirge erlebte der Bergbau von Arzberg nach dem 30jährigen Krieg eine neue Blüte. So wurden ab 1780, wo zeitweise in 20 kleinen Zechen gearbeitet wurde, sogar sächsische und böhmische Bergleute ansässig. 1787 wurde Arzberg zum Markt und hatte ein eigenes Richteramt, das zusammen mit dem benachbarten Hohenberg eines der „Sechs Ämter" darstellte. Von 1792 bis 1797 war Alexander von Humboldt als preußischer Oberbergmeister in Arzberg tätig und gründete 1796 eine Bergschule. Der Niedergang des Fichtelgebirgsbergbaus im 19. Jahrhundert war jedoch nicht aufzuhalten, um 1886 kam der Arzberger Bergbau ebenfalls zum Erliegen; er wurde nur noch einmal in den Jahren 1938 bis 1941 aufgenommen. Eine Folge des frühen Bergbaus war die Errichtung mehrerer Hammer- und Pochwerke, Rohrschmieden und Kugelgießereien entlang der Röslau und am Flitterbach. Im 17. und 18. Jahrhundert verfielen die meisten dieser Werke oder wurden in Mühlen und Sägewerke umgewandelt bzw. nahmen neue Gewerbebetriebe auf: so vor allem Leinen- und Wollwebereien, die, basierend auf Flachsanbau und Schafzucht, größere Bedeutung erlangten. Nach 1945 siedelten sich auch Flüchtlingsbetriebe der Textilbranche an. Eine Rolle spielt auch eine große Nagelfabrik, die in lokaler Tradition zu den früheren Hammerwerken gesehen werden kann. Die führende Stellung in Arzberg nimmt die Porzellanindustrie ein. Am Nordabhang des Kohlwaldes, in Eisenbahnnähe und entlang der Röslau (rechts im Bildvordergrund) reihen sich die drei großen Porzellanwerke Carl Schumann AG (seit 1881), C. M. Hutschenreuther (seit 1838) und Porzellanfabrik Arzberg (seit 1890). Die größte Bedeutung Arzbergs liegt in der Energiebelieferung des nordostoberfränkischen Raumes durch das Kohlekraftwerk der EVO. Für das in den Jahren 1914/15 mit zwei Maschinensätzen zu je 6 Megawatt (heute 489 MW) errichtete damalige „Großkraftwerk" der BELG wurde der Standort Arzberg im Hinblick auf die Nähe der böhmischen Braunkohlevorkommen aus dem nur rund 40 km entfernten Falkenauer Revier (heute Sokolov) und wegen seiner günstigen Lage an der Bahnstrecke Nürnberg–Eger sowie am Ufer des Fichtelgebirgsflüßchens Röslau gewählt. Der rasch zunehmende Strombedarf in den 50er Jahren war der Anlaß für eine Reihe von Erweiterungen. So wurde etwa im Jahr 1974 das Kraftwerk um eine 220-Megawatt-Blockanlage erweitert und teilweise auf Erdgasverwendung eingerichtet; ferner wurde ein zweiter Kühlturm erstellt und im Jahr 1980 eine neue Blockanlage von 130 MW in Betrieb genommen. Da in äußerst niederschlagsarmen Monaten das Wasserangebot der Röslau bei Betrieb aller Anlagen nicht mehr für den Zusatzwasserbedarf des Kraftwerks ausreicht, wurde ein 1,5 km langer Stausee im Feisnitztal als zusätzliches Kühlwasserreservoir angelegt.

In jüngster Zeit ist das Arzberger Kraftwerk aufgrund der Luftsituation in Oberfranken wiederholt in Kritik geraten. Durch das sog. Trockenadditivverfahren soll der Ausstoß an Schwefeldioxid ab Sommer 1985 auf 40% des ursprünglichen Wertes gesenkt werden und damit ein Beitrag zur Entlastung der Umwelt in Oberfranken geleistet werden. Von einer Umstellung auf den schadstoffärmeren Gasbetrieb wird allerdings bisher von seiten der EVO abgesehen.

Claudia Radenz

Stadt Kirchenlamitz

68

Kleinzentrum im Sechsämterland

(vgl. Abb. 3, 4, 29, 65, 66, 71)

Die Sechsämterstadt Kirchenlamitz im Fichtelgebirge (591 m) liegt in einer weiten Talsenke der Lamitz, zwischen Epprechtstein (798 m) und dem Kornberg (825 m), der sich im Hintergrund des Luftbildes erhebt. Davor liegen die Ortsteile Niederlamitz und Niederlamitzerhammer und im Bildvordergrund erstreckt sich der Hauptort Kirchenlamitz, der physiognomisch durch die typische Form des Straßendorfes auffällt.

Die Geschichte der Stadt steht in engem Zusammenhang mit der Burg Epprechtstein: 1374 erteilte Burggraf Friedrich V. dem Ort stadtrechtliche Privilegien und erhob ihn zum Markt. Seit 1819 hatte Kirchenlamitz eine Magistratsverfassung; im Jahr 1901 wurde es endgültig zur Stadt erhoben. Ursprünglich spielte hier die Hausweberei eine große Rolle. Von lokaler Bedeutung war auch das heimische Töpfergewerbe (Herstellung von Kachelöfen, einfache Gebrauchsgegenstände), das die in der Kirchenlamitzer Mulde vorkommenden 4 bis 8 m mächtigen Verwitterungstone verarbeitete. Die Konkurrenz der seit 1843 im nordwestlichen Fichtelgebirge aufkommenden Granitschleifereien drängte die Hausweberei zurück. Die Tradition in der Steinbearbeitung, billige Arbeitskräfte, neue Techniken und die Nähe großer Granitbrüche (Kornberg, Epprechtstein) begünstigten diese Entwicklung. Die zunächst bodenständige Industrie verarbeitete aber auch schon vor 1900 ausländische Granite; der heutige Standort ist somit weniger rohstoff- als arbeitsorientiert zu bezeichnen (traditionsgebundenes „Know-how" als Standortvorteil!) Der mangelnde Verkehrsanschluß war vielfach ein Hindernis für eine noch stärkere Ausweitung der Granitindustrie. Kirchenlamitz liegt rund 4 km westlich der Fichtelgebirgsbahn (ab 1877) und späteren Hauptbahnlinie Berlin–Hof–Marktredwitz–München, die am Fuße des Kornbergs vorbeiführt und profitierte anfangs nur wenig von dieser Verkehrslinie. Im 19. Jahrhundert wurde daher nicht Kirchenlamitz, sondern Niederlamitz als Industriestandort gewählt: Am Bahnhof Kirchenlamitz-Ost (Niederlamitzerhammer), der dann 1899 auf Betreiben der Granitindustrie Ausgangspunkt für die Nebenbahnstrecke nach Kirchenlamitz und Weißenstadt wurde, siedelte sich die Granitindustrie (kapitalintensive Industriebranche!) mit verschiedenen Werken an, von denen die Reul AG, heute das größte granitverarbeitende Unternehmen des Fichtelgebirges, Weltgeltung errang. Erst nach 1899 wird Kirchenlamitz der bevorzugte Standort, insbesondere die Umgebung des Bahnhofs (nördlich davon haben sich viele Industriearbeiter in eigenen Siedlerhäuschen niedergelassen).

Deutlich ist in der Bildmitte, an der Bahnlinie, der bedeutendste Betrieb der Stadt zu erkennen, die Porzellanfabrik Oscar Schaller & Co. (heute Winterling-Konzern). Dazu gesellen sich Betriebe der Steinveredelung, Metallverarbeitung, Feinkeramik und Glas sowie der Textil- und Bekleidungsbranche. Die erforderlichen Arbeitskräfte stellten neben Kirchenlamitz insbesondere die Nachbargemeinden bzw. heutigen Ortsteile Niederlamitz, Schloppen, Hallerstein (Stadt Schwarzenbach/Saale) sowie die Nachbarstadt Weißenstadt. Charakteristisch ist deshalb, daß Kirchenlamitz 1939 einen Einpendlerüberschuß von rund 400 Erwerbspersonen hatte. Heute gibt es im Stadtgebiet acht Industriebetriebe mit insgesamt 910 Beschäftigten (1981), dazu kommen etwa 50 Handwerksbetriebe mit über 150 Beschäftigten. Die relativ einseitige Industriestruktur führte in den letzten Jahren zu erheblichen Problemen und zu einem Beschäftigungsrückgang. Im Auspendlerüberschuß ebenso wie im Dienstleistungsbereich kommt die Tendenz zu einem Zentralitätsverlust zugunsten benachbarter, übergeordneter Zentren (etwa Münchberg, Hof, Schwarzenbach, Wunsiedel) zum Ausdruck, mit ein Ergebnis der veränderten Situation nach der Gebietsreform.

Trotz der über 100, relativ kleinen landwirtschaftlichen Betriebe hat dieser Wirtschaftssektor kaum (noch) eine Bedeutung. Eine gewisse Rolle spielt seit einigen Jahren der Fremdenverkehr, doch sind die Übernachtungszahlen bislang recht bescheiden (1983: 6973 Übernachtungen). Neben einem Waldschwimmbad errichtete man 1970/72 ein modernes und leistungsfähiges Schulzentrum mit großzügigen Sportanlagen sowie vor wenigen Jahren ein großes Freizeit- und Einkaufszentrum an der Straße nach Weißenstadt (im rechten Bildvordergrund). Wie insgesamt im Landkreis Wunsiedel sind jedoch auch in Kirchenlamitz die Einwohnerzahlen rückläufig: Die Bevölkerung nahm seit 1970 um über 10% auf 4538 im Jahr 1984 ab (Bevölkerungszuwachs gibt es lediglich in den Neubaugebieten einiger Ortsteile, etwa in Dörflas um fast 30% oder Niederlamitzerhammer um 20%).

Claudia Radenz

Der Fichtelsee

69

Freizeitraum, Naturschutzgebiet und Wasserspeicher

(vgl. Abb. 5, 7, 70)

Der Fichtelsee, ein in der Senke zwischen Schneeberg und Ochsenkopf gelegener Waldsee (779 m NN) wurde im Jahr 1793 durch das Bergamt Fichtelberg als Stauweiher künstlich angelegt. Im 18. und 19. Jahrhundert diente er zur Sicherung des Wasserbedarfs für Hütten- und Hammerwerke sowie Hochöfen in den umliegenden Gemeinden. Der See wird aus der etwa 45 ha großen Seelohe, einem Hochmoor gespeist.

War der Torfabbau in der Seelohe früher für den Betrieb der Hochöfen und Hammerwerke notwendig, so stellen die Moorbereiche am NE-Ufer des Sees heute Natur- und Landschaftsschutzgebiete dar. (1982 erfolgte dann auch die Ausweisung eines 139 ha großen „Naturwaldreservats Fichtelseemoor".) Dieses Areal zwischen Fichtelberg und der Bundesstraße 303, das sich die Landkreise Bayreuth und Wunsiedel teilen, ist mit dem Ziel abgegrenzt worden, den Moorwald mit seinen vielfältigen Tier- und Pflanzengesellschaften unbeeinflußt zu erhalten und den nördlichen Teil des Fichtelsees zu schützen.

Im Gegensatz zum nördlichen Teil des Fichtelsees, in dem keine naturverändernden Maßnahmen durchgeführt werden dürfen, wurde im Frühjahr 1983 eine Erweiterung der Seefläche in südlicher Richtung begonnen (rechter oberer Bildrand). Die bisherige Seefläche wird von etwa 4 ha auf das zweieinhalbfache vergrößert (10,5 ha). Ausgelöst wurde diese Entwicklung durch die Baufälligkeit des in den Jahren 1934/35 errichteten Damms (Bildmitte), der zur Regulierung des Wasserstandes vor allem in trockenen Sommern notwendig war. Etwa 280 m südlich des bisherigen Dammes ist nun eine neue Talsperre im Entstehen.

Neben der Funktion als Wasserspeicher sowie Natur- und Landschaftsschutzgebiet ist der Fichtelsee vor allem als Fremdenverkehrs- und Naherholungsgebiet von Bedeutung. Erste Ansätze dieser touristischen und freizeitorientierten Entwicklung waren bereits Ende des 2. Weltkrieges zu beobachten, entstand damals doch erstmals eine größere Nachfrage nach Bade- und Wassersportmöglichkeiten. Bedingt durch den Bade- und Bootsbetrieb wurde in den 60er Jahren die früher errichtete Hütte zu einer Gaststätte, dem „Waldgasthaus am Fichtelsee" erweitert (obere rechte Bildhälfte).

Der Fichtelsee als Teil des Naturparks „Fichtelgebirge" nimmt, was den Bekanntheitsgrad und den Einzugsbereich betrifft, im Vergleich mit anderen Badeseen in Oberfranken eine Sonderstellung ein. So kommt rund ein Viertel der Besucher aus Oberfranken, während drei Viertel der Gäste aus anderen Gebieten stammen. Was dabei den Naherholungsverkehr betrifft, so dominiert als Quellgebiet der Verdichtungsraum Nürnberg–Fürth–Erlangen, während im Bereich des Urlaubsreiseverkehrs der Berliner Raum und Nordrhein-Westfalen als Herkunftsgebiete große Bedeutung haben. Der Fichtelsee ist somit ein überregional bekanntes Ausflugsziel, das vor allem in der Sommersaison hohe Besucherfrequenzen aufweist, jedoch auch im Frühjahr, Herbst und Winter eine bedeutende Attraktivität besitzt. Die Aktivitäten der Gäste beschränken sich, bei einer durchschnittlichen Aufenthaltsdauer von ein bis drei Stunden auf „Spazierengehen", „Wandern", Bootsfahrten und den Restaurantbesuch. Nur ca. ein Fünftel der Gäste kommt zum Baden und Schwimmen an den Fichtelsee, was zum einen sicherlich auf die durchschnittliche Altersstruktur der Gäste (45 bis 60 Jahre), zum anderen jedoch auf die hierfür nicht günstig gestalteten Uferbereiche und das dunkle moorhaltige Wasser zurückzuführen ist. Nicht zuletzt durch die zahlreichen Dauercamper auf dem westlich angrenzenden höchstgelegenen Campingplatz Nordbayerns (780 m) bedingt, wird der Fichtelsee mehr und mehr als Möglichkeit zur Ausübung von Eissportarten, insbesondere Schlittschuhlaufen und Eisstockschießen, wahrgenommen. Das nähere Umfeld des Fichtelsees ist jedoch nicht nur von dem Campingplatz geprägt, sondern insbesondere von dem 2 km südlich des Sees gelegenen staaatlich anerkannten Luftkurort Fichtelberg/Neubau (2800 Einwohner). Die Entwicklung des Sees war stets mit jener der Gemeinde sehr eng verbunden, liegt doch der Funktionswandel des Fichtelsees in den vergangenen 400 Jahren im wesentlichen auch in den wirtschaftlichen Veränderungen der Gemeinde Fichtelberg begründet. Aufgrund der landschaftlichen Attraktivität sowie des Freizeit- und Erholungswerts des Fichtelsees erfuhr andererseits auch die Gemeinde Fichtelberg in den vergangenen Jahren eine bedeutende Aufwertung. Dies wird nicht nur in der Zahl der Gästebetten (1983: 659 Betten) und Übernachtungen (1983: 68 315 Übernachtungen), sondern auch in beträchtlichen Bodenwertsteigerungen, die vor allem auf die hohe Nachfrage nach Freizeitwohnsitzen zurückzuführen sind, deutlich.

Gabi Troeger-Weiß

Bischofsgrün

70

Fremdenverkehrsgemeinde mit Tradition

(vgl. Abb. 5, 6, 7, 69, 71)

Bischofsgrün (2300 Ew.), staatlich anerkannter Luftkurort zwischen Schneeberg (1054 m) und Ochsenkopf (1024 m) gelegen, ist heute eine der bedeutendsten Fremdenverkehrsgemeinden im Hohen Fichtelgebirge. Im Jahre 1242 erstmals urkundlich erwähnt, gehörte Bischofsgrün als Teil des Radenzgaus zum Egerland. Die Gewinnung von Eisenerzen und deren Verhüttung geht bis in das 14. Jahrhundert zurück (Fröbers*hammer*). Einen zweiten Erwerbszweig stellte damals die Glaserzeugung dar, für die der Holzreichtum von großer Bedeutung war (Ortsteil „Glasermühle").

Erste bescheidene Ansätze des Fremdenverkehrs lassen sich um die Jahrhundertwende erkennen, als Bischofsgrün für Naturforscher Ausgangspunkt zur Erforschung des Fichtelgebirges bzw. der Besteigung des Ochsenkopfes war. Darüber hinaus hielten sich auch damals schon Dauergäste, sog. „Sommerfrischler" in Bischofsgrün auf. Obwohl die Fremdenverkehrsentwicklung durch den 1. Weltkrieg einen starken Rückgang erfuhr, lag die Zahl der Übernachtungen bereits 1933 wieder bei jährlich 25 000 Übernachtungen. In dieser Zeit wurde erstmals die Forderung nach einem Ausbau der Ochsenkopfabfahrt erhoben, mit dem Ziel, den Wintertourismus zu intensivieren. Insbesondere bedingt durch die KdF-Bewegung, ein Großteil der Gäste kam zur damaligen Zeit aus Sachsen und Thüringen, nahm die Entwicklung des Fremdenverkehrs in Bischofsgrün einen weiteren Aufschwung (1942: 50 000 Übernachtungen). Durch die Aufnahme zahlreicher Flüchtlinge nach Ende des 2. Weltkrieges war es erst Anfang der 50er Jahre wieder möglich, die Gemeindeentwicklung im Bereich des Fremdenverkehrs zu fördern. So wurde 1955 der Vorkriegsstand der Übernachtungen erreicht, was vor allem auf das Gästepotential aus dem Raum Berlin (1960 75% der Gäste) zurückzuführen war. Die Eröffnung der Seilschwebebahn zum Ochsenkopf (1969) trug wesentlich zur Erhöhung des Bekanntheitsgrades von Bischofsgrün als Wintersportort bei.

Weitere Impulse erhielt der Fremdenverkehr in Bischofsgrün nicht nur durch den 1971 erfolgten Umbau einer ehemaligen TBC-Heilanstalt in eine Höhen- und Kurklinik für Herz- und Kreislaufkrankheiten der LVA (Bild: oberhalb der Bundesstraße B 303 nördlich von Bischofsgrün), sondern auch durch die Ansiedlung eines großen Hotels (Bild: am nordöstlichen Rand der Gemeinde Bischofsgrün, unterhalb der B 303). Während das Sanatorium insbesonders in ökonomischer Hinsicht Vorteilswerte beispielsweise durch die Ausgabentätigkeit der Gäste oder durch die Erhöhung des Auslastungsgrades der Freizeiteinrichtungen aufweist und darüber hinaus einen saisonalen Ausgleichsfaktor für den Fremdenverkehr in Bischofsgrün darstellt, hat das Großhotel vor allem zur Belebung des Kongreß- und Tagungstourismus beigetragen.

Die Fremdenverkehrsentwicklung in Bischofsgrün war in den letzten 10 Jahren vor allem durch den quantitativen und qualitativen Ausbau bodenständiger, einheimischer Gaststätten- und Beherbergungsbetriebe geprägt (1983: 2250 Betten, 326 363 Übernachtungen), so daß die Ansiedlung weiterer Großprojekte (Hotels, Zweitwohnungsanlagen) bislang verhindert werden konnte. Fremdenverkehrspolitisch entscheidend ist darüber hinaus der Abbau der Dominanz des Herkunftsgebietes Berlin zu werten, kommen doch heute nur mehr 37% der Gäste Bischofsgrüns aus Berlin, während der norddeutsche Raum einschließlich Nordrhein-Westfalen mit einem Anteil von knapp 30% vertreten ist.

Im Rahmen der touristischen Entwicklung Bischofsgrüns darf jedoch weder die Bedeutung des Naherholungsverkehrs noch die der Zweitwohnsitze übersehen werden. 1983 waren 442 Personen mit zweitem Wohnsitz in Bischofsgrün gemeldet; der regionale Schwerpunkt der Herkunft der Zweitwohnsitzler lag mit ca. 70% hier eindeutig in Berlin. Aufgrund verschiedener Nachteile von Zweitwohnsitzen für eine Gemeinde soll ein weiterer Anstieg der Zahl der Zweitwohnsitze durch Maßnahmen der Bauleitplanung in Bischofsgrün verhindert werden. Positive Auswirkungen vor allem für das Dienstleistungsgewerbe in Bischofsgrün hat hingegen der Naherholungsverkehr. Der Einzugsbereich der Naherholer umfaßt schwerpunktmäßig die Städte Bayreuth, Hof und Bamberg sowie den Verdichtungsraum Nürnberg–Fürth–Erlangen.

Was nun die zukünftige Entwicklung des Fremdenverkehrs in Bischofsgrün betrifft, so könnte angesichts der Gästestruktur (ca. 70% der Gäste Bischofsgrüns sind älter als 40 Jahre) sowie der Freizeitaktivitäten der Gäste („Wandern", „Spazierengehen", „Skifahren – nordisch und alpin") die Form des „naturnahen Tourismus" einen erfolgversprechenden Weg für die Gemeinde Bischofsgrün darstellen.

Gabi Troeger-Weiß

Weißenstadt und der Weißenstädter See

71

ein beliebtes Naherholungsziel

(vgl. Abb. 6, 29, 65, 68, 70)

Im Mittelpunkt des Bildes liegt der Weißenstädter See, an dessen Ufer sich die Stadt Weißenstadt erstreckt. Im Bildhintergrund erkennt man die Nachbarstadt Kirchenlamitz und die bewaldeten Höhenzüge des Fichtelgebirges. Die landwirtschaftlichen Flächen und Gehöfte im Vordergrund des Bildes gehören zum Ortsteil Weiherhöfen.
Weißenstadt liegt am nördlichen Ufer des obersten Egerlaufes in einer hochgelegenen Verebnung vor der Nordostflanke des Fichtelgebirges, in einer Höhe von 600 bis 650 m NN. Der Stadtkern mit der gotischen Stadtkirche liegt auf einer zur Eger hin steil abfallenden Kuppe, die seinen charakteristischen Grundriß prägt. Weißenstadt ist ein Beispiel für den Bedeutungsverlust einer im Mittelalter durch Bergbau und Gewerbe blühenden Stadt. Während der Zinnbergbau und damit die Blechzinnerei im 17. Jahrhundert endgültig zum Erliegen kamen, überdauerte die Eisengewinnung und -verarbeitung bis ins 19. Jahrhundert. Nach dem Verlust der bergbaulichen Basis wird in Weißenstadt wie im gesamten inneren Fichtelgebirge das Textilgewerbe wichtigste zusätzliche Erwerbsquelle. Nach 1840 kommt in Weißenstadt die Granitindustrie auf. Der Eisenbahnbau, dem die Granitindustrie entscheidende Anstöße verdankte, führte aber zugleich zu einer Umwertung der Verkehrssituation der westlichen Fichtelgebirgshochfläche: Weißenstadt, das früher als Etappenstation an der Poststraße Bamberg – Kulmbach – Eger lag, wurde erst 1899 durch eine Stichbahn an die Hauptstrecke Hof – Regensburg angeschlossen. Die ungünstige Verkehrslage und geringe Verdienstmöglichkeiten machten Weißenstadt zu einem Abwanderungsgebiet; das schon zu einer Zeit, da andere Fichtelgebirgsstädte aufgrund starker Industrialisierung wuchsen.
Trotz eines gewissen Bedeutungsverlustes der Granitindustrie nach dem 2. Weltkrieg und der Stillegung einer Textil- und der Porzellanfabrik in den 60er Jahren wird die Erwerbsstruktur der 3813 Einwohner (1984) zählenden Stadt auch heute noch eindeutig vom produzierenden Gewerbe bestimmt (ca. 70% der Erwerbstätigen). Wichtigster Industriezweig ist die Metallindustrie (Spiralfederfabrik). Daneben gibt es noch einige Betriebe der Bekleidungsindustrie und einige kleinere Granitwerke sowie einen recht bedeutenden Betrieb der Nahrungs- und Genußmittelbranche. Insgesamt herrschen jedoch in Weißenstadt kleinere Unternehmen vor. Die Landwirtschaft spielt lediglich in den eingemeindeten Ortsteilen (etwa Weiherhöfen) noch eine Rolle. Die durchaus bedeutende Zahl der Beschäftigten im Dienstleistungsbereich (anteilsmäßig etwa 25%) spiegelt zum einen die Funktion Weißenstadts als zentralen Ort (Kleinzentrum) wieder sowie die Rolle im Fremdenverkehr, die Weißenstadt als staatlich anerkannter Erholungsort im Naturpark Fichtelgebirge innehat.
Zu dieser Entwicklung hat insbesondere der Weißenstädter See beigetragen, der im Juni 1976 nach fünfjähriger Planungs- und Bauzeit fertiggestellt worden war (Baukosten: rund 5,5 Millionen DM). Bereits von 1410 bis 1812 befand sich hier ein der Fischzucht dienender Weiher (Einfluß des Stiftes Waldsassen). Nach der Trokkenlegung im Jahr 1812 stellte sich jedoch der erhoffte wirtschaftliche Erfolg nicht ein, da das Gebiet zum größten Teil aus saueren Wiesen und versumpften Ödland bestand. Erst nach der Durchführung des Flurbereinigungsverfahrens in den 60er Jahren wurde ein Teil der Flächen drainiert. Durch die häufigen Ausuferungen der Eger konnten diese Flächen direkt am Fluß teilweise nur extensiv genutzt werden. Durch den Anstau der Eger und des Hirtenbaches entstand ein fast 50 Hektar großer und 3,30 m tiefer See. Um den verschiedenen Nutzungsansprüchen an die Wasserfläche gerecht zu werden, wurde eine Gliederung in eine intensiv nutzbare Erholungszone im Osten und eine naturnahe Zone am Westufer vorgenommen. Am Nordufer des Sees befindet sich der bereits vor dem Bau des Sees vorhandene Campingplatz und das Freibad sowie eine Gaststätte. Am Südrand des Sees (rechts im Bild) befindet sich die Bootsanlegestelle und der Parkplatz. Heute bereichert dieses Projekt mit Badeinsel, Rundwanderweg, Campingplatz, Surf- und Segelmöglichkeiten das Freizeitangebot des Fichtelgebirges ganz erheblich. Durch die Nähe zu den Städten Bayreuth und Hof sowie durch die günstige Verkehrsverbindung über die Autobahn A 9 zu dem Ballungsraum Nürnberg – Fürth – Erlangen ist er vor allem auch für den Naherholungsverkehr am Wochenende von Bedeutung. Durch den starken Besucherandrang kommt es bereits zu ersten Nutzungskonflikten zwischen Badegästen, Surfern und Seglern.

Claudia Radenz

Bad Berneck

72

Heilbad und Gewerbestandort

(vgl. Abb. 10, 11, 70, 73)

Am Südwesthang des Fichtelgebirges entwickelte sich in dem tief eingeschnittenen Tal der Ölschnitz Berneck schon seit Mitte des 19. Jahrhunderts zum Luftkurort (seit 1857 Molken- und Kräuterkurbetrieb). Dank des milden Schonklimas und der waldreichen Umgebung, der romantischen Burgruinen und des freundlichen Stadtbildes gehört der Ort zu den ältesten Fremdenverkehrsgemeinden Nordbayerns. 1930 wurde Berneck Kneippkurort und 1950 wurde der Stadt die Bezeichnung „Bad" verliehen. Mit 999 Gästebetten lag die Zahl der Übernachtungen 1983 trotz rückläufiger Tendenz immerhin bei 85 000 (im Vergleich dazu 1950 mit ca. 150 000 Übernachtungen), davon mehr als zwei Drittel im Sommer. Nur 30% der Erwerbstätigen sind im tertiären Sektor, überwiegend im Fremdenverkehr, tätig, über 50% dagegen in der Industrie. Die Industrie begann bereits Ende des 19. Jahrhunderts in Berneck Fuß zu fassen und entwickelte sich seitdem ständig. Sie ist jetzt breit gefächert und verhilft dem Ort zur höchsten Steuerkraftzahl im Landkreis Bayreuth. Mit knapp über 100 ausgesprochen kleinbäuerlich strukturierten Betrieben spielt daneben die Landwirtschaft vor allem in den eingemeindeten Ortsteilen noch eine gewisse Rolle.

Die erste geschichtliche Erwähnung Bernecks geht auf das 12. Jahrhundert zurück. Wegen des engen Durchbruchstales durch den Diabas sind die Ansätze zur Besiedelung nicht im Tal, sondern auf den höher gelegenen Hangverflachungen und auf der Hochfläche zu suchen. Hier haben sich eine Reihe von Wehranlagen erhalten. Auf dem Sporn zwischen dem Ölschnitztal und der Einmündung des Knodenbaches (im hinteren rechten Teil des Bildes, oberhalb der Kirche) liegen zwei Ruinen in verschiedener Höhe übereinander: auf einer unteren Terrasse das sog. Alte Schloß, dessen Bergfried als Uhrturm zum Wahrzeichen der Stadt wurde. Nach der Herrschaft des Bayerischen Grafen von Andechs-Meranien von 1203 bis 1248 und der Grafen von Orlamünde von 1248 bis 1340 steht Berneck ab 1340 unter der Schutz- und Schirmherrschaft der Burggrafen von Nürnberg. Von diesen erhält Berneck bereits 1357 die Stadtrechte und entwickelt sich zum wirtschaftlichen und kulturellen Mittelpunkt eines Oberamtes. Fünfmal brennt der Ort in der Zeit bis zum 17. Jahrhundert völlig nieder. Ende des 14. Jahrhunderts begann der Abbau und die Verhüttung von Edelmetall und Eisenerz im Fichtelgebirge. Auch im Umkreis von Berneck entstanden Hammerwerke und Schmelzhütten. Im Jahre 1791 kam Berneck zusammen mit der Markgrafschaft Bayreuth an Preußen, 1810 an Bayern und blieb bis 1929 Sitz eines Landratsamtes und damit Amtsstadt. Die Einwohnerzahl stieg langsam von 1272 (1840) über 2400 (1939) auf über 5000 Einwohnern Anfang der 70er Jahre. Seitdem hat die Wohnbevölkerung kontinuierlich abgenommen und ist mittlerweile auf 4795 (30. 6. 1984) gesunken.

Das Luftbild ist in Richtung Nordosten aufgenommen. Der eigentliche alte Ortskern ist im rechten hinteren Teil des Bildes zu sehen, während die neueren Wohnsiedlungen und die Industriegelände im Vordergrund des Bildes liegen. Quer durch das Bild und parallel zur Bahnlinie Neuenmarkt – Bischofsgrün verläuft die Bundesstraße 303, die die Zufahrt zur nur ca. 4 km westlich der Stadt gelegenen Autobahnanschlußstelle der BAB Nürnberg – Hof – Berlin ist. Neben den landwirtschaftlichen Anbauflächen im rechten Bildvordergrund erstreckt sich die Bundesstraße von Bayreuth in Richtung Hof (B 2), d. h. die Verkehrslage Bad Bernecks ist als relativ günstig zu bezeichnen. Auffällig ist der Steinbruch im Rimlasgrund (links im Bild). Dieses Hartsteinwerk zählt mit mehr als 40 ha zu den größten in Nordostbayern. Die Talflanken sind mit Nadel- und Mischwald bestanden, im Hintergrund des Bildes dehnt sich die weite Hochfläche der Münchberger Gneismasse aus.

Claudia Radenz

Neuenmarkt

73

Eisenbahnknotenpunkt und Deutsches Dampflokomotiv-Museum

(vgl. Abb. 11, 72, 74)

Mittägliche Hitze liegt über Neuenmarkt – der Sommer hat gerade begonnen (Aufnahme vom 21. Juni 1984). Wir werden eingeladen, uns ein wenig der Beschaulichkeit dieses Augenblicks hinzugeben, die uns das Luftbild mit seiner Stimmung vermittelt.
Die weitläufigen Fluren der etwa 20 km nördlich von Bayreuth gelegenen Gemeinde laufen konzentrisch auf den Ort mit dem Charakter eines Haufendorfes zu: Immer noch besitzt die Landwirtschaft in diesem ländlichen Gebiet einen nicht unbeachtlichen Stellenwert. Eine baumgesäumte Allee führt zu dem im Hintergrund erkennbaren Nachbarort Wirsberg, der als anerkannter Luftkurort traditionellen Fremdenverkehr hat. Hier beginnen die südlichen Ausläufer des Frankenwaldes. Wir befinden uns an der „Fränkischen Linie", die als geologisch hochbedeutsame Verwerfungszone in ihrem Verlauf der oberfränkischen Landschaft ein unverwechselbares Profil gibt.
Neuenmarkt selbst – einschließlich der zugehörigen Ortschaften eine Gemeinde von ziemlich konstant 2800 Einwohnern – bietet zunächst das Bild eines wohlgeordneten ländlichen Ortes, der durch das reichlich vorhandene Grün gefällig wirkt.
Beherrschend sind auf dem Bild die Bahnanlagen von „Neuenmarkt-Wirsberg". Sie bilden auch die Trennungslinie zwischen den ehemals selbständigen Gemeinden Neuenmarkt und Hegnabrunn. Schon 1948 wurde in unmittelbarer Nachbarschaft des Ortes im Zusammenhang mit dem Bau der Bahnlinie Lichtenfels–Hof die sogenannte „Schiefe Ebene" zwischen Neuenmarkt und Marktschorgast als erste doppelgleisige Bahnstrecke Bayerns eröffnet, eine der steilsten Eisenbahnstrecken Deutschlands. Zur Bewältigung des Höhenunterschieds mußten im Neuenmarkter Bahnbetriebswerk Schiebelokomotiven bereitgehalten werden; in früheren Jahrzehnten waren hier zahlreiche Neuenmarkter beschäftigt. Doch etwa ab den sechziger Jahren begann auch in Neuenmarkt die Bedeutung der Eisenbahn als Verkehrsträger abzunehmen, so daß zwar der große Knotenbahnhof blieb (hier zweigt auch die Hauptbahn über Bayreuth nach Weiden und Nürnberg ab), die umfangreichen Einrichtungen der Bahn aber immer weniger gebraucht wurden.
Da gab es Mitte der siebziger Jahre eine überraschende Entwicklung für das Eisenbahner-Dorf: Das „Deutsche Dampflokomotiv-Museum" öffnete 1977 seine Pforten, gerade gegenüber dem Bahnhofsgebäude, wo den geräumigen Rundschuppen beinahe schon das Schicksal des Abbruchs ereilt hätte. Den Grundstock bildete die große Lokomotiven-Sammlung von Günther Knauß, der – bei Trägerschaft durch die Gemeinde Neuenmarkt – auch bis 1984 Geschäftsführer des Museums war. Bestand anfänglich wohl verständliche Skepsis gegenüber dieser Einrichtung, so war doch im Laufe der Jahre festzustellen, daß die häufigen Verlustgeschäfte anderer Museen hier nicht zu beklagen sind, sondern daß im Gegenteil ein stetiger Besucherstrom aus nah und fern deutliche Attraktivität dokumentiert. Freilich: Den früheren Zustand zeigt das heutige Museumsgelände nicht mehr. Denn wo heute im Freigelände links neben dem Rundschuppen das „Zubehör" der schwarzen Riesen im Rundschuppen gezeigt wird und eine Dampf-Kleinbahn gelegentlich die Besucher mit ihrem Schnaufen erfreut, befand sich noch bis in die sechziger Jahre eine zweite, handbetriebene Drehscheibe mit weiteren Lokomotivständen! So groß war früher das Bahnbetriebswerk – die „Schiefe Ebene" verlangte das. Heute bewältigen die modernen Lokomotiven die Steigung in der Regel ohne Hilfe, das eindrucksvolle Bild der schwer arbeitenden Dampf-Giganten gehört der Vergangenheit an, es sei denn, es läßt sich ein historischer Museums-Dampfbetrieb einrichten. Denn nur das Neuenmarkter Museum liegt in Deutschland direkt an einer Schienensteilstrecke! Der neue Träger des Museums – ein Zweckverband, gebildet aus dem Bezirk Oberfranken, dem Landkreis Kulmbach und der Gemeinde Neuenmarkt – hat sicher den Weitblick, diesen unschätzbaren Vorteil längerfristig zu nutzen.
Neuenmarkt: Gestern noch ein Dorf wie viele in ländlicher Umgebung, heute durch ein überregional bedeutendes Spezialmuseum weithin bekannter Ort der Eisenbahngeschichte – als Sonderfall Beispiel für eine untypische örtliche Entwicklung, die durch den raschen Wandel der Technik ausgelöst wurde und zunehmend Impulse für Naherholung und Fremdenverkehr im ganzen umgebenden Raum setzt.

Bernd Arnal

Kulmbach

Strukturwandel von Industrie und Gewerbe in einer Mittelstadt

(vgl. Abb. 30)

Der Ort culma, um 1035 erstmals urkundlich erwähnt, entwickelte sich im Lauf der Zeit zum Marktort und bildete schließlich zusammen mit der seit dem Jahre 1135 bekannten Plassenburg einen Schutzverbund. Unter den Hohenzollern erlebt die Plassenburg ihre große Zeit. Sie wurde Residenz in einem zielstrebig ausgebauten Fürstentum Brandenburg-Kulmbach. In der Stadt gediehen Handwerk und Handel.

Seit der Verlegung der markgräflichen Residenz von Kulmbach nach Bayreuth stagnierte das wirtschaftliche und geistige Leben in der Stadt. Ab Mitte des 19. Jh., insbesondere mit dem Bau der neuen Eisenbahn durch das Teil des Weißen Mains, entwickelte sich Kulmbach jedoch zu einem sehr lebendigen Industrieort. Die Blütezeit dieser Entwicklung lag in der Gründerzeit vor der Jahrhundertwende und reichte noch weit in das 20. Jh. hinein.

Innerhalb der wirtschaftlich-gewerblichen Situation herrscht dem Umfang nach die auf lange Tradition zurückblickende Textilindustrie vor. Am bekanntesten sind aber wohl die Kulmbacher Mälzereien und Brauereien. Einen bedeutenden Ruf haben aber auch die Backmittel- und Futtermittelfirmen. Im Zusammenhang mit dem deutschen Fleischzentrum (Bundesforschungsanstalt, Schlachthof, Wurstfabrik, Fleischertechnikum und Gewürzfabrik) ergibt sich dadurch ein Schwerpunkt Kulmbachs auf dem Nahrungsmittelsektor. Nach dem 2. Weltkrieg sind allerdings ganz neue Wirtschaftszweige hinzugetreten, wie z. B. Metallbau, graphische Industrie, Handel, Verkehr, Kredit und Versicherungen usw.

Die Stadt Kulmbach verfügt derzeit über ca. 180 ha gewerbliche Nutzfläche; davon stehen noch ca. 30 ha für Neuansiedlungen und Auslagerungen von Betrieben aus dem Innenstadtbereich zur Verfügung. Mit 15 090 Erwerbstätigen besaß die Zwei-Maine-Stadt 1981 auch heute noch eine zentrale Funktion für die landschaftlich außergewöhnlich reizvolle Mitte Oberfrankens.

Energiewirtschaft, Wasserversorgung, Bergbau	162 Erwerbstätige
Verarbeitendes Gewerbe, Baugewerbe	9468 Erwerbstätige
Handel, Verkehr und Dienstleistungsgewerbe	5403 Erwerbstätige
Landwirtschaft	59 Erwerbstätige

Carl Siegl

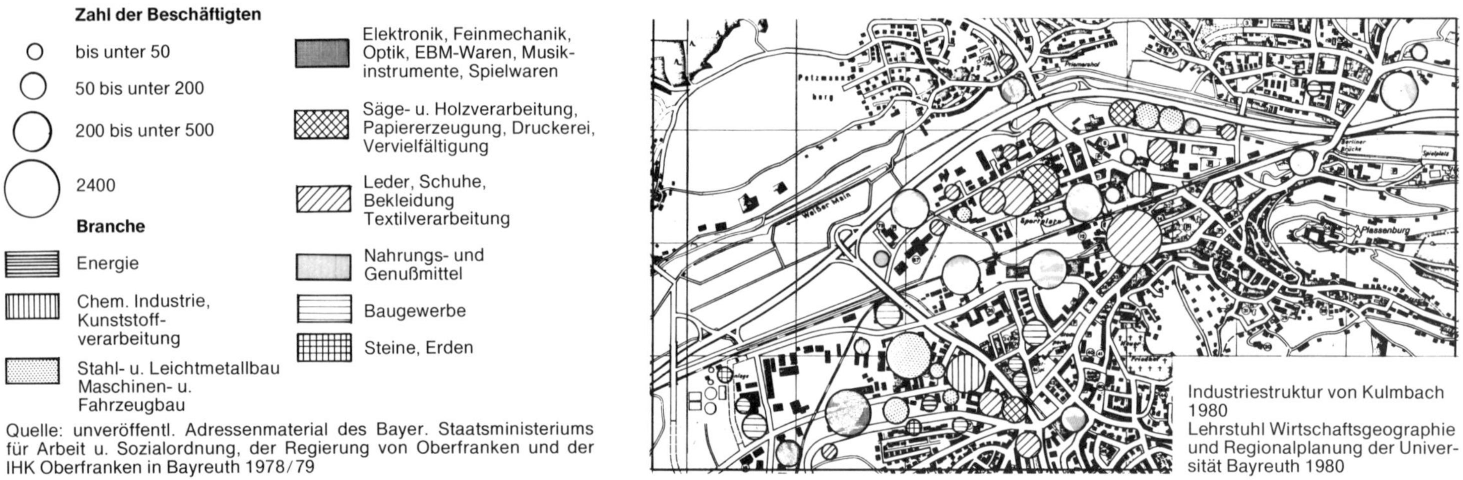

Quelle: unveröffentl. Adressenmaterial des Bayer. Staatsministeriums für Arbeit u. Sozialordnung, der Regierung von Oberfranken und der IHK Oberfranken in Bayreuth 1978/79

Industriestruktur von Kulmbach 1980
Lehrstuhl Wirtschaftsgeographie und Regionalplanung der Universität Bayreuth 1980

Weismain

Kleinstadt vor neuen Aufgaben

75

(vgl. Abb. 15, 31)

Für die Besiedlung des Raumes von großer Bedeutung, waren die kleinen Städte und Märkte bis in die Zeit der Industrialisierung und vor allem der Motorisierung und damit vehement zunehmender Mobilität der Bevölkerung die Mittelpunkte des Lebens im ländlichen Raum. Folgerichtig erhielten sie in der Regel als Unterzentren in der grundlegenden Arbeit von Walter Christaller 1934 über die zentralen Orte in Süddeutschland auch eine tragende Funktion in der hierarchischen Gliederung des Siedlungssystems. In der neueren Zeit, durch neue Verhaltensweisen und neue Verkehrsmittel mit anderen Vorstellungen der Bevölkerung über räumliche Orientierungen und Distanzen versehen, verloren diese Orte an Funktion, fielen häufig zurück in einen „Dornröschenschlaf". Erst in den letzten Jahren, durch ein sich wieder entwickelndes Bewußtsein um historische Bezüge, um Denkmalschutz und um ein Leben in überschaubarem Maßstab, lebte das Interesse für diese kleinen Städte wieder auf, insbesondere im Zusammenhang mit dem Naherholungsverkehr und einer wachsenden Bedeutung als touristische Standorte.

Weismain, am Fuße des Kordigastes (am rechten Bildrand sich anschließend) und damit am Albrand in dem sich öffnenden, überaus malerischen Kleinziegenfelder Tal gelegen, umgeben also von attraktiven Landschaftsteilen (Natur- und Landschaftsschutzgebieten), weist – wie der Blick über den Marktplatz und die Altstadt belegt – auf die historischen Bezüge einer typisch fränkischen Anlage hin. Erstmals in karolingischer Zeit erwähnt, in Verbindung mit einer Schenkung an das Kloster Fulda, wurde Weismain in der Zeit der Andechs-Meranier zum Amtsort erhoben. Wie vielfach im fränkischen Raum wurden dann im 15. Jahrhundert weite Teile der Stadt durch Brände zerstört, so daß aus dieser Zeit mit Ausnahme des Rathauses (1543) nur wenig Gebäude mehr vorhanden sind. Trotz dieser erheblichen Beeinträchtigung gelang es immer wieder, die Funktion der Stadt zu erhalten und erst im letzten Jahrhundert verlor sie ihre Stellung als Amtsstadt im Fürstentum Bamberg, begleitet durch den Abzug von Behörden und anschließender stagnierender, später deutlich rückläufiger Entwicklung.

Gegenüber diesem Ergebnis einer „Gebietsreform" des 19. Jahrhunderts und nachdem die Erschließung durch die Eisenbahn 7 km nördlich an der Stadt vorbeiging, erfuhr Weismain nach dem 2. Weltkrieg dagegen eine erhebliche Aufwertung. Durch die Aufnahme von Heimatvertriebenen bzw. Evakuierten und den damals bestehenden Wohnungsmangel in den größeren Städten erhielt die Stadt nicht nur neue Bevölkerungsgruppen, sondern auch eine wirtschaftliche Belebung. Wohnungen, Werkstätten und Läden wurden errichtet und nördlich der Stadt (aus der Richtung der Bildaufnahme) erfolgte eine Ansiedlung verschiedener Betriebe, unter denen insbesondere das Bauunternehmen M. Dechant, die Bekleidungsfabrik J. Rebhan und das Kunstharz-, Preß- und Spritzwerk M. Gerber zu erwähnen sind.

Aus der Amtsstadt des letzten Jahrhunderts war nun ein kleiner Industriestandort (mit 1983 immerhin 7 Betrieben mit mehr als 20 Beschäftigten, insgesamt 331 im verarbeitenden Gewerbe Tätigen) mit hoher Wohnstandort-Funktion (hoher Lebensqualität) geworden. Zwei Drittel aller Beschäftigten der Stadt arbeiten im sekundären Sektor, die Landwirtschaft spielt nur noch eine bescheidene Rolle, während der Dienstleistungsbereich an Bedeutung gewinnt. Weismain ist als Kleinzentrum eingestuft, das die Grundversorgung der Bevölkerung der Stadt und des Umlandes gewährleisten soll, am Schnittpunkt der Einflußsphären der möglichen Oberzentren Bamberg und Bayreuth bzw. der Mittelzentren Lichtenfels und Kulmbach sowie – nicht zuletzt – in enger Nachbarschaft zu Burgkunstadt mit dem Versandhaus-Unternehmen Baur. Sicherlich ist, durch eine mögliche Zunahme im touristischen Sektor (mit heute immerhin schon über 20 000 Gästeübernachtungen) der Dienstleistungssektor ausbaubar. Vorleistungen für eine Aufwertung der Wohnfunktion in der Altstadt und eine Stärkung des tertiären Sektors ist die nun begonnene Stadtsanierung, begleitet von notwendigen Maßnahmen der Verkehrsberuhigung (da bislang auch der Fernlastverkehr mitten durch die Altstadt fuhr). Die Bedeutung Weismains als Wohnstandort kommt darüber hinaus nicht nur in einer Reihe von Neubaugebieten (s. den linken oberen Bildbereich) zum Ausdruck, sondern auch in der Ende der 70er Jahre zum Stillstand gekommenen Bevölkerungsabnahme (1983 4500 Einwohner).

Jörg Maier

Michelau

76

Korbmachergemeinde mit bedeutender Industrie

(vgl. Abb. 13, 14, 91)

Michelau, eine Gemeinde mit einer Wohnbevölkerung von 6390 im Jahr 1983, liegt in der Tallandschaft des Obermains einige Kilometer nordöstlich von Lichtenfels. Der Ort verdankt seinen, über Oberfranken hinausreichenden Ruf dem Korbmachergewerbe. Bereits 1620 wird urkundlich erwähnt, daß ein Jörg Kühlmann aus dem nahegelegenen Schwürbitz Korbwaren an den fürstbischöflichen Hof in Bamberg lieferte. Um das Jahr 1760 finden zunehmend geschälte Weiden Verwendung, und durch die Erfindung des Weidenhobels des ortsansässigen Korbflechters Johannes Puppert entwickelt sich dieses Gewerbe zu einem blühenden Handwerkszweig. Die Feinkorbmacherei wird nun möglich und damit auch die Entwicklung zum Kunstgewerbe. Michelau wird zusammen mit Lichtenfels das Zentrum des deutschen Korbmachergewerbes. Das Deutsche Korbmuseum, dessen Sitz in Michelau ist, ermöglicht einen guten Einblick von den Anfängen, als die Korbmacherei noch als notwendiger Nebenerwerb zur Landwirtschaft betrieben wurde, bis hin zum hochspezialisierten Handwerk und Kunstgewerbe.

Die Mehrzahl der Unternehmen, die in dieser Zeit entstanden, blieben kleine Handwerksbetriebe. Einige wenige stellten die Herstellung auf industrielle Produktionsweisen um, so z. B. auch das in der unteren Bildmitte dargestellte Unternehmen, die Riessner-Werke KG. Es werden Polster- und Stahlrohrmöbel hergestellt sowie technische Gase vertrieben. Das Unternehmen, dessen Gründung auf das Jahr 1856 zurückgeht, weist 1981 etwa 550 Beschäftigte auf; der Umsatz beträgt über 50 Mill. DM im Jahr 1981. Die Rohstoffe bzw. Vorprodukte kommen annähernd zur Hälfte aus dem oberfränkischen Raum, etwa 12% werden aus dem Ausland importiert. Der Absatz, der überwiegend im Werksverkehr abgewickelt wird, zeigt ein vom Lieferverkehr völlig abweichendes Verteilungsmuster. Nur noch knapp 2% werden von den hergestellten Gütern in Oberfranken abgesetzt und über 70% gehen nach Nord und Westdeutschland. Der Exportanteil am Umsatz beträgt knapp 4%.

Ein Überblick über die wirtschaftsräumliche Situation des Obermaingebietes zeigt, daß dieser Raum von den Industriegruppen der Holzbe- und -verarbeitung sowie der Möbelproduktion dominiert wird. Wenngleich bereits vor dem 2. Weltkrieg eine Reihe von Betrieben hier ansässig waren, so entwickelt sich insbesondere die Möbelproduktion in den Nachkriegsjahren so sprunghaft, daß, ohne hier das Handwerk zu berücksichtigen, Ende der 70er Jahre über 6000 Beschäftigte in diesen Industriegruppen tätig sind. Viele Gemeinden des Obermaingebietes und des südlichen Coburger Landes sind heute fast ausschließlich durch Arbeitsplätze der holzverarbeitenden Industrie und der Polstermöbelproduktion geprägt. Auch wenn die Hersteller nur selten im gleichen Marktsegment aktiv sind, so besteht hier doch die Gefahr, daß die Anpassungsprozesse an strukturelle Entwicklungen, so wie sie in den letzten Jahren verstärkt sichtbar werden (z. B. hohe Importe aus dem lohnkostengünstigen Ausland, insbesondere aus Italien), in erheblichem Umfang auf die Arbeitsplatzsituation durchschlagen können.

Darüber hinaus sind die qualitativen Wirkungen einer solchen regionalen Branchenverdichtung zu sehen: Die Alternativen, insbesondere auch für jugendliche Arbeitnehmer, in anderen Berufsgruppen tätig zu werden, sind um so geringer, je höher eine räumliche Branchenkonzentration besteht.

Als eine der wenigen Gemeinden des Obermaingebietes weist Michelau eine ausgewogene Industrie- und Gewerbestruktur auf. Nach dem Zweiten Weltkrieg entstanden hier viele neue Arbeitsplätze in der Textil- und Bekleidungsindustrie (1980 582 Beschäftigte), in der Metallverarbeitung (1980 582 Beschäftigte) und im Baugewerbe (1980 149 Beschäftigte) sowie in der Kinderwagen- und Polstermöbelindustrie (1980 1108 Beschäftigte). Außer diesen Industriegruppen waren 1980 noch die Kunststoff- und Lederverarbeitung sowie die Spielwarenherstellung vertreten. Seit den 70er Jahren trägt die Gemeinde dieser Entwicklung durch die Bereitstellung eines Industriegeländes am nördlichen Ortsrand Rechnung (vgl. rechte hintere Bildmitte). Mit der Überwindung der einseitigen Wirtschaftsstruktur ist Michelau als positives Beispiel im Hinblick auf den wirtschaftlichen Wandel des Obermaingebiets zu werten.

Jürgen Weber

Wallenfels

77

Holzwirtschaft und Fremdenverkehr im Frankenwald

(vgl. Abb. 1, 2, 56, 78)

Das von Südosten nach Nordwesten aufgenommene Luftbild zeigt die 365 Meter über dem Meer liegende Marktgemeinde Wallenfels, der 1954 die Stadtrechte verliehen wurden. Die im 12. Jahrhundert erstmals urkundlich erwähnte Ortschaft, die heute rund 2500 Einwohner zählt, befindet sich in einem tief eingeschnittenen, kastenähnlichen Tal des Frankenwaldes. Markante Leitlinien sind die Wilde Rodach (halblinks im Bild) sowie die Hof und Kronach miteinander verbindende, recht kurvenreiche Bundesstraße 173 (z. B. halbrechts sichtbar).

Wie sämtliche grenznah gelegenen Gemeinden Oberfrankens leidet auch Wallenfels unter dem abwanderungsbedingten Rückgang der Einwohnerzahl (1950 bis 80 = ca. –9%) sowie unter dem Fehlen qualifizierter Arbeitsplätze, wobei es durch die 1973 vorgenommene Eingemeindung von Geuser (1970: 78 Einwohner), Neuengrün (180 E.), Schnaid (519 E.) und Wolfersgrün (286 E.) dennoch einen gewissen Bedeutungsaufschwung erfahren hat. Dies kommt nicht zuletzt dadurch zum Ausdruck, daß die im Vergleich zu den anderen Stadtteilen verkehrsgünstig gelegene Kerngemeinde seit der Gebietsreform den wirtschaftlichen und gesellschaftlichen Mittelpunkt von Wallenfels darstellt.

Die am Fuße des Reupoldsberges errichtete, 1869 eingeweihte katholische Kirche (Bildmitte halblinks) verdeutlicht sowohl die historische Entwicklung als auch die konfessionelle Struktur von Wallenfels: sechs Jahrhunderte lang (1195–1803) war der Bamberger Bischof Landesherr der Untersuchungsgemeinde, in der noch heute fast 95 Prozent der Bevölkerung die katholische Glaubenszugehörigkeit besitzen. Weithin bekannt sind der sich am Hang oberhalb der Kirche erstreckende Friedhof sowie die farbenprächtigen Prozessionen an Fronleichnam.

Die ursprünglich entlang der Hauptverkehrswege verlaufende Bebauung beschränkt sich auch heute noch auf das nur 250 Meter breite Tal der Wilden Rodach und ist demzufolge besonders dicht. In der Nähe vieler Wohngebäude sind häufig Schuppen zu erkennen, die zur Aufbewahrung von Brennholz dienen. Dies und die ausgedehnten Waldflächen auf den abgeflachten Höhenzügen läßt auf den dominierenden Wirtschaftsfaktor der Stadt schließen: die Holzverarbeitung, einschließlich der bis in die Nachkriegszeit praktizierten Flößerei. Schon frühzeitig lohnte sich die größtenteils auf Terrassen entlang der Hänge betriebene Landwirtschaft nicht mehr (z. B. zu vermuten auf der linken, vorderen Bildseite). Eine Folge davon war, daß ständig weiter aufgeforstet wurde (1979: 72,8% der Gemarkungsfläche); eine weitere, daß mehrere Sägewerke entstanden sind, von denen die drei größten – eine davon im Bildvordergrund sichtbar – etwa ein Drittel des Umsatzes aller Industriebetriebe aufbringen und ungefähr zehn Prozent aller Arbeitsplätze bereitstellen.

Unterhalb der Kirche ist der älteste Teil der Gemeinde auszumachen, der heute wegen der dort auftretenden Konzentration an Läden und Verwaltungseinrichtungen als funktionale Mitte von Wallenfels anzusehen ist. Andere Ortsviertel sind hauptsächlich der Wohn- (z. B. Bildmitte rechts), Arbeits- (im Bildvordergrund) oder Freizeitnutzung (im Luftbild ganz vorne rechts bzw. hinten links) vorbehalten.

In den letzten Jahren hat sich die in erster Linie gewerblich geprägte Stadt Wallenfels bemüht, verschiedene Infrastruktureinrichtungen zu schaffen. Allein die Errichtung von Freizeitanlagen hat bisher fast sieben Millionen DM gekostet, von denen der Staat im Rahmen der Zonenrandförderung rund zwei Drittel übernahm. 1970 bis 1976 wurde das ehemalige Zentralschulgebäude zu einem Kurzentrum umgebaut, das in der Bildmitte als ausgedehnter Gebäudekomplex – zum Teil mit einem Flachdach versehen – zu erkennen ist. Solche und andere Aktivitäten (z. B. das Schauflößen auf der Wilden Rodach) waren notwendig geworden, um den aufstrebenden Fremdenverkehr zu unterstützen (rund 70 000 Übernachtungen pro Jahr), was Wallenfels bereits 1967 das Prädikat „staatlich anerkannter Erholungsort“ einbrachte.

Nicht zuletzt ist die Untersuchungsgemeinde auch „Universitätsstandort“, da das aufgelassene Forstamt am Fuße des Allersberges (Bildmitte links) seit 1976 als Ökologische Außenstation der Universität Bayreuth eine sinnvolle Weiterverwendung gefunden hat.

Peter Jurczek

Steinwiesen

78

Traditionelles Gewerbe und moderner Tourismus im Frankenwald

(vgl. Abb. 1, 2, 56, 77)

Auf dem von Südwesten nach Nordosten aufgenommenen Luftbild ist im wesentlichen die im Rodachtal gelegene Marktgemeinde Steinwiesen – umgeben vom Mühl- (515 m), Brom- (598 m) und Silberberg (518 m) bzw. deren Ausläufer (von links nach rechts) – zu erkennen. Der Ortsteil Nurn (im Bildhintergrund links) kann als sichtbares Beispiel der Siedlungsgeschichte im Frankenwald angesehen werden: um das Jahr 1000 ist auf den Hochflächen gerodet worden, und es entstanden dort verschiedene kleinere Ortschaften oder Einzelhöfe, die dem Bamberger Bischof unterstellt waren. Im Bildhintergrund lassen sich außerdem die nur 13 Kilometer entfernte Landesgrenze zur DDR sowie die 1973 in Betrieb genommene Trinkwassertalsperre Mauthaus erahnen.

Steinwiesen selbst verfügt über etwa 2500 Einwohner, deren Zahl sich im Rahmen der Gebietsreform durch die knapp 1750 Bewohner der eingemeindeten Ortsteile Neufang, Nurn und Birnbaum auf insgesamt rund 4250 Einwohner erhöht hat. Die Marktgemeinde ist primär industriell geprägt, was im Luftbild anhand der beiden, jeweils an der Rodach gelegenen Gewerbegebiete (im Vordergrund und am Ortsausgang) zu erkennen ist. Der Haupterwerbszweig – ca. 73 Prozent der erwerbsfähigen Bevölkerung arbeiten im sekundären Wirtschaftssektor – blickt auf eine jahrhundertelange Tradition zurück: auf Hammerwerke sowie Mahl- und Schneidemühlen, die teilweise heute noch existieren. Letztere sowie das Aufkommen des Flößerhandwerks basieren auf dem Waldreichtum der Gegend.

Die wegen der kargen Böden und dadurch unrentabel gewordene Landwirtschaft frühzeitig einsetzende Industrie hat bewirkt, daß Steinwiesen an eine von Kronach nach Nordhalben führende Stichbahn angeschlossen wurde, die jedoch heute nur noch einmal täglich zum Transportieren von Gütern verkehrt.

Nach dem Zweiten Weltkrieg haben weitere Industriesparten (z. B. die Porzellanherstellung) sowie andere Wirtschaftszweige an Bedeutung gewonnen. Dazu zählen beispielsweise der Handel, Gebietskörperschaften, sonstige private Dienstleistungen, der Verkehr sowie Kredit- und Versicherungsunternehmen. Im Luftbild sind die meisten Einzelhandelsgeschäfte und Dienstleistungsbetriebe in der Kronacher- bzw. Nordhalbener Straße anzutreffen, die etwa parallel zur Rodach verläuft (Bildmitte). Die öffentlichen Verwaltungseinrichtungen befinden sich fast ausnahmslos in der Nähe der katholischen Kirche (Mitte der rechten Bildhälfte). In bezug auf das Alter der Wohngebiete ist eine deutliche zeitliche Abfolge feststellbar: die ältesten Wohngebäude reihen sich entlang des Flusses oder der Hauptverkehrsstraße auf, die jüngeren Wohnviertel sind sowohl jenseits der Bahnlinie (rechte Bildseite) als auch am Fuß des Mühlberges entstanden (linke Bildseite). Obwohl die Einwohnerzahl seit dem vorübergehenden Zustrom an Heimatvertriebenen ständig abgenommen hat (1950–80 = ca. – 4%), hält die Bautätigkeit ungebrochen an. Abgesehen vom gestiegenen Bauwillen der Einheimischen errichten immer mehr Ortsfremde, insbesondere Berliner, ein Eigenheim, um ihren Lebensabend in Steinwiesen zu verbringen.

Die Förderung des Fremdenverkehrs hat in der Untersuchungsgemeinde verhältnismäßig früh eingesetzt. Sie gilt als eine der ersten Frankenwaldorte, die sich um die Werbung von Urlaubsgästen bemüht hat. Im Ortsbild schlägt sich die intensive touristische Nutzung deutlich nieder: beispielsweise in Form eines größeren Cafés, eines eigenen Fremdenverkehrsbüros (in der Ortsmitte) oder eines kombinierten Hallen- und Freischwimmbades.

Der staatlich anerkannte Erholungsort Steinwiesen verfügt (1981) mit über die meisten Beherbergungsstätten (110 Betriebe) und Gästebetten (737 Betten) im Frankenwald, die allerdings im Jahresdurchschnitt nur zu 22,2% ausgelastet sind. Da die Mehrzahl der Zimmer privat vermietet wird (62,7%), ist davon auszugehen, daß viele der auf dem Luftbild sichtbaren Wohngebäude – insbesondere auch diejenigen in den Neubauvierteln – eine touristische Teilfunktion aufweisen.

Obwohl Steinwiesen zu den bedeutendsten Fremdenverkehrsgemeinden im Frankenwald zählt, ist in den letzten Jahren eine gewisse Stagnation im Urlauberaufkommen zu verzeichnen, was in Zukunft besondere Anstrengungen zur Verbesserung des örtlichen Fremdenverkehrsangebotes erforderlich macht.

Peter Jurczek

Stockheim

Ehemalige Bergbaugemeinde im Umbruch

79

(vgl. Abb. 56, 90)

Im Jahr 1975 wurden die ehemals selbständigen Gemeinden Neukenroth, Stockheim, Reitsch, Haßlach, Haig, Wolfersdorf und Burggrub zu einer Großgemeinde zusammengefaßt. Der Entschluß der Bevölkerung, ihre kommunale Selbständigkeit zugunsten einer Großgemeinde aufzugeben, kam sicher nicht spontan zustande. Er wurde aber nicht zuletzt dadurch gefördert, daß die Haßlach-Gemeinden bereits seit 1935 auf genossenschaftlicher Basis die Förderung von Steinkohle betrieben.

Der Abbau der Steinkohle, der seit 1758 stattfand und im Jahr 1968, nach einem Wassereinbruch 1964, aus Rationalisierungsgründen eingestellt wurde, erfolgte von der Zeche „Katharina" oberhalb von Stockheim. Auf dem Luftbild ist das ehemalige Bergwerksgelände in der linken oberen Bildmitte, in der Zwischenzeit vom Wald umgeben, zu erkennen. Die Flöze der Stockheimer Kohle, die eine Mächtigkeit von zwei bis vier Metern, zum Teil jedoch in Mulden von 30 Metern aufweisen, wurden in den 60er Jahren nur noch mit 52 Bergleuten abgebaut.

Ende des letzten Jahrhunderts, aber auch von 1950–1952, während der Korea-Krise, beschäftigte die Zeche bis zu 500 Kumpel. Die Steinkohle von Stockheim, geologisch gesehen dem Rotliegenden zugeordnet, besitzt nicht den Heizwert der Ruhrkohle. Dieser Tatsache sowie dem Aufkommen neuer Energieträger (Erdöl, Erdgas und billige Braunkohle aus der ČSSR) und der geringen Kapitalausstattung, die letztlich eine umfassende Modernisierung der Anlagen verhindert hat, ist es wohl zuzuschreiben, daß der Abbau, der in den 60er Jahren nur noch an einem Flöz vorgenommen wurde, eingestellt werden mußte.

Das Luftbild, vom Osten aufgenommen, zeigt im Vordergrund den Hauptort der Großgemeinde, Stockheim; im Hintergrund (rechte obere Bildseite) ist die Stadt Sonneberg, in der heutigen DDR liegend, zu erkennen. Die Grenze zwischen der Bundesrepublik Deutschland und der DDR verläuft oberhalb von Stockheim im Westen auf den bewaldeten Ausläufern des Thüringer Waldes. Durch die Teilung Deutschlands nach dem 2. Weltkrieg wurde die Entwicklung des Ortes in erheblichem Umfang beeinträchtigt. So wurden nicht nur die intensiven Pendler- und Versorgungsbeziehungen, sondern auch die Verkehrsverflechtungen in das nahe Sonneberg unterbrochen. Stockheim war bis 1945 Haltestelle des Schnellzuges München–Berlin, da hier die Bahnstrecke nach Sonneberg abzweigte. Daraus erklärt sich das weiträumig angelegte Bahngelände, welches das Luftbild in der Mitte durchzieht. Im Hinblick auf die heutige Personen- und Güterbeförderung muß es, nach der Stillegung der Strecke nach Sonneberg, als zu groß angesehen werden.

Die Teilung Deutschlands sowie die Aufgabe des Steinkohlebergbaus zwingt die Gemeinde zu einer Umorientierung, vor allem seit Anfang der 70er Jahre. So wurde beispielsweise ein Betrieb der Kunststoffindustrie mit etwa 350 Beschäftigten (siehe Bildmitte) angesiedelt. Dieser ergänzt die alteingesessene Schulmöbelindustrie mit etwa 150 Beschäftigten (siehe linker mittlerer Bildrand).

Im Süden des Ortes (auf dem Luftbild nicht zu erkennen) ist mit einem Investitionsaufwand von 1,5 Mill. DM ein Gewerbegebiet erschlossen worden. Kleinere Unternehmen der Kosmetikindustrie und des Entsorgungsbereichs haben sich dort niedergelassen; außerdem wird ein Einkaufsmarkt mit 990 m² errichtet, nachdem ein Einzelhandelsgroßprojekt mit 8000 m² von seiten der Landesplanung negativ beurteilt wurde.

Die Umorientierung des ehemaligen Bergbauortes in eine Industrie- und Wohngemeinde am Rande der Stadt Kronach findet auch in der Veränderung der funktionsräumlichen Differenzierung ihren Niederschlag: Während der alte Dorfkern, am Hang in der Nähe des Bergbaugeländes liegend, an Zentralität verliert, gewinnt der Bereich entlang der Bundesstraße 85 zunehmend an Bedeutung. Hier haben sich eine Reihe von Geschäften, welche die Versorgung mit Gütern und Dienstleistungen des täglichen Bedarfs sicherstellen, niedergelassen und auch das 1978/79 erbaute Rathaus hat in diesem Bereich seinen Standort.

Heute, 1983, besitzt die Großgemeinde 5269 Einwohner. Obwohl sie zum engeren Einzugsbereich des Mittelzentrums Kronach gehört und eine rege Neubautätigkeit aufweist, hat die Gemeinde seit 1970 4,6% ihrer Einwohner verloren. Dies macht deutlich, wie schwierig es heute ist, in verkehrsferner Lage eine erfolgreiche kommunale Entwicklungspolitik zu betreiben.

Jürgen Weber

Der Tettauer Winkel

80

Alter Schwerpunkt der Glasindustrie in heute verkehrsferner Lage

(vgl. Abb. 57)

Bis zur Teilung Deutschlands im Jahre 1945 lag der Landkreis Kronach und damit auch sein nordwestlicher Teil, der Tettauer Winkel, im Zentrum des ehemaligen deutschen Reiches, inmitten eines geschlossenen Industriegebietes, das von Thüringen über Oberfranken bis nach Sachsen reichte. Die Glasindustrie, ein seit dem ausgehenden Mittelalter in den Tälern des Thüringer Waldes nahe Lauscha, Steinach und Neuhaus blühender Gewerbezweig, wurde bald auch im Tettauer Winkel betrieben. Alteingesessene Glasmacherfamilien, wie z. B. die der Greiner, hatten wesentlichen Anteil an der Entwicklung der Glasindustrie im thüringischen Raum.

Die Schrägaufnahme, aus südlicher Richtung aufgenommen, zeigt im Vordergrund den Ort Alexanderhütte. Am linken oberen Bildrand ist der Mittelpunkt der Gemeinde der Markt Tettau und rechts oben der Ort Kleintettau zu erkennen. Die Glaserzeugung in Alexanderhütte geht bereits auf das Jahr 1785 zurück, als der Markgraf Christian Friedrich Carl Alexander zu Ansbach den Bau einer entsprechenden Produktionsstätte genehmigte. Heute werden an diesem Standort mit etwa 400 Mitarbeitern Glasverpackungen hergestellt. Das Werk wird von den „Tettauer Glashüttenwerken AG“ betrieben, die 1967 aus einer Fusion der „Glaswerke Tettaugrund“ und der „Glashüttenwerke Christian Hammerschmidt“ hervorgingen. Insgesamt produziert das Unternehmen in vier Produktionsstätten (außer in Alexanderhütte in Kleintettau [Kunststofffertigung], Friedrichsdorf im Taunus und Frankfurt a. Main/Höchst) mit etwa 900 Mitarbeitern.

Bis heute ist es nur unzureichend gelungen, die Glasbetriebe des Tettauer Winkels ausreichend an das Verkehrssystem der Bundesrepublik Deutschland anzuschließen. Die Anlieferung der Rohstoffe und Vorprodukte erfolgt für das auf dem Luftbild dargestellte Werk mit der Bahn bis Steinbach am Wald. Von dort ist ein Weitertransport der Bahngüter (Waggons) nur mit Straßenroller über den „Rennsteig“ nach Tettau möglich, da die Lokalbahn Pressig–Rothenkirchen–Tettau durch die Grenzziehung nach 1945 stillgelegt werden mußte. Auch die Straßenanbindungen an die nach Norden und Westen führenden Autobahnen stellen sich für den nördlichen Kronacher Raum äußerst ungünstig dar. So werden beispielsweise für die 110 km lange Strecke zur nächstgelegenen Autobahnauffahrt Bamberg (BAB Nürnberg–Frankfurt) annähernd zwei Stunden benötigt. Insgesamt haben innerbetriebliche Rechnungen ergeben, daß in den Betrieben des Standortes Tettau lagebedingt Mehrkosten in Höhe von mehreren 100 000 DM pro Jahr im Vergleich zu Standorten mit durchschnittlicher Zentralität anfallen.

Der Markt Tettau, auf drei Seiten von der Grenze zur DDR umgeben (die Sperranlagen verlaufen etwa parallel des linken Bildrandes) und 1983 mit 2915 Einwohnern, weist mit einem Rückgang von 15,9% seit 1970 hohe Bevölkerungsverluste auf. Die natürliche Bevölkerungsbewegung spielt hier eine ebenso große Rolle wie die Abwanderung von jungen, gut ausgebildeten Bevölkerungsgruppen. Für sie können im Bereich der Industrie keine ihrem Ausbildungsstand angemessenen Arbeitsplätze angeboten werden. Dies wird dadurch deutlich, daß der Anteil der Arbeiter von den im Jahr 1983 zählenden 2110 Beschäftigten (93 mehr als 1978!) allein 85% beträgt.

Auch die erfolgreichen Aktivitäten im Bereich des Fremdenverkehrs können nur langfristig zu einer Imageaufwertung des Gebietes und damit zu einem Abbau der Abwanderung beitragen. Zwar hat der Tettauer Winkel in den letzten Jahren seinen Ruf als schneesicheres Zentrum des Wintersports und des familienorientierten Tourismus ausbauen können, doch verhindert auch hier wieder die verkehrsferne Lage eine dynamische Entwicklung.

Nicht zuletzt muß für den Ortsteil Kleintettau noch auf eine räumliche Innovation hingewiesen werden, die dort das Landschaftsbild seit einigen Jahren prägt. Aufgrund der Überlegung, die ihm gehörenden landwirtschaftlichen Nutzflächen nicht brach fallen zu lassen, hat der Unternehmer Heinz, Inhaber der seit 1661 im Familienbesitz befindlichen Produktionsstätten der Carl Aug. Heinz Glashüttenwerke GmbH & Co. KG, mit dem Aufbau einer Herde schottischer Hochlandrinder begonnen (1984 waren es bereits 23 Stück). Dies ist der Grund dafür, daß im August jedes Jahres Kleintettau für eine Woche schottisch wird (mit entsprechenden Festveranstaltungen).

Jürgen Weber

Innenstadt von Bayreuth

81

Lebendiger Spiegel der historischen Stadtentwicklung

(vgl. Abb. 35, 82)

Bayreuth ist mit 71 823 Einwohnern (1984) das größte der vier möglichen Oberzentren Oberfrankens. Als Residenz der Markgrafen von Bayreuth wurde es zum Sitz der Regierung von Oberfranken. Es war stets vor allem Verwaltungsstadt, hatte aber auch teil an der Industrialisierung (bes. Baumwollspinnereien; heute sind Zweigwerke von Grundig und BAT-Zigaretten die wichtigsten Arbeitgeber bzw. Steuerzahler). Der Dienstleistungssektor wurde durch die Gründung der Universität 1972 weiter verstärkt.

Die Bayreuther Innenstadt ist geprägt durch ein historisch bedingtes Nebeneinander von klein- und großmaßstäbigen Bau- und Nutzungsstrukturen. Innerhalb der im Luftbild kaum erkennbaren Stadtmauer und der ehemaligen Vorstädte überwiegen eng verschachtelte kleinere Gebäude. Einen Gegensatz dazu bildet der bis zu 45 m breite Straßenmarkt (1), der von Tor zu Tor 500 m lang war. An der im Krieg weitgehend zerstörten Nordseite des Marktes dominieren als große Gebäudekomplexe das Warenhaus Hertie (1963) (2) und das Alte Schloß (17. Jh., heute Sitz staatlicher Behörden = 3). Schon 1541 war im Zuge der Verlagerung der markgräflichen Residenz von der Kulmbacher Plassenburg nach Bayreuth die Kanzlei errichtet und später mehrfach erweitert worden (jetzt Teil der Regierung von Oberfranken = 4).

Im 18. Jh. wuchs Bayreuth über die mittelalterlichen Mauern hinaus (der Zuwachs blieb allerdings bescheidener als in den »Schwesterresidenzen« Erlangen und Ansbach). Die durch die Markgräfin Wilhelmine geprägte Erweiterung beginnt in N mit dem markgräflichen Opernhaus (5), wird fortgesetzt mit dem Neuen Schloß (1755 nach dem Brand des Alten Schlosses errichtet = 6), an dessen südlichen Flügel sich die als Stadthalle und Tagungszentrum ausgebaute ehemalige Reitschule anschließt (7). Er wird abgeschlossen durch die repräsentative Achse von Jean-Paul-Platz und Friedrichstraße (8), an denen Adelspalais (z. B. die heutige Klavierfabrik Steingraeber = 9) und öffentliche Gebäude (z. B. Waisenhaus, heute Gesundheitsamt = 10) entstanden. Die für barocke Stadtplanungen typische Einbindung in Parks und Alleen ist im Hofgarten (1670 angelegt = 11) sowie in Resten an Dammallee und Dammwäldchen (12) erhalten, an der Kanalstraße (13) dagegen verlorengegangen.

Die gründerzeitliche Erweiterung des Zentrums ist im Bild nur teilweise erfaßt. Hervorzuheben sind der Wölfel-Block (nach Kriegszerstörungen in alten Proportionen wiederhergestellte Wohn- und Geschäftshäuser = 14) und die öffentlichen Großbauten der Oberforstdirektion (ursprünglich Staatsbank = 15), der Regierung von Oberfranken (16), der LVA (17) und des Richard-Wagner-Gymnasiums (18), knapp außerhalb liegen stadtbildprägend das Gericht und die Graserschule. Entlang des Hofgartens schließen sich Villengebiete an – u. a. Villa Wahnfried (heute Richard-Wagner-Museum = 19) und Villa Chamberlain (heute Jean-Paul-Museum = 20). In Bahn- und Flußnähe entstand eine der beiden Spinnereien (21).

Von den nationalsozialistischen Umgestaltungsplänen zur „Gauhauptstadt" wurde nur das „Haus der Erziehung" (heute Verwaltung der Energieversorgung Oberfranken = 22) verwirklicht.

Beim Wiederaufbau nach 1945 wurden die historischen Maßstäbe weitgehend respektiert. Erst seit den 60er Jahren bemühte man sich um großstädtische Akzente: Im N die AOK (außerhalb des Bildes), das 14geschossige Rathaus (23) und die Stadtsparkasse (24) sowie ein großer Geschäfts-, Büro- und Wohnkomplex (25), im S das Ämtergebäude (26), die LVA (27) und die Erweiterung des Richard-Wagner-Gymnasiums (28). Im Stadtbild fällt diese Phase durch große Flachdachbauten auf. Auch der vierspurige Stadtkernring markiert großstädtische Maßstäbe. Im S wurde entlang dieses Straßendurchbruchs eine weitgehende Neubebauung erforderlich. Diese erfolgte teils als Sanierung nach dem Städtebauförderungs-Gesetz (29), teils individuell (30). Entsprechend Anfang der 70er Jahre gewandelten Gestaltungsvorstellungen fügt sich dieser Kernerweiterungsbereich besser in das gewachsene Stadtbild ein.

Der Stadtkernring ermöglichte eine umfassende Verkehrsberuhigung des Zentrums, die allerdings durch vielfältige Widerstände nur mühsam vorankam. 1978 wurde die untere Maxstraße zur Fußgängerzone umgebaut (31). Nach kleineren Ergänzungen begann 1984 der Umbau des Marktes und weiterer Seitenstraßen. Die Verkehrsführung innerhalb des Ringes blieb dennoch umstritten.

Am oberen Bildrand verlaufen der Stadtkernring, die Eisenbahn und der in ein Hochwasserbett eingefaßte Main. In der Aue entstanden seit den 60er Jahren Bildungs- und Sporteinrichtungen (32). Zudem wurden vielgeschossige Eigentums-Wohnanlagen errichtet (33).

Rolf Monheim

32
33
32
21
33
20
19
25
14
15
5
11
24
3
13
22
6
16
4
13
2
7
8
1
8
9
10
26
31
12
12
27
28
17
31
18
30
30
29

Bayreuth

Festspielhaus und Grüner Hügel

(vgl. Abb. 35, 81, 83)

Bayreuth und Richard Wagner – zwei Namen, die untrennbar miteinander verwoben sind – eine nahezu schicksalhafte Verbindung, symbolisiert durch die Festspiele und das Festspielhaus. Mit dem Bau dieses architektonisch vielgeschmähten, akustisch aber hochgelobten Holzbaus wurde eine Utopie Wirklichkeit – die Utopie eines Theaters abseits der „großen Welt“, eines Theaters konzentriert auf die Vorstellung Wagners vom idealen Theater.
Das Grundstück am „Grünen Hügel“ im Anstieg vom Tal des Roten Mains zur Hohen Warte wurde Richard Wagner vom Magistrat der Stadt geschenkt. Man kam Richard Wagner und seinen ehrgeizigen Plänen entgegen, ohne die zukünftige Bedeutung jener Verbindung abschätzen zu können. So wurde 1872 der Grundstein zum Festspielhaus gelegt und 1876 wurden trotz schwierigster finanzieller Probleme die 1. Bayreuther Festspiele mit dem Ring der Nibelungen eröffnet. Es wurde ein großes gesellschaftliches Ereignis, doch die künstlerische Qualität und Ausführung entsprach nicht ganz den Wünschen Wagners. Auch die finanzielle Situation warf Probleme auf. Die folgenden Festspiele u. a. mit der Aufführung des „Parsifals“, der nur in Bayreuth gespielt werden durfte, brachten dann den künstlerischen Erfolg und die finanzielle Stabilisierung.
Nach dem Tode Richard Wagners 1883 übernahm seine Frau Cosima Wagner die Leitung der Festspiele, 1908 folgte ihr Sohn Siegfried, dem es gelang, die Festspiele auch nach dem Ende des 1. Weltkrieges weiterzuführen. 1931 übernahm wiederum eine Frau, Winifried Wagner, die Witwe Siegfrieds, die Führung der Festspiele. Die schwierigste Zeit erlebten die Bayreuther Festspiele nach dem Zweiten Weltkrieg, als man die Nähe zum nationalsozialistischen Gedankengut abstreifen mußte. Begründet wurde die neue Ära mit der dritten Wagner-Generation. Wieland († 1966) und Wolfgang Wagner gelang die äußere und innere Erneuerung. Die alljährlich stattfindenden Festspiele sind zu einem der bedeutendsten musikalischen Ereignisse des europäischen Kulturkreises geworden und strahlen in die ganze Welt aus. Ihnen verdankt Bayreuth seine internationale Bekanntheit und sie bestimmen die Bedeutung des Fremdenverkehrs in dieser „Weltstadt auf Zeit“.
Ca. 22% der rund 300 000 Gäste in Bayreuth sind Ausländer, wobei in der gut hundertjährigen Geschichte der Festspiele vor dem 2. Weltkrieg Wagnerfreunde aus England und Österreich an der Spitze der Besucherzahlen standen, während es heute Amerikaner und Franzosen sind. Die Altersstruktur der Festspielbesucher zeigt eine Tendenz zum jüngeren Publikum, während die Sozialstruktur weiterhin eindeutig von der Mittel- und Oberschicht dominiert wird.
Wie stark das Image Bayreuths durch die Festspiele überlagert wird, zeigt sich darin, daß ein Großteil der Festspielbesucher einen hohen Informationsstand und eine detaillierte Meinung über die Ereignisse der Festspiele haben, daß ihr Bild von der Stadt Bayreuth aber nur durch wenige undifferenzierte Attribute bestimmt wird (Festspiele, Richard Wagner, Markgräfliche Zeit). Neben dem künstlerischen Wert der Festspiele ist das internationale Ereignis auch aus regionalpolitischer Sicht als ein wichtiger ökonomischer und sozialer Faktor für Stadt und Umland zu werten.
Das Festspielhaus liegt heute eingebettet im „Richard-Wagner-Park“ mit seinem schönen Baumbestand. Der Park ist mit dem Bau des Festspielhauses entstanden, im wesentlichen wurde er aber erst 1924 in seiner jetzigen Form als Bürgerpark angelegt. Er ist ein Ort der Kontemplation und Regeneration sowohl für die Festspielbesucher als auch für die Bayreuther Bürger.

Editha Petzschner

Bayreuth – Industriegebiet Nord und Ost

83

Konzentration von Handel und Gewerbe

(vgl. Abb. 10, 35, 81, 82)

Bekannt und bedeutsam als Festspiel- und Universitätsstadt sowie Sitz wichtiger Behörden, begründet sich die wirtschaftliche Bedeutung Bayreuths vor allem auch auf seine Stellung als Industrie- und Handelszentrum. Während noch bis zu Beginn der 50er Jahre das industrielle Geschehen der Stadt Bayreuth weitgehend durch die dominierende Textilindustrie geprägt war, richteten sich die Bemühungen der Kommune in der Folgezeit, angesichts der einschneidenden Strukturkrise in der Textilbranche, verstärkt auf eine Diversifizierung der gewerblichen Wirtschaft.

Mit der Erschließung des großzügigen Industriegeländes im Norden Bayreuths, auf dem ebenen Areal des vormaligen Brandenburger Sees, auf dem die preußische Marine Übungen fuhr, wurde im Jahre 1952 bereits frühzeitig die Voraussetzung für die Ansiedlung neuer bzw. auch die Verlagerung erweiterungswilliger Unternehmen aus dem Kernbereich der Stadt geschaffen. Ursprünglich als Industriepark unter zentraler Leitung geplant, ließen sich auf dem rd. 84 ha großen Gelände mit direktem Anschluß an die östlich angrenzende Bundesautobahn München–Berlin bis Anfang der 60er Jahre zahlreiche Betriebe – darunter als größte das Zweigwerk Nr. 7 der Grundig-AG mit rd. 1500 (heute noch 600) Beschäftigten sowie ein Unternehmen der Tabakindustrie mit ca. 600 Arbeitsplätzen (BAT) – nieder. Deutlich drückt sich diese Entwicklung auch in der Zahl der Betriebe und der darin Beschäftigten aus, die in Bayreuth im Zeitraum von 1950–1960 insgesamt um 45% bzw. 75% zunahm, in der Zeit danach, bis heute jedoch kontinuierlich sank.

Östlich der Autobahn, begrenzt von dem im unteren Bildausschnitt hervortretenden, ehemals selbständigen Ortsteil Laineck und der nach Warmensteinach führenden Staatsstraße, wurde in unmittelbarer Nachbarschaft des älteren Industriegebietes-West, vor wenigen Jahren zusätzlich das Industriegebiet-Ost erschlossen. In den vergangenen Jahren haben sich hier neben der bereits bestehenden Niederlassung der Energieversorgung Oberfranken AG weitere flächenintensive Betriebe des Bau- und Transportgewerbes sowie der Kunststoffindustrie angesiedelt. Darüber hinaus ist jedoch auch hier, wie im Industriegebiet-West das Vordringen von Betrieben des tertiären Sektors, insbesondere von großflächigen Einkaufszentren sowie Verbraucher- und Fachmärkten zu verzeichnen, die aufgrund der günstigen Erreichbarkeit mit dem Pkw und der ausreichend vorhandenen Parkmöglichkeiten das Industriegebiet als Standort gewählt haben. Damit jedoch ist das Industriegebiet im Norden Bayreuths, mit seinem vielfältigen Angebot an Handels- und Dienstleistungsbetrieben, bis hin zu Sport- und Freizeiteinrichtungen, in eine Konkurrenz zum innerstädtischen Einkaufszentrum getreten.

Hermann Baer

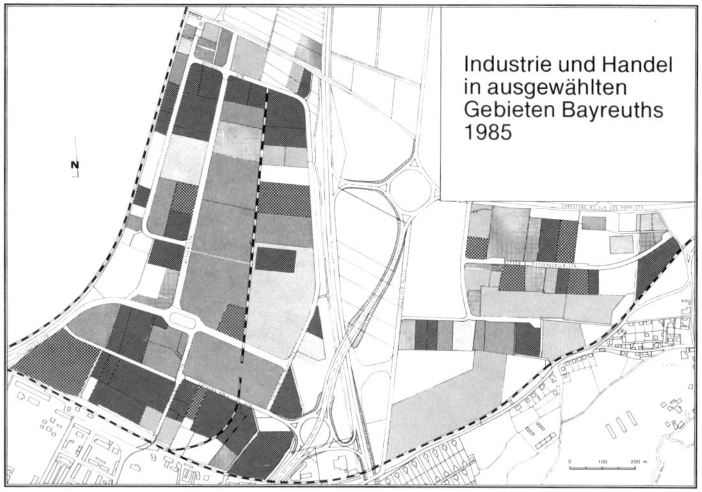

Industriegebiet Nord und Ost

- Grundstoffindustrie, Baugewerbe, Energie
- Konsumgüterindustrie
- Investitionsgüterindustrie
- Handwerk
- Lebensmittelhandel
- sonstiger Handel
- Dienstleistungen
- Sonstiges

Quelle: Erhebung des Lehrstuhls Wirtschaftsgeographie und Regionalplanung, Bayreuth 1985
Entwurf: H. Baer
Lehrstuhl Wirtschaftsgeographie und Regionalplanung der Universität Bayreuth 1985

Creußen

Kleinstadt mit Tradition und neuen Aufgaben

84

(vgl. Abb. 18, 36)

Auf halbem Weg, zwischen den Städten Pegnitz und Bayreuth, in der reizvollen Landschaft des oberpfälzisch-obermainischen Hügellandes, liegt die heute knapp 5000 Einwohner zählende Kleinstadt Creußen. Nach einer Reihe von Eingemeindungen in den 70er Jahren ist das Kleinzentrum Creußen nunmehr seit 1978 Sitz einer Verwaltungsgemeinschaft, zu der neben Creußen auch die Gemeinden Haag, Schnabelwaid und Prebitz gehören.

Erstmals um das Jahr 1000 n. Chr. urkundlich erwähnt, wurde Creußen 1358 durch Kaiser Karl IV. zur Stadt erhoben. In der Folgezeit mehrmals zerstört, erlebte die Stadt in einer zwischenzeitlich ruhigen Entwicklungsphase einen Aufschwung des Bildungswesens und vor allem des Töpferhandwerks, das über die Grenzen Creußens hinaus Bedeutung erlangte. Nach preußischer und französischer Herrschaft und letztlichem Anschluß an Bayern wurde der Ort in seiner Entwicklung noch mehrmals durch Stadtbrände zurückgeworfen, ehe 1875 mit dem Bau der Eisenbahnstrecke von Schnabelwaid über Creußen nach Bayreuth ein deutlicher wirtschaftlicher Aufschwung einsetzte.

Die beiden Weltkriege hat die Stadt Creußen ohne größere Schäden überstanden, wobei nach dem 2. Weltkrieg, bedingt durch die Umsiedlung zahlreicher Deutscher ein beachtlicher Bevölkerungszuwachs zu verzeichnen war. Einen schmerzlichen Verlust von 300 Arbeitsplätzen bedeutete dann jedoch die Schließung eines Zweigbetriebes der Siemenswerke Anfang der 50er Jahre. Die Gemeinde traf dies um so mehr, als damit verbunden eine Abwanderung zahlreicher junger Familien, besonders in den Nürnberger Raum einsetzte.

Insgesamt ist die wirtschaftliche Entwicklung in Creußen nach dem 2. Weltkrieg bis in die Gegenwart, bedingt durch die relativ hohe Fluktuation im gewerblich-industriellen Sektor recht wechselhaft verlaufen. Bei der noch andauernden Freisetzung von Arbeitskräften aus der Landwirtschaft und einem nur relativ wenig entwickelten Dienstleistungssektor, kommt der gewerblichen Wirtschaft in Creußen, insbesondere der metall- und der lederverarbeitenden Industrie sowie in Anknüpfung an das traditionelle Töpferhandwerk der Keramikindustrie eine herausragende Bedeutung zu. Bezeichnend für die Standorte der gewerblich-industriellen Wirtschaft ist deren Lage innerhalb des Kernbereichs von Creußen, was gleichzeitig auf das hier nur begrenzte Platzangebot hindeutet.

Auch der Siedlungsentwicklung Creußens sind insgesamt durch natürliche und künstliche Barrieren Grenzen gesetzt. So umschließt etwa das reizvolle Rotmaintal als natürlicher Grüngürtel den Stadtkern im Westen, während die Bahnlinie Schnabelwaid – Bayreuth im Osten eine Barriere darstellt. Neue Siedlungsansätze, vor allem auf eine rege Wohnbautätigkeit zurückzuführen, haben daher in der Vergangenheit weitgehend innerhalb dieser Grenzen stattgefunden. Neben der Entwicklung von Neubaugebieten werden in Creußen derzeit im Rahmen der Altstadtsanierung große Anstrengungen unternommen, den mittelalterlichen Ortskern in seiner Bedeutung als Einkaufsort und Treffpunkt, jedoch auch als attraktiven Wohnstandort wieder aufzuwerten. Darüber hinaus bietet der Altstadtkern mit dem über 500 Jahre alten Rathaus, seinem mittelalterlichen Marktplatz und dem durch das Creußener Steinzeug weit über die Grenzen der Stadt hinaus bekannten Krügemuseum dem geschichtlich und kulturell interessierten Besucher ein lohnendes Ziel, das zu einem Besuch dieser oberfränkischen Kleinstadt zwischen Frankenalb und Fichtelgebirge einlädt.

Aber auch der Wanderer und Naturfreund wird in der reizvollen Umgebung des Rotmaintales, das unweit von Creußen in den ausgedehnten Wäldern des Lindenhardter Forstes seinen Ursprung nimmt, eine ansprechende Erholungsmöglichkeit vorfinden. Sowohl für den Besucher als auch die ansässige Wirtschaft vorteilhaft erweist sich dabei die günstige Verkehrsanbindung Creußens durch Bundesautobahn, Bundesstraße und Schiene, die sowohl überregional als auch regional eine günstige Erreichbarkeit etwa auch des nahen Zentrums Bayreuth gewährleistet.

Hermann Baer

Forchheim

Attraktive Mittelstadt am Rande eines großen Verdichtungsraumes

(vgl. Abb. 23, 24, 41)

Die Stadt Forchheim, eine attraktive Mittelstadt am nördlichen Rand des großen fränkischen Verdichtungsraumes Nürnberg–Fürth–Erlangen und an der westlichen Abdachung der Fränkischen Alb im Tal der Regnitz am Rhein-Main-Donau-Kanal gelegen, blickt auf eine lange gewerbliche Tradition zurück. Bereits um 1300, als Forchheim alles hatte, was zu einer mittelalterlichen Stadt gehörte (z. B. politische Selbstverwaltung, ein Stadtsiegel, eigenes Gericht, Markt und Ummauerung), lebten die Bürger der Stadt vom Ertrag ihres Besitzes, vom Handel und vom Handwerk. Im Jahr 1406 gab es bereits 12 Müller und darüber hinaus eine Hammermühle, eine Drahtmühle, Säge- und Lohmühlen und im Dreißigjährigen Krieg die einzige Pulvermühle des Hochstifts Bamberg.

Die Gründerjahre nach dem Deutsch-Französischen Krieg von 1870/71 waren auch für die Stadt Forchheim eine Zeit starker wirtschaftlicher Expansion. Kapitalbildung, Aktivitäten der Bank- und Geldwirtschaft, Erwerbssinn und Unternehmergeist kennzeichneten die wirtschaftliche Entwicklung der Stadt. Ältester Industriebetrieb ist die aus einer Papiermühle hervorgegangene Papierfabrik. Heute stellt der Betrieb Wellkartonagen her und ist Teil der Vereinigten Papierwerke Schickedanz & Co.

In der Mitte des 19. Jahrhunderts wurden weitere Fabriken gegründet: 1838 das Unternehmen von Carl Kreul (Herstellung von Künstlerfarben), 1854 der Folienhammer (heute 4 P Folie, ein international bedeutsamer Großbetrieb mit der Produktion von Verpackungsfolien für verschiedene Industrien) und 1871 eine Leimfabrik. 1872 wurde vom Schwiegersohn des Fürther Industriellen Ott, Heinrich Hornschuch, die Mechanische Buntweberei übernommen. Es entstand 1873 das Unternehmen Weber & Ott, mit Zweigwerken in Erlangen, Wunsiedel, Kulmbach, Marktredwitz und Seulbitz. Das Unternehmen, in diesem von Südosten aufgenommenen Luftbild nicht zu erkennen, ist heute der größte Betrieb der Stadt. Das ständig erweiterte Produktionsprogramm umfaßt insbesondere Artikel der Herren- und Damenoberbekleidung des mittleren und oberen Marktsegments. Obwohl das Unternehmen in den letzten Jahren Rationalisierungsbemühungen unternommen und moderne Vertriebssysteme eingerichtet hat, ist es, bedingt durch Importe insbesondere aus Italien und den Schwellenländern, einem hohen Wettbewerbsdruck ausgesetzt. Dabei zeigt sich, daß die dekonzentrierte Produktionsweise in verschiedenen Zweigwerken eher kostenbelastend wirkt. Dies ist vor allem darauf zurückzuführen, daß in die Fertigung der Bekleidungsindustrie zunehmend anlagenintensive Produktionsmethoden, die bei gleichem Flächenanspruch eine häufig höhere Verarbeitungskapazität aufweisen, Eingang finden, so daß bei einem kaum noch wachsenden Absatzmarkt für einzelne Produktionsstätten Auslastungsprobleme entstehen.

Heinrich Hornschuch übernahm 1894 auch die in den Jahren 1889/90 in Forchheim eingerichtete Spinnerei. Die Fabrik stellte Cordzwirne und -gewebe her und beliefert heute mit einem breiten Produktionsprogramm das In- und Ausland.

Unternehmen des Optik-Bereichs, des Maschinenbaus, der Elektrotechnik, der Papiererzeugung und eine Süßwarenfabrik ergänzen nach dem 2. Weltkrieg die gewerbliche Struktur der Stadt Forchheim. Die Stadt bietet 1983 in 18 Betrieben des industriellen Bereichs 4958 Beschäftigten eine Erwerbsmöglichkeit. Nicht zuletzt dieses breit gefächerte Branchenspektrum der Industrie und der für ein Mittelzentrum gut ausgestattete Versorgungsbereich sichern der „großen Kreisstadt" Forchheim eine gewisse eigenständige Position in bezug auf die Pendlerbeziehungen zum mittelfränkischen Verdichtungsraum Nürnberg–Fürth–Erlangen zu. So kommen täglich rund 6000 Einpendler (bei 12 500 Auspendlern) in die Stadt.

Forchheim verfügt heute über eine Wohnbevölkerung von 28 915 Einwohner; das sind 3,7% mehr als im Jahr 1970. Die positive Bevölkerungsentwicklung ist für oberfränkische Städte dieser Größenordnung eine Ausnahme und läßt auf eine hohe Attraktivität am Rande des nahe gelegenen Verdichtungsraumes Nürnberg–Fürth–Erlangen schließen. Zwei Gymnasien, Berufsschulen und eine Realschule sowie eine Reihe von öffentlichen Einrichtungen belegen die Anziehungskraft der Stadt. Die rege Bautätigkeit, auf dem Luftbild nur auf der linken Seite zu erkennen, konzentriert sich heute auf den Osten der Stadt (z. B. Reuth) sowie auf die Stadtteile Buckenhofen, Forchheim-West und Burk (vgl. obere Bildmitte).

Jürgen Weber

Hirschaid

86

Großprojekte der Infrastruktur und der Wirtschaft und ihre Raumwirksamkeit

(vgl. Abb. 24)

Der über 900jährige Markt Hirschaid liegt in der breiten Talsenke der Regnitz, deren Flußbett physiognomisch ein Schattendasein fristet im Vergleich zum Main-Donau-Kanal, der, geradlinig angelehnt an den ehemaligen Ludwigskanal, in den sechziger Jahren gebaut wurde. Leider wurde keine Lände vorgesehen, was sich bei Industrieansiedlungen als Nachteil herausstellte. Ein nachträglicher Einbau würde unverhältnismäßig große Kosten verursachen. Von größerer Verkehrsbedeutung für Hirschaid sind Straße und Schiene. Das Luftbild macht die Bündelung dieser Verkehrswege in der überregionalen Entwicklungsachse Nürnberg–Forchheim–Bamberg besonders deutlich. Parallel zum Main-Donau-Kanal verläuft die Bundesstraße 4 Nürnberg–Bamberg–Coburg, die unter den oberfränkischen Bundesstraßen die stärkste Verkehrsbelastung aufweist. Sie verläuft wie in Hirschaid durch die Orte des Regnitztales, die die stärkste Siedlungsentwicklung haben. Die Konsequenz war die Planung und der abschnittsweise Bau der Autobahn A 73 von Nürnberg ausgehend über Forchheim nach Bamberg und weiter über Lichtenfels bis Coburg (Frankenschnellweg). In der rechten unteren Bildecke sehen wir einen Abschnitt dieser Autobahn, der 1983 in Betrieb genommen wurde. Die Anschlußstelle Hirschaid, die östlich des rechten Bildrandes liegt, wird – wie Planungsfälle der jüngsten Zeit bereits beweisen – zum entscheidenden Standortfaktor für die Siedlungsentwicklung des Marktes Hirschaid.

Eine ideale Ergänzung dazu ist die elektrifizierte Hauptbahnstrecke Nürnberg–Bamberg–(Lichtenfels–Probstzella–Berlin), die vollkommen geradlinig und deutlich hervortretend das Luftbild diagonal durchzieht. Sie bringt für Hirschaid sowohl im Nahverkehr als auch im Fernverkehr (Eilzughalt) erhebliche Lagevorteile.
Aus dem Luftbild lassen sich weitere raumbeanspruchende Maßnahmen entnehmen. Welche Flächeninanspruchnahmen für Siedlungszwecke erforderlich waren, machen folgende Zahlen deutlich: Die Einwohnerzahl hat sich von ca. 4600 im Jahre 1939 auf ca. 8500 Ende 1983 nahezu verdoppelt. Zwischen 1950 und Ende 1982 wurden in der Gemeinde Hirschaid annähernd 2000 Wohnungen gebaut (Hirschaid ist die größte Gemeinde des Landkreises Bamberg). Die Neubaugebiete lagern sich an den alten Ortskern an, überspringen die Bahnlinie und den Main–Donau–Kanal und finden ihre Grenzen durch gleichrangige andere Flächennutzungen. Der untere Teil des Bildes wird beherrscht von einem großen Kiesbaggersee, der – wenn auch noch weitgehend ungeordnet – insbesondere an Wochenenden stark von den Naherholungssuchenden genutzt wird (Surfen und Baden). Der Kiesabbau, der im Regnitz- und Maintal von erheblicher wirtschaftlicher Bedeutung ist, hat an vielen Stellen Vorrang vor anderen Flächennutzungen.
Das symetrisch angelegte Wegenetz und die Gewanneeinteilung gehen auf die in den siebziger Jahren durchgeführte Flurbereinigung zurück. Die natürlichen Erzeugungsbedingungen sind gut und ermöglichen einen intensiven Ackerbau. Die gerade leuchtend gelb blühenden Rapsfelder beleben das Landschaftsbild. Auch Sonderkulturen sind von Bedeutung (Gemüsebau).
Die Weiträumigkeit der Landschaft wird am oberen Bildrand deutlich (Blick bis zu den westlichen Stadtteilen Bambergs und zu den Ausläufern der Haßberge am Horizont).
Und nun zurück zum Bildvordergrund. Unmittelbar angrenzend an den Baggersee tritt die Baustelle für ein großes Möbelhaus hervor, das seine Kunden nicht nur aus dem Bamberg/Forchheimer Raum, sondern auch aus dem großen Verdichtungsraum Nürnberg–Fürth–Erlangen erwartet. Ausschlaggebender Standortfaktor für diesen Handelsbetrieb ist die Autobahn Nürnberg–Bamberg. Hirschaid hat für Gewerbeansiedlungen mit großem und an die Erschließung hohe Ansprüche stellenden Flächenbedarf günstige Voraussetzungen. Dies beweist schon der Fall, daß Hirschaid bei der Standortsuche für ein neues Automobilwerk in der engeren Wahl stand.
Hirschaid ist im Regionalplan als Kleinzentrum ausgewiesen und soll in den Bereichen gewerbliche Wirtschaft, Wohnbautätigkeit, Bildung, Kultur und Erholung weiter ausgebaut werden.

Robert Färber

Bamberger Hafen

Regionaler und überregionaler Wirtschaftsfaktor

87

(vgl. Abb. 45, 46)

Als Fluß-Umschlagplatz besitzt Bamberg eine weit ins Mittelalter zurückreichende Tradition. Die an den altstädtischen Kais des 1846 eröffneten Ludwig-Donau-Main-Kanals aufgestellten eisernen Handkräne sind ein heute noch sichtbarer Hinweis auf das Bestreben der Stadt, auch an der modernen Entwicklung der Binnenschiffahrt teilzuhaben. Doch nach kurzer Blüte erlag der Kanalverkehr der Konkurrenz der Eisenbahnen. Ein Neuanfang schien sich 1901 abzuzeichnen, als die Main-Kettenschleppschiffahrt Bamberg erreichte. Bereits 1912 konnte nördlich der Stadt, 2 km oberhalb der Mündung der Regnitz in den Main, ein neu geschaffener Hafen in Betrieb genommen werden, der neben einem Becken von immerhin 324 m Länge und 32 m Breite auch vier größere Floßbecken für Holz aus dem Frankenwald besaß. Doch nicht zuletzt aufgrund der den Schiffsverkehr extrem behindernden Niedrigwasserstände des Mains wurde die Kettenschleppschiffahrt bald als unwirtschaftlich eingestellt, der Hafen nur noch selten angelaufen. Erst mit Abschluß der Main-Kanalisierung in den 50er Jahren konnten gleichbleibende Wasserstände sichergestellt werden. Der gleichzeitige Ausbau zur Rhein-Main-Donau-Großschiffahrtsstraße und das damit erwartete Zufallen von Versorgungsfunktionen für ein weites Hinterland ließen eine Erweiterung des für die Kleinschiffahrt angelegten Hafens sinnvoll erscheinen. Nach dreijähriger Bauzeit konnte der moderne Binnenhafen 1962 in Betrieb genommen werden. Seither kann Bamberg von Binnenschiffen bis zu einer Tragfähigkeit von 1350 t („Europaschiff") erreicht werden.

Seine Form verdankt dieser Hafen dem Umstand, daß im Zuge des Ausbaus der Großschiffahrtsstraße der alte, hier rechtwinklig nach Westen abknickende rechte Regnitzarm verlegt werden mußte. Damit war es möglich, das Becken des ehem. Prinz-Ludwig-Hafens auf zunächst 700 m und durch das Anschlußstück zum heutigen Regnitzlauf (im Bild links) um weitere 450 m zu verlängern und zum Becken II (Vordergrund) zu erweitern; der abgeschnittene Flußarm einschließlich der aufgelassenen Floßbecken konnte zum Becken I (Hintergrund) mit ebenfalls rd. 700 m Länge ausgebaut werden. Insgesamt stehen damit ca. 4000 m Kaianlage zur Verfügung, davon 1680 m mit teilweiser Verstärkung für den Schwergutumschlag. 10 Kräne mit einer Tragkraft von 6 – 10 t, eine Getreidesauganlage, 3 Getreide-Ablaufrohre, 2 Öl-Umschlaganlagen und diverse Förderbänder, dazu eine Lagerkapazität mit Siloraum für 27 000 t Getreide, 8000 t Zement und 10 000 t Kunstdünger sowie Tanklager für 8500 m³ Heizöl sprechen für die Leistungsfähigkeit der neuen Anlage. Das insgesamt 96 ha einnehmende Hafengebiet ist durch Verkehrs- und Ladestraßen (rd. 8000 m) sowie Gleisanlagen (9gleisiger Hafenbahnhof, rd. 16 000 m Bahngleise) sehr gut erschlossen und in das überörtliche Verkehrsnetz eingebunden. Der vorauszusehenden großen Bedeutung des Lkw-Verkehrs wurde dadurch Rechnung getragen, daß man 2 der insgesamt 5 Kais als Stufenkais ausführte: auf der unteren Stufe eine Lkw-Verladestraße unmittelbar am Kai, auf der oberen die Bahngleise.

Der Schiffs-Umschlag weist für die ersten Jahre beträchtliche Steigerungsraten auf: 1962 wurden noch 558 000 t, 1971 bereits 1,3 Mio t im gebrochenen Verkehr, d. h. vom Schiff auf Lkw bzw. Bahn und umgekehrt, umgeschlagen. Mit der Weiterführung des Kanals bis Nürnberg 1972 ging der „nasse" Umschlag (mit Wasserberührung) drastisch zurück; gegenwärtig scheint er sich bei etwa 850 000 t jährlich eingependelt zu haben. Die 852 000 t des Jahres 1983, die sich aus einem Empfang per Schiff von 713 000 t und einem Versand von 139 000 t zusammensetzen, wurden zu 12% im Bahn-, aber zu 88% im Lkw-Umschlag bewegt. Wichtigste Umschlaggüter sind gegenwärtig Zement (1983: 29% des Ges.-Wasserumschlags), Steine und Erden, insbes. Kaolin (20%), Sand und Kies (19%), Metalle (6%), Bims (4%), Getreide (3%) und Kohle (2%). Der Umschlag geht überwiegend über den Hafenbereich hinaus in den oberfränkischen Raum und läßt damit die Bedeutung des Hafens für die Wirtschaft dieses Gebietes andeutungsweise sichtbar werden: 1983 entfielen 30% des Schiffs-Umschlags auf Bamberg selbst, 51% auf das übrige Oberfranken, 8% auf das übrige Bayern, insbes. die nördliche Oberpfalz, und 11% auf die ČSSR. Nicht übersehen werden sollte, daß 1983 im Hafen zusätzlich 875 000 t im rein „trockenen" Verkehr (ohne Wasserberührung) umgeschlagen wurden. Denn das Hafengebiet bot günstige Ansiedlungsmöglichkeiten auch für wasserstraßen-unabhängige Betriebe der unterschiedlichsten Ausrichtung: von den gegenwärtig 50 Betrieben mit rd. 1200 Beschäftigten sind das etwa ¾.

Erhard Treude

Stadt Coburg

88

Von der Residenzstadt zum modernen Industriestandort und zentralen Ort

(vgl. Abb. 52, 90, 91)

Coburg, ehemalige Residenzstadt des Herzogtums Sachsen-Coburg und -Gotha, liegt im thüringisch-fränkischen Grenzland an einer Engstelle des Itztales unterhalb der Veste Coburg. Im Talgrund markiert der Baumbestand deutlich den Flußlauf, der sich um den Festungsberg zieht. Man blickt von Südwesten auf das sich im Süden und Norden ausweitende Tal der Itz, in dem die Stadterweiterungen und die großflächigen gewerblichen Ansiedlungen Platz fanden. Die in Nord-Süd-Richtung verlaufenden Hauptverkehrsstränge werden durch die Bahn (Güterbahnhof unten links) und die Bundesstraße 4 markiert. Deutlich erkennbar ist der eng bebaute mittelalterliche Kern der Stadt. An seinem Südrand liegt das Messe- und Sportgelände am „Anger". Von hier aus entwickelte sich eine ausgedehnte Industrie- und Gewerbezone nach Süden. Der architektonisch bemerkenswerte rötliche Neubau der Firma Brose (Fahrzeugteilhersteller) ist im Vordergrund in der Talebene sichtbar. Die nördlichen Gewerbestandorte mit Erweiterungsgebieten sind mit ihren meist im Süden gelegenen Absatzgebieten über die neue vierspurige B 4 ohne Störung für die Stadt verbunden.

Die Hänge beiderseits des Itztales wurden in diesem und im letzten Jahrhundert locker mit Villen bebaut. Der alte Baumbestand prägt das optische Erscheinungsbild der Stadt stark.

Die Veste, oft als die „Fränkische Krone" bezeichnet, gilt als eine der größten und besterhaltenen Burgen Deutschlands. Sie ist bekannt durch die Vielzahl ihrer geschichtlichen Zeugnisse, den Aufenthalt Luthers und durch reiche Kunstsammlungen.

Die Stadtgründung mit idealtypischem gotischen Grundriß und Marktplatz mit bestimmendem Straßenkreuz ist im 13. Jahrhundert anzunehmen. Während der Regierungszeit des Herzogs Casimir Ende des 16., Anfang des 17. Jahrhunderts erlebt die Stadt ihre erste Blüte. Die Renaissancebauten dieser Zeit prägen noch heute ihr städtebauliches Bild. Bis 1918 war Coburg neben Gotha eine der beiden Hauptstädte des Herzogtums. Aufgrund der engen verwandtschaftlichen Beziehungen des Herzoghauses mit England zeigen viele Bauten des 19. Jahrhunderts deutlich englisch-neugotische Stilelemente.

Die Stadt, die durch den Flüchtlingsstrom nach dem Krieg stark angewachsen war, zählt heute ca. 45 000 Einwohner. Wie fast überall ist auch hier ein leichter Einwohnerrückgang zu verzeichnen. Im Landesentwicklungsprogramm ist Coburg als mögliches Oberzentrum ausgewiesen. Alle oberzentralen Einrichtungen sind vorhanden: Gymnasien, Fachhochschule, umfassendes überregionales Berufsbildungszentrum, Museen, Sportanlagen, Konzert- und Kongreßsaal, Krankenhaus (Lehrkrankenhaus der Universität Würzburg), Theater mit eigenem Ensemble, IHK, Handwerkskammer, eine Vielzahl von Behörden und Gerichten und umfassende Einkaufsmöglichkeiten. Coburg besitzt eine ausgewogene Wirtschaftsstruktur mit einem hohen Anteil von Klein- und Mittelbetrieben. Das Vorhandensein derartiger Strukturen gewährleistet Flexibilität gegenüber künftigen Entwicklungen. Wie in allen zentralen Orten überwiegt der Dienstleistungssektor. Industrie (ca. 7000 Beschäftigte) und vergleichsweise große Handwerksbetriebe sind dennoch stark vertretene Branchen. Die relativ konjunkturstabile Investitionsgüterindustrie überwiegt. Das Verhältnis der Löhne zu den Gehältern als Maß für den Anteil zukunftsweisender kreativer Tätigkeiten in der Wirtschaft der Stadt entspricht etwa dem bayerischen Durchschnitt. Industrielle Branchenschwerpunkte sind: der Maschinenbau, Eisen-, Blech- und Metallwaren, Straßenfahrzeugbau (Fahrzeugteile), Kunststoffverarbeitung, der Nahrungs- und Genußmittelbereich.

Das verarbeitende Handwerk ist in Coburg ein recht stabiler Wirtschaftsfaktor, dessen überdurchschnittlich hohe Beschäftigungszahl noch anwächst.

Das Bruttoinlandsprodukt als Wert aller im Jahr produzierten Güter und Dienstleistungen in der Stadt ist bezogen auf die Einwohnerzahl höher als die Vergleichswerte in Land und Bund. Auch die Steuereinnahmekraft der Stadt ist überdurchschnittlich. Ein hoher Einpendlerüberschuß trägt zur Wirtschaftskraft, die trotz der Veränderungen durch die Grenzziehung nach dem 2. Weltkrieg erreicht wurde, bei. Der Versicherungsbereich in der Stadt ist überrepräsentiert (HUK Coburg). Die Ansiedlung eines dritten großen Kaufhauses zusammen mit den Erweiterungstendenzen ansässiger Betriebe wird dazu beitragen, noch stärker als bisher Kaufkraft in Coburg binden zu können und die Attraktivität sowie Versorgungszentralität dieser Stadt langfristig zu sichern.

Herbert Feßenmayr

Rodach

89

Erstes Thermalbad in Franken

(vgl. Abb. 52, 88, 90)

Am 19. September 1973 legte Ministerpräsident Dr. Goppel den Grundstein für das Thermalbewegungsbad in Rodach bei Coburg. Man war sich – weit über die Grenzen der Stadt Rodach und des Landkreises Coburg hinaus – bewußt, daß seit diesem Tage die „Bäderlandschaft“ in Nordbayern verändert wurde: der Aufbau des ersten Thermalbades in Franken konnte beginnen.
Unter sachkundiger Betreuung durch das Bayerische Geologische Landesamt war vom 7. bis 28. Februar 1972 die Therme Rodach I erbohrt worden. Zur Verbesserung seiner Wirtschaftsstruktur im tertiären Bereich hatte der Landkreis Coburg, durch Zuschuß und Bürgschaft, die Durchführung der Erschließungsbohrung in der Trägerschaft der Stadt Rodach finanziell ermöglicht und gesichert.
In den Augen von Fachleuten, etwa
Dr. Helmut Gudden vom Bayerischen Geologischen Landesamt hieß dies, daß *„hinsichtlich der Kombination von Schüttung, Druck und Temperatur ist das Rodacher Wasser bislang in Nordbayern einmalig“*, oder bei
Dr. K.-W. Schnelle vom Balneologischen Institut der Universität München), daß *„die in der Rodacher Therme vorhandenen Temperaturgrade als optimal für bewegungstherapeutische Anwendungen gelten dürfen. Die Temperatur zwischen 34 und 35 Grad Celsius wird von zahlreichen Balneotherapeuten und Physiologen als besonders günstig für Unterwasserbehandlungen bezeichnet.“*
Städteplanerisch kam die Stadt Rodach durch das Thermalbewegungsbad (untere Bildhälfte, Mitte), eröffnet am 5. Juni 1976, in eine einmalige Situation. Aus dem fränkischen Königshof Radaha (urkundliche Erwähnung 899 n. Chr.) hatte sich im Mittelalter der historische Kern ausgeformt, der die Struktur der Altstadt um die St.-Johannis-Kirche und dem Markt (obere Bildhälfte, Mitte) noch heute prägt. Er mußte durch ein sensibles Planungskonzept mit dem Kurbereich verbunden werden. Die Bewahrung des naturräumlichen Charakters als wesentliche humane Funktion für ein künftiges Heilbad erhielt Priorität unter den Gestaltungskriterien.
Das Landschaftstypische des „Rodacher Hügellandes“ gab mit drei bodenständigen Elementen und fließenden Übergängen der Landschaftsplanung das Grundmuster:
- der Übergang vom großlinigen Horizont, im Bild Thüringer Wald mit Bleßberg (Mitte rechts),
- zur kleingestaltigen Erosionstal- und Dolinenbildung, wie auf dem Muschelkalkrücken der Langen Berge (ganze Bildbreite zwischen Thüringer Wald und Stadt Rodach)
- und das Ausschwingen der alluvialen Uferzonen an der Rodach.

Der erste Bauabschnitt „Kurbereich Thermalbad Rodach“ nach einem Architektenwettbewerb mit besonderer Förderung durch die Regierung von Oberfranken zeigt beispielhaft die Schonung der natürlichen Grüneinheiten:
- Baumbestand im „Auenband an der Rodach“ bleibt unversehrt;
- Anpassung an „gewachsene Raumgliederung“ (Beispiel: „Parkplatz“ in Bildmitte);
- „tangierende Gestaltung“ in Beziehung zu vorhandenen Busch- und Baumgruppen (Beispiele: Eingrünung Thermalbad, Wegführung);
- bruchloser Übergang vom landschaftsnah gestalteten Grün zum „freien Grün“ (Bildunterkante) mit landwirtschaftlich genutzten Wiesen, Äckern und Wald.

Für den staatlich anerkannten Erholungsort mit Heilquellenkurbetrieb (Anerkennung am 23. März 1982) dient die Landschaftspflege zugleich der Sicherung der Qualität Luftkurort (Klimagutachten Januar 1978). Dem Stadtentwicklungsziel Thermalbad entspricht städteplanerisch die Konzentration der Industrie an einem Schwerpunkt außerhalb der für den Kurbetrieb bedeutsamen Stadtzonen (Bildviertel oben rechts).
Es handelt sich um umweltfreundliche Betriebe: Siemens/Thermoplastprodukte, HABA/Holzspielwaren, Kindergartenmöbel, Wehrfritz/Kindergartenausstattung, Baki/Plüschtiere.
Der Fremdenverkehr wurde durch das Thermalbewegungsbad Rodach zu einer zusätzlichen Säule der Wirtschaft des Coburger Landes. Durchschnittlich kam seit der Eröffnung des Bades jährlich eine Viertelmillion Besucher, um die Therme zu nutzen (Heilanzeigen: rheumatischer Formenkreis, Gelenkabnutzungserscheinungen, Bandscheibenschäden, Lähmungen). Die Zahl der Übernachtungen von Kurgästen stieg jährlich, die richtige Konzeption bestätigend: „Individualisten sorgen für ihre Gesundheit selbst.“

Egbert Friedrich

Neustadt bei Coburg

90

„Bayerische Puppenstadt" an der Grenze

(vgl. Abb. 52, 88, 91)

Die „Bayerische Puppenstadt" müßte „auf Sand gebaut" haben, wollte man sie bei ihrem historischen Namen „Neustadt an der Haide" nehmen. Gewiß ist der Boden im „Neustadter Becken" am Muppberg (bewaldeter Ausläufer Bildviertel oben rechts) karg, und er zwang viele Generationen, das tägliche Brot immer wieder hart zu erringen, aber der Lebenswille der „Neuschtodter" wurde niemals gebrochen. Neustadt lebt durch seine und in seinen Bürgern. Stolz und Heimatliebe prägen ihren Charakter.
1248 gab Herzog Otto von Meran, Pfalzgraf von Burgund, dem Kloster Banz den ihm widerrechtlich entrissenen Marktflecken Nuowensthat samt Umgebung zurück. Die Urkunde, die den Vergleich im Streit um die Zollstätte an der alten Handelsstraße zwischen Nürnberg und Leipzig bezeugt, ist zugleich der erste urkundliche Nachweis für den Ort.
1343 verlieh der Landesherr Heinrich von Henneberg dem Ort das Stadtrecht.
1636 fiel die Stadt einer Feuersbrunst zum Opfer. Der Dreißigjährige Krieg zehrte über die Maßen an ihren Kräften (Neustadt büßte 79% der Bevölkerung ein, zum Vergleich die Nachbarstadt Coburg 35%).
1839 wurde zum Katastrophenjahr für die Stadtentwicklung. Der große Stadtbrand zerstörte 179 Wohnhäuser und 19 Scheunen.
1945 trennte die Zonengrenze Neustadt von seiner wirtschaftlichen Partnerstadt Sonneberg in Thüringen (Bildviertel oben rechts). Beide Städte standen seit Jahrhunderten in enger wirtschaftlicher Verbindung und waren mit ihrem Umland vor dem Zweiten Weltkrieg neben dem Nürnberg-Fürther Raum das bedeutendste Zentrum der Spielwarenindustrie. Nach der Grenzziehung mußten beide Orte, nur etwa 5 km voneinander entfernt, völlig getrennte Wege gehen; die Besuche offizieller Delegationen der beiden Städte in den Jahren 1959 und 1960 blieben Einzelfälle. Sonneberg entwickelte sich als Kreisstadt (rd. 35 000 Einwohner) in der DDR und dehnte das Stadtgebiet erheblich aus. Im Neubaugebiet „Molkenrasen" (Bildviertel oben rechts, am Stadtrand zu erkennen) wurden 2500 Wohneinheiten in Blockbauweise errichtet. Ein besonderes Grenzproblem ergab sich durch die Einleitung der ungeklärten Abwässer aus Sonneberg in die Röden. 1974 wurde deshalb auf dem Gebiet der Bundesrepublik Deutschland im Stadtteil Wildenheid (Bildviertel oben links) eine Flußkläranlage in der Trägerschaft der Stadt Neustadt gebaut.
Neustadt, seit 1972 einzige Große Kreisstadt im Landkreis Coburg, ließ nicht ab von den seit Jahrzehnten verfolgten drei wichtigen Zielen der Stadtentwicklung:
- Begünstigung des Wohnungsbaues,
- Neuorientierung der Verkehrsstruktur,
- Stärkung der Wirtschaftskraft.

Beispielhaft für den genossenschaftlichen Wohnungsbau sind die Baugebiete „Am Moos" (linker Bildrand, Mitte) und „Süd I" (rechte Bildhälfte, unterhalb des Muppberges). Die Verkehrsleitung erhielt durch eine neue Umgehungsstraße (Bildviertel unten rechts) ein modernes Konzept. Der Schwerlastverkehr erfährt eine kurze Anbindung (unterer Bildrand, Mitte) an das Industriegebiet Südwest und das Siemens Kabel- und Leitungswerk.
Neustadt ist eine wirtschaftlich leistungsfähige Stadt. 80% der Arbeitnehmer sind im verarbeitenden Gewerbe beschäftigt. Davon sind allein 36% in der elektrotechnischen und 25% in der Spielwarenindustrie tätig. 33 Betriebe (1100 Arbeitnehmer in Betrieben und ca. 250 Heimarbeiter) stellen Spielwaren oder Christbaumschmuck her (Gesamtumsatz ca. 100 Millionen DM).
Der wichtigste Industriebetrieb in Neustadt – zugleich einer der größten Industriebetriebe in Oberfranken – ist das Siemens Kabel- und Leitungswerk mit rd. 2500 Mitarbeitern (Bildviertel unten rechts). Neben den Fertigungshallen und Verwaltungsgebäuden – von 320 000 m² Werksgelände sind 120 000 m² bebaut – stehen 76 000 m² Lagerfläche mit 4,5 km betriebseigenem Straßennetz und 2,8 km Schienenweg zur Verfügung. Täglich können 130 t Kupfer, 120 t Kunststoff und 70 t Gummimischungen verarbeitet werden. „Das Kabel- und Leitungswerk ist der größte Leitungshersteller in der Bundesrepublik Deutschland, fast jedes vierte in den letzten Jahren errichtete Gebäude ist mit Starkstromleitungen aus Neustadt installiert."
Die „Bayerische Puppenstadt" (rd. 17 000 Einwohner, Kerngemeinde plus 21 Stadtteile) hat einen erfolgreichen Weg in das Industriezeitalter beschritten.

Egbert Friedrich

Sonnefeld

91

Moderne Industriegemeinde mit langer Tradition

(vgl. Abb. 14, 58, 76, 90)

Etwa auf halbem Weg zwischen Coburg und Kronach liegt an der Bundesstraße 303 im Hügelland zwischen dem Südrand des Thüringer Waldes und dem Gebiet des Obermains in der Talsenke des Bieberbachs Sonnefeld. Die heutige Großgemeinde, bestehend aus den ehemals selbständigen Gemeinden Weischau, Bieberbach, Oberwasungen, Zedersdorf, Neuses a. Br., Gestungshausen, Weickenbach, Firmelsdorf, Hassenberg, Wörlsdorf und den im Luftbild dargestellten Hauptort Sonnefeld, wurde in den Jahren 1966 bis 1975 gebildet.

Sonnefeld blickt auf eine lange und ereignisreiche Geschichte zurück. 1252 hat der Ritter Heinrich von Sonneberg das Land vom Kloster Saalfeld erworben. Es wurde als Hofstädten bezeichnet. Heinrich II. stiftete 10 Jahre später ein Zisterzienserinnen-Kloster, welches allerdings bereits nach 25 Jahren durch einen Brand vernichtet wurde. Der Wiederaufbau, der in der Nähe des Dorfes Hofstädten durchgeführt wurde, zog sich viele Jahre hin. Schließlich konnte das im gotischen Baustil errichtete Kirchenschiff neben dem Frauenhaus in den Jahren 1330 bis 1349 errichtet werden.

Bis in das 19. Jahrhundert hinein lebte die Bevölkerung überwiegend von der Landwirtschaft. Zwar erlangte der Ort durch ein Jahrmarktsprivileg, das von Herzog Albrecht von Gotha verliehen wurde, eine zentrale Bedeutung für die Bewohner des Umlandes, doch erst mit der Einführung der Korbmacherei im 19. Jahrhundert setzte ein Aufschwung der wirtschaftlichen Entwicklung ein. Die Korbwaren wurden in Manufakturen und in Heimarbeit gefertigt. Die Einführung der industriellen Produktion erfolgte nach dem 1. Weltkrieg, als Weidensessel, Korbmöbel, Puppenwagen, Wäschetruhen und Polstermöbel hergestellt wurden. Nicht zuletzt durch die Ansiedlung von Flüchtlingsbetrieben aus dem thüringischen Gebiet erlebte der Ort Sonnefeld nach dem 2. Weltkrieg einen weiteren Aufschwung seiner wirtschaftlichen Entwicklung. Erst Anfang der 80er Jahre kam es durch den Konkurs eines der größten ortsansässigen Unternehmen zu einem gewissen Einschnitt in der Aufwärtsentwicklung. Heute sind in den 13 Betrieben von Sonnefeld nur noch 1159 Beschäftigte tätig. 1978 dagegen gingen in 18 Betrieben 1542 Beschäftigte einem Erwerb nach.

Die Gemeinde Sonnefeld weist 1984 eine Wohnbevölkerung von 4998 im Vergleich zu 5356 Einwohnern im Jahre 1975 auf. Die Abnahme der Wohnbevölkerung beträgt damit in diesem Zeitraum annähernd 7%. Zwar haben die Wanderungen daran einen nicht unerheblichen Anteil, jedoch ist der beschriebene Trend im wesentlichen auf die natürliche Bevölkerungsbewegung zurückzuführen. Hält diese Entwicklung an, so könnten sich in Zukunft Probleme hinsichtlich der Auslastung von Infrastruktureinrichtungen ergeben. Die Gemeinde verfügt derzeit über eine neue Wasserversorgungsanlage, ein vollbiologisches Klärwerk, eine neue Volksschule mit Turnhalle, ein geheiztes Freibad und eine Reihe moderner Sporteinrichtungen und Kinderspielplätze.

Die Verkehrsbelastung, die vor allem durch die Bundesstraße 303 sowie die Kreisstraße von Weidhausen begründet ist, stellt ein großes Problem dar. Diese Frage ist zwar im Rahmen der beabsichtigten Ortskernsanierung, die nach dem Städtebauförderungsgesetz durchgeführt wird, angegangen, eine dauerhafte Lösung kann jedoch nur durch eine Ortsumgehung der Bundesstraße 303 erreicht werden. Diese ist für Anfang der 90er Jahre geplant.

Seit die Deutsche Bundesbahn die Personenbeförderung von der Schiene auf die Straße verlagert hat, stellt der öffentliche Personennahverkehr ein weiteres Problem der Gemeinde dar. Die damit verbundene Ausdünnung der Fahrpläne hat bewirkt, daß beispielsweise Einkaufsfahrten nach Coburg oder Facharztbesuche häufig nur mit dem privaten Pkw möglich sind. Gerade für ältere und unmobile Bevölkerungsgruppen macht sich diese Einschränkung negativ bemerkbar, da für den Lebensunterhalt notwendige Verkehrsaktivitäten nur noch mit großem Zeitaufwand ausgeführt werden können.

Insgesamt stellt die Gemeinde Sonnefeld eine moderne Industriegemeinde dar, die freilich angesichts der strukturellen Schwierigkeiten der Polstermöbelindustrie nicht frei von Problemen ist.

Jürgen Weber

Autoren

Abels, Björn-Uwe, Dr., Landesamt für Denkmalpflege Außenstelle Würzburg, Würzburg	53
Arnal, Bernd, Regierungsdirektor, Dipl.-Volkswirt, Regierung von Oberfranken, Bayreuth	73
Bachmann, Harald, Dr., Studiendirektor, Coburg	52
Baer, Hermann, Wiss. Ang., Universität Bayreuth	83, 84
Egloffstein, Albrecht Graf von und zu, Bezirks-Heimatpfleger des Regierungsbezirks Oberfranken, Bayreuth	28, 32, 33, 38, 39, 40, 42, 43, 44, 45, 46, 47, 48, 49, 50, 51, 54, 55, 56, 57, 58
Färber, Robert, Ltd. Regierungsdirektor, Dipl.-Volkswirt, Regierung von Oberfranken, Bayreuth	86
Fessenmayr, Herbert, Stadtbaudirektor, Coburg	88
Friedrich, Egbert, Oberlehrer, Neustadt b. Coburg	89, 90
Garleff, Karsten, Prof. Dr., Universität Bamberg	22, 26
Hess, Günter, Lehramtsassessor, Nürnberg	9
Höfner, Thomas, Stud.-Ref., Universität Bamberg	25
Hüser, Klaus, Prof. Dr., Universität Bayreuth	Satellitenbild, 1, 16, 17
Jurczek, Peter, Dr., Dipl.-Geograph, Universität Bayreuth	60, 61, 77, 78
Kleber, Arno, Dipl.-Geograph, Wiss. Ang., Universität Bayreuth	8, 19, 21
Konrad, Ruprecht, Dr., Kulturreferent der Stadt Kulmbach, Kulmbach	27, 29, 30, 31, 34, 36, 37, 41, 53, 59
Maier, Jörg, Prof. Dr., Universität Bayreuth	62, 64, 75
Meier, Peter, Ltd. Forstdirektor, Oberforstdirektion Bayreuth	7
Monheim, Rolf, Prof. Dr., Universität Bayreuth	81
Müller-Hohenstein, Klaus, Prof. Dr., Universität Bayreuth	20
Petzschner, Editha, Dr., Weidenberg	82
Radenz, Claudia, Dipl.-Geograph, Universität Bayreuth	67, 68, 71, 72
Reinl, Thomas, Dr., Dipl.-Geograph, Brandholz	2, 5, 15, 23
Ruppert, Helmut, Prof. Dr., Universität Bayreuth	66
Schäbitz, Frank, Wiss. Ass., Universität Bamberg	24
Schäfer, Karlheinz, Prof. Dr., Universität Bayreuth	3, 6
Schirmer, Wolfgang, Prof. Dr., Universität Düsseldorf	13, 14, 18
Siegl, Carl, Stadtbaudirektor, Kulmbach	74
Stingl, Helmut, Prof. Dr., Universität Bayreuth	8, 11
Thomas, Wolfgang, Dr., Akad. Rat, Universität Bayreuth	12
Treude, Erhard, Prof. Dr., Universität Bamberg	87
Troeger-Weiß, Gabi, Dipl.-Geograph, Universität Bayreuth	69, 70
Veit, Heinz, Dipl.-Geograph, Wiss. Ang., Universität Bayreuth	4, 10
Vollet, Hans, Dr., Bayreuth	35
Weber, Jürgen, Dr., Dipl.-Handelslehrer, Universität Bayreuth	65, 76, 79, 80, 85, 91
Wirth, Werner, Studiendirektor, Hof	63

LITERATURVERZEICHNIS

OBERFRANKEN – VIELFALT SEINES NATURRAUMES

BAYERISCHES GEOLOGISCHES LANDESAMT (Hrsg.):
Erläuterungen zur Geologischen Karte von Bayern 1:500 000, München 1981, 3. Aufl., 168 S.

BAYERISCHES LANDESVERMESSUNGSAMT (Hrsg.):
Topographischer Atlas Bayern, München 1968, 329 S.
v. a. Kap.: Bamberger Talfächer u. Coburger Land (Karten 31–39), Regnitzbecken und Nordzug der Fränkischen Alb (Karten 40–52), Frankenwald und Fichtelgebirge (Karten 62–72)

BECK, H., EBERHARDINGER, E., EICHHORN, E. (Hrsg.):
Flug über Mittelfranken, Nürnberg 1982, 263 S.

BÜDEL, J.:
Grundzüge der klimamorphologischen Entwicklung Frankens Würzb. Geogr. Arb. Bd. 4/5, Würzburg 1957, S. 5–47

BÜDEL, J.:
Klima-Geomorphologie, Berlin, Stuttgart 1977, 304 S.

DEUTSCHER WETTERDIENST (Hrsg.):
Klima-Atlas von Bayern, Bad Kissingen 1952

FEHN, H. (Hrsg.):
Luftbildatlas Bayern, München, Neumünster 1973, 177 S.

FREYBERG, B. v.:
Übersicht über den Malm der nördlichen Frankenalb, Jh. Karst- und Höhlenkde., 7, München 1967, S. 1–18

FREYBERG, B. v.:
Tektonische Karte der Fränkischen Alb und ihrer Umgebung, Erlanger geol. Abh. H. 77, Erlangen 1969

FUCKNER, H.:
Erdgeschichte und Landschaftskunde
in: C. SCHERZER (Hrsg.): Franken, Bd. 1, Nürnberg 1962, 2. Aufl., S. 15–194

KNOBLOCH, E.:
Die tertiäre Flora von Seußen und Pilgramsreuth, Erlanger geol. Abh. H. 87, Erlangen 1971, S.3–26

KÖRBER, E. und ZECH, W.:
Zur Kenntnis tertiärer Verwitterungsreste und Sedimente in der Oberpfalz und ihrer Umgebung, Relief-Boden-Paläoklima Bd. 3, 1984, S. 67–150

KÖRBER, H.:
Die Entwicklung des Maintals, Würzb. Geogr. Arb. Bd. 10, Würzburg 1962, 170 S.

LOUIS, H.:
Zur Reliefentwicklung der Oberpfalz, Relief-Boden-Paläoklima Bd. 3, 1984, S. 1–66

MEYER, R. K. F.:
Stratigraphie und Fazies des Frankendolomits. Teil 1: Nördliche Frankenalb, Erlanger geol. Abh. H. 91, Erlangen 1972

MEYNEN, E. und SCHMITHÜSEN, J. (Hrsg.):
Handbuch der naturräumlichen Gliederung Deutschlands, Remagen ab 1955

MÜLLER-HOHENSTEIN, K.:
Die natürlichen Grundlagen der Landschaften Nordost-Bayerns in: HELLER, H. (Hrsg.): Exkursionen in Franken und Oberpfalz, Erlangen 1976, 2. Aufl., S. 1–20

PFEFFER, K. H.:
Relikte tropischer Karstformen auf der Fränkischen Alb im Pegnitzgebiet, Sonderveröff. d. Geol. Inst. der Universität Köln, H. 41, Köln 1981, S. 155–172

SCHIRMER, W.:
Jura der Obermainalb (Exkursion D am 23. April 1981), Jber. Mitt. oberrhein. geol. Ver., N. F. 63, S. 51–69

SCHRÖDER, B.:
Zur Morphogenese im Ostteil der Süddeutschen Scholle, Geol. Rdsch. 58, Stuttgart 1968, S. 10–33

SCHRÖDER, B.:
Daten und Probleme der Flußgeschichte und Mophogenese in Ostfranken, Mitt. der Fränk. Geogr. Gesellsch., Bd. 18, Erlangen 1971, S. 163–181

STETTNER, G.:
Zum geologischen Aufbau des Fichtelgebirges, Aufschluß 31, Heidelberg 1980, S. 391–403

TILLMANNS, W.:
Zur Geschichte von Urmain und Urdonau zwischen Bamberg, Neuburg/Donau und Regensburg, Sonderveröff. d. Geol. Inst. der Universität Köln, H. 30, Köln 1977, 198 S.

TILLMANNS, W.:
Die postriesische Flußgeschichte in Nordostbayern, Das Mainprojekt, Schriftenr. Bayer. L. Amt für Wasserwirtschaft 7, München 1978, S. 27

THORN, K.:
Ein Beitrag zur Gliederung der Frankenalb, Ber. z. deutschen Landeskunde 24/2, 1960, S. 184–187

TODT, W. und LIPPOLDT, H. J.:
K-Ar-Altersbestimmungen an Vulkaniten bekannter paläomagnetischer Feldrichtung. I Oberpfalz und Oberfranken, J. Geophys. 41, 1975, S. 43–61

VERBAND DER DEUTSCHEN HÖHLEN- UND KARSTFORSCHER (Hrsg.):
Die nördliche Frankenalb – ihre Geologie, Höhlen und Karsterscheinungen, J.hefte f. Karst- und Höhlenkunde 7, 1. Bd, München 1967, 118 S.

WAGNER, G.:
Einführung in die Erd- und Landschaftsgeschichte, Öhringen 1960, 3. Aufl.

WIRTHMANN, A.:
Zur Geomorphologie der nördlichen Oberpfälzer Senke, Würzb. Geogr. Arb. Bd. 9, Würzburg 1961, 41 S.

WURM, A.:
Geologie von Bayern. I Frankenwald, Münchberger Gneismasse, Fichtelgebirge, Nördlicher Oberpfälzer Wald, Berlin 1961, 2. Aufl., 555 S.

Bild 1

BEHR, H.-J., BLÜMEL, P., FRANKE, W., STEIN, E., VOLLBRECHT, A., WAGNER-LOHSE, C. & Weber, K.:
Frankenwald – Fichtelgebirge – Oberpfälzer Wald (Exkursion B am 11. und 12. April 1985), Jber. Mitt. oberrhein. geol. Ver., N. F. 67, Stgt. 1985, S. 23–50

HORSTIG, G. von:
Erläuterungen zur Geologischen Karte von Bayern 1:25 000 Blatt Nr. 5635 Nordhalben, München 1966, 168 S.

HORSTIG, G. von:
Erläuterungen zum Blatt Nr. 5633 Sonneberg und zum Blatt Nr. 5634 Teuschnitz, Geol. Kte Bayern 1:25 000, Er., München 1979, 116 S.

Bild 2

BÜDEL, J.:
Grundzüge der klimamorphologischen Entwicklung Frankens, Würzb. Geogr. Arb. Bd. 4/5, Würzburg 1957, S. 4–46

HORSTIG, G. von & STETTNER, G.:
Geologische Karte von Bayern 1:25 000, Erläuterungen zum Blatt Nr. 5735 Schwarzenbach am Wald, München 1976, 178 S.

Rutte, E.:
Bayerns Erdgeschichte. Der geologische Führer durch Bayern, München 1981, 266 S.

THAUER, W.:
Morphologische Studien im Frankenwald und Frankenwaldvorland, Mitt. Fränk. Geograph. Gesellsch., 1, Erlangen 1954, 232 S.

Bild 3

BEHR, H.-J., BLÜMEL, P., FRANKE, W., STEIN, E., VOLLBRECHT, A., WAGNER-LOHSE, C. & Weber, K.:
Frankenwald – Fichtelgebirge – Oberpfälzer Wald (Exkursion B am 11. und 12. April 1985), Jber. Mitt. oberrhein. geol. Ver., N. F. 67, Stgt. 1985, S. 23–50

FRANKE, W.:
Late events in the tectonic history of the Saxothuringian zone, In: Variscan Tectonics of the North Atlantic Region (D. H. W. HUTTON & D. J. SANDERSON, eds.), London 1984, S. 33–45

Bild 4

EMMERT, U., HORSTIG, G. von & STETTNER, G.:
Geologische Übersichtskarte 1:200 000, Bl. 6334 Bayreuth, Hannover 1981

LOUIS, H.:
Zur Reliefentwicklung der Oberpfalz, Relief-Boden-Paläoklima Bd. 3, 1984, S. 1–66

SEMMEL, A.:
Grundzüge der Bodengeographie, Stuttgart 1977, 122 S.

STETTNER, G.:
Erläuterungen zur geologischen Karte 1:25 000, Blatt Nr. 5837 Weißenstadt, München 1964

Bild 5

BERNINGER, O.:
Frankenwald, Fichtelgebirge und Vorland, Topographischer Atlas Bayern, München 1968, S. 100

MIELKE, H.:
Erläuterungen zur Geologischen Karte von Bayern 1:25 000, Blatt Nr. 6037 Ebnath, München 1982, 115 S.

STETTNER, G.:
Grundgebirge. Erläuterungen zur Geologischen Karte von Bayern 1:500 000, München 1981, 3. Aufl., S. 7–29

WURM, A.:
Morphologisch-tektonische Untersuchungen im Fichtelgebirge und Oberpfälzer Wald, N. Jb. Min., Beil.-Bd. 69, Stuttgart 1932, S. 257–291

Bild 6

BESANG, C., HARRE, W., KREUZER, H., LENZ, H., Müller, P. & WENDT, I.:
Radiometrische Datierung, geochemische und petrographische Untersuchungen der Fichtelgebirgsgranite, Geol. Jb., E 8, 1976, 71 S.

EMMERT, U., HORSTIG, G. von & STETTNER, G.:
Geologische Übersichtskarte 1:200 000, Bl. 6334 Bayreuth, Hannover 1981

KRAFT, K.-H. und SCHÄFER, K.:
Rezente Gesteinsspannungen in Nordostbayern, In: SCHRÖTER (Hrsg.): Prof. Dr. Hans Sperber – 85 Jahre, Festkolloquium der Universität Bayreuth, Bayreuth 1984, S. 21–34

ROST, F.:
Die Granite des Fichtelgebirges, ihre Steinbrüche und ihre Industrie, Der Aufschluß, 11, 5/6, 1960, S. 111–117

STETTNER, G.:
Über die geologische Entwicklung des Fichtelgebirges, Der Aufschluß, 11, 5/6, 1960, S. 97–110

Bild 7

BAYERISCHE STAATSFORSTVERWALTUNG (Hrsg.):
Ergebnisse der Bayer. Waldschadensinventur 1984 und Vergleich mit 1983, Information 4/1984, S. 5 ff.

DER BUNDESMINISTER FÜR ERNÄHRUNG, LANDWIRTSCHAFT UND FORSTEN (Hrsg.):
Waldschäden durch Luftverunreinigung, Schriftenreihe des Bundesmin. f. Ernähr., Ldwrtsch. u. Forsten, H. 273

GURATZSCH, D., LUCKAT, S., MENKE-GLÜCKERT, P., ULRICH, B., WENTZEL, F. K., ZUNDEL, R. u. a.:
Baumlos in die Zukunft? München 1984

MOOSMAYER, H.-U.:
Erkenntnisse über die Walderkrankung, Forstwiss., Centr.bl., Jg. 103, 1984, S. 1 ff.

WENTZEL, F. K.:
Die Immissionsepidemie kam keineswegs überraschend, Der Forst- und Holzwirt Nr. 18, 1983, S. 453 ff.

Bild 8

DREXLER, O.:
Das Espich-Sediment bei Kulmbach, Bayreuther Geowiss. Arbeiten, Bd. 1, Bayreuth 1980, S. 9–32

EMMERT, U., HORSTIG, G. von und WEINELT, W.:
Erläuterungen zur Geologischen Karte von Bayern 1:25 000 Blatt Nr. 5835 Stadtsteinach, München 1960, 279 S.

EMMERT, U. und WEINELT, W.
Erläuterungen zur Geologischen Karte von Bayern 1:25 000 Blatt, Nr. 5935 Marktschorgast, München 1962, 286 S.

LOUIS, H.:
Zur Reliefentwicklung der Oberpfalz, Relief-Boden-Paläoklima Bd. 3, Berlin/Stuttgart 1984, S. 1–66

MÜLLER, U.:
Die Schotter im Vorland von Frankenwald und Fichtelgebirge unter besonderer Berücksichtigung der Kieselschiefer-Gerölle, Köln 1981

Bild 9

DILL, H.:
Der Formenschatz des Quartärs zwischen Untersteinach und Weidenberg, östlich von Bayreuth, Geol. Bl. f. NO-Bayern, 29, 1979, S. 61–76

GOLLER, K.:
Die Geologie des Gebietes von Weidenberg – Goldkronach, Abh. preuß., geol. L.A., N. F. 165, Berlin 1935

HESS, G.:
Zur Geomorphologie im Bereich der Wasserscheide zwischen Steinach-Main- und Naab-Donau-System bei Weidenberg, Staatsex.arb., masch.schr., Erlangen 1979

KÖRBER, H.:
Die Entwicklung des Maintals, Würzb. Geogr. Arb. Bd. 10, Würzburg 1962, 170 S.

LOUIS, H.:
Zur Reliefentwicklung der Oberpfalz, Relief-Boden-Paläoklima Bd. 3, Berlin/Stuttgart 1984, S. 1–66

PROSCH, E. v.:
Die Geologie des Gebietes von Kirchenpingarten – Kemnath, Jb. preuß. geol. L. A., 59, 1938, S. 132–175

Bild 10

DIETZ, TH.:
Erläuterungen zur Bodenkarte von Bayern 1:25 000, Blatt Nr. 6035 Bayreuth, München 1974

DILL, H.:
Der Formenschatz des Quartärs zwischen Untersteinach und Weidenberg östlich Bayreuth, Geol. Bl. f. NO-Bayern, 29, 1979, S. 61–76

EMMERT, U.:
Erläuterungen zur Geologischen Karte von Bayern 1:25 000 Blatt Nr. 6035 Bayreuth, München 1977, 180 S.

EMMERT, U. und WEINELT, W.:
Erläuterungen zur Geologischen Karte von Bayern 1:25 000 Blatt Nr. 5935 Marktschorgast, München 1962, 286 S.

KÖRBER, H.:
Die Entwicklung des Maintals, Würzb. Geogr. Arb. Bd. 10, Würzburg 1962, 170 S.

Bild 11

EMMERT, U. und WEINELT, W.:
Erläuterungen zur Geologischen Karte von Bayern 1:25 000 Blatt Nr. 5935 Marktschorgast, München 1962, 286 S.

GRÄBNER, W.:
Das Trebgasttal. Eine geologische Studie, Ber. der Naturwiss., Ges. Bayreuth, XI, 1961/63, S. 87–188

KÖRBER, H.:
Dic Entwicklung des Maintals, Würzb. Geogr. Arb. Bd. 10, Würzburg 1962, 170 S.

SPERBER, H.:
Begegnung mit der Heimatlandschaft. Fahrten und Wanderungen in Nordostbayern, Kallmünz 1965, 404 S.

Bild 12

NEULAND, H., SCHRIMPFF, E. und HERRMANN, R.:
Zur Änderung der Spurenmetallgehalte im fließenden Wasserkörper und in den Sedimenten entlang eines Flußabschnittes des Roten Mains in Abhängigkeit von Redoxpotential, pH und anderen Einflußgrößen, Catena, Jg. 5, 1978, S. 19–31

SCHMIDT, K.-H.:
Der Fluß und sein Einzugsgebiet, Wiesbaden 1984, 108 S.

SCHWOERBEL, J.:
Einführung in die Limnologie, Stuttgart 1980, 196 S.

Bild 13

HOFFMANN, D.:
Erläuterungen zur Geologischen Karte von Bayern 1:25 000 Blatt Nr. 5831 Seßlach, München 1970, 106 S.

SCHIRMER, W.:
Reichtümer der Erde um Staffelstein, In: Staffelstein. Die Geschichte einer fränkischen Stadt, Staffelstein 1980, S. 23–52, Taf. 1–2

SCHIRMER, W.:
Holozäne Mainterrassen und ihr pleistozäner Rahmen (Exkursion G am 25. April 1981), J.ber. und Mitt. des oberrhein. geol. Ver., N. F. 63, 1981, S. 103–115

THEODORI, C.:
Über einen kolossalen Ichthyosaurus trigonodon, Gelehrte Anzeigen, 16 (113), S. 906–911, München 1843 = Bulletin der Königl. Akad. d. Wiss. Nr. 34

Bild 14

SCHIRMER, W.:
Holozäne Mainterrassen und ihr pleistozäner Rahmen (Exkursion G am 25. April 1981), J.ber. und Mitt. des oberrhein. geol. Ver., N. F. 63, 1981, S. 103–115

SCHIRMER, W.:
Die Talentwicklung an Main und Regnitz seit dem Hochwürm, Geol. Jb., A 71, Hannover 1983, S. 11–43

Bild 15

DÖRING, TH.:
Hochfläche, Steilabfall und Vorland der Weismain-Alb am Nordrand der Fränkischen Alb, Topographischer Atlas Bayern, München 1968, S. 92

FREYBERG, B. von:
Übersicht über den Malm der nördlichen Frankenalb, Jh. Karst- u. Höhlenkunde, 7, München 1967, S. 1–18

MEYER, R. K. F., VIOHL, G. & ZORN, H.:
Erläuterungen zur Geologischen Karte von Bayern 1:25 000 Blatt Nr. 5933 Weismain, München 1972, 160 S.

SCHRÖDER, B.:
Zur Morphogenese im Ostteil der Süddeutschen Scholle, Geol. Rdsch. 58, Stuttgart 1969, S. 10–32

Bild 16

DÖRING, TH.:
Hochfläche, Steilabfall und Vorland der Weismain-Alb am Nordrand der Fränkischen Alb, Topographischer Atlas Bayern, München 1968, S. 92

MEYER, R. K. F., VIOHL, G. & ZORN, H.:
Erläuterungen zur Geologischen Karte von Bayern 1:25 000 Blatt Nr. 5933 Weismain, München 1972, 160 S.

Bild 17

BERNINGER, O.:
Das Karstland der Wiesentalb (Fränkische Schweiz), Topographischer Atlas Bayern, München 1968, S. 98

BRUNNACKER, K.:
Zur Landschaftsgeschichte des Juragebietes westlich Bayreuth, Geol. Bl. NO-Bayern 1, Erlangen 1951, S. 57–63

MÜLLER, W.:
Das Ahorntal. Landschaft und Siedlung, Archiv für Geschichte von Oberfranken 37, 1955, S. 42–161

WIPPERN, J.:
Erläuterungen zur Geologischen Karte von Bayern 1:25 000 Blatt Nr. 6134 Waischenfeld, München 1955, 47 S.

Bild 18

EXLER, H. J.:
Erläuterungen zur Geologischen Karte von Bayern 1:25 000 Blatt Nr. 6234 Pottenstein, München 1957

FREYBERG, B. von:
Tektonische Karte der Fränkischen Alb und ihrer Umgebung, Erlanger geolog. Abh., 77, Erlangen 1969

WIPPERN, J.:
Erläuterungen zur Geologischen Karte von Bayern 1:25 000 Blatt Nr. 6134 Waischenfeld, München 1955, 47 S.

Bild 19

FREYBERG, B. von:
Übersicht über den Malm der Nördlichen Frankenalb, Jh. Karst- und Höhlenkde., 7, München 1967, S. 1–18

MEYER, R. K. F., VIOHL, G. & ZORN, H.:
Erläuterungen zur Geologischen Karte von Bayern 1:25 000 Blatt Nr. 5933 Weismain, München 1972, 160 S.

SCHIRMER, W.:
Stratigraphie, Tektonik und Quartärgeschichte des Gebietes um Lichtenfels/Ofr., Geol. Bl. für NO-Bayern 17, Erlangen 1967, S. 57–70

Bild 20

HOHENESTER, A.:
Die potentielle natürliche Vegetation im östlichen Mittelfranken Mitt. Fränk. Geogr. Ges. Bd. 23/24, Erlangen 1978, S. 1–70

KÜNNE, H.:
Laubwaldgesellschaften der Frankenalb, Diss. Bot., Bd. II, Lehre 1969

MÜLLER-HOHENSTEIN, K.:
Die natürlichen Grundlagen der Landschaften Nordost-Bayerns, Exkursionen in Franken und Oberpfalz, Erlangen 1971, S. 1–20

RUBNER, K.:
Die Waldgesellschaften in Bayern, Forstwissenschaftliche Praxis, H. 4, München 1949

SEIBERT, P.:
Übersichtskarte der natürlichen Vegetationsgebiete von Bayern 1:500 000 mit Erläuterungen, Schriftenreihe für Vegetationskunde, H. 3, Bad Godesberg 1968

TITZE, P.:
Das Pflanzenkleid der Marktgemeinde Wiesenttal in der Fränkischen Schweiz. Die Fränkische Schweiz – Landschaft und Kultur, Bd. I, 1983, S. 181–246

Bild 21

GOTTWALD, H.:
Erläuterungen zur Geologischen Karte von Bayern 1:25 000 Blatt Nr. 6133 Muggendorf, München 1959, 52 S.

HÖHL, G.:
Die Siegritz-Voigendorfer Kuppenlandschaft, Mitt. d. Fränk. Geogr. Ges. 10, Erlangen 1963, S. 211–222

PFEFFER, K.-H.:
Relikte tropischer Karstformen auf der Fränkischen Alb im Pegnitzgebiet, Sonderveröff. des Geol. Inst. der Univ. Köln, 41, Köln 1981, S. 155–172

SCHIRMER, W.:
Moenodanuvius – ein uralter Fluß auf der Frankenalb, Hollfelder Blätter 9, 1984, S. 29–32

Bild 22

ANTONIADIS, P., FYTROLAKIS, N., HEGENBERGER, W. & STRASSNER-MUNK, C.:
Erläuterungen zur Geologischen Karte von Bayern 1:25 000 Blatt Nr. 6032 Scheßlitz, München 1972, 204 S.

HÜTTEROTH, W.-D.:
Morphographische Skizze des Hetzleser Berges, In: Erläuterungen zur Geologischen Karte von Bayern 1:25 00 Blatt Nr. 6332 Erlangen Nord (hrsg. SCHRÖDER, B.), München 1968, S. 69–72

SCHIRMER, W.:
Jura der Obermainalb (Exkursion D am 23. April 1981), J.ber. und Mitt. oberrhein. geol. Ver., N. F. 63, Stuttgart 1981, S. 51–69

SCHUNKE, E.:
Die Massenverlagerungen an den Schichtstufen und Schichtkämmen des Leine-Weser-Berglandes, Nachr. Akad. Wiss. Göttingen, II. Math.-Phys. Kl., Nr. 3, Göttingen 1971, S. 43–77

Bild 23

JOOS, O.:
Zur Geologie der Ehrenbürg (Walberla) bei Forchheim, Abh. Geol. Landesuntersuchung am Bayer. Oberbergamt, H. 26, München 1936, S. 33–46

KRUMBECK, L.:
Erläuterungen zur Geologischen Karte von Bayern 1:25 000 Blatt Nr. 6232 Forchheim, München 1956, 80 S.

KRUMBECK, L.:
Geologie der Ehrenbürg bei Forchheim (Oberfranken), N. Jb. Geol. u. Paläont., Abh. 96, 3, Stuttgart 1953, S. 375–420

MÜLLER-HOHENSTEIN, K.:
Forchheim und die Tallandschaften der Regnitz und Wiesent, Topographischer Atlas Bayern, München 1968, S. 100

Bild 24

DÖRRER, I.:
Die tertiäre und periglaziale Formengestaltung des Steigerwaldes, insbesondere des Schwanberg-Friedrichsberg-Gebietes, Forsch. z. dtsch. Landeskunde, Bd. 185, Bonn-Bad Godesberg 1970

SCHIRMER, W.:
Das Quartär des Regnitztales, In: Erläuterungen zur Geologischen Karte von Bayern 1:25 000 Blatt Nr. 6132 Buttenheim, München 1979, S. 81–89

SCHIRMER, W.:
Exkursionsführer zum Symposium Franken, Düsseldorf 1980

SCHIRMER, W.:
Die Talentwicklung an Main und Regnitz seit dem Hochwürm, Geol. Jb., Reihe A, H. 71, Hannover 1983, S. 11–43

TILLMANNS, W.:
Zur Geschichte von Urmain und Urdonau zwischen Bamberg, Neuburg/Donau und Regensburg, Sonderveröff. d. Geol. Inst. der Univ. Köln, 30, Köln 1977, 198 S.

Bild 25

KÖRBER, H.:
Die Entwicklung des Maintals, Würzb. Geogr. Arb. Bd. 10, Würzburg 1962, 170 S.

HOFFMANN, D.:
Erläuterungen zur Geologischen Karte von Bayern 1:25 000 Blatt Nr. 5831 Seßlach, München 1970, 106 S.

SCHIRMER, W.:
Exkursionsführer zum Symposium Franken, Düsseldorf 1980

SCHIRMER, W.:
Die Talentwicklung an Main und Regnitz seit dem Hochwürm, Geol. Jb., Reihe A, H. 71, Hannover 1983, S. 11–43

TILLMANNS, W.:
Die postriesische Flußgeschichte in Nordostbayern. Das Mainprojekt, Schriftenreihe Bayer. L. Amt für Wasserwirtschaft 7, München 1978, S. 27

Bild 26

DÖRRER, I.:
Die tertiäre und periglaziale Formengestaltung des Steigerwaldes, insbesondere des Schwanberg-Friedrichsberg-Gebietes, Forsch. z. dtsch. Landeskunde, Bd. 185, Bonn-Bad Godesberg 1970

HAARLÄNDER, W.:
Erläuterungen zur Geologischen Karte von Bayern 1:25 000 Blatt Nr. 6230 Höchstadt a. d. Aisch, München 1964, 77 S.

HAARLÄNDER, W.:
Erläuterungen zur Geologischen Karte von Bayern 1:25 000 Blatt Nr. 6229 Schlüsselfeld, München 1969, 111 S.

LITERATURVERZEICHNIS

OBERFRANKEN – EIN RAUM HISTORISCHER UND KUNSTHISTORISCHER VIELFALT

ARNETH G.:
Die Zisterzienserabtei Langheim vor der Säkularisation, 106. Bericht Hist. Ver. Bamberg, Bamberg 1970

BREUER T.:
Kurzinventar Landkreis Lichtenfels, München 1962

DEHIO G.:
Handbuch der deutschen Kunstdenkmäler Bayern I., Franken. Bearb. v. Tilmann Breuer u. a., München/Berlin 1979

GELDNER F.:
Langheim. Wirken und Schicksal eines fränkischen Zisterzienser-Klosters. Die Plassenburg 12, Kulmbach 1966

LEHMANN E.:
Zur Baugeschichte des Zisterzienserklosters Langheim, Zeitschrift für Kunstgeschichte 19, 1956

HOTZ J.:
Zisterzienserklöster in Oberfranken, München 1982

MEYER H.:
Aus dem Leben einer fränkischen Stadt, 1964; Unser Landkreis Lichtenfels, 1979

BÖTTGER B.:
Kunstdenkmäler von Oberfranken I, Lkr. Wunsiedel, 1954

GUTTENBERG E. v.:
Die Territorienbildung am Obermain, 1927

MEYER O.:
Hrg., Oberfranken im Hochmittelalter, 1973

ROTH E.:
Hrg., Oberfranken im Spätmittelalter und zu Beginn der Neuzeit, 1979

KRAUS G.:
Die oberfränkische Geschichte, 1981

WACHTER F.:
Pottenstein, 1895

DEHIO G.:
Handbuch der Deutschen Kunstdenkmäler Bayern I, Franken, München 1979

BOSL, K. (Hrsg.):
Bayern. Handbuch der historischen Städten Deutschlands, Bd. 7, 1961

KEYSER, E., STOOB, H. (Hrsg.):
Bayerisches Städtebuch, T. 1, 1971

SCHWARZ, K.:
Der frühmittelalterliche Landesausbau in Nord-Ost-Bayern – archäologisch gesehen. Ausgrabungen in Deutschland 1/II, 1976

Bild 27

DIETLEIN, E.:
Chronik der Stadt Hof, 1936/42

EBERT, F.:
Kleine Geschichte der Stadt Hof, 1961

Bild 28

BRIX, M., LIPPERT, K. L.:
Ehemaliger Landkreis Rehau und Stadt Selb, München 1974

BERTHOLD, G.:
Burg Hohenberg a. d. Eger. Zulassungsarbeit Würzburg 1960

NEIDHARDT, J., SINGER, F. W.:
Stadt und Veste Hohenberg a. d. Eger. Arzberger Hefte 13, Arzberg 1967

Bild 29

RÖTTGER, B.:
Kunstdenkmäler von Oberfranken I, Wunsiedel und Marktredwitz, 1954

Jubiläumsschrift der Stadt Wunsiedel, 1928

Bild 30

HERRMANN, E.:
Geschichte der Stadt Kulmbach, 1985

Unser Landkreis Kulmbach, 1985

GUTTENBERG, E. v.:
Land- und Stadtkreis Kulmbach. Historisches Ortsnamenbuch von Bayern. Oberfranken Bd. 1, 1952

Bild 31

EMMERICH, W.:
Landesburgen in ottonischer Zeit. Archiv für Geschichte von Oberfranken 37, 1957

MÜLLER, J. B.:
Die Altenburg ob Kunstadt, Geschichte am Obermain 9, 1974/75

MÜLLER J. B.:
Ehemalige karolingische Burgstadt Burgkunstadt, Geschichte am Obermain 14, 1983/84

KUNSTMANN, A.:
Der Burgenkranz um Wernstein im Obermaingebiet, 1978

Bild 32

BACHMANN, E., SEELIG, L.:
Felsengarten Sanspareil und Burg Zwernitz. Amtlicher Führer, München 1985

GRAF v. u. z. EGLOFFSTEIN, A.:
Burgen und Schlösser in Oberfranken, Frankfurt 1972

KUNSTMANN, H.:
Die Burgen der nordwestlichen und nördlichen Fränkischen Schweiz, Würzburg 1972

PRINZ z. SAYN-WITTGENSTEIN, F.:
Schlösser in Franken, München 1972

Bild 33

PEZOLD, U. v.:
Die Herrschaft Thurnau im 18. Jahrhundert, Kulmbach 1968

GRAF v. u. z. EGLOFFSTEIN, A.:
Burgen und Schlösser in Oberfranken, Frankfurt 1972

GEBESSLER, A.:
Stadt und Landkreis Kulmbach, München 1958

Bild 34

650 Jahre Stadt Hollfeld, 1979

Bild 35

HOLLE, J. W.:
Alte Geschichte der Stadt Bayreuth, 1901

Bild 36

BAUER, H.:
Geschichte der Stadt Pegnitz und des Pegnitzer Bezirks, 1938

BÜTTNER, L.:
600 Jahre Pegnitz, 1955

PFANNER, J.:
Pegnitz. Historisches Ortsnamenbuch von Bayern. Oberfranken Bd. 2, 1965

Bild 37

WACHTER, F.:
Pottenstein. Geschichte des ehemaligen Pflegeamtes und der Pfarrei, 1895

Bild 38

KUNSTMANN, H.:
Die Burgen der östlichen Fränkischen Schweiz, Würzburg 1965

SCHÄDLER, A.:
Inventar Landkreis Pegnitz, München 1961

Bild 39

KUNSTMANN, H.:
Die Burgen der östlichen Fränkischen Schweiz, Würzburg 1972

GRAF v. u. z. EGLOFFSTEIN A.:
Burgen und Schlösser in Oberfranken, Frankfurt 1972

SCHÄDLER, A.:
Inventar Landkreis Pegnitz, München 1961

Bild 40

KUNSTMANN, H.:
Die Burgen der südwestlichen Fränkischen Schweiz, Würzburg 1971

VOIT, G.:
Der Adel am Obermain. Plassenburg, 28, Kulmbach 1969

Bild 41

KUPFER, K.:
Forchheim, 1960

Bild 42

GRAF v. u. z. EGLOFFSTEIN, A.:
Burgen und Schlösser in Oberfranken, Frankfurt 1972

PRINZ ZU SAYN-WITTGENSTEIN, F.:
Schlösser in Franken, München 1974

JACOB, S.:
Die Porzellanmanufaktur Reichmannsdorf. 109. Bericht des historischen Vereins Bamberg, Bamberg 1973

Bild 43

NEUNDORFER, B.:
Die Giechburg, Bamberg

DEHIO, G.:
Handbuch der Deutschen Kunstdenkmäler Bayern I, Franken, München 1979

Bild 44

GRAF v. u. z. EGLOFFSTEIN, A.:
Burgen und Schlösser Oberfrankens, Frankfurt 1972

KUNSTMANN, H.:
Die Burgen der nördlichen und nordwestlichen Fränkischen Schweiz, Würzburg 1972

FREIHERR v. u. z. AUFSESS, H. M.:
Hier röhrt sich was. Liebesbeichte der vielbeschlagenen Witwe Hirsch, Würzburg o. J.

Bild 45 und Bild 46

MAYER, H.:
Bamberg als Kunststadt, Bamberg 1955

MAYER, H.:
Bamberger Residenzen. Eine Kunstgeschichte der Alten Hofhaltung, der Schlösser Geyerwörth, der Neuen Hofhaltung und der Neuen Residenz zu Bamberg, Bamberg 1951

MAIERHÖFER, W.:
Bamberg, Geschichte und Kunst, ein Stadtführer, Weißenhorn 1973 mit reicher Literaturangabe

Bild 47

KÄMPF, M.:
Das fürstbischöfliche Schloß Seehof bei Bamberg. Mit einem Quellenanhang unter Mitarbeit von Wilhelm Biebinger, 93/94. Bericht des Historischen Vereins Bamberg, Bamberg 1956

BIEBINGER, W.:
Der Schloßgarten von Seehof, seine Topographie und Figurierung, 96. Bericht des Historischen Vereins Bamberg, Bamberg 1959

Bild 48

HOFMANN, W. J.:
Schloß Pommersfelden. Geschichte seiner Entstehung, Erlangen 1968, dort alle weitere Literatur

Bild 49

KLOSTER EBRACH UND SEINE HÖFE:
5 Original-Kupferstiche von Johann Baptist Gutwein, Hofkupferstecher in Würzburg nach Zeichnungen von G. Lucas Schmidt O. Cist. 1738 Neudruck nach den Platten im Besitz des Mainfränkischen Museums Würzburg. Mit einem Geleitwort von Max H. v. Freeden, Würzburg 1980

HOFMANN, W. J.:
Der neue Bau von Kloster Ebrach, JffL 31, 1971, Neustadt/Aisch 1971

Bild 50

GRAF v. u. z. EGLOFFSTEIN, A.:
Burgen und Schlösser in Oberfranken, Frankfurt 1972

SCHERZER, W.:
Kloster Ebrach in Dokumenten, Ausstellungskatalog der staatlichen Archive Bayerns 12, Würzburg 1980

HOFMANN, W. J.:
Der neue Bau von Kloster Ebrach, JffL, 31, 1971, Neustadt/Aisch 1971

JÄGER, J.:
Die Klosterkirche zu Ebrach, Würzburg 1903

KASPAR, A.:
Chronik der Abtei Ebrach, Münsterschwarzach 1971

TREPPLIN, D.:
Bau und Ausstattung des Klosters Ebrach im 17. u. 18. Jahrhundert, Diss. Würzburg 1930, Berlin 1937

ZIMMERMANN, G.:
(Hrg.) Festschrift Ebrach 1129–1977, Volkach 1977

Bild 51

TEUFEL, R.:
Bau- und Kunstdenkmäler im Landkreis Coburg, Coburg 1950

DEHIO, G.:
Handbuch der deutschen Kunstdenkmäler, Bayern I., Franken, München 1979

MAHNKE, F.:
Schlösser und Burgen im Umkreis der Fränkischen Krone, Coburg 1974

Bild 52

RIEMANN, F.:
Geschichte der Stadt Coburg. Bau- und Kunstdenkmäler Thüringens 32, 1906

Bild 53

ABELS, B.-U.:
Staffelberg, Ausgrabungen und Funde 4, 1983/84, S. 26 ff.

Bild 54

HOTZ, J.:
Kloster Banz. Mkr. im Nachlaß des Verfassers enthält eine umfangreiche Baumonographie

DERS.:
Zur Baugeschichte des Kloster Banz 103. Bericht des historischen Vereins Bamberg, Bamberg 1967

Kloster Banz zu Franken. Berichte und Forschungen anläßlich des Ausbaues als Erwachsenenbildungsstätte der Hanns-Seidel-Stiftung. Jahrbuch der Bayerischen Denkmalpflege. Forschungen und Berichte, Band 34, für das Jahr 1980, München 1982

Bild 55

TEUFEL, R.:
Vierzehnheiligen, Lichtenfels 1957

Bild 56

BREUER, T.:
Landkreis Kronach, Kurzinventar, München 1964

GRAF v. u. z. EGLOFFSTEIN, A.:
Burgen und Schlösser in Oberfranken, Frankfurt 1972

DEHIO, G.:
Handbuch der Deutschen Kunstdenkmäler, Bayern I., Franken, München 1979

Bild 57

BACHMANN, E.:
Burg Lauenstein. Amtlicher Führer, München

BREUER, T.:
Kurzinventar Landkreis Kronach, München 1964

GRAF v. u. z. EGLOFFSTEIN, A.:
Burgen und Schlösser Oberfrankens, Frankfurt 1972

Bild 58

GRAF v. u. z. EGLOFFSTEIN, A.:
Burgen und Schlösser in Oberfranken, Frankfurt 1972;

BREUER, T.:
Kurzinventar Landkreis Kronach 1963

KÖHLER, H., MÜLLER, J.:
Führer durch das Wasserschloß Mitwitz, Kronach 1984

Bild 59

MÜLLER, J. B.:
Von der slawischen Ursiedlung über den Königshof Lovecilove zur spätmittelalterlichen Stadt Lichtenfels. Geschichte am Obermain 12, 1979/80, S. 23–40

LITERATURVERZEICHNIS

OBERFRANKEN – RAUM WIRTSCHAFTLICHER UND SOZIALER VIELFALT

ALWENS, L.:
Grenzlandsituation und Strukturprobleme – zur Lage der oberfränkischen Textilindustrie, in: Gemeinschaft und Politik, H. 5, 1955

ANGERER, H.-K.:
Industrielandschaft am Eisernen Vorhang, in: Gegenwartskunde, H. 6, 1957

BRAUN, K.-H.:
Industriestruktur und Unternehmerverhalten unter dem speziellen Einfluß einer staatlichen Grenze, H. 21 d. Arbeitsmaterialien zur Raumordnung und Raumplanung, Bayreuth 1983

FÄRBER, F. und SCHNEIDER:
Wanderungsmotivuntersuchung in der Region Oberfranken-Ost und im Landkreis Kronach, Akademie für Raumforschung und Landesplanung (Hrsg.), Forschungs- und Sitzungsberichte, Bd. 130, Hannover 1980

MAIER, J.:
Überlegungen zu einer regionalpolitischen Konzeption für periphere Räume – das Beispiel Oberfranken SH 1 d. Arbeitsmaterialien zur Raumordnung und Raumplanung, Bayreuth 1984

PETZSCHNER, E.:
Versorgungsstruktur und -probleme im peripheren Raum – Das Beispiel Oberfranken, in: Bd. 156 der Veröffentlichungen der Akademie für Raumforschung und Landesplanung, Hannover 1984, S. 3–19

RUPPERT, H.:
Wanderungsverhalten und Motivationsstruktur der Bevölkerung in NO-Bayern, in: Geowissenschaftliche Beiträge über Oberfranken, Bd. 1 d. Bayreuther Geowissenschaftliche Arbeiten, Bayreuth 1980, S. 73–91

WEBER, J.:
Der Unternehmer als Entscheidungsträger regionaler Arbeitsmärkte, Bd. 2 d. Bayreuther Geowissenschaftliche Arbeiten, Bayreuth 1981

Bild 60

ADELT, K.:
Der Kurtourismus in Bad Steben. Unveröffentlichte Zulassungsarbeit am Lehrstuhl für Kulturgeographie der Universität Bayreuth, Bayreuth 1982

MÖRTEL, H.:
Dorf und Bad Steben im Wandel der Zeiten, Selb 1970

JURCZEK, P.:
Fremdenverkehrsplanung in der Bundesrepublik Deutschland. Beispiel Frankenwald, in: Europäische Hochschulschriften, Reihe Fremdenverkehr, Bd. 6, 1983

Bild 61

JURCZEK, P.:
Fremdenverkehrsplanung in der Bundesrepublik Deutschland. Beispiel Frankenwald, in: Europäische Hochschulschriften, Reihe Fremdenverkehr, Bd. 6, 1983

Bild 62

BAYER. STATISTISCHES LANDESAMT:
Kreisfreie Stadt und Landkreis Hof, München 1973

BRUNNER, F.:
Hof bedeutender Wirtschaftsfaktor des bayerischen Landes, Hof 1977

EBERT, F.:
Chronik der Stadt Hof, Hof 1957

LANDMANN, H.-D.:
NO-Oberfranken, Konsistente Strukturen und Funktionsräume in einem Abwanderungsgebiet, München 1969

MAIER, J.:
Hof – Stadtstruktur und zukünftige Entwicklungslinien, in: Arbeitsmaterialien zur Raumordnung und Raumplanung, H. 15, Bayreuth 1981

WIESSNER, R.:
Die Abwanderung aus NO-Bayern. Eine Untersuchung am Beispiel der Stadt Hof, in: Mitteil. d. Fränk. Geograph. Gesell., Bd. 25/26, Erlangen 1980, S. 263–349

Bild 63

JERSCHL, B.:
Entwicklung und Struktur der Badeseen in Oberfranken, in: Arbeitsmaterialien zur Raumordnung und Raumplanung, H. 12, Bayreuth 1981

KOLB, K., RADENZ, C., TROEGER, G.:
Strukturerhebung und Kosten-Nutzen-Analyse für den Weißenstädter See, in: Arbeitsmaterialien zur Raumordnung und Raumplanung, H. 12, Bayreuth 1981

REGIERUNG VON OBERFRANKEN:
Entwurf zum Regionalplan der Planungsregion Oberfranken-Ost, Bayreuth 1985

Bild 64

FRIEDRICH, B.:
Naila und seine Industrie im Wandel, Geldern – Gripendorf, G. v.: Industriegeographie des Frankenwaldes, in: Geographische Zeitschrift, 1936, S. 359–378, Hof 1985

HOHE, Ch.:
Von den Nailaer Bergwerken, Naila 1950

Pittroff, M.:
Kronach und die Nailaer Schuster, in: Frankenwald, Nr. 1, 1968, S. 10–12

SCHMEISSER, W.:
Naila im Frankenwald, Porträt einer oberfränkischen Kleinstadt, Naila 1980

TYRAKOWSKI, K.:
Naila. Stadtgeographische Skizze einer Kleinstadt, Erlangen 1970

Bild 65

BREUER, T.:
Landkreis Münchberg, in: Bayerische Kunstdenkmale Bd. 13, München 1961

DIETEL, K.:
Münchberg. Geschichte einer Amts- und Industriestadt, Münchberg 1963

MALTER, W. (Hrsg.):
Oberfranken-Ost. Landschaft, Geschichte, Kultur, Kunst, Nürnberg 1967, S. 259–286

MÜNCHBERGER TEXTILAUSBILDUNGSSTÄTTEN (Hrsg.):
125 Jahre Textilausbildungsstätten in Münchberg 1854–1979, Münchberg 1979

O. V.:
Landkreis Münchberg in der amtlichen Statistik, Beilage zu „Bayern in Zahlen", Monatshefte des Bayerischen Statistischen Landesamtes, H. 6, 1962

O. V.:
Münchberg. Ein Industriezentrum Nordbayerns, Münchberg 1962

WEBER, J., MAIER, J.:
Entwicklung und Struktur der Textilindustrie in Oberfranken nach dem 2. Weltkrieg – eine Wirtschaftsgeographische Skizze, Bayreuther Geowissenschaftliche Arbeiten. Geowissenschaftliche Beiträge über Oberfranken, Bd. 1, Bayreuth 1980, S. 91–102

Bild 66

ARZT, W. u. a.:
Selb – Stadt des Porzellans, Hof/S. 1980

LANDESZENTRALE FÜR POLITISCHE BILDUNGSARBEIT (Hrsg.):
Unsere Stadt Selb. Holzmühle–Falkenstein, o. J.

LANDKREIS WUNSIEDEL IN ZUSAMMENARBEIT MIT DER BAYERISCHEN LANDESZENTRALE FÜR POLITISCHE BILDUNGSARBEIT (Hrsg.):
Der Landkreis Wunsiedel, Hof/S. 2. Aufl. 1975

RUPPERT, H.:
Industrie und Gewerbe im Fichtelgebirge. Tendenzen der Standort- und Branchenverlagerung vom ausgehenden Mittelalter bis heute. Mitt. d. Fränk. Geogr. Ges. 18, Erlangen 1971, S. 300–304

STADT SELB (Hrsg.):
Entwicklungsplan der Stadt Selb, Selb 1968

STADT SELB (Hrsg.):
Stadt Selb, Gesamtverkehrsplan, Selb 1975

ZORN, W.:
Probleme der Industrialisierung Oberfrankens im 19. Jahrhundert. Jahrbuch für Fränk. Landesforschung 29, 1968, S. 295–310

Bild 67

BELG AG (Hrsg.):
Kraftwerk Arzberg, Informationsbroschüre, Bayreuth o. J.

EVO (Hrsg.):
Geschäftsbericht der EVO, Bayreuth 1983

LANDKREISAMT WUNSIEDEL (Hrsg.):
Landkreis Wunsiedel im Fichtelgebirge, Hof 1975, S. 140–142

RUPPERT, H.:
Fichtelgebirge mit Wondreb-Senke. Probleme eines gewerblich-industriellen Raumes im Grenzland, in: Exkursionen in Franken und Oberpfalz, hrsg. von Hartmut Heller, Erlangen 1971

Bild 68

HARTKE, W.:
Eine ländliche Kleinstadt im Mittelgebirge im sozialen Umbruch der Gegenwart, in: Raumforschung und Raumordnung, 1964, H. 22, S. 126–135

LANDRATSAMT WUNSIEDEL (Hrsg.):
Landkreis Wunsiedel im Fichtelgebirge, Hof 1975, S. 169 f.

RUPPERT, H.:
Fichtelgebirge mit Wondreb-Senke. Probleme eines gewerblich-industriellen Raumes im Grenzland, in: Exkursionen in Franken und Oberpfalz, Erlangen 1971

Bild 69

BEDAL, K.:
Haus und Hof im Fichtelgebirge und Frankenwald, Hof 1975

JERSCHL, B., KOLB, H., RADENZ, C., TROEGER, G.:
Strukturerhebung und Kosten-Nutzen-Analyse für den Weißenstädter See, in: Arbeitsmaterialien zur Raumordnung und Raumplanung, H. 12, Bayreuth 1981

KRONBERGER, K.:
Der Fichtelsee, Archiv für Geschichte von Ober-Oberfranken, Bd. 34, H. 2, Bayreuth 1940

LANG, P.:
Forstwirtschaft, Jagd und Fischerei im Landkreis Wunsiedel, in: Der Landkreis Wunsiedel, München 1968

REICHOLD, A.:
Sagen aus Bayerns Nordostgebieten, Hof 1972

SCHALLER, Ch.:
Goethes Besuch am Fichtelsee, Bd. 13 der Berichte der Naturwissenschaftlichen Gesellschaft Bayreuth, Bayreuth 1969

WALTER, E.:
Wildpflanzen im Fichtelgebirge und Steinwald, Hof 1982

Bild 70

BAYERISCHE STAATSREGIERUNG (Hrsg.):
Grenzlandbericht 1983, München 1984

DIETEL, K.-G., KOLB, H., MAIER, J., TROEGER, G.:
Das Fichtelgebirge als Freizeitraum – Bewertungsansätze und Entwicklungsalternativen, in: Arbeitsmaterialien zur Raumordnung und Raumplanung, H. 8, Bayreuth 1982

KOLB, H., MAIER, J., RADENZ, C., TROEGER, G.:
Raumwissenschaftliche Literatur über Oberfranken, in: Arbeitsmaterialien zur Raumordnung und Raumplanung, H. 5, Bayreuth 1980

LANDKREIS BAYREUTH (Hrsg.):
Unser Landkreis Bayreuth, Bayreuth 1983

POLLER, H.:
Namentliches vom oberfränkischen Bergbau, in: Fränkischer Heimatbote, Nr. 2, 14. Jg., Bayreuth 1981

Bild 71

ELEKTRO-BERATUNG BAYERN GMBH:
Erläuterungsbericht zur Wiederherstellung des Stadtweihers von Weißenstadt, Lkr. Wunsiedel, Regensburg 1972

JERSCHL, B., KOLB, H., RADENZ, C., TROEGER, G.:
Badeseen als Objekt der Raumordnung und Raumplanung, Strukturerhebung und Kosten-Nutzen-Analyse des Weißenstädter Sees, Arbeitsmaterialien zur Raumordnung und Raumplanung, H. 12, Bayreuth 1981

LANDRATSAMT WUNSIEDEL (Hrsg.):
Landkreis Wunsiedel im Fichtelgebirge, Hof 1975, S. 215–217

PLANUNGSBÜRO GREBE (Bearb.):
Wiederherstellung Stadtweiher Weißenstadt/Oberfranken, Landschaftsplan mit Kostenschätzung, Nürnberg 1972

STADT WEISSENSTADT:
Bebauungsplan Seebereich der Stadt Weißenstadt, Erläuterungsbericht, Weißenstadt o. J.

TAUBMANN, W.:
Wunsiedel und Weißenstadt. Zwei Kleinstädte der inneren Fichtelgebirgshochfläche, in: Mitteilungen der Fränkischen Geographischen Gesellschaft, 1971, Band 10, S. 325–345

Bild 72

BAYERISCHES LANDESVERMESSUNGSAMT (Hrsg.):
Topographischer Atlas Bayern, München 1968, S. 144

FEHN, H. (Hrsg.):
Luftbildatlas Bayern, München 1973, S. 44

KOLB, H.:
Das Fichtelgebirge als Freizeitraum, in: Arbeitsmaterialien zur Raumordnung und Raumplanung, Heft 8, Bayreuth 1980

LANDRATSAMT BAYREUTH (Hrsg.):
Unser Landkreis Bayreuth, Bamberg 1983, S. 140

LEHRSTUHL WIRTSCHAFTSGEOGRAPHIE UND REGIONALPLANUNG DER UNIVERSITÄT BAYREUTH:
Ergebnisbericht zur Exkursion „Ermittlung und Darstellung räumlicher Auswirkungen verschiedener Freizeitformen“, Bayreuth 1980

ORTSPLANUNGSSTELLE FÜR OBERFRANKEN:
Erläuterungsbericht zum Flächennutzungsplan der Stadt Bad Berneck – Entwurf, Bayreuth 1983

STADT BAD BERNECK (Hrsg.):
Bad Berneck im Fichtelgebirge – Kneippheilbad und Luftkurort, Bad Berneck o. J.

Bild 73

BÜDEL, J.:
Geographisches West-Ost-Profil durch Franken vom Spessart bis zum Frankenwald. – Exkursionsführer 31. Deutscher Geographentag, Würzburg 1957

DREXLER, O.:
Das Espich-Sediment bei Kulmbach. Neue Untersuchungen zur pliozänen Morphodynamik und Morphogenese im Bereich der Fränkischen Linie. Bayreuther Geowissenschaftliche Arbeiten, Bd. 1, Bayreuth 1980

HEROLD, A.:
Fremdenverkehr und Raumstrukturen im Landkreis Kulmbach, in: Arbeitsmaterialien zur Raumordnung und Raumplanung, H. 32, Bayreuth 1984, S. 203–224

REGIERUNG VON OBERFRANKEN:
Entwurf zum Regionalplan der Planungsregion Oberfranken-Ost, Bayreuth 1985

SCHÄFER, K.-P.:
Zur Entwicklung des Verkehrsnetzes im Landkreis Kulmbach – Historisch-geographische Aspekte, in: Arbeitsmaterialien zur Raumordnung und Raumplanung, H. 32, Bayreuth 1984, S. 193–202

STÖSSLEIN, H.:
Die geschichtliche Entwicklung von Stadt und Land, in: Arbeitsmaterialien zur Raumordnung und Raumplanung, H. 32, Bayreuth 1984, S. 49–70

Bild 74

FRANK, F.:
Industriestruktur und Prozesse der Industrialisierung im Landkreis Kulmbach, in: Arbeitsmaterialien zur Raumordnung und Raumplanung, H. 32, Bayreuth 1984, S. 87–124

INSTITUT FÜR GEBIETSPLANUNG UND STADTENTWICKLUNG:
Untersuchung zur Entwicklungs- und Sanierungsplanung der Stadt Kulmbach. Eine Untersuchung im Auftrag der Stadt Kulmbach, Köln 1974

MAIER, J. u. WEBER, J.:
Regionale Arbeitsmärkte im peripheren Raum: Der Arbeitsmarkt Kulmbach – Einzugsbereich und Probleme unter besonderer Berücksichtigung der Entwicklung in der Industrie, in: Forschungs- und Sitzungsberichte der Akademie für Raumforschung und Landesplanung, Bd. 156, Hannover 1984, S. 157–182

SCHLIEPHAKE, K.:
Kulmbach und sein Umland – Verkehrserschließung und Mobilität von Gütern und Personen, in: Arbeitsmaterialien zur Raumordnung und Raumplanung, H. 32, Bayreuth 1984, S. 157–192

Bild 75

GRÖTZBACH, E.:
Geographische Untersuchungen über die Kleinstadt der Gegenwart in Süddeutschland, Münchner Geographische Hefte, H. 24, Kallmünz 1963

ILLIGMANN, K., MICHEL, B., SCHRÖTER, A., SLAVICEK, M.:
Bericht über die vorbereitenden Untersuchungen zur Stadtsanierung in der Stadt Weismain, in: Arbeitsmaterialien zur Raumordnung und Raumplanung, H. 36, Bayreuth 1984, S. 73–190

Bild 76

GEUTER, K.:
Das Korbwarengewerbe am Obermain: Unter besonderer Berücksichtigung der Hausindustrie, in: Mitteilungen der Fränkischen Geographischen Gesellschaft, Bd. 23/24, Erlangen 1975/76, S. 362–374

MEYER, H.:
Die Entwicklung der Korbflechterei und des Korbhandels am Obermain, in: Geschichte am Obermain, Bd. 4, 1966

VEREIN DER KORBWAREN-, KORBMÖBEL- und KINDERWAGENINDUSTRIE e. V., COBURG (Hrsg.):
50-Jahresfestschrift Coburg 1955

Bild 77

JURCZEK, P.:
Strukturanalyse der ländlichen Gemeinde Wallenfels/Landkreis Kronach, in: Bayreuther Geowissenschaftliche Arbeiten, Bd. 1, 1980, S. 131–144

JURCZEK, P.:
Tourismus in Peripherregionen. Chancen und Grenzen der touristischen Entwicklung von Wallenfels/Frankenwald, in: Beiträge zur angewandten Wirtschafts- und Sozialforschung, Reihe Raumwissenschaft, Bd. 3, 1982

JURCZEK, P.:
Fremdenverkehrsplanung in der Bundesrepublik Deutschland, Beispiel Frankenwald, in: Europäische Hochschulschriften, Reihe Fremdenverkehr, Bd. 6, 1983

Bild 78

JURCZEK, P.:
Fremdenverkehrsplanung in der Bundesrepublik Deutschland. Beispiel Frankenwald, in: Europäische Hochschulschriften, Reihe Fremdenverkehr, Bd. 6, 1983

SCHREIBER, W.:
Heimatbuch von Steinwiesen. Heimatkundliches Jahrbuch des Landkreises Kronach 1977

Bild 79

DORN, P.:
Das Stockheimer Becken, in: Jahresbericht und Mitteilungen des Oberrheinischen Geologischen Vereins, N. F., Bd. 20, Stuttgart 1931

GEMEINDE STOCKHEIM (Hrsg.):
Rathaus Stockheim. Festschrift zur Einweihung des Rathauses, Stockheim 1979

HASCH, M.:
Stockheim, die einladende Großgemeinde, in: Fränkischer Heimatkalender 1976, Coburg 1976

HERRMANN, R.:
Zur Geschichte des Neuhaus-Stockheimer Steinkohlebergbaus, in: Z. f. angewandte Geologie, Jg. 2, 1956, H. 11/12

DERS.:
Zur strukturellen Entwicklung des Stockheimer Rotliegendbeckens, in: Geologie, Z. f. d. Gesamtgebiet der Geologie und Mineralogie sowie der angewandten Geophysik, Jg. 7/1958

ULLRICH, O.:
Das Steinkohlebergwerk Stockheim, Heimatkundliches Jahrbuch des Landkreises Kronach, Kronach 1980

Bild 80

HEINZ, E., HEIMANN, W.:
Fünfzig Jahre Glaswerke Tettaugrund. Die Geschichte der Glaswerke Tettaugrund von 1912–1962, Kulmbach 1962

MALTER, W. (Hrsg.):
Oberfranken-West. Landschaft, Geschichte, Kultur, Kunst. Nürnberg 1965, S. 396 ff.

V. V.:
Der Landkreis Kronach, Hof 1982

Bild 81

ARBEITSGRUPPE FÜR STADTPLANUNG (AGS):
Stadterneuerung Bayreuth, Teil A: Gutachten zur Stadterneuerung im Rahmen der vorbereitenden Untersuchungen zur Sanierungsmaßnahme Bayreuth. Berlin, München 1975

MONHEIM, R.:
Fußgängerbereiche. Perspektiven einer angewandten Stadtgeographie, unter besonderer Berücksichtigung der Stadt Bayreuth, in: Bayreuther Geowissenschaftliche Arbeiten. H. 1, Bayreuth 1980, S. 167–187

SCHUBERT, H.:
Generalverkehrsplan Bayreuth, 1. Fortschreibung, 2. Bd., 1973–74

STADT BAYREUTH (Hrsg.):
Information zum Flächennutzungsplan Bayreuth, H. 5, Innenstadtkonzept (1980)

STADT BAYREUTH (Hrsg.):
Flächennutzungsplan Stadt Bayreuth (rechtskräftig 1978)

TAUBMANN, W.:
Bayreuth und sein Verflechtungsbereich. Wirtschafts- und sozialgeographische Entwicklung in der neueren Zeit. Forsch. z. dt. Landeskunde. Bd. 163, Bad Godesberg 1968

Bild 82

GUTMANN, R.:
Richard Wagner: Der Mensch, sein Werk, seine Zeit, Bayreuth 1970

HARTUNG, C.:
Freizeiteinrichtungen und Freizeitwert einer Mittelstadt, in: Arbeitsmaterialien zur Raumordnung und Raumplanung, H. 17, Bayreuth 1981

KARBAUM, M.:
Studien zur Geschichte der Bayreuther Festspiele, 1876–1976, Bayreuth 1976

KOLB, H.:
Die räumliche und wirtschaftliche Bedeutung der Festspiele in Bayreuth (unveröffentlichte Facharbeit für das Lehramt an Realschulen), Bayreuth 1980

KRAFT, Z. von:
Das Festspielhaus in Bayreuth: Zur Geschichte seiner Idee, seines Werdeganges und seiner Vollendung, Bayreuth 1967

PETZSCHNER, E. u. a.:
Festspiele in Bayreuth. Analyse der Wahrnehmungs- und sozioökonomischen Strukturmuster der Festspielgäste des Jahres 1980, Praktikumsbericht am Lehrstuhl Wirtschaftsgeographie und Regionalplanung der Universität Bayreuth, 1981

STEINER, E.:
Die Bayreuther Festspiele. Eine Untersuchung über Umfang und Struktur des Festspielverkehrs und seine wirtschaftliche Bedeutung (unveröffentlichte Zulassungsarbeit für das Lehramt an höheren Schulen), München 1961

Bild 83

ELSNER, G.:
Industriestrukturen im peripheren Raum – das Beispiel der Elektroindustrie in Oberfranken, in: Arbeitsmaterialien zur Raumordnung und Raumplanung, H. 29, Bayreuth 1984

LEHRSTUHL WIRTSCHAFTSGEOGRAPHIE UND REGIONALPLANUNG DER UNIVERSITÄT BAYREUTH:
Industriestrukturen im westlichen Oberfranken. Exkursionsbericht, Bayreuth 1980

LEHRSTUHL WIRTSCHAFTSGEOGRAPHIE UND REGIONALPLANUNG DER UNIVERSITÄT BAYREUTH:
Industriegeographische Probleme Oberfrankens, Exkursionsbericht, Bayreuth 1978

TAUBMANN, W.:
Bayreuth und sein Verflechtungsbereich. Wirtschafts- und sozialgeographische Entwicklung in der neueren Zeit. Forsch. z. dt. Landeskunde, Bd. 163, Bad Godesberg 1968

WEBER, J.:
Der Unternehmer als Entscheidungsträger regionaler Arbeitsmärkte, Bd. 2 der Bayreuther Geowissenschaftlichen Arbeiten, Bayreuth 1981

WEBER, J.:
Die Funktion von Zwergbetrieben in regionalen Arbeitsmärkten – eine Analyse am Beispiel Oberfrankens, in: Forschungs- und Sitzungsberichte der Akademie für Raumforschung und Landesplanung, Bd. 156, Hannover 1983, S. 129–140

Bild 84

GRÖTZBACH, E.:
Geographische Untersuchung über die Kleinstadt der Gegenwart in Süddeutschland, Münchner Geographische Hefte, H. 24, Kallmünz 1963

LEHRSTUHL WIRTSCHAFTSGEOGRAPHIE UND REGIONALPLANUNG DER UNIVERSITÄT BAYREUTH:
Ergebnisbericht zum Geländepraktikum „Problemorientierte Strukturanalyse im peripheren Raum – das Beispiel Creußen in Oberfranken", Bayreuth 1985

KRÖLL, J.:
Geschichte der Stadt Creußen, Creußen 1958

MAIER, J.:
Strukturprobleme ländlicher Räume, in: Arbeitsmaterialien zur Raumordnung und Raumplanung, H. 24, Bayreuth 1984

ORTSPLANUNGSSTELLE FÜR OBERFRANKEN:
Erläuterungsbericht zum Flächennutzungsplan der Stadt Creußen – Vorentwurf, Bayreuth 1983

POPP, H.:
Die Kleinstadt, in: Der Erdkundeunterricht, H. 25, Stuttgart 1977

RUSTLER, I.:
Geschichte der Stadt Creußen von 1945–1978. Zulassungsarbeit an der Universität Bayreuth (Prof. Dr. Kröll), Bayreuth 1979

Bild 85

BREUER, T.:
Stadt und Landkreis Forchheim, München 1961

GRADWOHL, H.:
Lokalisation und Entwicklung der Industrien in Forchheim. Zulassungsarbeit für das Lehramt an höheren Schulen, Erlangen 1962

GÜCKEL, M.:
Führer durch Forchheim und Umgebung, Streit Forchheim 1968

KENGELBACH, H.:
Die industrielle Entwicklung des Forchheimer Raumes, Forchheimer Heimatbuch, Forchheim 1951

KUPFER, K.:
Forchheim. Geschichte einer alten fränkischen Stadt, Nürnberg 1960

MÜLLER-HOHENSTEIN, K.:
Forchheim und die Tallandschaften der Regnitz und Wiesent, in: Topographischer Atlas von Bayern, München 1968, Karte 45, S. 100

DERS.:
Forchheim, Exkursionen in Franken und Oberpfalz, Erlangen-Nürnberg 1971, S. 113–124

O. V.:
Kreisfreie Stadt und Landkreis Forchheim, Beilage zu „Bayern in Zahlen", Monatshefte des Bayerischen Statistischen Landesamtes, 1966

SCHULZ, J.:
Forchheimer Blickpunkte. Ein Führer durch die fränkische Stadt und Geschichte, Forchheim 1979

Bild 86

HAHN, W., MÜLLER, G., WEITZEL, G.:
Der Main-Donau-Kanal. Argumentationsstudie zu einer kontroversen Diskussion. Ifo-Institut für Wirtschaftsforschung e. V. München 1982

REGIERUNG VON OBERFRANKEN:
Entwurf zum Regionalplan der Planungsregion Oberfranken-Ost, Bayreuth 1985

WIRTH, E.:
Der Rhein-Main-Donau-Kanal. Das Für und Wider seiner Fertigstellung

Bild 87

HAHN, W., MÜLLER, G., WEITZEL, S.:
Der Main-Donal-Kanal. Argumentationsstudie zu einer kontroversen Diskussion. Ifo-Institut für Wirtschaftsforschung e. V. München 1982

WIRTH, E.:
Der Rhein-Main-Donau-Kanal. Das Für und Wider seiner Fertigstellung

STADT BAMBERG (Hrsg.):
Eine Broschüre der Stadt Bamberg, Bamberg 1980

HÖHL, G.:
Bambergs stadtgeographische Probleme, in: Geographische Rundschau, H. 5, 1956

Bild 88

PROGNOS BASEL:
Gewerbewirtschaftliches Gutachten zur Altstadtentwicklung Coburg und Sanierungsplanung Steinweg-Vorstadt, Coburg 1976

STADT COBURG:
Flächennutzungsplan der Stadt Coburg, 1. Fortschreibung vom 5. 12. 1979

STADTPLANUNGSAMT COBURG (Hrsg.):
Stadt Coburg – Stadtbildbeschreibung

STADTPLANUNGSAMT COBURG:
Sanierung in Coburg, Coburg 1980

Bild 89

FRIEDRICH, E.:
Rodach – 1075 Jahre, Rodach 1974

FRIEDRICH, E.:
Jagdschloß Rodach – Vom Fürstlichen Jagdhaus zum Haus des Gastes, Rodach 1984

FRIMMEL, F. u. QUENTIN, K.-E.:
Chemismus des Thermalwassers aus der Bohrung Rodach, 1/1972, in: Geologica Bavarica, Nr. 67, München 1973

GUDDEN, H.:
Die Thermalwasser-Erschließungsbohrung Rodach, in: Geologica Bavarica, Nr. 67, München 1973

WIDMANN, W.:
Das ist Coburg, Stuttgart 1983

Bild 90

BERGMANN, E.:
Suchet der Stadt Bestes, Neustadt bei Coburg 1983

BRETTSCHNEIDER, G.:
Unser Neustadt, Neustadt bei Coburg 1980

BRETTSCHNEIDER, G. u. GÖTZ, W.:
Alt-Neustädter G'schichten, Neustadt bei Coburg 1982

FALKENBERG, J. u. DLONKY, R.:
Die Wirtschaft im Coburger Grenzland, Kulmbach 1982

SCHNEIER, W.:
Das Coburger Land, Coburg 1983

Bild 91

GEMEINDE SONNEFELD (Hrsg.):
700 Jahre Sonnefeld 1252–1952, Sonnefeld 1952

SCHLENK, R.:
Die entscheidenden Jahre, Gemeindegebietsreform in Sonnefeld und Umgebung, Sonnefeld 1982

FALKENBERG, J., DLONHY, R.:
Die Wirtschaft im Coburger Grenzland, Kulmbach 1982

Freigabevermerke der einzelnen Luftbilder

Das Satellitenbild auf Seite 37 wurde uns freundlicherweise vom Westermann-Verlag zur Verfügung gestellt.
Quellenhinweis: Georg Westermann Verlag, Druckerei und Kartographische Anstalt, Braunschweig

Bild 1: Ködeltalsperre
Engel-Luftbild, Coburg. Freigegeben LAN, G 16–69483

Bild 2: Wallenfels
Engel-Luftbild, Coburg. Freigegeben LAN, G 16–69496

Bild 3: Feilitzsch/Hof
Engel-Luftbild, Coburg. Freigegeben LAN, G 16–69485

Bild 4: Wunsiedel/Egertal
Engel-Luftbild, Coburg. Freigegeben LAN, G 16–69632

Bild 5: Kösseine
Engel-Luftbild, Coburg. Freigegeben LAN, G 16–69440

Bild 6: Weißenstadt/Waldstein
Engel-Luftbild, Coburg. Freigegeben LAN, G 16–69504

Bild 7: Waldsterben in Oberfranken
CIR-Luftbild, im Auftrag des Bayer. forstlichen Versuchs- und Forschungsanstalt München. Freigegeben: Reg.-Präs. Stuttgart, Nr. 122/171

Bild 8: Fränkische Linie bei Stadtsteinach
Engel-Luftbild, Coburg. Freigegeben LAN, G 16–69639

Bild 9: Weidenberg
Engel-Luftbild, Coburg. Freigegeben LAN, G 16–69442

Bild 10: Bindlach
Engel-Luftbild, Coburg. Freigegeben LAN, G 16–69570

Bild 11: Trebgast
Engel-Luftbild, Coburg. Freigegeben LAN, G 16–69501

Bild 12: Altenplos
Engel-Luftbild, Coburg. Freigegeben LAN, G 16–69415

Bild 13: Trunstadt
Engel-Luftbild, Coburg. Freigegeben LAN, G 16–69615

Bild 14: Staffelstein
Engel-Luftbild, Coburg. Freigegeben LAN, G 16–69652

Bild 15: Görau m. Anger
Engel-Luftbild, Coburg. Freigegeben LAN, G 16–69373

Bild 16: Weihersmühle
Engel-Luftbild, Coburg. Freigegeben LAN, G 16–69375

Bild 17: Ahorntal
Engel-Luftbild, Coburg. Freigegeben LAN, G 16–69610

Bild 18: Püttlachtal
Engel-Luftbild, Coburg. Freigegeben LAN, G 16–69430

Bild 19: Modschiedel
Engel-Luftbild, Coburg. Freigegeben LAN, G 16–69374

Bild 20: Pottenstein
Engel-Luftbild, Coburg. Freigegeben LAN, G 16–69428

Bild 21: Streitberg
Engel-Luftbild, Coburg. Freigegeben LAN, G 16–69390

Bild 22: Zeckendorf
Engel-Luftbild, Coburg. Freigegeben LAN, G 16–69377

Bild 23: Schlaifhausen/Walberla
Engel-Luftbild, Coburg. Freigegeben LAN, G 16–69387

Bild 24: Egolsheim
Engel-Luftbild, Coburg. Freigegeben LAN, G 16–69865

Bild 25: Gleußen
Engel-Luftbild, Coburg. Freigegeben LAN, G 16–68334

Bild 26: Reichmannsdorf
Engel-Luftbild, Coburg. Freigegeben LAN, G 16–69395

Bild 27: Hof
Engel-Luftbild, Coburg. Freigegeben LAN, G 16–69628

Bild 28: Hohenberg/Eger
Engel-Luftbild, Coburg. Freigegeben LAN, G 16–064568

Bild 29: Wunsiedel
Engel-Luftbild, Coburg. Freigegeben LAN, G 16–69632

Bild 30: Kulmbach
Engel-Luftbild, Coburg. Freigegeben LAN, G 16–69499

Bild 31: Burgkunstadt
Engel-Luftbild, Coburg. Freigegeben LAN, G 16–69368

Bild 32: Sanspareil
Engel-Luftbild, Coburg. Freigegeben LAN, G 16–69443
Bild 33: Thurnau
Engel-Luftbild, Coburg. Freigegeben LAN, G 16–69672
Bild 34: Hollfeld
Engel-Luftbild, Coburg. Freigegeben LAN, G 16–69435
Bild 35: Bayreuth
Engel-Luftbild, Coburg. Freigegeben LAN, G 16–69612
Bild 36: Pegnitz
Engel-Luftbild, Coburg. Freigegeben LAN, G 16–69423
Bild 37: Pottenstein
Engel-Luftbild, Coburg. Freigegeben LAN, G 16–69429
Bild 38: Tüchersfeld
Engel-Luftbild, Coburg. Freigegeben LAN, G 16–69431
Bild 39: Rabenstein
Engel-Luftbild, Coburg. Freigegeben LAN, G 16–69449
Bild 40: Streitberg
Engel-Luftbild, Coburg. Freigegeben LAN, G 16–69608
Bild 41: Forchheim
Engel-Luftbild, Coburg. Freigegeben LAN, G 16–69455
Bild 42: Reichmannsdorf
Engel-Luftbild, Coburg. Freigegeben LAN, G 16–69394
Bild 43: Gügel/Giech
Engel-Luftbild, Coburg. Freigegeben LAN, G 16–69596
Bild 44: Heiligenstadt/Greifenstein
Engel-Luftbild, Coburg. Freigegeben LAN, G 16–69445
Bild 45: Bamberg
Engel-Luftbild, Coburg. Freigegeben LAN, G 16–69603
Bild 46: Bamberg
Engel-Luftbild, Coburg. Freigegeben LAN, G 16–69380
Bild 47: Seehof
Engel-Luftbild, Coburg. Freigegeben LAN, G 16–69393
Bild 48: Schloß Weißenstein/Pommersfelden
Engel-Luftbild, Coburg. Freigegeben LAN, G 16–69397
Bild 49: Burgwindheim
Engel-Luftbild, Coburg. Freigegeben LAN, G 16–69465
Bild 50: Kloster Ebrach
Engel-Luftbild, Coburg. Freigegeben LAN, G 16–69670
Bild 51: Seßlach
Engel-Luftbild, Coburg. Freigegeben LAN, G 16–69471

Bild 52: Coburg
Engel-Luftbild, Coburg. Freigegeben LAN, G 16–66800
Bild 53: Staffelberg
Engel-Luftbild, Coburg. Freigegeben LAN, G 16–69469
Bild 54: Kloster Banz
Engel-Luftbild, Coburg. Freigegeben LAN, G 16–55155
Bild 55: Vierzehnheiligen
Engel-Luftbild, Coburg. Freigegeben LAN, G 16–69593
Bild 56: Kronach
Engel-Luftbild, Coburg. Freigegeben LAN, G 16–69491
Bild 57: Burg Lauenstein
Engel-Luftbild, Coburg. Freigegeben LAN, G 16–66782
Bild 58: Schloß Mitwitz
Engel-Luftbild, Coburg. Freigegeben LAN, G 16–69481
Bild 59: Lichtenfels
Engel-Luftbild, Coburg. Freigegeben LAN, G 16–69875
Bild 60: Bad Steben
Engel-Luftbild, Coburg. Freigegeben LAN, G 16–69487
Bild 61: Lichtenberg
Engel-Luftbild, Coburg. Freigegeben LAN, G 16–69583
Bild 62: Hof
Engel-Luftbild, Coburg. Freigegeben LAN, G 16–69637
Bild 63: Hof/Untreusee
Engel-Luftbild, Coburg. Freigegeben LAN, G 16–69686
Bild 64: Naila
Engel-Luftbild, Coburg. Freigegeben LAN, G 16–69627
Bild 65: Münchberg
Engel-Luftbild, Coburg. Freigegeben LAN, G 16–69324
Bild 66: Selb
Engel-Luftbild, Coburg. Freigegeben LAN, G 16–69531
Bild 67: Arzberg
Engel-Luftbild, Coburg. Freigegeben LAN, G 16–69529
Bild 68: Kirchenlamitz
Engel-Luftbild, Coburg. Freigegeben LAN, G 16–69647
Bild 69: Fichtelsee
Engel-Luftbild, Coburg. Freigegeben LAN, G 16–69687
Bild 70: Bischofsgrün
Engel-Luftbild, Coburg. Freigegeben LAN, G 16–69326
Bild 71: Weißenstadt und Weißenstädter See
Engel-Luftbild, Coburg. Freigegeben LAN, G 16–69643

Bild 72: Bad Berneck
Engel-Luftbild, Coburg. Freigegeben LAN, G 16–69438

Bild 73: Neuenmarkt-Wirsberg
Engel-Luftbild, Coburg. Freigegeben LAN, G 16–69502

Bild 74: Kulmbach
Engel-Luftbild, Coburg. Freigegeben LAN, G 16–69651

Bild 75: Weismain
Engel-Luftbild, Coburg. Freigegeben LAN, G 16–69370

Bild 76: Michelau
Engel-Luftbild, Coburg. Freigegeben LAN, G 16–69574

Bild 77: Wallenfels
Engel-Luftbild, Coburg. Freigegeben LAN, G 16–69495

Bild 78: Steinwiesen
Engel-Luftbild, Coburg. Freigegeben LAN, G 16–69322

Bild 79: Stockheim
Engel-Luftbild, Coburg. Freigegeben LAN, G 16–69587

Bild 80: Tettau
Engel-Luftbild, Coburg. Freigegeben LAN, G 16–67502

Bild 81: Bayreuth/Innenstadt
Engel-Luftbild, Coburg. Freigegeben LAN, G 16–69567

Bild 82: Bayreuth/Festspielhaus
Engel-Luftbild, Coburg. Freigegeben LAN, G 16–69673

Bild 83: Bayreuth/Industriegebiet
Engel-Luftbild, Coburg. Freigegeben LAN, G 16–69569

Bild 84: Creußen
Engel-Luftbild, Coburg. Freigegeben LAN, G 16–69420

Bild 85: Forchheim
Engel-Luftbild, Coburg. Freigegeben LAN, G 16–69385

Bild 86: Hirschaid
Engel-Luftbild, Coburg. Freigegeben LAN, G 16–69383

Bild 87: Bamberg/Hafen
Engel-Luftbild, Coburg. Freigegeben LAN, G 16–69379

Bild 88: Coburg
Engel-Luftbild, Coburg. Freigegeben LAN, G 16–69473

Bild 89: Rodach
Engel-Luftbild, Coburg. Freigegeben LAN, G 16–69476

Bild 90: Neustadt/Coburg
Engel-Luftbild, Coburg. Freigegeben LAN, G 16–69588

Bild 91: Sonnefeld
Engel-Luftbild, Coburg. Freigegeben LAN, G 16–69489